Eine andere Geschichte der Begründungspflicht

Sichtweisen des frühen 19. Jahrhunderts

Inauguraldissertation

zur Erlangung des akademischen Grades eines
Doktors der Rechte
durch die Rechtswissenschaftliche Fakultät
der Westfälischen Wilhelms-Universität zu Münster

vorgelegt von Clara Günzl

aus Hamburg

2020

Erster Berichterstatter: Prof. Dr. Peter Oestmann
Zweiter Berichterstatter: Prof. Dr. Dr. h.c. mult. Reinhard Zimmermann
Dekan: Prof. Dr. Matthias Casper
Tag der mündlichen Prüfung: 12. Mai 2020

Grundlagen der Rechtswissenschaft

herausgegeben von
Horst Dreier, Ulrike Müßig und Michael Stolleis

39

Clara Günzl

Eine andere Geschichte der Begründungspflicht

Sichtweisen des frühen 19. Jahrhunderts

Mohr Siebeck

Clara Günzl, geboren 1991; Studium der Rechtswissenschaft in Münster und Paris; 2016 Erste juristische Prüfung; wissenschaftliche Mitarbeiterin am SFB 1150 (Kulturen des Entscheidens), daneben Mitarbeiterin am Lehrstuhl für Bürgerliches Recht und Deutsche Rechtsgeschichte der Universität Münster; derzeit Rechtsreferendarin am Hanseatischen Oberlandesgericht, Hamburg; 2020 Promotion.

Die Arbeit wurde 2020 mit dem Dissertationspreis der Westfälischen Wilhelms-Universität Münster ausgezeichnet

Gefördert durch die Deutsche Forschungsgemeinschaft (DFG) – Projektnummer 252080619 – SFB 1150

D6

Zugleich Dissertation der Rechtswissenschaftlichen Fakultät der Westfälischen Wilhelms-Universität zu Münster, 2020

ISBN 978-3-16-159768-8 / eISBN 978-3-16-159778-7
DOI 10.1628/978-3-16-159778-7

ISSN 1614-8169 / eISSN 2569-3964 (Grundlagen der Rechtswissenschaft)

Die Deutsche Nationalbibliothek verzeichnet diese Publikation in der Deutschen Nationalbibliographie; detaillierte bibliographische Daten sind über *http://dnb.dnb.de* abrufbar.

© 2021 Mohr Siebeck Tübingen. www.mohrsiebeck.com

Das Werk einschließlich aller seiner Teile ist urheberrechtlich geschützt. Jede Verwertung außerhalb der engen Grenzen des Urheberrechtsgesetzes ist ohne Zustimmung des Verlags unzulässig und strafbar. Das gilt insbesondere für die Verbreitung, Vervielfältigung, Übersetzung und die Einspeicherung und Verarbeitung in elektronischen Systemen.

Das Buch wurde von Gulde Druck in Tübingen auf alterungsbeständiges Werkdruckpapier gedruckt und von der Buchbinderei Spinner in Ottersweier gebunden.

Printed in Germany.

Vorwort

Als Studentin habe ich mich gefragt, welche Anforderungen an eine juristische Begründung zu stellen sind. In welcher Ausführlichkeit soll man begründen und welche Vorkenntnisse darf man beim Leser erwarten? Die pragmatische Antwort, die ich stets bekam, lautete, man schreibe das Gutachten für den Korrektor. Auf lange Sicht war das für mich nicht zufriedenstellend. Denn eine stichhaltige Begründung wird im juristischen Berufsleben vor allem von Richtern verlangt, deren Lösung jedenfalls nicht durch einen Korrektor überprüft wird. Für wen schreiben Richterinnen und Richter dann ihre Entscheidungsgründe? Müssen sie juristische Zusammenhänge so erklären, dass auch Leser ohne besondere Rechtskenntnisse sie verstehen? Oder genügt es, wenn Anwälte und das Rechtsmittelgericht etwas damit anfangen können? Diese Frage führte mich zu den Anfängen der richterlichen Begründungspflicht und damit zu den theoretischen Überlegungen der Juristen des frühen 19. Jahrhunderts. Eine allgemeine Antwort habe ich nicht gefunden, aber eine Fülle von Ansichten aus dieser Zeit, die mir auch andere Diskussionen und Themen näher erschlossen hat.

Diese Arbeit wurde 2020 von der Westfälischen Wilhelms-Universität Münster als Dissertation angenommen und für die Veröffentlichung geringfügig überarbeitet. Als Monografie ist eine Dissertation die Forschungsleistung eines Einzelnen. Doch ich hatte viel Unterstützung.

An erster Stelle möchte ich meinem Doktorvater Professor Dr. Peter Oestmann danken, der mich für die Rechtsgeschichte begeistert hat. Er hat die Universität für mich von einer anonymen Lehranstalt in ein Reich der wissenschaftlichen Freiheit verwandelt. Ohne ihn hätte ich diese Arbeit weder begonnen noch zu Ende geführt. In zahllosen Gesprächen hat er mich in meinem Vorhaben bestärkt und mit mir über meine Ideen, Ansätze und Schreibversuche diskutiert. Seine schonungslose Ehrlichkeit, sein unermüdlicher Arbeitseifer und seine Hingabe an das Fach haben mich tief beeindruckt.

Meine akademische Heimat war das Institut für Rechtsgeschichte in Münster. Hier hatte ich stets ein anregendes Arbeitsumfeld, habe mich von diversen Vorträgen und Lehrveranstaltungen inspirieren lassen und konnte mich mit anderen Doktoranden über Rechtsgeschichte austauschen. Stellvertretend möchte ich aus dem Kollegen- und Freundeskreis Dr. Björn Czeschick, Victoria Lacis und Marcel Tillmann danken, die meine Faszination für das 19. Jahrhundert teilen und Ausschnitte der Arbeit kritisch gelesen haben.

Die Rahmenbedingungen für einen interdisziplinären Austausch hat der Sonderforschungsbereich 1150 „Kulturen des Entscheidens" geschaffen und die großzügige finanzielle Unterstützung des gesamten Vorhabens von meiner Mitarbeiterstelle bis hin zum Druckkostenzuschuss übernommen.

Mehrfach hatte ich die wertvolle Gelegenheit, mein noch sehr unfertiges Projekt Rechtshistorikern zu präsentieren und zur Diskussion zu stellen. Ihnen allen gilt mein herzlicher Dank.

2016 hielt ich einen Vortrag vor der Rheinisch-Westfälischen Graduiertenschule „Recht als Wissenschaft". Die Anregungen der Teilnehmer haben zu einer sinnvollen Themenbeschränkung beigetragen. Die weiteren Veranstaltungen und der Austausch mit anderen Mitgliedern der Graduiertenschule waren mir über die Jahre eine große Motivationsquelle.

2017 durfte ich am Max-Planck-Institut für ausländisches und internationales Privatrecht auf Einladung von Herrn Professor Dr. Dr. h.c. mult. Reinhard Zimmermann meine Arbeit in der „Aktuellen Stunde" präsentieren. Herr Professor Zimmermann hat mein Vorhaben seither mit Interesse gefördert und schließlich die Mühe der Zweitkorrektur auf sich genommen. Seine konstruktiven Anmerkungen und Vorschläge haben der Arbeit gutgetan.

Beim Symposium „Richter – Urteiler – Spruchkörper" 2018 habe ich einen Teilaspekt den Mitgliedern der Gesellschaft für Reichskammergerichtsforschung vorgestellt. Die Denkanstöße der anschließenden Diskussion haben vor allem in das Kapitel „Entscheidungsgründe als Öffentlichkeitsersatz" Eingang gefunden.

Außerdem hatte ich die Möglichkeit, auf der British Legal History Conference 2019 über „Case Law in Germany" zu sprechen, ein Thema, das zugängliche Entscheidungsbegründungen geradezu voraussetzt. Einen zunächst geplanten, weiteren Hauptteil über Entscheidungssammlungen habe ich in diesem Zuge aus der Arbeit gestrichen und meine Ergebnisse stattdessen in dem Aufsatz „Case Law in Germany: The Significance of Seuffert's Archiv" in dem Tagungsband „Common Law, Civil Law, and Colonial Law: Essays in Comparative Legal History from the Twelfth to the Twentieth Centuries" zusammengefasst, der 2021 bei Cambridge University Press erscheint.

Den Herausgebern als vorerst letzten Diskussionspartnern danke ich für die Aufnahme in die Reihe „Grundlagen der Rechtswissenschaft".

Stete Begleiter des Projekts waren meine Freunde, die mir durch das Vertrauen in das Gelingen meiner Arbeit viel Kraft gegeben haben. Mit Thea Sumalvico konnte ich mich über allgemeine methodische und sprachliche Fragen, über Kirchengeschichte und Rechtsgeschichte austauschen. Kai Kristina Kamb hat mich mit Korrekturen und Zuspruch unterstützt. Den gesamten Arbeitsprozess von der ersten Idee bis zum fertigen Manuskript hat Jan Matthias Hoffrogge begleitet. Mit Anregungen zur Geschichtstheorie hat er mir vor Augen geführt, welche Erkenntnismöglichkeiten, aber auch -grenzen meine Herangehensweise hat. Kurz vor der Abgabe hat er den gesamten Text auf Rechtschreibfehler überprüft.

Meiner Familie danke ich für emotionalen Rückhalt in den Jahren der Dissertation. Besonders hervorheben möchte ich meine Tante Gesa Schubert, meinen Stiefvater Jens Harms und meine Eltern Dr. Claudia und Dr. Hans-Joachim Günzl, die spontan große Abschnitte vor der Drucklegung Korrektur gelesen haben. Meinen Eltern ist diese Arbeit gewidmet.

Hamburg, im November 2020   Clara Günzl

Inhaltsverzeichnis

Vorwort	V
A. Einleitung	1
I. Forschungsproblem und Erkenntnisinteresse	2
II. Rechtstheoretische Vorüberlegungen	3
1. Begründungslehre und Methodenlehre	3
2. Entscheidungsherstellung und Entscheidungsdarstellung	5
III. Forschungsstand	6
1. Historische Rechtsvergleichung	6
2. Deutsche Rechtsgeschichte	10
IV. Methode	13
1. Quellensuche und Quellenauswahl	13
2. Quellensprache und Forschungsfrage	15
3. Transkription von Quellen	17
4. Gang der Darstellung	17
B. Begründungen erzwingen – eine kleine Normengeschichte	19
I. Die gemeinrechtlichen Vorgaben	21
II. Sachsen und Weimar	25
III. Bayern	27
IV. Preußen	29
1. Project des Codex Fridericiani Marchici (1748)	29
2. Corpus Iuris Fridericianum (1781) und Allgemeine Gerichtsordnung (1793)	31
3. Reformen der Allgemeinen Gerichtsordnung bis 1832	33
V. Schleswig und Holstein	38
VI. Ergebnis	42

C. Erläutern und Begründen 45

I. Die gemeinrechtliche und die sächsische Läuterung 46

II. Urteilserläuterung im 19. Jahrhundert 50
1. Danz und Gönner 50
2. Linde 56
3. Konversationslexika 61
4. Rechtsprechungssammlung 62

III. Ergebnis 63

D. Zukunftsvisionen: Reform und Reformvorschläge nach 1803 65

I. Hoscher (1804) 66
1. Gerichtsgeheimnisse 67
2. Hoschers Vorschlag für das Reichskammergericht 70
3. Die Kenntnis der Beweggründe als natürliches Recht der Parteien 74
   a) Neun haltlose Gegenargumente 74
   b) Die verheerende Situation am Reichskammergericht 78
4. Weitere Formen der Gerichtsgeheimnisse 80
5. Ergebnis 81

II. Steiger (1812) 81
1. Frankreich als Vorbild 84
2. Der germanische Ursprung des Gerichtsgeheimnisses 85
3. Überzeugung der Nation und Kontrolle der Richter 86
4. Kassation und Entscheidungsgründe 88
5. Veröffentlichte Relationen 90
6. Begründungsstile 91
7. Ergebnis 92

III. Kopp (1812) 93
1. Geschichte der Begründungspflicht 94
2. Wirkung der Entscheidungsgründe 96
3. Publikation der Entscheidungsgründe 97
   a) Einschränkung suspensiver Rechtsmittel 98
   b) Disziplinierung der Untergerichte 98
4. Ratschläge zur Formulierung 101
5. Frankfurter Verordnungen als Beispiel 102
6. Ergebnis 104

IV. Königlich-Baierisches Regierungsblatt (1813) 104

1.	Sinn und Zweck	107
2.	Stil und Form	110
3.	Justizinternes Kontrollverfahren	115
4.	Ergebnis	116
V.	Ergebnis	117

E. Versatzstücke einer Begründungslehre nach 1815 119

I.	*Vergewisserungen über die Herkunft der Begründungspflicht*	121
1.	Aretin (1824)	121
2.	Rudorff (1837)	123
3.	Savigny (1847)	124
4.	Martin (1795–1842, 1855)	127
5.	Ergebnis	128
II.	*Adressaten von Entscheidungsgründen*	129
1.	Brinkmann (1826)	130
	a) Die Begründungspflicht als Ausgleich zur richterlichen Unabhängigkeit	133
	b) Urteilsgründe als Verschriftlichung der inneren Erkenntnis	134
	c) Ergebnis	135
2.	Mittermaier (1823, 1832)	136
3.	Tittmann (1828, 1846)	137
4.	W. H. Puchta (1829, 1830)	138
5.	Savigny (1847)	140
6.	Ergebnis	141
III.	*Entscheidungsgründe als Öffentlichkeitsersatz*	141
1.	Wening (1821)	146
2.	Linde (1828)	148
3.	W. H. Puchta (1829, 1830)	149
4.	Möhl (1842)	152
5.	Schmid (1843)	156
6.	Stimmen gegen die Gleichsetzung	157
	a) Feuerbach (1821)	157
	b) Brinkmann (1826)	159
7.	Ergebnis	161
IV.	*Entscheidungsgründe als Gesetzesanwendung*	163
1.	Eine frühe Äußerung: Gönner (1810)	163
2.	Brinkmann (1826)	166
3.	Kierulff (1839)	168
4.	Ergebnis	172

Inhaltsverzeichnis

V. Aufbau und Stil	173
1. Gensler (1815)	173
2. Grolman (1819)	176
3. Brinkmann (1826)	178
4. Tittmann (1828, 1846)	183
5. W. H. Puchta (1829, 1830)	185
6. Savigny (1847)	185
7. Linde (1850)	187
8. Martin (1800–1857)	188
9. Ergebnis	191
VI. Umgehungsversuche – Drei Wörtchen	192
1. Griebner (1739)	192
2. Hommel und Klein (1800)	193
3. Brinkmann (1826)	195
4. Hagemann (1827)	195
5. Henke (1838)	198
6. Ergebnis zu den Anleitungsbüchern	199
7. Einblick in die Begründungspraxis: Künßberg (1837)	200
VII. Rechtskraft der Gründe	203
1. Kierulff (1839)	205
2. Zwei praktische Anleitungsbücher 1828, 1830: Tittmann und Puchta	209
3. Buchka (1847)	209
4. Savigny (1847)	212
5. Nachfolger ab 1850	217
6. Die Rechtskraft der Gründe vor Gericht (1848)	218
a) Ein Ergebnis mit zwei Begründungen	219
b) Ein Kostenausgleich für den ungeahnten Prozessausgang	221
c) Die dogmatische Herleitung des Oberappellationsgerichts Dresden	225
7. Ergebnis	228
VIII. Praktische Wissenschaft und wissenschaftliche Praxis	229
1. Brinkmann (1826)	230
2. Sartorius (1844)	234
a) Gesammelte Rechtsfälle	235
b) Gerichtliches Gewohnheitsrecht	238
3. Ergebnis	241
IX. Ergebnis	241

F. Zusammenfassung und Ausblick 243

G. Summary 249

H. Quellen- und Literaturverzeichnis 251
   I.   *Quellen und Literatur bis 1899* 251
   II. *Literatur ab 1900* 258

Namens-, Orts- und Sachregister 269

A. Einleitung

Richter begründen ihre Urteile. Heutzutage erscheint das als schlechthin konstitutiv für eine funktionierende Justiz. Die Urteilsbegründung fixiert die tatsächlichen und rechtlichen Erwägungen nach der Urteilsverkündung. Sie dient dabei nicht nur den Parteien des konkreten Rechtsstreits als Anhaltspunkt, um zu entscheiden, ob sie ein Rechtsmittel einlegen. Ihre heutige Funktion geht weit darüber hinaus. Die Urteilsgründe ermöglichen eine wissenschaftliche Auseinandersetzung mit Urteilen an den Universitäten. Erst in Kenntnis der Entscheidungsgründe können Wissenschaftler wandelnde Leitlinien und Tendenzen der Rechtsprechung verfolgen. Anhand von Begründungen ist überprüfbar, inwiefern sich die Entscheidungen in die bestehende Dogmatik einfügen. Für andere Anwälte und Richter sind die Entscheidungsbegründungen ebenfalls von wesentlicher Bedeutung. Obwohl es in Deutschland keine formale Präjudizienbindung gibt, orientieren sich ganze Gerichtszweige an den höheren Instanzen. Je höher das Gericht in der Gerichtsverfassung steht und je brisanter der konkrete Rechtsfall ist, desto mehr Aufmerksamkeit schenken eigentlich unbeteiligte Juristen dem Urteil und der Begründung in der Sache. Mithilfe von Entscheidungssammlungen und Urteilsbesprechungen können Wissenschaftler und Praktiker sich über neue Leitlinien in ihren Spezialgebieten informieren. Entscheidungsgründe bilden damit die Grundlage der heutigen juristischen Literatur in der Kasuistik von Kommentaren oder in Urteilsanmerkungen. Der Verzicht auf eine schriftliche Begründung der gerichtlichen Entscheidung ist heute undenkbar.[1]

Rechtshistorisch ist die Urteilsbegründung gegenüber den Parteien jedoch ein junges Phänomen. Eine allgemeine richterliche Begründungspflicht setzte sich erst im ausgehenden 18. und frühen 19. Jahrhundert durch. Zuvor dienten Begründungen zwar gerichtsintern der Entscheidungsfindung, die Parteien erfuhren aber offiziell nichts außer dem Tenor über ihren Fall und auch für außenstehende Juristen war es schwierig, detaillierte Informationen zu erhalten. Ob und wie Juristen diesen Wandel wahrnahmen, ist Thema dieser Arbeit.

---

[1] *Wittmann*, Richterliche Unabhängigkeit, in: FS Schmitt Glaeser, 2003, S. 362 (369), argumentiert, eine Entscheidung ohne Begründung widerspreche dem „Charakter der Gerichte als recht‚sprechende' Gewalt" mit Verweis auf *Kirchhof*, Recht sprechen, nicht Recht verschweigen, FAZ vom 18.9.1997, Nr. 217/S. 11.

I. Forschungsproblem und Erkenntnisinteresse

Begründete Entscheidungen sind für die Rechtskultur in Deutschland zentral. Angesichts dieser evidenten Bedeutung ist es nicht verwunderlich, dass die Entscheidungsbegründungspflicht selbst bereits eine Reihe von rechtshistorischen Untersuchungen angeregt hat. Bezüglich der Genese dieses vielbeachteten Gegenstandes gibt es unterschiedliche und letztlich konträre Auffassungen. Stephan Hocks beschäftigt sich in seiner 2002 veröffentlichten Dissertation mit der Frage, welche Argumente für und gegen die Begründungspflicht vorgebracht wurden. Er geht von einem neuen „Richtertypus" aus, der erst mit den Justizreformen des frühen 19. Jahrhunderts in den Amtsstuben anzutreffen war.[2] Nur darum sei eine so durchweg vorteilhafte Verpflichtung zur Begründung nicht schon früher eingeführt worden. Wolfgang Ernst hingegen sieht die Begründungspflicht 2016 nicht als große Neuerung der Zeit an. Vielmehr sei diese Pflicht identisch mit der vormaligen Pflicht des Richters, seine Relation zu verfassen. Für Ernst ist der Schritt von einer internen zu einer externen Begründungspflicht damit klein: „Die Begründungspflicht wurde in der frühen Neuzeit nicht ‚eingeführt', sondern es ist die Begründungspflicht, die für das Einzelvotum schon lange bestand, ‚umgesprungen' auf das Kollegialurteil; sie wurde damit zugleich zur Sache des Kollegiums."[3] Die Pflicht zur Legitimation geht danach von einer Einzelperson auf das Kollegium über. So gesehen führt die Begründungspflicht nicht zu wesentlichen Neuerungen.

Wie aber passen diese Deutungen zusammen? Einerseits behauptet Hocks, ein neues Leitbild sei nötig gewesen, um überhaupt eine Begründungspflicht zu etablieren, andererseits bewertet Ernst die Begründungspflicht als alte, den Richtern längst vertraute Aufgabe und meint, die neue Verpflichtung konnte mit dem bisherigen Handwerkszeug umgesetzt werden. Die aufgezeigte Diskrepanz ist Anlass genug, sich dem Thema erneut, aber aus etwas anderer Perspektive zu nähern: Wie ordneten die Zeitgenossen die neue gesetzliche Verpflichtung zur Begründung ein? Welche Funktion erfüllten die Entscheidungsgründe nach ihrer Vorstellung? Dieser Frage soll aus einer kulturgeschichtlichen Perspektive nachgegangen werden. In den Worten von Barbara Stollberg-Rilinger soll „eine Perspektive der Fremdheit" eingenommen werden, die ihre „Gegenstände grundsätzlich als deutungsbedürftig wahrnimmt und gerade das scheinbar Selbstverständliche nicht als selbstverständlich hinnimmt".[4] Denn das 19. Jahrhundert ist trotz der zahlreichen juristischen Fortwirkungen bis in die Gegenwart eine fremde Zeit.

---

[2] *Hocks*, Gerichtsgeheimnis, 2002, S. 192.

[3] *Ernst*, Rechtserkenntnis durch Richtermehrheiten, 2016, S. 173 f.

[4] *Stollberg-Rilinger*, Einleitung, in: dies. (Hrsg.), Was heißt Kulturgeschichte des Politischen?, ZHF Beiheft 35 (2005), S. 12 (12).

Die Begründungspflicht erscheint aufgrund der neuen Möglichkeiten für Rechtswissenschaft und Praxis als bedeutender rechtskultureller Wendepunkt. Sie fällt zugleich in den Epochenumbruch zur Moderne.[5] Die nunmehr allgemein zugänglichen Entscheidungsgründe förderten ein Wechselspiel von Theorie und Praxis.[6] Doch dabei bleibt unklar, wie die Zeitgenossen diese Veränderung wahrnahmen und reflektierten. Wie integrierten sie eine solche Neuerung in das bestehende Prozessrecht?

II. Rechtstheoretische Vorüberlegungen

Einige rechtstheoretische Vorüberlegungen grenzen das Thema ein. Dabei sind Anlehnungen an Untersuchungen zur geltenden Begründungspflicht hilfreich.

1. Begründungslehre und Methodenlehre

Bezogen auf das geltende Recht stellt sich die Frage nach den verfassungsrechtlichen Anforderungen an eine Entscheidungsbegründung.[7] Verfassungsrechtlich ist heute ein Legitimationstransfer vom Normtext zum Tenor nötig, weil der Richter nicht an der demokratischen Legitimation des Gesetzgebers teilhat.[8] Die jüngste Auseinandersetzung zur heutigen Rechtslage legte Uwe Kischel 2003 in einer Monografie vor. Darin fragt er allgemein, „ob und wie der Staat seine Entscheidungen erläutern soll".[9] Seine Untersuchung umfasst neben gerichtlichen Entscheidungen auch Verwaltungsentscheidungen als diejenigen staatlichen Akte, die ihre Begründung an Gesetzen ausrichten müssen. Kischel strebt „keine tiefe und detaillierte rechtsgeschichtliche Untersuchung" an.[10] Seine theoretischen Einsichten und Annahmen sind jedoch auch bei der Abgrenzung in einer historischen Arbeit nützlich. Zunächst führt Kischel eine strenge Trennung zwischen Begründungs- und Methodenlehre ein. Die so verstandene Begründung ist von einem semantisch-syntaktischen Begründungsbegriff der Rechtstheorie abzu-

---

[5] *Werkmüller*, Urteilsbegründung, in: HRG 1998, Sp. 611 (613).

[6] *Mohnhaupt*, Rechtseinheit durch Rechtsprechung?, in: Peterson (Hrsg.), Juristische Theoriebildung, 1993, S. 117–143.

[7] Hierzu in den 70er Jahren *Brüggemann*, Die richterliche Begründungspflicht, 1971.

[8] *Christensen/Kudlich*, Theorie richterlichen Begründens, 2001, S. 21, die Autoren gehen der Frage nach, ob das gerichtliche Verfahren lediglich der Inszenierung eines Bedeutungskonflikts um den Gesetzestext dient, den die Entscheidungsbegründung überprüfbar machen soll.

[9] *Kischel*, Begründung, 2003, S. 5.

[10] *Kischel*, Begründung, 2003, S. 15.

grenzen. Robert Alexy nutzt in mehreren Untersuchungen den rechtstheoretischen Begründungsbegriff und stellt ihm ausdrücklich die „pragmatische Dimension des Begründens als einer Tätigkeit" gegenüber.[11] Diesen zweiten Bereich bezeichnet Kischel 2003 als „Begründungslehre" im Gegensatz zur klassischen „Methodenlehre". Er differenziert: „Hauptsächlich aber betrifft die Begründungslehre das Ob und das Wie der Darstellung von Gründen, die Methodenlehre hingegen den materiellen Inhalt dieser Gründe."[12] Die Begründungslehre untersucht die Darstellung von Entscheidungsgründen; welche Gründe zulässig sind, gibt dagegen die – bei ihm nicht behandelte – Methodenlehre vor.

Mit einer methodischen Fragestellung an den Gegenstand der Entscheidungsbegründungen hat sich zum Beispiel Franz Horak in seiner Habilitationsschrift 1969 befasst. In „rationes decidendi" untersucht Horak „Entscheidungsbegründungen bei den älteren Juristen bis Labeo". Die Begründungen für Entscheidungen einzelner Rechtsfragen betrachtet er als Indiz der wahren Gründe der römischen republikanischen Juristen.[13] Horak analysiert damit keine hoheitlich-gerichtlichen Entscheidungen, sondern Rechtsmeinungen einzelner Juristen.[14] Über das begründete Ergebnis rekonstruiert er den Prozess der Rechtsfindung. Bereits an dieser Stelle zeigt sich die verwirrende Mehrdeutigkeit des Begriffs „Begründung", die in den Quellen wiederbegegnen wird.

Stefan Brink grenzt hingegen 1999 die Frage nach den Funktionen der Gründe als „normativen Aspekt" von empirischen und analytischen Untersuchungsansätzen ab.[15] Letztlich widmet er sich damit in gleicher Weise einer Begründungslehre. Die inhaltliche Begründung soll im Folgenden ebenfalls nicht im Vordergrund stehen. Es geht nicht um die Rekonstruktion einer Methodenlehre des 19. Jahrhunderts,[16] sondern ausschließlich um die diskutierten Begründungslehren und ihre Umsetzung in der Praxis.

Die Begründungslehre und die Methodenlehre unterscheiden sich grundlegend in ihrem Erkenntnisinteresse. Während die Methodenlehre untersucht, auf welchem Weg ein Ergebnis erzielt wird, fragt die Begründungs-

---

[11] *Alexy*, Juristische Begründung, in: FS Wieacker, 1990, S. 95 (97).
[12] *Kischel*, Begründung, 2003, S. 2.
[13] *Horak*, Rationes decidendi, 1969, S. 5.
[14] Sehr missverständlich hingegen *Werkmüller*, Urteilsbegründung, in: HRG 1998, Sp. 611 (612 f.): „Das römische Recht kannte keine generelle Begründungspflicht. Dennoch finden sich bei den älteren römischen Juristen in knapp einem Drittel der Fälle Begründungen".
[15] *Brink*, Über die richterliche Entscheidungsbegründung, 1999, S. 20–22 zu einem „normativen Aspekt" in Abgrenzung zu empirischen oder analytischen Fragestellungen.
[16] Dazu explizit *Björne*, Deutsche Rechtssysteme, 1984; siehe auch *Schröder*, Recht als Wissenschaft, 2012.

lehre, wie es gegenüber anderen zu rechtfertigen ist. Dies führt zu einer strengen Unterscheidung von Entscheidungsherstellung und Entscheidungsdarstellung.

2. Entscheidungsherstellung und Entscheidungsdarstellung

Die Begründungslehre gibt die richtige Darstellung der Beweggründe für eine Entscheidung vor. Diese kommen in einem begründeten Urteil zum Ausdruck. Allerdings steht dieses Dokument im Gerichtsverfahren erst am Ende eines komplizierten Entscheidensprozesses. Entscheiden ist dabei als voraussetzungsvolles soziales Handeln zu verstehen, das auf eine Entscheidung ausgerichtet ist.[17] Namentlich entscheiden die Richter in einem Verfahren, dessen wesentliche Bestandteile Relationen und Voten sind. Ziel dieses Verfahrens ist es, ein Ergebnis, eine Entscheidung, herbeizuführen. Bei einem Kollegialgericht kann der Moment der Stimmabgabe als Entscheidung gelten, bei einem Einzelrichter der Augenblick, in dem er sich auf einen Prozessausgang festlegt. Diese Sekunde der Wahl einer Option ist in den Quellen kaum nachweisbar. Denn die Entscheidungsbegründung erfolgt bereits aus einer anderen Perspektive. Dort rechtfertigen Richter das gefundene Ergebnis. Schon Hermann Isay beschrieb 1929 die Herstellung der Entscheidung als irrationalen Prozess.[18] Erst die Begründung erfolge rational. Bezogen auf Gerichtsentscheidungen sind es nicht nur die juristischen Argumente, die die Entscheidung hervorbringen. Auch informelle Kommunikation unter den Gerichtsmitgliedern kann etwa eine Rolle spielen. Der eigentliche Entscheidensprozess ist also nicht beobachtbar. Die Auseinandersetzung mit der Entscheidungsbegründung kann jedoch das vorgelagerte Entscheiden nicht ausklammern.[19] Kischel meint, eine Begründungspflicht zwinge schon während der Entscheidungsfindung zu Rationalität: „Die Notwendigkeit einer Begründung [...] diszipliniert den Entscheidungsfinder".[20] Damit deutet er eine Rückwirkung des Rechtfertigungsdrucks auf den Entscheidensprozess an. Kischel fügt hinzu, dass zwar formal Entscheiden und Entscheidung leicht abgrenzbar sind, inhaltlich aber die Entscheidungsbegründung im Idealfall die Entscheidungsfindung dokumentiert. Diesen komplizierten Zusammenhang zwischen Begründetem und Begründung gilt es, an zeitgenössischen Äußerungen aus dem 19. Jahrhundert nachzuverfolgen: Wie schlug sich dieses Phänomen in der damaligen Begründungslehre nieder?

---

[17] Diese Definition für die Geschichtswissenschaft übernehme ich von *Hoffmann-Rehnitz/Krischer/Pohlig*, Entscheiden als Problem, ZHF 45 (2018), S. 217 (226): „Unter Entscheiden soll hier dasjenige prozessuale Geschehen verstanden werden, das seinem Sinn nach darauf ausgerichtet ist, eine Entscheidung hervorzubringen."

[18] *Isay*, Rechtsnorm und Entscheidung, 1929, S. 60–67.

[19] *Kischel*, Begründung, 2003, S. 9–12.

[20] *Kischel*, Begründung, 2003, S. 13.

III. Forschungsstand

„Die Entwicklung der Begründungspflicht ist gut erforscht und muss hier nicht nochmals aufgerollt werden"[21] – mit diesem knappen Hinweis und der Nennung einiger Veröffentlichungen zur Begründungspflicht in einer Fußnote erklärt Wolfgang Ernst die weitere Beschäftigung mit dem Gegenstand für überflüssig. Die vorliegende Arbeit tritt dieser These entgegen. Sie baut aber tatsächlich auf einem umfangreichen Forschungsstand auf. Das Thema überschneidet sich mit verschiedenen rechtshistorischen und -theoretischen Fragen, die bisher in unterschiedlicher Dichte erforscht sind. Neben spezieller Literatur zur Begründungspflicht bieten vertiefende rechtshistorische Untersuchungen zum frühen 19. Jahrhundert eine wichtige Grundlage für diese Studie. Rechtsvergleichende Arbeiten zeigen die Außensicht auf die deutsche Begründungspflicht aus anderen Rechtssystemen auf.

1. Historische Rechtsvergleichung

Diese Arbeit folgt keinem historisch rechtsvergleichenden Ansatz. Dennoch ist es sinnvoll, die spezifisch rechtsvergleichende Literatur im Bereich der Entscheidungsbegründungen heranzuziehen. Sie ermöglicht eine genauere Standortbestimmung und hilft, die Fragestellung weiter zu präzisieren.

Der schwedisch-amerikanische Jurist J. Gillis Wetter untersuchte bereits 1960 die Stile von Obergerichten in Europa und Amerika rechtsvergleichend, allerdings für das 20. Jahrhundert. Dazu verglich er über 40 Entscheidungen der jeweils höchsten Gerichte miteinander. Der distanzierte Blick schärft die Wahrnehmung der deutschen Gerichtstradition. Den Stil am Reichsgericht und am Bundesgerichtshof charakterisiert Wetter zusammenfassend als „Disciplined Craft Tradition".[22] Er stellt also die handwerkliche Präzision in den Vordergrund. Der Stil der Gerichtsentscheidungen sei abstrakt „but in an objective, informed, persuasive fashion".[23]

Beeindruckend umfassend und zugleich detailreich ist die Darstellung von John P. Dawson aus dem Jahr 1968 „The Oracles of the Law". Er untersucht case law in England, Rom, Frankreich und Deutschland vom Hochmittelalter bis zum 20. Jahrhundert. Dabei orientiert er sich an den Äußerungen der jeweiligen Gerichte[24] und widmet sich daher den Begründungen der Entscheidungen. Sein Werk ist heute kaum veraltet und bietet aus einer Beobach-

---

[21] *Ernst*, Rechtserkenntnis durch Richtermehrheiten, 2016, S. 174.
[22] *Wetter*, The Styles of Appellate Judicial Opinions, 1960, S. 105.
[23] *Wetter*, The Styles of Appellate Judicial Opinions, 1960, S. 26.
[24] *Dawson*, The Oracles of the Law, 1968, S. xi, "So we concentrate on their messages, the reasons they give that will guide them and us in the future."

terperspektive wichtige Einsichten für Leser, die mit dem deutschen Begründungstypus vertraut sind. Dawson gelingt es, die Eigenheiten des jeweiligen Rechtssystems gerade im Vergleich mit dem US-amerikanischen common law herauszuarbeiten. Die immense Bedeutung der Rechtswissenschaft für Deutschland sieht er als wesentliches Charakteristikum, wie der Gliederungspunkt „Germany's Commitment to Legal Science" anzeigt. Aus einer größeren kulturellen Distanz treten solche Aspekte deutlich hervor, die in der deutschen Forschung selten Erwähnung finden. Die Urteilsbegründung, der hier relevante Untersuchungsgegenstand, ist Dawson fremd. Er unterstreicht schon im Vorwort, dass nicht alle amerikanischen Gerichte „opinions" abgeben, und ist daher frei von einer telischen Argumentation, wenn es um die Einführung der Begründungspflicht oder einen entsprechenden Gerichtsgebrauch geht. Für ihn ist eine Begründungspflicht, wie sie sich in Deutschland durchsetzen konnte, eben nicht selbstverständlich.

Dawson geht in dem Kapitel „Germany's Case Law Revolution" nicht von einem plötzlichen Umbruch durch die Einführung einer Begründungspflicht aus, sondern betont die Kontinuitäten aufgrund nichtöffentlicher Protokollbücher der Gerichte. Die Protokollbücher dienten jedenfalls seit dem 17. Jahrhundert einer konsequenten Rechtsanwendung desselben Gerichts. Über die Funktionen der Entscheidungsbegründungen heißt es bei Dawson zu Beginn:

"The style and content of judicial opinions will obviously depend on the functions they are meant to perform for both their authors and their addressees. The primary function, in other legal systems as in our own, is to demonstrate that the particular case has been decided justly. But with us there is another function to which we attach even greater importance – the function of giving direction to the growth of legal doctrine."[25]

Stil und Inhalt der Entscheidungsbegründung sind danach untrennbar mit der Funktion verbunden, die Urheber und Adressaten ihr zuschreiben. Neben der Rechtfertigung für den konkreten Fall und dem Nachweis einer korrekten Rechtsanwendung treiben Entscheidungsgründe die rechtswissenschaftliche Theoriebildung voran. Die vorliegende Arbeit folgt dieser Grundannahme.

Nur dem Titel nach einschlägig sind die beiden überwiegend englischsprachigen Sammelbände „Ratio Decidendi" aus den Jahren 2010 und 2013.[26] Die Beiträger stellen in Band 1 jeweils für ein Land in einer bestimmten Epoche die Entscheidungsbegründungen vor. Über den deutschsprachigen Raum im frühen 19. Jahrhundert gibt es dabei keinen Beitrag. Band 2 versteht demgegenüber *ratio decidendi* im angloamerikanischen Sinne als

---

[25] *Dawson*, The Oracles of the Law, 1968, S. xii.
[26] Bryson/Dauchy (Hrsg.), Ratio decidendi, Case Law, 2013; Dauchy/Bryson/Mirow (Hrsg.), Ratio decidendi, 'Foreign' Law, 2010.

Gegenbegriff zu den *obiter dicta*.[27] Das Interesse gilt dabei der Übernahme von Rechtsinstituten aus anderen Rechtssystemen.

Ebenfalls historisch rechtsvergleichend stellen Willem Zwalve und Corjo Jansen die Veröffentlichung von Gerichtsentscheidungen in ihrem Buch „Publiciteit van Jurisprudentie" dar. Ausgehend vom *Corpus Iuris Civilis* und der gemeinrechtlichen Jurisprudenz[28] beleuchtet der Band die französische, niederländische, deutsche und englische Rechtsprechung und die Veröffentlichungen ihrer Entscheidungen in jeweils eigenen Kapiteln. Insofern stehen die Darstellungen der einzelnen Länder nebeneinander. Gerade die Außenperspektive zeigt grundlegende Veränderungen deutlich: Ab 1814 sprechen die niederländischen Rechtshistoriker von einer modernen Praxis[29] in Deutschland, gehen also von Gemeinsamkeiten in der folgenden Zeit und einer grundsätzlich modernen und veränderten Vorgehensweise aus.

Die Distanz zeigt damit wichtige Eigenheiten der deutschen Begründungen von Gerichtsentscheidungen auf. Wetter betont für das 20. Jahrhundert die handwerkliche Präzision und Überzeugungskraft und hebt den Einfluss des Begründungsstils auf das Recht selbst hervor. Dawson bemerkt für das 19. Jahrhundert die Bezugnahme der Gerichte auf die Rechtswissenschaft, die ebenfalls stilprägend gewesen sei. Er stellt zugleich heraus, dass Begründungen dieser Art rechtshistorisch und rechtsvergleichend nicht selbstverständlich sind. Zwalve und Jansen heben die Modernität der Begründungen im frühen 19. Jahrhundert hervor.

Im europäischen Vergleich fällt auf, dass gerichtliche Entscheidungsbegründungen formal sehr unterschiedlich gestaltet sind. Hierfür haben Konrad Zweigert und Hein Kötz den Begriff der „Rechtsstile" geprägt, die auf unterschiedliche Rechtskreise und -kulturen zurückgehen.[30] Die Bezeichnung benennt vor allem ein Phänomen: Neben national verschiedenen materiellen Rechten sei auch der Stil von Staat zu Staat unterschiedlich. Nur teilweise lassen sich die Unterschiede durch Gesetzgebung erklären. Die Normativität der Urteilsstile hat sich ohne strenge gesetzliche Vorgaben in der Praxis einheitlich etabliert. Das Resultat unterscheidet sich jedenfalls maßgeblich von den Lösungen der Nachbarländer. Frankreich diente in der historischen Diskussion vielen Befürwortern einer Begründungspflicht als Vorbild. Dort war eine allgemeine Begründungspflicht für Gerichtsurteile bereits 1790 im Zuge der Revolution eingeführt worden.[31] Doch die französischen

---

[27] *Bryson*, Introduction, in: Dauchy/Bryson/Mirow, Ratio Decidendi, 2010, S. 7 (7).

[28] *Zwalve/Jansen*, Publiciteit van Jurisprudentie, 2013, S. 1–57 „Gemeenrechtelijke Jurisprudentie".

[29] *Zwalve/Jansen*, Publiciteit van Jurisprudentie, 2013, S. 280, „De moderne praktijk", stellen auch für andere Länder eine moderne und vormoderne Praxis einander gegenüber.

[30] *Zweigert/Kötz*, Einführung in die Rechtsvergleichung, 1996, S. 62–73.

[31] *Ranieri*, Stilus Curiae, Rechtshistorisches Journal 4 (1985), S. 75 (83) m.w.N.

Urteile zeichnen sich typischerweise durch ihre Kürze aus. Für „wissenschaftliche Erörterungen"[32] ist daher kein Raum. Eine wesentliche Aufgabe der französischen Rechtswissenschaft besteht seither darin, höchstrichterliche Urteile auszuwerten und zu verstehen. Auch die akademische Ausbildung ist auf einzelne Gerichtsentscheidungen fokussiert.[33] In Deutschland etablierte sich eine weitaus ausführlichere Form der Entscheidungsbegründung. Für das öffentliche Recht stellt eine aktuelle Studie den französischen und deutschen Stil gegenüber. Ruth Katharina Weber vergleicht in ihrer Dissertation Urteile des Bundesverfassungsgerichts mit denen des Conseil Constitutionnel. Sie beschreibt unter anderem den jeweiligen „justizkulturellen Hintergrund" in beiden Rechtsordnungen und geht dabei kurz auf die historischen Regelungen zur Begründungspflicht ein.[34]

Filippo Ranieri hat europäische Rechtsstile in Bezug auf richterliche Begründungen historisch untersucht.[35] Er führt die Unterscheidung zwischen Gutachten- und Urteilsstil auf eine Tradition in der deutschen „Rechtspädagogik" zurück. Sein Vergleich deutscher, italienischer und französischer Stilmodelle ergibt, dass die Einführung der richterlichen Begründungspflicht einen Bruch in der gemeinsamen kontinentalen Rechtstradition auslöste. Die Regeln für Relationen und Urteile ergäben sich keineswegs zwingend aus der Zivilprozessordnung, sondern aus der deutschen und vor allem preußischen Ausbildungstradition.[36]

Die überkommene englische Begründungspraxis unterscheidet sich ebenfalls stark von der deutschen. Obwohl das common law seit dem 19. Jahrhundert auf Präjudizien beruht,[37] also vorangegangene Entscheidungen maßgeblich für die weitere Rechtsentwicklung sind, lehnten es englische Gerichte vehement ab, selbst ihre Urteilsgründe zu verschriftlichen.[38] Stattdessen berichteten ab dieser Zeit unabhängige law reporters, die nur teilweise Zugriff

---

[32] Zu Frankreich *Neumayer*, Die wissenschaftliche Behandlung, in: Coing/Wilhelm (Hrsg.), Wissenschaft und Kodifikation, 1974, S. 173 (174).

[33] *Borghetti*, Legal Methodology, in: Basedow/Fleischer/Zimmermann (Hrsg.), Legislators, 2016, S. 209 (210).

[34] *Weber*, Begründungsstil, 2019, Zweiter Teil: Justizkultureller Hintergrund, S. 149–216 „§ 1 Herausbildung des Begründungsstils an der französischen Höchstgerichtsbarkeit", S. 149–232 „§ 2 Herausbildung des Begründungsstils an der deutschen Höchstgerichtsbarkeit".

[35] *Ranieri*, Europäisches Obligationenrecht, 2009, S. 161; die folgenden Ausführungen beziehen sich auf *Ranieri*, Stilus Curiae, Rechtshistorisches Journal 4 (1985), S. 75–88.

[36] Siehe zu Rechtsstil als festem Bestandteil der Rechtskultur *Czeguhn*, Stilwandel, in: Schulze/Seif (Hrsg.), Richterrecht, 2003, S. 59 (59).

[37] *Vogenauer*, Geschichte des Präjudizienrechts, ZNR 28 (2006), S. 48 (64–68).

[38] *Dawson*, The Oracles of the Law, 1968, S. 80–99; siehe für die 1970er Jahre im englischen Recht *Lawton*, Entscheidungsbegründung im englischen Recht, in: Sprung (Hrsg.), Entscheidungsbegründung in europäischen Verfahrensrechten, 1974, S. 423 (423 f.).

auf die Entscheidensmaterialien des Richters hatten und aus der mündlichen Argumentation des Richters erst eine lesbare Version erschufen.[39] Die englischen Begründungen sind also über weitere Akteure vermittelt und geben nicht aus erster Hand die Motive des entscheidenden Gremiums wieder.

2. Deutsche Rechtsgeschichte

Die Geschichte der Begründungspflicht in Deutschland stieß seit den 1970er Jahren auf großes Interesse. Anlass für die Beschäftigung mit der Begründungspflicht bot die Diskussion in Ausbildungszeitschriften um „Wert und Unwert der Relationstechnik".[40] Thema waren die strengen, aber doch nicht normativ festgelegten Methoden richterlicher Erkenntnis und Begründung. Vor allem Juraprofessoren bezweifelten den Nutzen dieser starren Regelungen im Referendariat. Das Hinterfragen der richterlichen Ausbildung regte auch rechtshistorische Arbeiten über den Ursprung dieser Konventionen an.

„Die richterliche Begründungspflicht" im Allgemeinen behandelte Jürgen Brüggemann 1971 in seiner Dissertation. Er untersucht „Verfassungsrechtliche Mindestanforderungen an die Begründung gerichtlicher Entscheidungen". Die „Rechtsgeschichtliche und rechtstheoretische Ausgangslage" findet dabei auf wenigen Seiten Erwähnung.[41] Zwar ist die Studie vom Titel her unmittelbar einschlägig; sie wird deshalb im Kontext der Begründungspflicht immer noch zitiert.[42] Brüggemann beschäftigt sich allerdings mit den inhaltlichen Anforderungen an eine Begründung unter dem Grundgesetz. Dabei dient die historische Annäherung vor allem dazu, die rechtsschöpferische Rolle der Juristen als Charakteristikum ab dem 20. Jahrhundert herauszustellen, wenn Brüggemann schreibt: „Das richterliche Urteil selbst wird, unter Betonung seines Erkenntnischarakters, als eine grundsätzlich rechtsschöpferische Leistung gewürdigt und nicht nur als ein Ergebnis ausschließlicher Gesetzesanwendung im Sinne einfacher Subsumtion eines Sachverhalts unter das Gesetz."[43] Diesen Zustand sieht Brüggemann spätestens mit der Freirechtsbewegung erreicht, führt aber Belege von den *Cinq Codes* über Savignys System an, die eine solche Deutung bereits vorbereiteten. Er nimmt damit den Blickwinkel der Methodenlehre ein.

Die „privatrechtliche Entscheidungsliteratur" erfuhr durch die Dissertation von Heinrich Gehrke[44] in den 70er Jahren erstmals größere rechtshis-

---

[39] *Dawson*, The Oracles of the Law, 1968, S. 84.
[40] *Grunsky*, Wert und Unwert, JuS 27 (1972), S. 29–35, 137–141.
[41] *Brüggemann*, Die richterliche Begründungspflicht, 1971, S. 31–35.
[42] *Werkmüller*, Urteilsbegründung, in: HRG 1998, Sp. 611 (614).
[43] *Brüggemann*, Die richterliche Begründungspflicht, 1971, S. 35.
[44] Die Dissertation erschien bereits 1972 im Druck, *Gehrke*, Rechtsprechungs- und Konsilienliteratur, 1972; 1974 veröffentlichte Gehrke die überarbeitete Fassung unter

torische Aufmerksamkeit.[45] Gehrke arbeitet in einem ersten Teil „Allgemeine Charakteristika und Darstellungstypen" der Entscheidungsliteratur heraus. In einem zweiten Teil seiner Arbeit ordnet er die Fülle der historischen Druckwerke.[46] Es folgt eine systematische Übersicht der Quellen mit biographischen Angaben zu den Herausgebern und inhaltlichen Zusammenfassungen zu den 344 Werken. Allerdings begrenzt Gehrke seine Arbeit auf die Zeit des Ancien Régime.[47] Die Vielzahl der Drucke des 19. Jahrhunderts bleibt daher bei ihm unberücksichtigt. Gehrkes knappe aber präzise Ausführungen zur gerichtlichen Abfassung und Bekanntgabe von Entscheidungsgründen nach Gesetzgebung und Lehre bilden zusätzlich einen wichtigen Ausgangspunkt für die Forschungen zur richterlichen Begründungspflicht.[48]

Wolfgang Sellert veröffentlichte 1986 einen Aufsatz „Zur Geschichte der rationalen Urteilsbegründung gegenüber den Parteien".[49] Im Kern geht es ihm um die Möglichkeit einer rationalen Entscheidung, die sich bereits in einer internen Begründung äußert, etwa am Reichskammergericht und Reichshofrat. Wiederum handelt es sich dabei um einen Beitrag zur Methodenlehre. Darin reißt Sellert ebenfalls normative Vorgaben, Diskussionen um die Begründungspflicht zur Zeit der Aufklärung und die praktische Umsetzung der Verpflichtungen an.

Danach wurde es in der Forschung um die Begründungspflicht stiller. Erst um 2000 nahm das Interesse an der Richterrechtsgeschichte wieder zu.[50] Argumentation und Entscheidungsfindung werden in der Forschung teilweise zusammengedacht, so zum Beispiel bei Filippo Ranieri.[51] Das suggeriert eine Überschneidung, die nicht zwangsläufig ist. An die Erkenntnisse von Ranieri knüpfen weitere Autoren mit kürzeren Aufsätzen an, etwa Ignacio Czeguhn, der 2003 Thesen für den Stilwandel in der deutschen und spanischen Rechtspraxis zusammentrug. Er hob hervor, dass sich Gerichte durch den wissen-

---

leicht verändertem Titel, *Gehrke*, Die privatrechtliche Entscheidungsliteratur, 1974, ich nehme auf die zweite Fassung Bezug.

[45] So bereits anerkennend *Buschmann*, Besprechung von Gehrke, Die privatrechtliche Entscheidungsliteratur, ZRG (GA) 96 (1979), S. 387 (390).

[46] Kritisch zur Aufspaltung der Dezisionenliteratur *Kroeschell*, Deutsche Rechtsgeschichte III, 2008, S. 172.

[47] *Gehrke*, Die privatrechtliche Entscheidungsliteratur, 1974, S. 10, wählt ausdrücklich aber ohne weitere Erläuterung die Begrenzung für das Jahr 1806, das Ende des alten Reiches; für die spätere Zeit siehe für Sammlungen Ranieri (Hrsg.), Gedruckte Quellen, 1992.

[48] *Gehrke*, Die privatrechtliche Entscheidungsliteratur, 1974, S. 22–34.

[49] *Sellert*, Urteilsbegründung, in: Dilcher/Diestelkamp (Hrsg.), Recht, Genossenschaft und Policey, 1986, S. 97 (97).

[50] Siehe etwa den Sammelband von Cordes (Hrsg.), Juristische Argumentation, 2006.

[51] *Ranieri*, Entscheidungsfindung, in: Oestmann (Hrsg.), Formstrenge, 2009, S. 165 (165).

schaftlichen Charakter ihrer Urteile an der rechtswissenschaftlichen Diskussion beteiligten.[52]

2002 erschien die bereits erwähnte, bislang einzige rechtshistorische Monografie über den Gegenstand. Stephan Hocks veröffentlichte seine von Regina Ogorek betreute Dissertation „Gerichtsgeheimnis und Begründungszwang. Zur Publizität der Entscheidungsgründe im Ancien Régime und im 19. Jahrhundert". Hocks geht der Frage nach, welche Überlegungen „für die Einführung der richterlichen Begründungspflicht leitend waren, wie es überhaupt ‚dazu kam' und was damit ‚zusammenhing', daß Richter mit einer Selbstverständlichkeit Urteilsbegründungen verfassen und an die Parteien herausgeben".[53] Hocks gibt die Diskussion um die Einführung der Begründungspflicht wieder. Er konkretisiert seine Fragestellung: „Gesucht werden soll nach Erklärungen, weshalb die Entscheidungsmotive den Parteien verweigert oder vielleicht auch bereitwillig präsentiert wurden."[54] Das historische Für und Wider einer Veröffentlichung von Entscheidungsgründen steht im Zentrum seiner Studie. Die Folgen der Begründungspflicht, das Ringen um ein Verständnis der neuen Verpflichtung und die Folgen in Form von Entscheidungssammlungen spielen bei ihm dagegen eine untergeordnete Rolle. Er schreibt jedoch „Hintergrundgeschichten: Von ‚bürgerlicher Freyheit', von neuen Richtern und dem ‚Anbau der Rechtswissenschaft'" in einem dritten Abschnitt des zweiten Hauptteils auf 30 Seiten. Seine Quellen sind gedruckte Schriften aus dem deutschsprachigen Raum, die den Nutzen und Schaden einer Begründungspflicht diskutieren. Dabei stellt Hocks einen Wandel in der Argumentation fest. Zunehmend sei statt der Parteien und der sie vertretenden Anwälte die „Öffentlichkeit"[55] Adressatin der Entscheidungen geworden. Dieses Narrativ zieht Hocks einer chronologischen Darstellung vor. Beide Hauptteile seiner Arbeit beginnen jeweils im 16. Jahrhundert und enden im 19. Jahrhundert, haben aber die entgegengesetzten Bestandteile des Titels zum Gegenstand, zuerst das Gerichtsgeheimnis, dann den Begründungszwang. Hocks beginnt bei der Geheimhaltungspflicht im Jüngsten Reichsabschied von 1654 und verfolgt die Entwicklung bis zu einem „Endpunkt" um 1840.[56] Indem er den Blick auf direkte Vorbilder der heutigen Begründungspflicht fokussiert, blendet er andere Institute und Verständnisse aus, die sich nicht erhalten haben. Der Umgang mit einer bestehenden Begründungspflicht kommt bei ihm nur am Rande zur Sprache.

---

[52] *Czeguhn*, Stilwandel, in: Schulze/Seif (Hrsg.), Richterrecht, 2003, S. 59 (59).
[53] *Hocks*, Gerichtsgeheimnis, 2002, S. 3.
[54] *Hocks*, Gerichtsgeheimnis, 2002, S. 11.
[55] *Hocks*, Gerichtsgeheimnis, 2002, S. 109 f., 130 f., S. 192; sein Öffentlichkeitsverständnis erläutert Hocks nicht näher; siehe zur Öffentlichkeit unter E. III.
[56] *Hocks*, Gerichtsgeheimnis, 2002, S. 1.

IV. Methode

In diesem Abschnitt soll zunächst die Quellenauswahl erläutert und auf die Besonderheiten in der Quellensprache hingewiesen werden. Es folgen Hinweise zur Transkription der Quellen und zum weiteren Gang der Darstellung.

1. Quellensuche und Quellenauswahl

Um sich dem zeitgenössischen Verständnis der Begründungspflicht zu nähern, kommen verschiedene Quellengruppen in Betracht. Dies sind zunächst normative Quellen, die explizit Regeln über die Begründungspflicht aufstellen. Daneben forderten Juristen in eigenständigen Schriften eine Begründungspflicht ausdrücklich ein. Diese beiden Quellengruppen haben in der Forschung bereits große Beachtung erfahren. Zusätzlich sollen in der vorliegenden Untersuchung besonders zeitgenössische Anleitungsbücher, Lehrbücher, Handbücher und Konversationslexika herangezogen werden. Diese Lehrwerke trugen das geltende Prozessrecht zusammen und könnten daher Hinweise geben, wie Juristen konkret vorzugehen hatten. Die zeitgenössische Wahrnehmung lässt sich an diesen Druckwerken nachverfolgen. Gerichtsakten eignen sich hingegen nicht für die Untersuchung. Denn sie zeigen nur, ob die Begründungspflicht beachtet wurde und wie das Gericht konkret begründet hat. Über den theoretischen Anspruch dahinter kann man anhand von Gerichtsakten nur spekulieren.

Die Quellenfunde stammen aus einer Kombination verschiedener Suchmethoden. Einen ersten Zugriff ermöglichen bisherige Forschungen, die aus den Quellen zitieren. In den Quellen finden sich wiederum Querverweise auf andere Abhandlungen der Zeit. Neben diesem Schneeballsystem fördert die digitale und analoge Suche in Stichwortregistern und Inhaltsverzeichnissen nach Schlagworten wie „Entscheidungsgründe", „Urtheil" oder „Gründe" weitere Quellen zu Tage.

Dabei zeigt sich, dass ein Großteil der Quellen aus Bayern stammt. Dafür gibt es im Wesentlichen zwei mögliche Ursachen. Zum einen könnten die bayerischen Autoren sich tatsächlich häufiger über die Begründungspflicht geäußert haben. Zum anderen könnten sie auch nur in den aufgefundenen Quellen überproportional vertreten sein. Denn die Quellensuche in Digitalisaten führt zu einer Überrepräsentation der hervorragend digitalisierten Werke der bayerischen Staatsbibliothek, die ihrerseits viele Werke bayerischer Autoren beherbergt. Die heutige Zugänglichkeit dieser Quellen verfälscht möglicherweise das historische Textkorpus. Dieses methodische Problem lässt sich nicht ausräumen. Es ist aber zu berücksichtigen, dass die vielen bayerischen Quellen nicht unbedingt für eine bayerische Dominanz in den historischen Beiträgen zur Begründungspflicht sprechen.

Neben den oben beschriebenen Quellengruppen hat die Suche zu Quellen geführt, die sich eigentlich einer anderen Forderung für die Justiz verschrieben hatten. Die Verfasser warben für öffentliche und mündliche Gerichtsverfahren, den Freibeweis, die Anerkennung von Gerichtsrecht als Gewohnheitsrecht oder für Pressefreiheit.[57] Sie versuchten, eine Rechtsänderung anzuregen und nutzten die Entscheidungsbegründung dabei als Argument.

Der Schwerpunkt der Untersuchung liegt auf Quellen aus der Zeit zwischen dem Reichsdeputationshauptschluss 1803 und der Revolution von 1848/49. In diese Zeit fallen maßgebliche gesetzgeberische Änderungen der Begründungspflicht,[58] aber auch die teilweise beiläufige Auseinandersetzung in der Literatur. Quellen außerhalb dieses Untersuchungszeitraums sind ausnahmsweise analysiert, wenn sie einen auch ansonsten angesprochenen Aspekt vor- oder nachbereiten. Sachlich sind nur solche Quellen in der Studie ausführlich beschrieben, bei denen eine Argumentation mit der Begründungspflicht erkennbar ist.

Eine methodische Schwierigkeit besteht darin, die so ermittelten Quellen zu gewichten, also festzulegen, wie viel Raum dem Beitrag eines zeitgenössischen Autors in dieser Arbeit zusteht. Für die Aufnahme in dieses Buch waren zwei Kriterien leitend: die inhaltliche Nähe zum Gegenstand und die Bedeutung des Autors für seine Zeit. Zum einen dienen Texte als Quellen, die in den Untersuchungszeitraum fallen und sich ausschließlich oder schwerpunktmäßig mit der Begründungspflicht befassen. Teilweise sind die Autoren heute völlig unbekannt. Mit ihnen hat sich die rechtshistorische Forschung noch nicht befasst und ihre Biographien sind nur bruchstückhaft überliefert und kaum zu rekonstruieren. Ihre spätere Vergessenheit schmälert ihre Bedeutung für die Begründungspflicht jedoch nicht. Bezugnahmen anderer Autoren in späteren Schriften belegen die zeitgenössische Rezeption. Die Autoren sind damit Diskursteilnehmer und unentbehrlich, um sich dem zeitgenössischen Meinungsspektrum anzunähern. Zum anderen kann die Bedeutung des Autors für seine Zeit entscheidendes Kriterium für die Aufnahme sein. Auch dies ist in der historischen Rückschau schwierig zu beurteilen. Wichtigster Anhaltspunkt ist die Bewertung des Autors durch die jüngere rechtshistorische Forschung. Die Bedeutung vieler Autoren wird nicht geprüft, sondern vorausgesetzt. Es wäre für den wissenschaftlichen Fortschritt hinderlich, stets zu hinterfragen, ob Savigny, Mittermaier oder Martin überhaupt wichtig waren. Solche Autoren sind unabhängig von den Titeln ihrer Monografien vertreten. Denn es ist anzunehmen, dass auch bloße Andeutungen von den Zeitgenossen zur Kenntnis genommen wurden,

---

[57] Siehe insbesondere Gönner (1810); Wening (1821); Feuerbach (1821); Möhl (1842); Künßberg (1837); Sartorius, Erzeugung und Bedeutung (1844).

[58] Siehe unter B.

sofern Inhaber der wichtigsten Professuren oder Richter der anerkanntesten Gerichte sie äußerten.

Vereinfacht kann die Quellenauswahl auf die Formel gebracht werden: Je bedeutender der Autor ist, desto geringer müssen die ausdrücklichen Bezüge in seinem Werk zur Begründungspflicht sein. Diese graduelle Abstufung zeigt bereits, dass die Untersuchung nicht anstrebt, die zeitgenössische Diskussion lückenlos wiederzugeben.

2. Quellensprache und Forschungsfrage

Zeitgenössische wissenschaftliche Literatur stellt den heutigen Leser vor besondere Herausforderungen. Es ist leicht, in der Rückschau einen einheitlichen Diskurs über ein Thema wie etwa die Begründungspflicht zu konstruieren. Tatsächlich steht im Voraus aber weder fest, ob erstens die Teilnehmer einer zeitgenössischen Diskussion mit denselben Begriffen dasselbe meinen, also ob sie einander überhaupt verstehen, noch zweitens ob die benutzten Begriffe mit dem heutigen Sprachgebrauch identisch sind. Für jeden Autor können daher sein Verständnis der Begrifflichkeiten und seine Folgerungen daraus nur einzeln untersucht und wiedergegeben werden.

Das zweite Problem stellt sich grundsätzlich bei jeder Form historischen Arbeitens. Es ist besonders in der Rechtsgeschichte verlockend, Begriffe und ihre Hintergründe auf eine vergangene Zeit zu übertragen.[59] Bei dem zentralen Begriff „Entscheidungsgründe" ist daher in doppelter Hinsicht Vorsicht geboten. „Entscheidungsgründe", wie der heutige § 313 Abs. 1 Nr. 6 ZPO sie vorschreibt, meinen die schriftlich niedergelegten rechtlichen Erwägungen, die ein Urteil stützen. Sie werden im sogenannten Urteilsstil verfasst. Die Begründung erfolgt vom Ergebnis her, anstatt sich zu ihm vorzutasten. Manche Autoren des 19. Jahrhunderts verwenden den Begriff „Entscheidungsgründe" hingegen für alle geäußerten und nicht geäußerten Motive des Richters für sein Urteil – unabhängig davon, ob die Überlegungen verschriftlicht mit dem Urteil zusammen publiziert werden. Auch der Gedanke eines Richters oder seine Relation sind im ursprünglichen Wortsinne Entscheidungsgründe. Die zunehmend vorgeschriebenen Entscheidungsgründe, also die schriftliche Darlegung gegenüber den Parteien, wurden einem „Urtheil" angefügt. Formal handelt es sich damit um zwei verschiedene Dokumente, während die Urteilsgründe heute Bestandteil des Urteils sind. Von einem „Urteilsstil" wäre die Begründung in der zeitgenössischen Auffassung daher in keinem Fall umfasst. Selbst wenn mit „Entscheidungsgründen" in einer konkreten Quelle die schriftliche Ableitung einer Rechtsentscheidung gemeint ist, ist der Begriff noch mehrdeutig. Denn

---

[59] *Stolleis*, Rechtsgeschichte schreiben, 2008, S. 26.

zum einen ist als Oberbegriff die umfassende Begründung einer gerichtlichen Entscheidung gemeint. Zum anderen verwenden die Autoren noch im 19. Jahrhundert Entscheidungsgründe synonym mit *rationes decidendi*. Ihnen stehen die *rationes dubitandi*, die sogenannten Zweifelsgründe, gegenüber.[60] Entscheidungsgründe im weiteren Sinne enthalten danach die Entscheidungsgründe im engeren Sinne und die Zweifelsgründe. Eine genaue Abgrenzung nehmen nur wenige Autoren vor.[61]

Ein „Grund" meint sowohl ein einzelnes Motiv, das bei der Entscheidung in die Waagschale fällt, als auch die nachgeschobene Legitimation. Wolfgang Sellert hat in diesem Zusammenhang darauf hingewiesen, dass auch das lateinische Wort *ratio* doppeldeutig ist.[62] *Ratio* kann sowohl Grund als auch Begründung heißen. Doch abgesehen von dieser Bemerkung trennt Sellert in seinem Aufsatz über die rationale Urteilsbegründung nicht zwischen den beiden Ebenen. Er untersucht vielmehr, ob überhaupt rational, also vernunftgeleitet entschieden wird. Die vorliegende Untersuchung kann aufgrund des zeitlichen Rahmens von einem Streben nach Rationalität in der Entscheidungsfindung ausgehen. Die Frage nach der zugeschriebenen Funktion, die bereits Sellert angerissen hatte, wird hingegen weiter ausgeleuchtet.

Die einzelnen Diskussionsbeiträge folgen einer inneren Systematik, die heute nur noch schwer zugänglich ist. Außerdem führen die Autoren eine eigene Terminologie ein, die sie im gesamten Text nutzen. Die Arbeit versucht, die Eigenart der Quellen, auch in sprachlicher Hinsicht, zu bewahren. Daraus ergibt sich ein exegetischer Stil, der die Quellen im Detail untersucht. Die Analyse ist daher sehr nah an den Vorlagen. Zentrale Ausschnitte sind im Original wiedergegeben und ausführlich erläutert. Dieser Zugang zur Rechtsgeschichte ist nicht neu. Eine ganz ähnliche Darstellung findet sich etwa 1912 in einer Dissertation über „Die Öffentlichkeit des Deutschen Rechtsverfahrens im 19. Jahrhundert".[63] Der Autor Wilhelm Schiff behandelt nacheinander verschiedene Quellen, die sich mit dem öffentlichen Gerichtsverfahren befassen. Dieser hergebrachte Zugriff schützt vor Verallgemeinerungen und zwingt, nur Aussagen über einzelne Autoren zu treffen.

---

[60] Zur Technik der Rationes Dubitandi und Decidendi zeitgenössisch Art. per rationes dubitandi et decidendi, in: Zedlers Universal-Lexicon, 27. Band, 1741, Sp. 549 f.; Art. Ratio decidendi, in: Zedlers Universal-Lexikon, 30. Band, 1741, Sp. 1007 f.; aus der rechtshistorischen Literatur siehe *Falk*, Consilia, 2006, S. 170 f., 203 f.; Oestmann (Hrsg.), Zivilprozeß am Reichskammergericht, 2009, S. 544 Fn. 2482; *Sauter*, Juristische Konsilien, 2005, URL: [https://www.leo-bw.de/themenmodul/sudwestdeutsche-archivalienkunde/arc hivaliengattungen/texte/rechtstexte/juristische-konsilien] (zuletzt aufgerufen am 14.11.2020).

[61] Siehe etwa *Brinkmann*, Urtheilsgründe, 1826, S. 101, beschrieben unter E. V. 3.

[62] *Sellert*, Urteilsbegründung, in: Dilcher/Diestelkamp (Hrsg.), Recht, Genossenschaft und Policey, 1986, S. 97 (110).

[63] *Schiff*, Öffentlichkeit des Deutschen Rechtsverfahrens, 1912.

3. Transkription von Quellen

Die Rechtschreibung der Quellen ist bei wörtlicher Übernahme beibehalten, nicht jedoch in der Paraphrase. Hervorhebungen in den Quellen in Form von Sperrungen, Kursivsetzungen und Fettdruck sind nicht übernommen. Sofern am Anfang eines Wortes im Original die Diphthonge Ae, Oe oder Ue stehen, sind sie als Umlaut normalisiert.

4. Gang der Darstellung

Die Arbeit fragt nach dem zeitgenössischen Verständnis der ursprünglichen Begründungspflicht gegenüber den Parteien. Dabei soll zunächst das verwirrende normative Geflecht zur Urteilsbegründung um 1800 skizziert werden (B.). Sodann geht es um die Läuterung als ältere Alternative der Parteien, die Hintergründe ihres Falles zu erfahren (C.). Das Kernstück der Arbeit bildet eine Untersuchung über die Funktionen, die Zeitgenossen der Begründungspflicht zuschrieben. Sie beginnt mit der Vorstellung ausgewählter Reformvorschläge nach 1803, die eine Begründungspflicht explizit einforderten (D.). Es folgt eine Analyse der Lehrbuch- und Anleitungsliteratur der 1810er bis 1850er Jahre (E.). Das Datum der Veröffentlichung der jeweiligen Quelle steht in den einzelnen Überschriften in Klammern hinter den Autorennamen. Zusammenfassung und Ausblick (F.) schließen die Arbeit ab.

B. Begründungen erzwingen – eine kleine Normengeschichte

Normengeschichte als nackte Wiedergabe alter Gesetze gilt als trocken und unergiebig.¹ Nur staatliche Vorgaben vergangener Zeiten wiederzugeben, greift auch zu kurz. Denn sie sagen noch nichts über die Umsetzung oder Beachtung in der Praxis aus.² Und erst die sogenannte Implementation³ verrät uns etwas über die Geltung in vergangenen Zeiten. Doch um die zeitgenössischen wissenschaftlichen Äußerungen einordnen zu können, ist es hilfreich, sich vor Augen zu führen, welche Normen überhaupt Verbindlichkeit beanspruchten. Die Stellungnahmen verschiedener Autoren aus Wissenschaft und Praxis sind vor dem Hintergrund der konkret in einem Staat oder Territorium geltenden Normen entstanden. Die hoheitlichen Vorgaben zeigen auf, welche Verpflichtung den einzelnen Richtern genau oblag. Die Reichweite der Amtspflicht war dabei durchaus unterschiedlich, weil jeder Staat die Begründungspflicht nach seinem Belieben regelte. Die Menge der Reformen im 19. Jahrhundert führte zu einem unübersichtlichen Konglomerat an Regelungen allein zum Gegenstand der Begründung. Umso erstaunlicher ist die überregionale Diskussion, die sich trotz der normativen Vielfalt über die Begründungspflicht entspann. Von der Staatenvielfalt in diesem Punkt völlig unbeeindruckt, nahmen die Autoren aufeinander Bezug. Um dieses Phänomen einordnen zu können, ist es sinnvoll, sich die verschiedenen Vorgaben in den Territorien und Staaten zwischen dem frühen 18. und der Mitte des 19. Jahrhunderts zu vergegenwärtigen.

Stephan Hocks erwähnt 2002 lediglich in einer Fußnote die späteren Nachfolgeregelungen aus der zweiten Hälfte des 19. Jahrhunderts, als eine Begründungspflicht schon allgemein anerkannt war.⁴ Seine Untersuchung beginnt mit der Verordnung für die Untergerichte in Schleswig und Holstein

---

¹ Kritisch zu Normengeschichte ohne Bezug zur sozialen Realität *Oestmann*, Normengeschichte, Rg 25 (2015), MPI RG Research Paper Series No. 2014-06, S. 3.

² Dazu bereits *Kantorowicz*, Rechtswissenschaft und Soziologie [1911], Wiederabdruck in: Würtenberger (Hrsg.), Rechtswissenschaft und Soziologie, 1992, S. 117 (140 f.).

³ *Landwehr*, Policey vor Ort, in: Härter (Hrsg.), Policey und frühneuzeitliche Gesellschaft, 2000, S. 47 (47–52).

⁴ *Hocks*, Gerichtsgeheimnis, 2002, S. 1 Fn. 3.

von 1845 als „Endpunkt" der Entwicklung.[5] Das bunte normative Panorama, vor dem sich die Diskussion um die Begründungspflicht über Jahrzehnte abspielte, kommt bei ihm nicht zur Sprache.

Einen solchen Überblick kann man sich aber leicht verschaffen. Denn die ältere rechtshistorische Forschung hat eine Reihe von Normen zusammengetragen, die Richter zur Begründung verpflichteten. Die Auflistung ist Ausgangspunkt für weitere Recherchen. Die wesentlichen Regelungen und die groben Linien sind seit langem bekannt. Darum sollen die älteren Vorarbeiten hier zu Wort kommen.

Eine frühe Zusammenstellung der normativen Vorgaben zur Begründungspflicht findet sich 1967 bei Konstantin Kerameus, der „Die Rechtskraftwirkung der Entscheidungsgründe nach gemeinem und partikularem Recht" in einem Aufsatz im „Archiv für die civilistische Praxis" untersucht. In einer Anmerkung stellt er die zur Begründung verpflichtenden Normen in alphabetischer Reihenfolge der Staaten zusammen. Eine eigene Systematik ist daher nicht erkennbar.[6] Heinrich Gehrke geht in seiner 1972 veröffentlichten Dissertation, die 1974 erneut in leichter Überarbeitung erschien, systematischer vor. Er kategorisiert die Regelungen des ausgehenden 18. Jahrhunderts danach, ob eine Begründung ausdrücklich vorgeschrieben oder verboten war oder ob es keine eindeutigen Vorschriften zu der Frage gab.[7] Gehrkes Themenzuschnitt gemäß fehlen allerdings die neueren Regelungen aus dem 19. Jahrhundert. Rainer Sprung versucht 1974 eine „Genealogie der Entscheidungsbegründungpflicht in den wichtigsten und beispielhaft-typischen deutschen Einzelstaaten" zu erstellen.[8]

Im Rahmen der vorliegenden Untersuchung stehen Entscheidungsbegründungen eines Gerichts gegenüber den Prozessparteien im Fokus der Aufmerksamkeit. Hier gilt es mit Sprung zu differenzieren. Er hat zwei typische Regelungsansätze der Begründungspflicht gegenüber den Parteien in den zeitgenössischen Normen ausgemacht. Zum einen ist es vorgekommen, dass die Parteien „etwa Einsichtsrechte in die Vorlageberichte (Relationen) des *iudex a quo* aus Anlaß eines Rechtsmittels"[9] erhielten. Den Parteien wurde also Zugang zu ohnehin existierenden begründenden Texten gewährt. Im diesem Fall wandte sich der Richter zumindest auch an die Parteien, weil er von der Verpflichtung wusste und es zumindest für möglich hielt, dass eine

---

[5] *Hocks*, Gerichtsgeheimnis, 2002, S. 1.

[6] *Sprung*, Entwicklung, in: ders. (Hrsg.), Entscheidungsbegründung in europäischen Verfahrensrechten, 1974, S. 43 (46).

[7] *Gehrke*, Die privatrechtliche Entscheidungsliteratur, 1974, S. 29 f.

[8] *Sprung*, Entwicklung, in: ders. (Hrsg.), Entscheidungsbegründung in europäischen Verfahrensrechten, 1974, S. 43 (46).

[9] *Sprung*, Entwicklung, in: ders. (Hrsg.), Entscheidungsbegründung in europäischen Verfahrensrechten, 1974, S. 43 (46).

Partei nach dem Urteil Einsicht verlangte. Zum anderen konnte der Richter selbst verpflichtet sein, „den jeweiligen Entscheidungsausfertigungen Gründe sogleich beizugeben".[10] Dann wurde die Begründung eigens für die betroffenen Parteien verfasst. Damit beschreibt Sprung die beiden Grundformen. Im ersten Fall geht es um eine primär interne Verpflichtung, die sich durch einen Zusatz auch auf Außenstehende erstreckt. Im Fall der begründeten Entscheidungen hingegen wird von vornherein eine externe Pflicht statuiert. Zwischen den beiden Formen gab es verschiedene Abstufungen.

I. Die gemeinrechtlichen Vorgaben

Jedenfalls in der Theorie stellten die gemeinrechtlichen Vorgaben den rechtlichen Rahmen dar, in dem sich Richter zu bewegen hatten, die keinen partikularen Regelungen unterworfen waren.[11] Denn das Gemeine Recht galt auch im prozessualen Bereich subsidiär im 19. Jahrhundert fort. Damit bilden die gemeinrechtlichen Vorgaben zugleich einen Ausgangspunkt der Diskussion um die Begründungspflicht. Die zeitgenössischen Autoren nahmen in ihren Schriften vielfach auf diese Vorgaben Bezug. Was das Gemeine Recht allerdings in diesem Punkt genau besagte, ist methodisch schwierig festzustellen.

Ermitteln lassen sich zunächst die Textstellen, etwa aus dem römischen Recht oder dem kanonischen Recht, die die Zeitgenossen für anwendbar hielten. In einem zweiten Schritt kann es nur darum gehen, zu erforschen, wie die Zeitgenossen diese spärlichen Stellen interpretiert haben. Denn der gelehrten Literatur kam ein hoher autoritativer Stellenwert zu.[12] Eine Interpretation aus heutiger Sicht kann eine historische Rechtslage dagegen nicht rekonstruieren. Sofern die Meinungen der Zeitgenossen auseinandergehen, bleibt nur die Möglichkeit, diese unterschiedlichen Ansichten darzustellen. Insofern führt der Versuch, die normativen Grundlagen im Gemeinen Recht zu rekonstruieren, zurück zur gelehrten Literatur über genau diese Anweisungen. Eine Trennung zwischen Normen- und Wissenschaftsgeschichte ist dann nicht durchführbar.[13]

---

[10] *Sprung*, Entwicklung, in: ders. (Hrsg.), Entscheidungsbegründung in europäischen Verfahrensrechten, 1974, S. 43 (46).

[11] *Oestmann*, Rechtsvielfalt, in: Jansen/Oestmann, Gewohnheit, 2011, S. 99 (109–114).

[12] *Rückert*, Handelsrechtsbildung, in: Scherner (Hrsg.), Modernisierung des Handelsrechts, 1993, S. 19 (48).

[13] *Oestmann*, Normengeschichte, Rg 25 (2015), MPI RG Research Paper Series No. 2014-06, S. 2, benennt plakativ Normen-, Wissenschafts- und Praxisgeschichte als drei unterschiedliche Zugänge; bis weit ins 19. Jahrhundert ist eine strikte Trennung zwischen Normen- und Wissenschaftsgeschichte nicht möglich.

Das Auseinanderfallen von Normen und Rechtslage erkannten die Zeitgenossen selbst. In der von Nikolaus Falck begründeten und später von Rudolf von Jhering fortgeführten juristischen Enzyklopädie steht dazu:

„Die Doctrin, die mündlich oder schriftlich überlieferte Lehre der Rechtskundigen von dem, was Recht ist, sollte, ihrer Natur nach, bloß ein Hilfsmittel seyn, um das geltende Recht kennen zu lernen, ist aber vielfältig eine wirkliche Rechtsquelle geworden."[14]

Texte über Recht hätten nicht nur eine dienende Funktion. Sie seien „wirkliche Rechtsquelle". Etwas missverständlich sind hiermit Rechtserkenntnisquellen gemeint.[15] Falck erläutert also, man könne das Recht seiner Zeit nur anhand der Literatur verstehen.

Nach diesen Grundsätzen geht Heinrich Gehrke unausgesprochen vor. Ihm zufolge kreiste die Rechtslehre um die Auslegung der beiden gemeinrechtlichen Stellen D. 42. 1. 59 pr. und X. II, 27, 16.[16] Das spätantike Corpus Iuris Civilis enthält folgende Aussage:

„In Urteilen reicht es hin, wenn der Richter die Summe angibt und sie zu zahlen oder zu entrichten gebietet oder mit welchem anderen Worte er dies andeuten will."[17]

In dieser Digestenstelle nach Ulpian kommt zum Ausdruck, dass es für ein gültiges Urteil genügt, wenn der Richter die Summe ausspricht, die letztlich zu zahlen ist. Daraus ergibt sich zugleich, dass er nicht darlegen muss, welche einzelnen Positionen sich dahinter verbergen und wie er zu diesem Resultat gelangt ist. Flankiert wird die Stelle von der kanonischen Regel aus dem Liber Extra von 1234:

„Ein Urteil kann man durch Zeugen beweisen, wenngleich sie keine Erklärung über die Gründe abgeben dürfen, die den Richter gewöhnlich zum Urteilen bewegen."[18]

Die Dekretale geht auf die Konstellation ein, dass der Inhalt eines Urteils später in anderer Sache beweisbedürftig wird. Mit Zeugen kann man dann den Ausgang des Rechtsstreits beweisen; der Zeugenbeweis über Entscheidungsgründe ist jedoch unzulässig. Diese beiden gemeinrechtlichen Stellen befassen sich jeweils mit einer spezifischen Konstellation, zum einen der Ti-

---

[14] *Falck*, Juristische Encyklopädie, 1839, S. 17; Jhering (Hrsg.), Juristische Encyklopädie, 1851, S. 18.

[15] Siehe hierzu *Volk*, Die juristische Enzyklopädie, 1970, S. 34.

[16] *Gehrke*, Die privatrechtliche Entscheidungsliteratur, 1974, S. 31.

[17] D. 42. 1. 59 pr.: „In summa sufficiet, si expresserit iudex summam in sententia solvique iusserit vel praestari vel quo alio verbo hoc significaverit.", bei Krüger/Mommsen (Hrsg.), Corpus Iuris Civilis, 1954, S. 716, Übersetzung nach Otto/Schilling/Sintenis (Hrsg.), Corpus Juris, 1832, S. 361 f.

[18] X. II, 27, 16: „Sententia potest probari per testes; licet non deponant de causis, quae solent iudicem movere ad sententiandum.", bei Richter/Friedberg (Hrsg.), Corpus Iuris Canonici, 1879/1881, Sp. 401; *Konstantin Liebrand* danke ich für Unterstützung bei der Übersetzung.

tulierung mehrerer Forderungen in einem Urteil, zum anderen der Beweisbarkeit der Entscheidungsgründe durch Zeugen. Doch diese Quellen boten Anlass für eine allgemeinere Aussage über die Zulässigkeit von Entscheidungsgründen.

Bis zur Mitte des 18. Jahrhunderts vertrat man laut Gehrke aufgrund dieser beiden Passagen „ganz einhellig die Auffassung, daß sowohl nach römischem als auch nach kanonischem Recht keine Mitteilung der Entscheidungsgründe an die Parteien zu erfolgen habe".[19] In der dann aufkommenden Diskussion ab der Mitte des 18. Jahrhunderts habe sich die Lesart der gemeinrechtlichen Quellen geändert. Fortan habe man angenommen, „daß gerichtliche Erkenntnisse auch ohne Hinzufügung ihrer Motive rechtsbeständig sein können".[20] Hocks hingegen geht auf diesen Wandel nicht ein, sondern meint: „Die römischrechtlichen Quellen wurden in der Zeit des ius commune gegen eine Urteilsbegründungspflicht hin interpretiert".[21]

Wie Gehrke herausstellt, folgerte die zeitgenössische Lehre ab dem 18. Jahrhundert jedoch aus dem römischen Recht, es sei zumindest nicht streng verboten, eine Entscheidung zu begründen.[22] Verpflichtet waren die Richter hingegen aber auch nicht. Vor diesem nichtssagenden normativen Rahmen nahmen sich Juristen in Dissertationen und kleineren Schriften immer wieder der Frage an, ob der Richter begründen müsse, dürfe oder solle. Denn es lag nun im Ermessen des einzelnen Richters oder Richtergremiums, ob die Parteien eine Begründung erhielten oder nicht, sofern es eben keine speziellere partikulare Regelung gab. In der gelehrten Diskussion bis ins 18. Jahrhundert galt teilweise der Richter als töricht, der seine Urteile begründete und damit weitere Rechtsstreitigkeiten der Parteien angeblich heraufbeschwor. Diesen Aspekt betonen Gehrke[23] und Hocks.[24] Es gab aber auch zeitgenössisch Gegenstimmen, die eine Begründung ausdrücklich als nicht töricht oder dumm beschrieben. Ein wichtiger Vertreter ist Ludovici[25] mit seiner Einleitung zum Civil-Proceß, wie Sprung[26] und Süß[27] hervorheben.

Neben dieser begründungsfreundlichen oder zumindest indifferenten Lehre ist zu bedenken, dass insbesondere die höchsten Reichsgerichte, das

---

[19] *Gehrke*, Die privatrechtliche Entscheidungsliteratur, 1974, S. 31.
[20] *Gehrke*, Die privatrechtliche Entscheidungsliteratur, 1974, S. 31.
[21] *Hocks*, Gerichtsgeheimnis, 2002, S. 25.
[22] *Gehrke*, Die privatrechtliche Entscheidungsliteratur, 1974, S. 31.
[23] *Gehrke*, Die privatrechtliche Entscheidungsliteratur, 1974, S. 31.
[24] *Hocks*, Gerichtsgeheimnis, 2002, S. 16–19.
[25] *Sprung*, Entwicklung, in: ders. (Hrsg.), Entscheidungsbegründung in europäischen Verfahrensrechten, 1974, S. 43 (44 f.).
[26] *Sprung*, Entwicklung, in: ders. (Hrsg.), Entscheidungsbegründung in europäischen Verfahrensrechten, 1974, S. 43 (45).
[27] *Süß*, Partikularer Zivilprozess, 2017, S. 142.

Reichskammergericht und der Reichshofrat, ihre Entscheidungen nicht gegenüber den Parteien begründeten, obleich interne Dokumentationspflichten bestanden.[28]

Allerdings gab es auch prozessuale Konstellationen, in denen eine Begründung sogar vorgeschrieben war. Gehrke nennt als Ausnahmen mit Begründungspflicht etwa das Abweichen von einer anerkannten Rechtsregel, die Aufhebung der Gerichtskosten oder die Zurückweisung aus formellen Gründen.[29] Zudem konnten die Parteien die Gründe der Entscheidung im Rahmen einer Aktenversendung erfragen.[30] Wie genau die Begründung im Einzelfall aussah, ist damit jedoch noch nicht gesagt. Gehrke geht von einer allgemeinen Verpflichtung aus,[31] benennt aber an anderer Stelle konkrete partikulare Regelungen für eine Begründungspflicht nach der Aktenversendung, wie das Württembergische Landrecht von 1610 und die Berliner Kammergerichtsordnung von 1709.[32]

Stephan Hocks stellt vor dem Hintergrund der früheren Begründungspflicht im Aktenversendungsverfahren die These auf, es habe unterschiedliche Kommunikationsbeziehung zwischen Richtern und Parteien gegeben. Die „Bedingungen des Konflikts"[33] seien gegenüber dem Gericht und der Spruchfakultät verschieden gewesen. Er vermutet, dass die Spruchfakultäten ihre Begründungen bereitwilliger zur Verfügung stellten, weil sie ohnehin nicht mit den Parteien in persönlichen Kontakt treten mussten.[34] Die eigentlich zuständigen Richter hätten demgegenüber den Konflikt gescheut. Dieses Erklärungsmuster lässt sich anhand der von Hocks genutzten Quellen nicht prüfen. Die zugehörige Bereitschaft oder Freude an dieser neuen Pflicht ist bislang Spekulation. Umgekehrt hätte es gerade aufgrund der erwähnten Distanz für die Spruchfakultäten ebenso nahegelegen, sich nicht mit einer ausführlichen Begründung zu belasten. Zudem setzt diese These persönlichen Kontakt zwischen dem Ausgangsgericht und den Parteien voraus, der bei einem überwiegend schriftlichen Verfahren nicht notwendig gegeben ist.

---

[28] *Sellert*, Urteilsbegründung, in: Dilcher/Diestelkamp (Hrsg.), Recht, Genossenschaft und Policey, 1986, S. 97 (101 f.).

[29] *Gehrke*, Die privatrechtliche Entscheidungsliteratur, 1974, S. 32 f.

[30] *Sellert*, Urteilsbegründung, in: Dilcher/Diestelkamp (Hrsg.), Recht, Genossenschaft und Policey, 1986, S. 97 (103).

[31] *Gehrke*, Die privatrechtliche Entscheidungsliteratur, 1974, S. 33.

[32] *Gehrke*, Die privatrechtliche Entscheidungsliteratur, 1974, S. 28 f.

[33] *Hocks*, Gerichtsgeheimnis, 2002, S. 27.

[34] *Hocks*, Gerichtsgeheimnis, 2002, S. 61; diese These setzt persönlichen Kontakt zwischen Richtern und Parteien voraus, der bei einem überwiegend schriftlichen Verfahren nicht notwendig gegeben ist.

Der Theorie nach war die Begründung also nicht verboten und in einigen Konstellationen sogar verpflichtend. Allerdings zeigt die Umsetzung in der Praxis ein anderes Bild. Begründete Entscheidungen waren die Ausnahme. Wenn Gehrke das Ancien Régime einprägsam als „begründungsfeindlich"[35] beschreibt, ist das unter dieser Einschränkung zutreffend. Erst partikulare Verpflichtungen, die sich um die Wende zum 19. Jahrhundert durchsetzten, hielten die Richter wirksam zu Entscheidungsbegründungen an.

II. Sachsen und Weimar

Als erster Staat, der eine Begründungspflicht festsetzte, gilt Sachsen.[36] Dort schrieb ein Reskript vom 9. März 1715 vor, dass bei Endurteilen künftig die *rationes decidendi* einzurücken seien.[37] Die Vorgabe sollte also nur für Entscheidungen gelten, die einen Streit in der betreffenden Instanz abschlossen. Die Prozessordnung von 1724 übernahm die Vorschrift ausdrücklich, sie wurde von der Rechtslehre sogar noch ausgedehnt. Ob die Pflicht beachtet wurde, stand auf einem anderen Blatt.[38] Warum sich die Entscheidungsbegründungspflicht ausgerechnet in Kursachsen so früh etablierte, ist noch unklar.[39] Wolfgang Sellert vermutet, die Urteilsbegründungspflicht habe schlicht „in den aufgeklärten Territorien des 18. Jahrhunderts eine erste Anerkennung" erfahren.[40] Heinz Mohnhaupt datiert die sächsische Begründungspflicht übrigens erst auf die Verfassungsurkunde vom 4. September

---

[35] *Gehrke*, Die privatrechtliche Entscheidungsliteratur, 1974, S. 33; ihm folgend *Sellert*, Urteilsbegründung, in: Dilcher/Diestelkamp (Hrsg.), Recht, Genossenschaft und Policey, 1986, S. 97 (102): „Insgesamt bemerken wir bis tief in die Neuzeit hinein eine begründungsfeindliche Haltung der gelehrten Gerichte."

[36] *Dawson*, The Oracles of the Law, 1968, S. 435; *Sprung*, Entwicklung, in: ders. (Hrsg.), Entscheidungsbegründung in europäischen Verfahrensrechten, 1974, S. 43 (47); *Sellert*, Urteilsbegründung, in: Dilcher/Diestelkamp (Hrsg.), Recht, Genossenschaft und Policey, 1986, S. 97 (108 f.).

[37] *Sprung*, Entwicklung, in: ders. (Hrsg.), Entscheidungsbegründung in europäischen Verfahrensrechten, 1974, S. 43 (47); *Werkmüller*, Urteilsbegründung, in: HRG 1998, Sp. 611 (613); *Gehrke*, Die privatrechtliche Entscheidungsliteratur, 1974, S. 29 f. bezieht sich auf das Ausführungsgesetz vom 18.3.1715.

[38] Siehe zu Umgehungsversuchen laut der zeitgenössischen Anleitungsliteratur unter E. VI.

[39] Hierzu bereitet *Nora Bertram* bei *Andreas Thier* in Zürich eine größere Untersuchung vor.

[40] *Sellert*, Urteilsbegründung, in: Dilcher/Diestelkamp (Hrsg.), Recht, Genossenschaft und Policey, 1986, S. 97 (111).

1831.[41] Bald darauf folgten Magdeburg 1735,[42] Altenburg 1744[43] und Gotha 1776.[44]

Ein Beispiel aus einem benachbarten Territorium mag die Schwierigkeit dieser Art von Normengeschichte veranschaulichen. Sprung rekonstruiert aus zeitgenössischen Berichten eine Verordnung von 1723 in Sachsen-Weimar. Danach sollten die Gerichte bei Entscheidungen auswärtiger Spruchstühle zugleich die Entscheidungsgründe einholen, „wenn die Sache zweifelhaft ist, ingleichen bei Endurtheln".[45] Die Anordnung bezog sich damit nur auf das Verfahren der Aktenversendung. Das eigentlich zuständige Gericht konnte und musste in bestimmten prozessualen Situationen bei Spruchstühlen, in der Regel bei juristischen Fakultäten, Rechtsrat einholen. Dieser Rechtsrat bestand häufig in der Lösung des gesamten Falles. Das zuständige Gericht verkündete das Urteil anschließend als sein eigenes.[46] Dabei handelt es sich aber gerade nicht um Begründungen, die den Parteien zur Verfügung standen. Der Ausdruck „Entscheidungsgründe" legt eine falsche Fährte. Denn er kann auch Begründungen bezeichnen, die ausschließlich intern waren und den Parteien nicht ausgehändigt wurden. So verhält es sich bei Begründungen von Sprüchen im Rahmen von Aktenversendungen gegenüber dem anfragenden Gericht. Nur sofern den Parteien ein Einsichtsrecht zustand und nur sofern die angefragte Fakultät tatsächlich als Gericht tätig wurde, handelt es sich um eine Begründung im Sinne dieser Arbeit und auch im Sinne Sprungs. Auf Ausdrücke wie „Entscheidungsgründe" oder „rationes decidendi" ist also kein Verlass. In der Rückschau ist dadurch unübersichtlich, was eigentlich gegolten hat. 1793 schrieb ein Reskript in Sachsen-Weimar-Eisenach vor, den Parteien oder dem Gericht auf Verlangen die Entscheidungsgründe mitzuteilen.[47] Dabei handelt es sich zwar um eine Pflicht, allerdings wiederum nur im Falle der Aktenversendung. Die Begründung

---

[41] *Mohnhaupt*, Rechtseinheit durch Rechtsprechung?, in: Peterson (Hrsg.), Juristische Theoriebildung, 1993, S. 117 (134).

[42] Bei *Gehrke*, Die privatrechtliche Entscheidungsliteratur, 1974, S. 29 f. irrtümlich als sächsisch aufgeführt.

[43] *Sprung*, Entwicklung, in: ders. (Hrsg.), Entscheidungsbegründung in europäischen Verfahrensrechten, 1974, S. 43 (48); *Kerameus*, Rechtskraftwirkung, AcP 167 (1967), S. 241 (246) Fn. 28; *Gehrke*, Die privatrechtliche Entscheidungsliteratur, 1974, S. 29 f.

[44] *Sprung*, Entwicklung, in: ders. (Hrsg.), Entscheidungsbegründung in europäischen Verfahrensrechten, 1974, S. 43 (49); *Gehrke*, Die privatrechtliche Entscheidungsliteratur, 1974, S. 29 f.

[45] *Sprung*, Entwicklung, in: ders. (Hrsg.), Entscheidungsbegründung in europäischen Verfahrensrechten, 1974, S. 43 (48 f.).

[46] Für einen Überblick zur Aktenversendung siehe *Oestmann*, Aktenversendung, in: HRG 2008, Sp. 128–132.

[47] *Werkmüller*, Urteilsbegründung, in: HRG 1998, Sp. 611 (614) weist für Sachsen-Weimar ausschließlich das Jahr 1793 nach.

eines auswärtigen Urteils stand den Parteien damit vergleichsweise früh zur Verfügung. Unabhängig davon, wie groß der Anteil der Aktenversendungsverfahren war, kann jedenfalls gesagt sein, dass eben nicht jedes Urteil begründet war. Eine allgemeine Begründungspflicht für Urteile in Sachsen-Weimar-Eisenach beschreibt Sprung auch erst für 1847, also 120 Jahre nach der Verordnung für auswärtige Spruchstühle. Dann erscheinen Sachsen-Weimar bzw. Sachsen-Weimar-Eisenach sicherlich nicht mehr als Vorreiter. „Korrespondierende Bestimmungen"[48] mit Sachsen sind darin nicht zu sehen.

III. Bayern

Die Begründungspflicht in Bayern verfestigte sich in einem Zeitraum von mehreren Jahrzehnten. Diesen Regelungen kommt im Rahmen der vorliegenden Studie eine zentrale Bedeutung zu, weil besonders viele Autoren aus Bayern in der Debatte Stellung bezogen und die bayerischen Vorschriften als Rahmen ihrer Ausführungen wählten.[49] Im *Codex Iuris Bavarici Iudiciarii* von 1753 regelte Kapitel 14 § 7 Nr. 6 kurz: „Ist nicht nöthig Rationes decidendi der Sentenz einzuverleiben, oder denen Partheyen zu communiciren." Die Vorschrift stellt klar, wozu das Gericht nicht verpflichtet ist, ohne es ihm ausdrücklich zu verbieten. Entscheidungsgründe im Urteilsspruch oder als eigene Erklärung gegenüber den Parteien sind nicht erforderlich. Sprung sieht darin zu Recht eine Wiederholung der gemeinrechtlichen Regelungen. Sowohl das römische Recht als auch eine Passage aus dem Jüngsten Reichsabschied von 1654 gaben jahrhundertelang Anlass zur Diskussion, ob eine Begründung ge- oder verboten war. Die meisten Autoren hielten eine Begründung zwar für erlaubt, aber unzweckmäßig.[50] Kreittmayr, der federführend am Codex beteiligt war, kommentierte den Satz aus Kapitel 14 des Prozessgesetzes jedenfalls so:

> „Es kan kein Gesatz ex Jure communi aufgewiesen werden, welches den Richter verbindet, seine Rationes decidendi der Sentenz einzuverleiben, oder denen Theilen zu communiciren, dann was man aus dem R. Absch. von Ao. 1654. § 61. allegirt, verstehet sich nicht auf die streitende Theile, sondern nur auf den höheren Richter in Appellatorio, gegen welchen sich freylich der Unter-Richter in Einsendung bemeldter Rationum niemal weigeren kan. De Jure Bavarico ist richtig, daß keine Parthey dergleichen forderen kan."[51]

---

[48] So aber ausdrücklich *Sprung*, Entwicklung, in: ders. (Hrsg.), Entscheidungsbegründung in europäischen Verfahrensrechten, 1974, S. 43 (48).
[49] Siehe Steiger, Aretin/Aretin, Wening, Puchta, Möhl, Feuerbach, Gönner, Künßberg und Sartorius, methodisch hierzu unter A. IV. 1.
[50] *Gehrke*, Die privatrechtliche Entscheidungsliteratur, 1974, S. 31; siehe unter B. I.
[51] *Kreittmayr*, Anmerckungen, 1755, S. 484.

Weder das Gemeine Recht noch das bayerische Recht verpflichteten den Richter zu einer Begründung. Der *Codex Iuris Bavarici Iuridicarii* schrieb eine Begründung nicht vor, untersagte sie jedoch auch nicht. Diese Deutung wird durch Kapitel 14 § 11 Nr. 3 des Gesetzes noch gestützt. Dort ist geregelt, dass den Entscheidungsgründen keinerlei Rechtskraft zukommt.[52] Der Satz hat damit rein deklaratorischen Charakter. Doch behauptet Sprung, die „Verantwortungsberichte" an den oberen Richter seien den Parteien schon zu diesem Zeitpunkt zugänglich gewesen.[53] Mit Verantwortungsberichten meint Sprung offenbar die *rationes decidendi*, die das Untergericht im Falle eines Rechtsmittels eigens verpackt an das Obergericht versandte.[54]

Doch aus den von Sprung genannten Quellen geht nicht hervor, dass die Parteien diese Berichte erhielten.[55] Gehrke hingegen erwähnt nur diese erste bayerische Nichtregelung und erweckt damit den Eindruck eines eher rückständigen Staates.[56] Doch führte Bayern zu Beginn des 19. Jahrhunderts eine Reihe von Regelungen zur Urteilsbegründung ein, die in der zeitgenössischen Diskussion als vorbildlich galten.

Eine interessante und in der Forschung bislang nicht erwähnte Verordnung zu Urteilsbegründungen stammt schon aus dem Jahr 1804. Sie wurde im Regierungsblatt für die Kurpfalzbayerische Provinz in Schwaben publiziert.[57] Die Verordnung verpflichtete alle Gerichte in bürgerlichen Rechtssachen, Entscheidungen zu begründen, mit einer Ausnahme: Die obersten Justizstellen mussten ihre Entscheidungen nicht begründen. Die obersten Justizstellen waren Obergerichte, denen Untergerichte im selben Gerichtssprengel unterstellt waren.[58] Für diese Besonderheit gibt es zwei plausible Gründe. Zum einen verfassten die unteren Gerichte im Rahmen eines Appellationsverfahrens ohnehin Berichte für die Obergerichte, die sie ebenso gut an die Parteien weitergeben konnten. Zum anderen sollten die Entscheidungsgründe dazu dienen, die Parteien durch die Qualität der Argumente

---

[52] Zutreffend *Kerameus*, Rechtskraftwirkung, AcP 167 (1967), S. 241 (244).

[53] *Sprung*, Entwicklung, in: ders. (Hrsg.), Entscheidungsbegründung in europäischen Verfahrensrechten, 1974, S. 43 (49).

[54] Oestmann (Hrsg.), Zivilprozeß am Reichskammergericht, 2009, S. 40 Fn. 202, S. 167, S. 517.

[55] *Sprung*, Entwicklung, in: ders. (Hrsg.), Entscheidungsbegründung in europäischen Verfahrensrechten, 1974, S. 43 (49), nennt *Kreittmayr*, Anmerkungen, 1842, S. 471 und *Schwartz*, Vierhundert Jahre, 1898, S. 262.

[56] *Gehrke*, Die privatrechtliche Entscheidungsliteratur, 1974, S. 30.

[57] Beifügung der Entscheidungsgründe, Regierungsblatt für die Kurpfalzbaierische Provinz in Schwaben 1804, Sp. 915 f.; dabei handelt es sich möglicherweise um die Verordnung, die im Königlich-Baierischen Regierungsblatt von 1813, Sp. 561 (565) auf den 11.9.1804 datiert wird (Verweis auf das Regierungsblatt 1804, S. 817).

[58] Volkert (Hrsg.), Handbuch, 1983, S. 116.

von Rechtsmitteln abzuhalten. Genau dies war bei den obersten Justizstellen aber nicht möglich, da ohnehin keine weitere Instanz mehr gegeben war.

1808 wurde die Begründungspflicht in Bayern per Edikt auf alle Gerichte in bürgerlichen Rechtssachen bei Endurteilen ausgeweitet.[59] 1818 fand die erweiterte Regelung Eingang in die Verfassungsurkunde.[60] Spätere Änderungen betrafen zum Beispiel die Frage nach der Rechtskraft, so etwa in den Entwürfen zur Prozessordnung in den 1820er Jahren.[61]

In Bayern gab es damit eine schrittweise Erweiterung der Begründungspflicht auf verschiedene Konstellationen und Instanzen eines bürgerlichen Rechtsstreits. Jürgen Brüggemann erwähnt daneben eine Nichtigkeitsbeschwerde, die beim Fehlen von Entscheidungsgründen Erfolg haben sollte.[62] Den von ihm genannten Art. 388 Nr. 4 gab es jedoch in der bayerischen Prozessordnung überhaupt nicht.

IV. Preußen

Preußen verdient im Rahmen dieser kleinen Normengeschichte besondere Beachtung. Zum einen beanspruchten die Vorgaben aus Berlin Wirksamkeit im gesamten bedeutenden Königreich, zum anderen zeigt auch das Beispiel Preußens, wie im Abstand weniger Jahre die Begründungspflicht der Richter schrittweise erweitert und auf immer mehr Fallkonstellationen ausgedehnt wurde.

1. Project des Codex Fridericiani Marchici (1748)

Sprung nennt als erste Norm für Preußen zwei Paragraphen aus dem *Project des Codex Fridericiani Marchici* vom 3. April 1748. Obgleich es sich dem Namen nach um einen bloßen Entwurf handelt, sollten die Vorschriften unmittelbar Anwendung finden.[63] Die Gesetzesabschnitte betreffen zwei beson-

---

[59] *Stürzer/Mittermaier/Gutschneider*, Theoretisch praktische Bemerkungen 1838, S. 740; *Czeguhn*, Stilwandel, 2003, in: Schulze/Seif (Hrsg.), Richterrecht, S. 59 (66 f.), führt die Regelung in der bayerischen Konstitution auf die Ideen der französischen Revolution zurück, die Montgelas übernommen habe; ihm folgend *Weber*, Begründungsstil, 2019, S. 221.

[60] *Sprung*, Entwicklung, in: ders. (Hrsg.), Entscheidungsbegründung in europäischen Verfahrensrechten, 1974, S. 43 (50); *Werkmüller*, Urteilsbegründung, in: HRG 1998, Sp. 611 (614) nennt nur dieses Datum; *Czeguhn*, Entscheidungsfindung, in: Cordes (Hrsg.), Juristische Argumentation 2006, S. 219 (236), datiert die Einführung auf 1813.

[61] *Kerameus*, Rechtskraftwirkung, AcP 167 (1967), S. 241 (244).

[62] *Brüggemann*, Die richterliche Begründungspflicht, 1971, S. 122.

[63] Cocceji (Hrsg.), Project, 1748, S. 4.

dere verfahrensrechtliche Situationen, das mündliche Verhör und ein als *loco oralis* überschriebenes Verfahren. Ob die zitierten Stellen allerdings eine Begründung gegenüber den Parteien oder aber eine rein interne Pflicht meinen, ist bei einem Blick in die Quellen unklar. Dort heißt es im 2. Teil, Titel 5, Paragraph 5 und Titel 6, Paragraph 6:

„Derjenige Rath, welchen die Termins-Acta zu der Sache distribuiret worden, (Vid. Part 1. Tit. 9. § 8.) muß den Vortrag entweder in ipso Termino oder in der nächsten Audientz daraus thun, und den Bescheid juxta majora abfassen, auch die Haupt-Rationes decidendi mit inseriren, welcher Bescheid ohne weitere Citation publicirt werden muß."[64]

„Der Referent muß höchstens binnen 8 Tagen eine schriftliche Relation cum rationibus dubitandi & decidendi ex actis verfertigen, und solche in der nächsten Session, oder wann die Zeit zu kurtz fällt, den nächsten Sonnabend in seinem Senat referiren, die Urthel juxta majora abfassen, und NB. die Haupt-Rationes decidendi dem Verhörs-Bescheid einfliessen lassen. Vid. P.I. T. 6. § 17."[65]

Sprung folgert, das Gericht werde dadurch verpflichtet, „den Parteien die Gründe seiner Entscheidung zu inserieren".[66] Doch die Quelle schildert eigentlich ein dreistufiges Verfahren, an dem die Parteien nicht beteiligt sind. Im ersten Schritt verfasst der Referent eine Relation mit *rationes dubitandi* und *decidendi*, also den widerstreitenden Argumenten. Im zweiten Schritt verliest er dieses Schriftstück vor seinem Senat. In einem dritten Schritt schließlich schreibt er das Urteil entsprechend den Mehrheitsverhältnissen aus der Senatssitzung. Zusätzlich formuliert er einen Verhörs-Bescheid mit Entscheidungsgründen. Der Bescheid ist neben dem Urteil aufgrund des Verfahrens *loco oralis* nötig. Es handelt sich um eine Verschriftlichung der mündlichen Vernehmung. Passend verweist der Paragraph auf Teil 1, Titel 6 § 17, der die Modalitäten der Relation, wie etwa genaue Fristen für den Referenten, regelt. Entscheidungsgründe für die Parteien schreibt die Norm hingegen nicht vor. Diese Deutung findet eine weitere Stütze im nächsten Paragraphen des Projects:

2. Teil VI. Titel § 7 „Der Bescheid muß dem Präsidenten verschlossen zugestellet werden, um solchen in der nächsten Session, absque citatione partium, zu publiciren."

Der oben erwähnte Bescheid gelangte verschlossen und geheim gehalten zum Präsidenten, der ihn zwar in der nächsten Sitzung publizierte, allerdings ausdrücklich ohne Ladung der Parteien und daher in deren Abwesenheit. Die erwähnten Entscheidungsgründe stützen zwar das Ergebnis des Bescheids, sind aber nicht für die Parteien bestimmt. Zur gleichen Schlussfolgerung kam

---

[64] Cocceji (Hrsg.), Project, 1748, S. 86.
[65] Cocceji (Hrsg.), Project, 1748, S. 88.
[66] *Sprung*, Entwicklung, in: ders. (Hrsg.), Entscheidungsbegründung in europäischen Verfahrensrechten, 1974, S. 43 (52).

unter Auswertung von anderen Stellen des *Codex Fridericiani Marchici* schon Christoph Schwartz 1898.[67]

Sprung zitiert aus dem Codex 2. Teil, VI. Titel § 13: „Es müssen in allen dergleichen Sachen besondere rationes decidendi abgefast, und dem Urthel beygelegt werden, damit, wann Remedia ergriffen werden, der Judex Superior mit desto besserm Grund in der Sache erkennen möge."[68] Der Bezug zum Oberrichter im Rahmen eines Rechtsmittels zeigt bereits auf, dass die Begründung für das nächst höhere Gericht gedacht war. Das *Project des Codex Fridericiani Marchici* von 1748 gilt dennoch bisher in der Forschung als Beginn der Entscheidungsbegründung in Preußen; noch 1998 nennt Dieter Werkmüller diese Vorgaben im Handwörterbuch zur Deutschen Rechtsgeschichte.[69]

2. Corpus Iuris Fridericianum (1781) und Allgemeine Gerichtsordnung (1793)

Eine Begründungspflicht gegenüber den Parteien kann in Preußen erst 1781, über 30 Jahre später, datiert werden. Das I. Buch des *Corpus Juris Fridericianum* statuierte detailliert die neuen Verpflichtungen des Richters.[70] Im Anschluss an das Urteil sollte die Begründung jeder einzelnen Entscheidung kurz angefügt werden. Dabei sollten Entscheidung und Gründe aber streng getrennt bleiben, damit nur die „würkliche Entscheidung" rechtskräftig werde, nicht jedoch Teile der Begründung.[71] Außerdem regelte das *Corpus* die „Abfassung der Erkenntnisse und Entscheidungsgründe". Die Richter sollten sich „einer natürlichen und allgemein faßlichen Schreibart befleißigen", nicht zuletzt, damit „auch die Partheyen selbst verstehen und einsehen können, was eigentlich und warum es einem von ihnen ab- und dem andern zuerkannt worden."[72] Die Parteien werden hier als Adressaten eindeutig in den Blick genommen. Für sie müssen die Urteile verständlich sein, damit sie dessen Inhalt nachvollziehen können.

Diese weitgehenden Regelungen fanden beinahe wörtlich Eingang in die Allgemeine Gerichtsordnung von 1793 (AGO).[73] Der Begründungspflicht unterlagen nur erst- und zweitinstanzliche Urteile.

---

[67] *Schwartz*, Vierhundert Jahre, 1898, S. 484.
[68] *Sprung*, Entwicklung, in: ders. (Hrsg.), Entscheidungsbegründung in europäischen Verfahrensrechten, 1974, S. 43 (52).
[69] *Werkmüller*, Urteilsbegründung, in: HRG 1998, Sp. 611 (614).
[70] Corpus Juris Fridericianum, Berlin 1781, 1. Buch, 1. Teil, 13. Titel, §§ 10–16.
[71] Corpus Juris Fridericianum, Berlin 1781, 1. Buch, 1. Teil, 13. Titel, § 11; *Kerameus*, Rechtskraftwirkung, AcP 167 (1967), S. 241 (245); siehe zur Rechtskraftdiskussion unten E. VII.
[72] Corpus Juris Fridericianum, Berlin 1781, 1. Buch, 1. Teil, 13. Titel, § 14, S. 117.
[73] *Kerameus*, Rechtskraftwirkung, AcP 167 (1967), S. 241 (245); *Kirchner*, Stufen der

In den allermeisten Fällen war also eine Begründung seit der AGO vorgeschrieben. Doch nicht alle Richter hielten sich an diese Vorgabe. Noch aus dem Jahr 1832 gibt es eine ausdrückliche Anweisung des preußischen Justizministers Karl Albert von Kamptz an das Oberlandesgericht Halberstadt, das seiner Begründungspflicht nicht nachgekommen war. Im Rahmen einer Appellation hatte das Oberlandesgericht übereinstimmend mit dem Untergericht entschieden und auf Entscheidungsgründe verzichtet. Stattdessen schrieb es schlicht, die Entscheidung sei „aus den angeführten, mit nichts widerlegten Gründen" gefallen.[74] Es bezog sich also auf die Argumentation des Untergerichts und machte sich dessen Entscheidungsgründe zu eigen. Genau diese Vorgehensweise untersagte der Justizminister.

„Es bleibt die Regel, daß die Erkenntnisse erster und zweiter Instanz, selbst wenn eine dritte Instanz nicht mehr zulässig ist, die Gründe der Entscheidung ausführlich enthalten müssen, und von dieser Regel ist nur alsdann eine Ausnahme zulässig, wenn von den Appellanten gar keine neue factische oder rechtliche Ausführungen beigebracht werden, als in welchem Falle es allerdings genügt, wenn das zweite bestätigende Erkenntniß ganz kurz auf die Gründe des ersten Erkenntnisses, allenfalls mit den Worten, wie sie von dem dortigen zweiten Senate in der fraglichen Sache gebraucht worden sind, verweiset."[75]

Damit erläuterte Kamptz § 22 der AGO. Dieser Paragraph schrieb die Begründung in der ersten und zweiten Instanz vor, unabhängig, ob ein weiteres Rechtsmittel im konkreten Streit statthaft war. Die Begründung musste danach „ausführlich" sein. Eine Begründung, die sich lediglich auf die schon vorliegenden Entscheidungsgründe der Vorinstanz bezog, sollte allerdings in einem besonderen Fall genügen. Kamptz benannte die unwahrscheinliche Situation, dass der Beschwerdeführer der Appellation keine neuen rechtlichen oder tatsächlichen Punkte in der höheren Instanz vorbrachte.[76] Ansonsten musste das Gericht in der Begründung auf die Appellationsschrift eingehen. Die Anweisung sanktioniert die Umgehung der Begründungspflicht. Die Veröffentlichung in den Kamptzschen Jahrbüchern machte den Fall in der gesamten preußischen Justiz bekannt und stellte für alle Gerichte klar, dass das Justizministerium weiterhin ausführliche, auf den Einzelfall abgestimmte Begründungen erwartete.

Öffentlichkeit, in: ders./Fischer/Obert (Hrsg.), Gesammelte Schriften, 2010, S. 43 (51), behauptet hingegen, dass die Vorschriften über die Begründungspflicht „durch die Allgemeine Prozeßordnung von 1793 weiterentwickelt wurden"; *Czeguhn*, Entscheidungsfindung, in: Cordes (Hrsg.), Juristische Argumenation, 2006, S. 219 (236), nennt nur 1793 als Einführungsdatum.

[74] *Kamptz*, Mitteilung der Entscheidungsgründe, in: ders. (Hrsg.), Jahrbücher, 1832, S. 154 (155), mit wörtlichem Zitat aus dem Urteil.

[75] *Kamptz*, Mitteilung der Entscheidungsgründe, in: ders. (Hrsg.), Jahrbücher, 1832, S. 154 (155).

[76] Zur Zulässigkeit dieses Vorgehens in der Appellation siehe unten Mittermaier, E. II. 2.

Ausdrücklich ausgenommen waren anfangs jedoch noch Revisionsentscheidungen. Teil 1, Titel 15, § 22 AGO besagte: „Bei Revisionsentscheidungen bedarf es nicht der Beifügung von Entscheidungsgründen." Denn eine Revisionsentscheidung war nicht mit ordentlichen Rechtsmitteln angreifbar. Die unterliegende Partei musste sich also ohnehin regelmäßig mit dem Ergebnis zufriedengeben. Ähnlich der gemeinrechtlichen Ausgangsregelung war die Begründung aber auch nicht schlichtweg verboten.

Allerdings sah der Gesetzgeber einen Unterfall dieser Ausnahme als problematisch an. So konnte es vorkommen, dass das Geheime Obertribunal oder bei geringen Streitwerten ein Oberlandesgericht als Revisionsinstanz[77] seine Entscheidung abweichend von beiden vorinstanzlichen Urteilen treffen wollte. Dieser Fall erschien dem Gesetzgeber besonders sensibel, vermutlich, weil der Revisionsbeklagte sich plötzlich in der Lage des Prozessverlierers sah und ohne eine Begründungspflicht keinerlei Anhaltspunkte des Gerichts hatte, warum er seinen Rechtsstreit nun in höchster und letzter Instanz doch nicht gewonnen hatte. So entstand, wenn der Revisionsrichter „zwei gleichförmige Erkenntnisse abändern zu müssen glaubt",[78] ein gewisser Rechtfertigungsdruck.

§ 23 AGO enthielt in seiner ursprünglichen Fassung für diesen Fall eine Ermahnung an den Revisionsrichter. Sofern die beiden Vorinstanzen einen Rechtsstreit in gleicher Weise entschieden hatten, sollte er „mit vorzüglicher Sorgfalt und Vorsicht zu Werke gehen; und nicht eher damit verfahren, als bis er sich über die Gründe, welche ihn zu Änderung der vorigen Urtel bestimmen, die vollständigste Gewißheit und Aufklärung [...] verschafft hat." Damit greift die AGO ein wichtiges Argument für die Begründungspflicht auf. Die Begründungspflicht schien den Zeitgenossen geeignet, überhaupt einen korrekten Entscheidensprozess zu garantieren.[79] Denn ein Gericht, das nur einen Tenor erlassen muss, – so die Vorstellung – kann ebenso gut willkürlich vorgehen und ohne Rechtsgründe entscheiden oder zumindest, ohne sich die Hintergründe vollständig zu vergegenwärtigen. Die AGO sah diese Gefahr und hielt die Richter noch zusätzlich zu ihren ohnehin bestehenden Amtspflichten zur Genauigkeit an.

3. Reformen der Allgemeinen Gerichtsordnung bis 1832

Die Ausnahme im Revisionsfall aus der preußischen AGO wurde im Laufe der kommenden Jahrzehnte mehrfach abgeschwächt, bis 1832 der letzte Überrest verschwand. Dies geschah durch verschiedene Änderungen und

---

[77] *Czeschick*, Land- und Stadtgericht Büren, 2017, S. 104.
[78] AGO Teil 1, Titel 15, § 23.
[79] Siehe etwa Kopp, D. III. 2.; Künßberg, E. VI. 7.

Zusätze zur AGO. Die zögerliche Erweiterung der Begründungspflicht illustriert den Übergang zu begründeten Entscheidungen auch in letzter Instanz. Die Ausweitung der Begründungspflicht auf die höchsten Gerichte und damit die weitgehende Kenntnis und Verbreitung ihrer Erwägungen würden der Rechtsprechung und der Wissenschaft zugutekommen. Die Gesetzesänderungen standen daher einer wissenschaftlichen und praktischen Bearbeitung nicht losgelöst gegenüber. Friedrich Carl von Savigny trat im preußischen Staatsrat für eine Ausweitung der Begründungspflicht zugunsten einer informierten Justiz ein.[80]

Die erste Änderung der Vorschrift von 1793 erfolgte durch einen Anhang aus dem Jahr 1815 und betraf mit § 23 genau den Fall des Revisionsrichters, der zwei gleichlautende Entscheidungen umwerfen will. Die Parteien erfuhren die Entscheidungsgründe allerdings noch nicht. Aber die veränderte AGO sah ein umständliches Verfahren vor, das die Richter verpflichtete, trotzdem die Entscheidungsgründe detailliert schriftlich niederzulegen. Sofern die Verhandlungen auf eine Änderung von zwei gleichlautenden Erkenntnissen hinausliefen, musste der Referent, der sich dafür ausgesprochen hatte, ein Urteil mit entsprechender Begründung verfassen. Es musste in einer weiteren Sitzung „vorgelesen und alsdann erst vollzogen" werden. Das Urteil versendete man „ohne Beifügung der Entscheidungsgründe zur Publikation". Sodann sollte „eine genaue und vollständige, die Entscheidungsgründe enthaltende ungestempelte Abschrift" des Urteils an das Justizministerium verschickt werden. Falls es zu einer Beschwerde über den konkreten Rechtsstreit kommen sollte, konnten Unstimmigkeiten in der Begründung anhand dieses verwahrten Urteils aufgedeckt werden.[81] Die Richter waren angehalten, genauso sorgsam zu urteilen wie in anderen Fällen auch.

Die nächste Korrektur bezog sich erneut auf die problematische Situation der Überwindung von zwei gleichlautenden Urteilen in den Vorinstanzen. Am 21. Juni 1825 erließ König Friedrich Wilhelm III. ein Gesetz, wonach in diesem speziellen Fall „den Revisions-Erkenntnissen [...] Entscheidungsgründe beizufügen, und sie mit diesen den Partheien bekannt zu machen sind".[82] Die Ausnahme von der Ausnahme bewirkte, dass zumindest bei der unerwarteten Wende des Prozessverlaufs die Parteien eine Begründung erhielten. Damit waren nur noch Revisionsentscheidungen von der Begründungspflicht ausgenommen, die mindestens eines der zuvor in dem Rechtsstreit ergangenen Urteile bestätigten.

Doch auch dieser verbleibende begründungsfreie Raum sorgte offenbar für Schwierigkeiten. Der preußische Justizminister Kamptz nutzte eine Er-

---

[80] *Hall*, Savigny als Praktiker, 1981, S. 151–157.
[81] Anhang zur AGO von 1815, § 133.
[82] Abgedruckt in der Gesetzsammlung für die Königlich-Preußischen Staaten, 1825, S. 161.

läuterung der AGO vom 24. Mai 1831 in Form eines Cirkular-Reskripts, um die Richter zum genaueren Nachweis ihrer Beweggründe anzuhalten.[83] Anders als Kirchner in seinem Aufsatz über die Leitsatzkultur behauptet,[84] beseitigte dieses Reskript nicht alle bestehenden Ausnahmen, sondern veranlasste eine bessere interne Dokumentation der maßgeblich gewordenen Motive.

Überschrieben ist die Erläuterung mit dem 1825 neu eingefügten Passus „Die Gründe der Revisions-Erkenntnisse sollen bei deren Abfassung bemerkt werden, wenn erstere conformes abändern."[85] Dabei handelt es sich um einen Fehler, der im folgenden Band der Jahrbücher ausdrücklich korrigiert wurde, denn gemeint waren alle übrigen Fälle, dass „erstere conformes nicht abändern".[86] Inhaltlich ging es also um alle Revisionserkenntnisse, bei denen weiterhin keine Begründungspflicht gegenüber den Parteien bestand. Kamptz notierte: „Es ist mehrmals nöthig geworden, die Gründe der Entscheidung in einzelnen Sachen auch dann zu kennen, wenn der Fall, daß *duae conformes* abgeändert worden, nicht vorhanden war, und also diese Gründe den Partheien nicht mitgetheilt wurden."[87] Im Nachgang des Urteils konnte es passieren, dass die Entscheidungsgründe im Revisionsfall doch von Interesse waren. Dann waren die ursprünglichen Gründe des Gerichts aber kaum noch nachvollziehbar. Spitzfindig bemerkte Kamptz, es könne im Nachhinein „ungewiß werden, ob die von dem Referenten aufgestellten Gründe, oder welche unter denselben, oder welche andere vielleicht aus den Relationen nicht hervorgehende Gründe, die Entscheidung hauptsächlich motivirt haben". Es genügte also nach Kamptz nicht, aus den noch vorhandenen Relationen irgendwelche Beweggründe zu rekonstruieren. Er wollte eine Möglichkeit schaffen, genau die Gründe in Erfahrung zu bringen, die das Kollegium zu seiner Entscheidung bewogen hatten.

Obwohl die AGO eine Begründung in den meisten Fällen der Revision nicht vorsah, wusste Kamptz durch eine interne Vorschrift die Richter doch zur genauen Dokumentation anzuhalten. Er ordnete an:

---

[83] *Kamptz*, Gründe der Revisions-Erkenntnisse, in: ders. (Hrsg.), Jahrbücher 1831, S. 344 (344).

[84] *Kirchner*, Stufen der Öffentlichkeit, in: ders./Fischer/Obert (Hrsg.), Gesammelte Schriften, 2010, S. 43 (52).

[85] *Kamptz*, Gründe der Revisions-Erkenntnisse, in: ders. (Hrsg.), Jahrbücher, 1831, S. 344 (344).

[86] *Kamptz*, Abfassung der Entscheidungs-Gründe, in: ders. (Hrsg.), Jahrbücher, 1831, S. 331 (331 Fn*).

[87] *Kamptz*, Gründe der Revisions-Erkenntnisse, in: ders. (Hrsg.), Jahrbücher, 1831, S. 344 (344).

„Damit [...] jederzeit ersehen werden kann, welche Momente die Entscheidung des Collegii hauptsächlich herbeigeführt haben, sind von jetzt an in allen Fällen, wo die Entscheidungsgründe nicht sofort den Parteien mitgetheilt werden, entweder in dem unter der Relation zu vermerkenden Concluso die hauptsächlichsten Entscheidungsgründe, mit Bezugnahme auf die Relationen, in denen sie angeführt werden, oder sonst durch kurze Angaben derselben, zu vermerken, oder jene Entscheidungsgründe von einem der Referenten, wenn auch nur ihrem wesentlichen Inhalte nach, besonders abzufassen und zu den Revisionsakten zu legen."[88]

In den verbleibenden Revisionsentscheidungen, die nicht gegenüber den Parteien zu begründen waren, sollte ein interner Vermerk in der Akte angelegt werden. Wie genau diese Dokumentation stattfand, war nebensächlich. Sie konnte als Conclusum, also Zusammenfassung, unter die Entscheidung geschrieben oder als eigenes Dokument verfasst sein. Der Eintrag durfte sich auf die vorhandenen Relationen beziehen, sofern das Richterkollegium den darin angeführten Gründen folgte.

Damit profitierten zwar die Parteien in dem weiterhin bestehenden Ausnahmefall nicht direkt von der Begründung, aber den Richtern entstand gleichwohl ein Mehraufwand. Obwohl sie die Entscheidung nicht nach außen begründen mussten, sollten sie neben den Relationen die schließlich maßgeblichen Gründe eindeutig festhalten. Tatsächlich rief diese Anweisung am Obertribunal Widerspruch hervor. Die Richter forderten in einem Bericht vom 26. August 1831, also drei Monate nach der Anweisung, von dieser zusätzlichen Pflicht befreit zu werden. Der Justizminister Kamptz ging auf die Bedenken der Richter mit einem Schreiben „Über die Abfassung der Entscheidungs-Gründe in revisorio" vom 20. November 1831 ein. Daraus lässt sich erkennen, wieso Kamptz an einer genauen Dokumentation gelegen war.

In der ursprünglichen Erläuterung der Gerichtsordnung vom Juli 1831 hatte Kamptz den Vermerk für den Fall gefordert, dass die Entscheidungsgründe nachträglich und eventuell erst später doch noch erfragt wurden.[89] Kirchner meint, die Gründe seien genau festgehalten worden, „weil die Parteien jederzeit, oft noch nach Jahren, eine schriftliche Auskunft über das gerichtliche Geschehen begehren konnten".[90] Doch dafür gibt es kaum Anhaltspunkte. Es scheint fraglich, ob das Geheime Obertribunal so offen mit sensiblen Informationen umging.

Aus dem Schreiben vom November 1831 geht hingegen hervor, dass die Niederschrift der Entscheidungsgründe nicht so sehr für eine Begründung

---

[88] *Kamptz*, Gründe der Revisions-Erkenntnisse, in: ders. (Hrsg.), Jahrbücher, 1831, S. 344 (344 f.).

[89] *Kamptz*, Gründe der Revisions-Erkenntnisse, in: ders. (Hrsg.), Jahrbücher, 1831, S. 344 (344).

[90] *Kirchner*, Stufen der Öffentlichkeit, in: ders./Fischer/Obert (Hrsg.), Gesammelte Schriften, 2010, S. 43 (55).

nach außen, sondern für eine interne Selbstvergewisserung des Gerichts von Bedeutung gewesen ist:

„In den meisten Fällen wird der einfache Vermerk, daß die Gründe des Re- oder Correferenten adoptirt worden, genügend sein. Wo aber wichtige Zweifel über die Rechtsgründe der Entscheidung obwalten, ist es für die Sache selbst und für künftige Fälle von der größten Wichtigkeit, daß der Gerichtshof sich selbst völlig über die Gründe aufkläre, aus welchen eine Entscheidung in letzter Instanz ergehet."[91]

Kamptz beschwichtigte die vermutlich besorgten Richter, ein einfacher Vermerk würde den Anforderungen schon genügen. Obgleich das Gericht den Aufwand scheute, habe es, wie Kamptz betont, „die Nützlichkeit der Anordnung"[92] eingesehen. In umstrittenen Fällen war es nach Kamptz' Vorstellung wesentlich, sich die wahren Entscheidungsgründe überhaupt bewusst zu machen. Zum einen ging es dabei um die richtige Entscheidung des Einzelfalls; zum anderen um eine einheitliche Rechtsprechungslinie. Schwankungen in der Gesetzesanwendung sollte das Gericht für die „Beförderung der Rechtswissenschaft und der Gesetzgebung" sowie das „Wohl der Unterthanen" möglichst vermeiden.[93] Wiederum sollte eine Reflexion der gerichtsinternen Entscheidungsfindung das Ergebnis verbessern.

Schließlich enthielt Kamptz' Schreiben noch eine ergänzende Regelung. Er forderte vom Geheimen Obertribunal, „noch außerdem bei sich ein Präjudicien-Buch anzulegen, um durch dasselbe die so nöthige Einheit in den Entscheidungen zu erhalten".[94]

Ein Jahr später wurde auch diese letzte, schon weitestgehend ausgehöhlte Ausnahme gesetzgeberisch beseitigt. Am 19. Juli 1832 verfügte Friedrich Wilhelm III. in einer Kabinettsorder: „Alle Revisionserkenntnisse, ohne Unterschied der Gerichtshöfe, von welchen sie ergehen, sollen mit Entscheidungsgründen versehen, mit diesen ausgefertigt und den Parteien publizirt werden."[95] Die strengen internen Dokumentationspflichten bei Revisionsurteilen wandelten sich zu echten externen Begründungspflichten.[96] Fortan

---

[91] *Kamptz*, Abfassung der Entscheidungsgründe, in: ders. (Hrsg.), Jahrbücher, 1831, S. 331 (331).

[92] *Kamptz*, Abfassung der Entscheidungsgründe, in: ders. (Hrsg.), Jahrbücher, 1831, S. 331 (331).

[93] *Kamptz*, Abfassung der Entscheidungsgründe, in: ders. (Hrsg.), Jahrbücher, 1831, S. 331 (332).

[94] *Kamptz*, Abfassung der Entscheidungsgründe, in: ders. (Hrsg.), Jahrbücher, 1831, S. 331 (332 f.).

[95] Abgedruckt in der Gesetzsammlung für die Königlich-Preußischen Staaten, Berlin 1832, No. 1372, S. 193.

[96] *Kirchner*, Stufen der Öffentlichkeit, in: ders./Fischer/Obert (Hrsg.), Gesammelte Schriften, 2010, S. 43 (52) geht hingegen davon aus, die Kabinettsorder vom 19.7.1832 habe die Regelung nur nach der Beschwerde des Obertribunals wiederholt.

mussten alle zivilrechtlichen Endurteile in Preußen mit einer Begründung für die Parteien versehen sein.

Diese Pflicht sollte durch eine weitere prozessuale Möglichkeit der Parteien schon kurze Zeit später abgesichert werden. Am 14. Dezember 1833 erging eine Verordnung „über das Rechtsmittel der Revision und der Nichtigkeitsbeschwerde". Die Nichtigkeitsbeschwerde wurde darin neu geregelt. Sie war gegen Urteile erster und zweiter Instanz statthaft, gegen die kein ordentliches Rechtmittel zugelassen war. Wenn das Urteil eine „wesentliche Prozeßvorschrift" verletzte, hatte die Nichtigkeitsbeschwerde nach §4 Nr. 2 der Verordnung Erfolg.[97] Die wesentlichen Prozessvorschriften waren in §5 abschließend aufgezählt.[98] Dazu gehört nach Nr. 9 der Fall, dass „der Richter gar keine Entscheidungsgründe angegeben oder der Appellationsrichter sich lediglich auf die Gründe des ersten Urtheils bezogen hat". Über diesen Umweg der Nichtigkeitsbeschwerde konnte die unterlegene Partei sich gegen eine fehlende oder unzureichende Begründung zur Wehr setzen. Die inhaltliche Richtigkeit der Entscheidung wurde außerdem durch Nr. 10 abgesichert. Die angegebenen Gründe durften nicht „wider den klaren Inhalt der Akten" abgefasst sein. Die Nichtigkeitsbeschwerde ergänzte damit die gerichtsinterne Kontrolle der Entscheidungsgründe. Sie war normativ ein scharfes Schwert in den Händen der Parteien, um die Begründungspflicht durchzusetzen.

V. Schleswig und Holstein

Schleswig und Holstein sind Nachzügler bei der Einführung der Begründungspflicht. Schon zeitgenössisch kritisierte Rudolf Brinkmann dort fehlende Begründungsvorschriften. Er veröffentlichte 1826 eine Abhandlung von 130 Seiten „Über die richterlichen Urtheilsgründe nach ihrer Nützlichkeit und Nothwendigkeit". Darin plädierte der Universitätsprofessor aus Kiel für eine umfassende Begründungspflicht in den unter dänischer Herrschaft stehenden Gebieten Schleswig und Holstein. Er verwies auf weitreichende Begründungspflichten gegenüber den Parteien in vielen anderen Staaten. Stephan Hocks nutzte die schleswig-holsteinische späte Regelung als Endpunkt der Entwicklung und Einstieg in seine Studie[99] und Heinrich Gehrke zitierte aus den „Beyträgen zu neuen Erfahrungen der Rechts- und

---

[97] Verordnung, über das Rechtsmittel der Revision und der Nichtigkeitsbeschwerde vom 14.12.1833, abgedruckt in Gesetzsammlung für die Königlich-Preußischen Staaten, Berlin 1833, S. 302–308.

[98] *Brüggemann*, Die richterliche Begründungspflicht, 1971, S. 122 spricht von Artikeln statt Paragraphen.

[99] *Hocks*, Gerichtsgeheimnis, 2002, S. 1.

Gesetzkunde" von 1795, die sich speziell mit den Holsteinischen Obergerichten beschäftigten: „In Holstein ist es weder gebräuchlich, noch gesetzlich, daß die Entscheidungsgründe den Partheien mitgetheilt, oder öffentlich bekannt werden."[100] Die verspätete Pflicht zu begründen[101] rechtfertigt es, Schleswig und Holstein genauer vorzustellen.

Ein vielversprechender Ansatzpunkt für die Gesetzeslage in Schleswig und Holstein ist jene Schrift von Brinkmann, die bis 1826 geltende Vorschriften nachweist. Brinkmanns umfassende Auseinandersetzung mit der Begründungspflicht ist ein zentraler Quellentext der folgenden Untersuchung. Über die ältere Zeit bis 1826 hält er jedoch auch eine frühe Forschungsperspektive bereit. Keine Geschichtsschreibung ist von Wertungen frei. Bei Brinkmann sind diese Wertungen als rechtspolitischer Impetus heute offensichtlich. Der historische Geschichtsgebrauch der Begründungspflicht um 1800 wird noch näher zu thematisieren sein.[102] Möglicherweise rührt der Ruf Schleswig-Holsteins als Nachzügler gerade von Brinkmanns Schrift her,[103] der die dortige Gesetzeslage als besonders rückständig darstellte. Eine Überprüfung von Brinkmanns Behauptungen ist daher geboten.

Brinkmann unterschied sachgerecht deutlich zwischen Schleswig und Holstein für das Mittelalter und die Frühe Neuzeit.[104] Im Herzogtum Schleswig gab es nämlich über Jahrhunderte eine erstaunliche Form der Rechtfertigung von Entscheidungen. Dort verpflichtete laut Brinkmann das Jütische Low von 1241 bis zu einer Verordnung des dänischen Königs im Jahr 1788 den Unterrichter zu einer mündlichen Begründung seines Urteils. Im Falle einer Appellation wurde er mit den Parteien zusammen geladen und musste sein Urteil in Anwesenheit des Appellationsrichters und der Parteien verteidigen.[105] Diese besondere Offenlegung der Entscheidung ist nur in einem mündlichen Verfahren überhaupt denkbar. So erfuhren die Parteien zwar die Begründung des Richters für seine Entscheidung, allerdings konnten sie die

---

[100] *Gehrke*, Die privatrechtliche Entscheidungsliteratur, 1974, S. 30; *Eggers*, Beyträge, 1795, S. XIV.

[101] *Czeguhn*, Entscheidungsfindung, in: Cordes (Hrsg.), Juristische Argumentation, 2006, S. 219 (238), meint ohne Nachweis: „in Schleswig-Holstein hingegen begründete man Urteile bis ins späte 19. Jahrhundert nicht".

[102] Siehe E. I.

[103] *Kirchner*, Geschichte der Publizität, AjDB 10 (1980), S. 16 (26) meint: „Es darf allerdings nicht verschwiegen werden, daß es auch Länder gegeben hat, die ausdrücklich die überkommene Übung der Geheimhaltung der Entscheidungsgründe verteidigt haben. Noch 1826 sieht sich Brinkmann veranlaßt, gegen diesen in Schleswig-Holstein fortbestehenden Gerichtsbrauch zu Felde zu ziehen."

[104] Anders *Sprung*, Entwicklung, in: ders. (Hrsg.), Entscheidungsbegründung in europäischen Verfahrensrechten, 1974, S. 43 (54), der die Regelungen zu Schleswig auch auf Holstein überträgt.

[105] *Brinkmann*, Urtheilsgründe, 1826, S. 46.

Information nicht prozesstaktisch nutzen, weil sie die Gründe bei Einlegung des Rechtsmittels noch nicht kannten. Diese eigentümliche Form der Begründung ist bislang unerforscht und selten erwähnt.[106]

Zum Jütischen Low und seiner Fortgeltung drängen sich Fragen auf. Dieter Strauch hat das Gesetzbuch und seine Regelungen in seinem Handbuch über mittelalterliches nordisches Recht skizziert.[107] Allerdings spricht er die ursprüngliche mittelalterliche Fassung an. Seit 1573 war das überkommene Verfahren jedoch durch die Landgerichtsordnung überlagert.[108] Der skandinavische Rechtshistoriker Lars Björne weist auf Nikolaus Falck als wichtigsten zeitgenössischen Kenner hin.[109]

Die Verordnung vom 10. Oktober 1788 beseitigte die mündliche Begründung, hatte aber eigentlich eine andere Stoßrichtung:

„Daß, da es beides zu mehrerer Sorgfalt und Behutsamkeit der Unterrichter bey Abfassung ihrer Urtheilssprüche und zu völliger, aus den Acten der Unterinstanz nicht allemal zu nehmender Information der Oberrichter gereichet, daß jene in Appellationsfällen ihre Entscheidungsgründe an diese einsenden, Wir Uns durch solche Betrachtung bewogen gefunden haben, besagte Verfassung in Unserm Herzogthum Schleswig bey den künftig vorkommenden Appellationen an die höchsten Landesgerichte einzuführen."[110]

Die Verordnung disziplinierte einerseits den Unterrichter bei seiner Entscheidung und ermöglichte andererseits dem Oberrichter im Falle einer Appellation einen besseren Kenntnisstand. Diese Veränderung sollte dabei die Parteien nicht zusätzlich finanziell belasten. Sie bekamen die Berichte des Unterrichters aber auch nicht zu Gesicht.

Die ältere Vorladung des Richters zur mündlichen Verhandlung wurde angesichts „nicht geringer Ungelegenheit und Belästigung"[111] in derselben Verordnung abgeschafft. Stattdessen sollten die Untergerichte ihre Begründungen im Falle einer Appellation an das Obergericht einsenden. Brinkmann kritisierte, dass das schriftliche Verfahren zugleich zu einer Verheimlichung der Entscheidungsgründe gegenüber den Parteien führte: „Die Verwandlung der mündlichen Rechtfertigung des Unterrichters in eine schriftliche mogte allerdings sehr rathsam seyn; aber warum mußte aus dieser schriftlichen Rechtfertigung ein Geheimniß für die Beteiligten gemacht werden?"[112] Brinkmann ging von einem deutlichen Rückschritt aus. Die Verordnung vom 10.

---

[106] Siehe aber *Kischel*, Begründung, 2003, S. 28 Fn. 159.

[107] *Strauch*, Mittelalterliches nordisches Recht, 2016, S. 305–317, zum Inhalt insbesondere S. 311 f.

[108] *Thygesen*, Das Verhältnis zwischen dänischem und deutschem Recht, ZRG (GA) 105 (1988), S. 289 (296).

[109] *Björne*, Den nodiska rättsvetenskapens historia II, 1998, S. 83.

[110] Chronologische Sammlung, 1792, S. 191.

[111] Chronologische Sammlung, 1792, S. 192.

[112] *Brinkmann*, Urtheilsgründe, 1826, S. 46 f.

Oktober 1788 legt allerdings nahe, dass die Vorladung des Richters und die damit einhergehende Möglichkeit für die Parteien, doch noch eine Erklärung für ihr Urteil zu erhalten, sich ohnehin nicht seit 1240 in allen Gerichten erhalten hatten.[113] Brinkmann stellt diesen Gebrauch dennoch als landesweites Phänomen dar, das einer Gesetzesrevision zum Opfer gefallen sei.

Im Herzogtum Holstein waren nach Brinkmanns Angaben die Entscheidungsgründe nach Gemeinem Recht „den Parteien unzugänglich".[114] Noch 1795 klagt ein Herausgeber von Entscheidungsbesprechungen der holsteinischen Obergerichte:

„Von den Untergerichten werden solche [Entscheidungsgründe], lediglich als Berichte, an die Obergerichte eingesandt, und da bey diesen größtentheils mündlich gestimmt wird, so wäre es ohnehin unthunlich, nachher die Gründe anzugeben, worauf der Schluß der Majorität beruhet."[115]

Er bezweifelte also einen möglichen Schluss von den schriftlichen Berichten auf das mündliche Abstimmungsverhalten und die dort tatsächlich verhandelten Fragen. Eggers wollte vielmehr wissen, wie die Entscheidung tatsächlich zustande gekommen war. Ohne diese Abbildung des Entscheidens erschien ihm die schriftliche Begründung als nutzloses Dokument. Er argumentierte damit ähnlich wie einige Jahre später der preußische Justizminister Kamptz. Es erschien wichtig, genau die Gründe zu dokumentieren, die tatsächlich zum Ergebnis geführt hatten. Irgendeine plausible, rechtlich schlüssige Begründung, die den Fall mit seinen Besonderheiten berücksichtigte, genügte nicht.

Erst in den 1830er und 1840er Jahren ergingen Verordnungen des dänischen Königs, die Richter zur Begründung anhielten. Erstaunlicherweise setzte die erste Regelung beim Oberappellationsgericht Kiel und den Oberdikasterien in Glückstadt und Schleswig[116] an. Die beiden Oberdikasterien waren Gerichte, die seit einer Reform von 1834 außer im Strafrecht hauptsächlich zweitinstanzlich „in allen Arten von Sachen" zuständig waren.[117] Abweichend von den Gesetzen anderer Staaten mussten in Schleswig und Holstein also zunächst die höheren Gerichte ihre Entscheidungen mit Gründen versehen.

---

[113] Chronologische Sammlung, 1792, S. 192. „Weil sonst die in einigen Ämtern bisher noch übliche Adcitation der Unterrichter zu Justificirung ihrer bey Unserm Obergerichte zu Gottorff angefochtenen Erkenntnisse mit nicht geringer Ungelegenheit und Belästigung für sie verknüpft ist und nun an sich wegen durchgehends einzusendender Entscheidungsgründe überall entbehrlich wird: so wollen und verordnen Wir zugleich, daß diese Adcitation des Unterrichters, wo sie noch Statt hat, von nun an aufgehoben seyn [...] solle."

[114] *Brinkmann*, Urtheilsgründe, 1826, S. 47.

[115] *Eggers*, Beyträge, 1795, S. XIV f.

[116] *Francke*, Civilprozeß, 1839, S. 272.

[117] Art. Holstein, in: Weiskes Rechtslexikon, 1844, S. 351 f.

Eine provisorische Gerichtsordnung vom 15. Mai 1834 verpflichtete das Oberappellationsgericht Kiel zur Begründung seiner zivilrechtlichen Urteile.[118] Am selben Tag erging auch eine Verordnung an die Oberdikasterien in Glückstadt und Schleswig mit gleichem Inhalt.[119] 1839 behauptete August Wilhelm Samuel Francke in seinem Lehrbuch über den gemeinen deutschen und schleswig-holsteinischen Zivilprozess, die Untergerichte seien diesem Beispiel ohne normative Verpflichtung gefolgt.[120] Erst elf Jahre später, am 13. März 1845, weitete der dänische König Christian VIII. die Begründungspflicht auch staatlicherseits auf Untergerichte aus. In der Verordnung „betreffend die Einführung von Entscheidungsgründen bei sämmtlichen Untergerichten der Herzogthümer Schleswig und Holstein"[121] ordnete er „auch für die Untergerichte in den zu ihrer Entscheidung gelangenden Civilrechtsstreitigkeiten [...] die Mittheilung von Entscheidungsgründen gesetzlich" an.[122]

VI. Ergebnis

In keinem der hier vorgestellten Fälle lässt sich die Einführung der Begründungspflicht auf ein einziges Datum begrenzen. Die Aufzählung der normativen Vorgaben ist nicht abschließend. Hessen, Baden, Mecklenburg, Hannover und Württemberg erließen zum Beispiel ähnliche Regelungen.[123] Eine Durchsicht von Prozessordnungen auch kleinerer Territorien und Staaten würde sicherlich weitere Vorschriften ans Licht bringen.[124] Die Ver-

---

[118] Abgedruckt in *Esmarch*, Sammlung der Statute, 1848, S. 200 zu § 10; so richtig wiedergegeben bei *Kerameus*, Rechtskraftwirkung, AcP 167 (1967), S. 241 (246) Fn. 28; *Sprung*, Entwicklung, in: ders. (Hrsg.), Entscheidungsbegründung in europäischen Verfahrensrechten, 1974, S. 43 (54) verweist hingegen auf *Francke*, Civilprozeß, 1839, S. 23, woraus nicht hervorgeht, dass die Verordnung Entscheidungsgründe behandelt.

[119] *Esmarch*, Sammlung der Statute, 1848, S. 257 zu § 59.

[120] *Francke*, Civilprozeß, 1839, S. 272; übernommen von *Sprung*, Entwicklung, in: ders. (Hrsg.), Entscheidungsbegründung in europäischen Verfahrensrechten, 1974, S. 43 (54).

[121] *Esmarch*, Sammlung der Statute, 1848, S. 171.

[122] *Esmarch*, Sammlung der Statute, 1848, S. 171.

[123] *Sprung*, Entwicklung, in: ders. (Hrsg.), Entscheidungsbegründung in europäischen Verfahrensrechten, 1974, S. 43 (50–55).

[124] Siehe nur die Ergebnisse von *Süß*, Partikularer Zivilprozess, S. 540: Süß konnte eine Vorform der heutigen allgemeinen Begründungspflicht in der Ordnung des weltlichen Hofgerichts in Paderborn von 1720 ausmachen. Dort ist im 57. Titel grob vorgegeben, wie die Gerichte begründen sollen. Auf Antrag und gegen eine zusätzliche Gebühr konnten die Parteien Entscheidungsgründe des Endurteils erhalten. Die Entscheidungsgründe dienten ausdrücklich dem Zweck, den Parteien die Überlegung zu erleichtern, ob sie ein Rechtsmittel einlegen wollten.

änderungen in den großen Staaten sowie in Schleswig und Holstein als vielbeschworener Ausnahme sollen an dieser Stelle genügen. Typischerweise wurde die richterliche Begründungspflicht nur schrittweise normiert und sukzessive erweitert. Häufig fand die Ausweitung von unteren Gerichten zu den Obergerichten statt. Denn Untergerichte waren den Obergerichten ohnehin zur Rechenschaft verpflichtet. Zudem war ein maßgebliches Argument für die Einführung der Begründungspflicht, dass die Parteien die Chancen eines Rechtsmittels realistischer einschätzen und möglichst ganz davon absehen sollten. Bei der letzten Instanz bestand also vordergründig zunächst kein Bedarf nach einer Begründung. Schleswig und Holstein bieten hierzu eine Ausnahme: Die Begründung war an den höheren Gerichten schon verpflichtend, als sie auch an den unteren vorgeschrieben wurde. Insgesamt macht die über hundertjährige Einführungsphase deutlich, wieso auch noch im 19. Jahrhundert erbittert über die Einführung gestritten und gerungen wurde. Es gab einfach lange Zeit Ausnahmen und Teilausnahmen, bei denen den Parteien und der juristischen Öffentlichkeit die Einsicht versagt blieb.

Ab dem 18. Jahrhundert wandelte sich die Lesart der gemeinrechtlichen Vorgaben und die Literatur meinte überwiegend, das Gemeine Recht treffe keine Aussage, ob Entscheidungen begründet werden müssten.[125] Damit blieb es dem einzelnen Gericht anheimgestellt, eine Begründung anzufügen. So wird verständlich, wieso Autoren noch im 19. Jahrhundert in ein und derselben Abhandlung fragten, ob es ratsam sei, eine Entscheidung zu begründen, wie man eine Begründung gestalten soll und ob eine Begründung selbst rechtskräftig werde.[126] Denn da eine Begründung nicht verboten war, bedingten sich die Antworten nicht gegenseitig.

Eine Zäsur zwischen einer Zeit ohne Begründungspflicht und einer Zeit mit Begründungspflicht gibt es also nicht, denn die Begründungspflicht wurde in den Territorien und Staaten zu unterschiedlichen Zeiten eingeführt. Gesetze, Verordnungen, Kabinettsordern und sonstige normative Vorgaben ergingen zwischen 1715 in Sachsen und 1864 in Baden.[127] Dabei handelt es sich um einen Einführungszeitraum von beinahe hundertfünfzig Jahren. Man könnte dennoch für die einzelnen Staaten isoliert von einem starken Einschnitt ausgehen. Doch das ließe außer Acht, dass die Begründungspflicht in einem staatenübergreifenden juristischen Diskurs überregional diskutiert wurde, wie die folgenden Ausführungen zeigen sollen. Unabhängig davon, in welchem Staat eine Streitschrift erschien, nahmen andere Autoren auf sie Bezug. Ungeachtet der staatlichen Einführung handelte es sich daher um einen allmählichen Prozess. Statt einer Zäsur geht es daher um Jahr-

---

[125] *Gehrke*, Die privatrechtliche Entscheidungsliteratur, 1974, S. 31.
[126] So etwa *Kopp*, Entscheidungsgründe, 1812; siehe dazu D. III. 2. und 3.
[127] *Gehrke*, Die privatrechtliche Entscheidungsliteratur, 1974, S. 31 m.w.N. Fn. 130.

zehnte des Wandels. Die Begründungspflicht kann aus dieser Warte als Symptom einer sich verändernden Rechtskultur gedeutet werden.

Aber eine Geschichtsschreibung, die sich auf die direkten Vorläufer einer Regelung konzentriert, blendet aus, dass es möglicherweise noch andere Möglichkeiten für die Parteien gab, die Hintergründe eines Urteils zu erforschen. Auch ohne eine Pflicht zu begründen, könnten einige Richter trotzdem ihre Motive mit dem Urteil schriftlich dargelegt haben. Zudem gab es andere prozessuale Mittel, die ein besseres Verständnis der getroffenen richterlichen Entscheidung ermöglichen. Um eines davon geht es im nächsten Hauptteil. Die Einführung der Begründungspflicht hat Veränderungen für die Parteien mit sich gebracht. Doch wenn man diese älteren Wege im Blick behält, erscheint die Begründungspflicht noch weniger als innovative Neuerung infolge der Aufklärung.

C. Erläutern und Begründen

Schon mehrfach hat sich die Forschung explizit mit Begründungspflichten des Richters beschäftigt.[1] Dabei kamen jene normativen Quellen zum Vorschein, die den zeitgenössischen Richter in abstrakt-genereller Weise zur Begründung seines Urteils anhielten. Auf der Suche nach den Ursprüngen der heutigen Begründungspflicht geraten typischerweise allgemeine richterliche Pflichten in den Blick. Stephan Hocks überprüft etwa historische Prozessordnungen „an den systematisch relevanten Passagen (etwa bei den Vorschriften über die Urteilsberatung und -verkündung)".[2] Er konstatiert dabei „für das 16. und 17. Jahrhundert keine Hinweise auf eine richterliche Begründungspflicht".[3] Von diesem Negativbefund aus lehnt er die Möglichkeit von Vorformen einer Begründungspflicht ab und resümiert: „Weitere Nachforschung, die kaum Erfolg versprechen dürfte, ist jedoch nicht erforderlich."[4] Damit nimmt er ausschließlich unmittelbare Vorläufer des heutigen § 313 ZPO in den Blick. Die Suche klammert aber aus, dass die Parteien auf andere Weise von den Beweggründen der Richter erfahren haben könnten. Ganz naiv gesprochen, besteht die einfachste Möglichkeit darin, die Richter zu fragen, wieso sie so geurteilt haben und was ihr Urteil genau bedeuten soll.

Diese Überlegung führt zu einem älteren Rechtsbehelf, der zu verschiedenen Zeiten und an verschiedenen Orten unterschiedlich ausgestaltet war: der Läuterung. Zu der sächsischen Läuterung ist 2020 eine umfassende Monografie von Volker Unverfehrt erschienen. Daher soll die Läuterung hier nur kursorisch vorgestellt werden, um das grundsätzliche Problem der Rückprojektion aktueller Rechtsinstitute zu verdeutlichen.[5] Zugleich stellt die Beobachtung eine strenge Zweiteilung in eine Zeit ohne und eine Zeit mit Begründungspflichten weiter in Frage.

---

[1] Siehe A. III. und zahlreiche Literaturbelege unter B.
[2] *Hocks*, Gerichtsgeheimnis, 2002, S. 21.
[3] *Hocks*, Gerichtsgeheimnis, 2002, S. 21.
[4] *Hocks*, Gerichtsgeheimnis, 2002, S. 23.
[5] Dazu *Stolleis*, Rechtsgeschichte schreiben, 2008, S. 27, Wiederabdruck 2011, S. 1098.: „So mag die eigene Rechtserfahrung, die wir als Suchscheinwerfer in die Vergangenheit verwenden, sowohl auf die richtige wie auf die falsche Spur führen".

I. Die gemeinrechtliche und die sächsische Läuterung

Die Verständnisschwierigkeiten der „Läuterung", „Leuterung" oder auch „Erläuterung" beginnen mit der Quellensprache. Sofern einer der Ausdrücke auftaucht, ist nicht mehr sicher, ob das Wort überhaupt im juristischen Sinne gebraucht wird und – wenn ja – was für ein Rechtsbehelf gemeint ist. Daher werden die Ausdrücke Läuterung und Erläuterung nachstehend synonym verwendet. Die folgende Darstellung orientiert sich an den einschlägigen Artikeln im „Handwörterbuch zur deutschen Rechtsgeschichte" der ersten und zweiten Auflage.[6] Die bisherigen Untersuchungen zur Läuterung haben zwei Formen des Instituts aufgezeigt, die ihrerseits historisch mutmaßlich miteinander verwandt sind. Zum einen geht es um eine Erklärung von eigenen Schriftstücken im gemeinen Prozessrecht seit dem späten Mittelalter. Zum anderen bezeichnet die Läuterung einen sächsischen Rechtsbehelf mit Suspensiv-, aber ohne Devolutiveffekt. Bereits die Trennung in eine sächsische und eine gemeinrechtliche Ausprägung der Läuterung ist nicht unumstritten.[7]

In der ersten Erscheinung ermöglicht die Läuterung den Parteien eine schlichte Erklärung und Verdeutlichung ihrer eigenen Klage oder Antwort.[8] Die Parteien konnten demnach schriftlich ausführen, wie sie eine bestimmte Passage ihres Schriftsatzes gemeint hatten. Dabei durften sie die Klage oder ihre Einwände aber nicht auf neue Gegenstände ausweiten. Verständlich wird dieses Verfahren vor dem Hintergrund des gemeinen Zivilprozesses mit einer fest vorgegebenen Anzahl an Schriftsätzen für jede Partei. Die Läuterung eröffnete beiden Seiten die Möglichkeit, zusätzliche Schriftsätze einzureichen, die im Schlagabtausch der Parteien nicht mitgezählt wurden. Rein rechtlich handelte es sich bloß um eine Wiederholung mit deutlicheren Worten und nicht um neue Angriffs- und Verteidigungsmittel. Es ging ausschließlich um Klarstellungen. Diese Form der Erläuterung konnten Zeugen für ihre Aussage ebenfalls vornehmen. Auch dann führte eine Person im Prozess ihre vorangegangene Handlung näher aus, um sie verständlich zu machen. Peter Oestmann stellt heraus, dass in diese Kategorie auch Erklärungen des Gerichts selbst fallen können. Es ließen sich über den Geltungsbereich des sächsischen Rechts hinausgehende Nachweise für eine Läuterung anführen. Insofern sei es nicht stimmig, die Erläuterung des Gerichts nur als Vorform der sächsischen Läuterung zu behandeln. Auch andere Gerichte hätten dem-

---

[6] *Buchda*, Läuterung, in: HRG 1978, Sp. 1648–1652; *Oestmann*, Läuterung, in: HRG 2016, Sp. 670–673.

[7] *Oestmann*, Läuterung, in: HRG 2016, Sp. 670 (670) trennt zwischen Rechtsmittel und Erklärung, *Buchda*, Läuterung, in: HRG 1978, Sp. 1648 (1648) nicht.

[8] *Buchda*, Läuterung, in: HRG 1978, Sp. 1648 (1648 f.).

zufolge ihre eigenen Urteile durch nachträgliche Erläuterungen verbessert.[9]

Neben dieser untechnischen, gemeinrechtlichen Läuterung in mittelalterlichen und frühneuzeitlichen Verfahren gibt es eine zweite Erscheinungsform der Läuterung: Dasselbe Wort hatte im sächsischen Rechtskreis eine spezifischere und engere Bedeutung.[10]

Die sächsische Läuterung lässt sich nach den neuen Ergebnissen von Volker Unverfehrt „grob in drei Entwicklungsphasen einteilen".[11] Bis zur ersten Hälfte des 15. Jahrhunderts habe es sich um eine unförmliche Erklärungsbitte von prozessualen Äußerungen des Gerichts gehandelt. Sodann sei die Läuterung immer stärker verrechtlicht und zu einem Auslegungsstreit über das Urteil geworden. Seit dem ausgehenden 15. Jahrhundert sei die Läuterung dann als echtes Rechtsmittel neben die Appellation getreten. Die frühneuzeitliche Läuterung der letzten Phase sei der „Inbegriff der missbräuchlichen Verschleppung eines Prozesses".[12]

Die sächsische Läuterung hatte aufschiebende Wirkung, führte aber nicht zu einem Instanzensprung und wurde daher schon zeitgenössisch als „Suspensivrechtsmittel" bezeichnet.[13] Im Ausgangspunkt sollte danach derjenige Richter, der das Urteil gefällt hatte, seine Entscheidung erläutern. Anders als bei der gemeinrechtlichen Form der Läuterung war ab dem 16. Jahrhundert aber nicht mehr derselbe Richter zuständig, der auch geurteilt hatte. Stattdessen waren andere Entscheidungsträger berufen, die aber formal auf derselben Stufe standen.[14] Insofern kam es nicht zu einem Instanzensprung. Die Läuterung fand entweder im Wege der Aktenversendung statt oder durch Richter eines anderen Senats oder sogar durch ganz andere Gerichte gleichen Ranges.

Eine Abgrenzung zwischen den beiden Erscheinungsformen der älteren Zeit erweist sich also dann als schwierig, wenn nicht die Parteien, sondern der Richter erläutert und zwar der *iudex a quo* persönlich. Dann könnte es sich entweder um eine Erklärung gegenüber den Parteien handeln, die keine eigenen Rechtsfolgen auslöst, oder aber um das Suspensivrechtsmittel. Im Kontext dieser Arbeit ist die Unterscheidung relevant, um zu klären, ob es sich nur um ein regionales Phänomen handelt, das einer Begründungspflicht vorausging. Die Forschung zur Läuterung bezieht sich dabei bislang nicht auf das 19. Jahrhundert.[15]

---

[9] *Oestmann*, Läuterung, in: HRG 2016, Sp. 670 (670 f.).
[10] *Wetzell*, System, 1878, S. 780–782.
[11] *Unverfehrt*, Läuterung, 2020, S. 287.
[12] *Unverfehrt*, Läuterung, 2020, S. 291.
[13] Art. Läuterung, in: Brockhaus Bilder-Conversations-Lexikon, 1838, S. 706 (706).
[14] Differenzierend hierzu *Unverfehrt*, Läuterung, 2020, S. 109–118.
[15] *Unverfehrt*, Läuterung, 2020, untersucht ebenfalls die Läuterung bis ins 17. Jahrhundert; er erwähnt zudem die endgültige Abschaffung mit den Reichsjustizgesetzen, S. 292, und Ausläufer bis ins 19. Jahrhundert, S. 2 f.

Ein Beispiel aus der neueren Forschungsliteratur mag veranschaulichen, wie vieldeutig der Begriff in der Frühen Neuzeit verwendet wurde. Als eine besondere Unterform der Läuterung aus dem sächsischen Recht kann danach die *leuteration* im Schweden des 17. Jahrhunderts gelten. Heikki Pihlajamäki beschreibt dieses Institut als eine Überprüfung der Strafen vor schwedischen peinlichen Gerichten. Aufgrund der Aktenlage entschied ein Gericht höherer Instanz, ob die Strafe bestätigt, abgemildert oder verschärft werden sollte. Während die strafrechtliche Appellation im *Ius Commune* wegen des angeblichen Missbrauchsrisikos untersagt war, eröffnete die *leuteration* einen Weg, untergerichtliche Strafurteile doch vor einem höheren Gericht zu überprüfen.[16] Die besonderen strafrechtlichen Vorgaben führten letztlich zu einem echten Rechtsmittel mit Suspensiv- und Devolutiveffekt, bei dem – ähnlich der Revision – nach Aktenlage entschieden wurde. Obwohl diese Ausformung typologisch denkbar weit von der in Deutschland lange kaum erforschten sächsischen Läuterung entfernt ist, ordnet Pihlajamäki die geschilderte *leuteration* dem sächsisch-schwedischen Recht zu. Die Zusammenhänge sind nicht immer anhand der modernen Terminologie greifbar. Um solche Feinheiten aufzudecken, wären sprachwissenschaftliche Untersuchungen über die Wortverbreitungen nötig. Die genauere Erforschung der schwedischen und der gemeinrechtlichen Läuterung steht jedenfalls noch aus.

Die beiden sehr verschiedenen Grundformen der Läuterung aus dem deutschen Sprachraum erklären möglicherweise, wieso in älteren Prozessordnungen keine Begründungspflicht erwähnt ist und wieso die Parteien sich scheinbar ohne Begründung mit dem Ergebnis abfanden. Die gemeinrechtliche Läuterung führte je nach ihrer konkreten Ausgestaltung in den Territorien zu einer Erklärung der Entscheidung durch den Richter. Und auch in der sächsischen Läuterung als Rechtsmittel vermutet Oestmann eine „sehr eigentümliche und bisher nicht bemerkte Wurzel für die gerichtliche Pflicht zur Urteilsbegründung gegenüber den Parteien".[17] Ob sie eine Wurzel und mithin ein Ursprung der Begründungspflicht ist, mag dahinstehen. Zu bedenken sind jedenfalls die gewichtigen terminologischen und prinzipiellen Unterschiede zwischen einer Begründung und einer Erläuterung. Nach einem ersten, naiven und heutigen Begriffsverständnis rechtfertigt die Begründung, warum die Entscheidung so ausgefallen ist, und die Erläuterung verdeutlicht, was die Entscheidung im konkreten Fall bedeutet.

Für das 16. Jahrhundert arbeitet Unverfehrt die Unterschiede und Gemeinsamkeiten zwischen der Läuterung und der Entscheidungsbegründung genau heraus. Auf die Läuterung hin konnte das Gericht das Urteil verän-

---

[16] *Pihlajamäki*, Conquest and the Law, 2017, S. 222–226.
[17] *Oestmann*, Läuterung, in: HRG 2016, Sp. 670 (670).

dern oder bestätigen oder aber eine sogenannte Erklärung abgeben.[18] Unverfehrt wertet diese „Erklärung" als Teilerfolg des Läuteranten, weil seinem Antrag zwar nicht entsprochen wurde, ihm jedoch die Verzögerungskosten nicht auferlegt wurden.[19] Laut Unverfehrt handelt es sich dabei nicht um eine Urteilsbegründung. Vielmehr sei die teilweise gegebene inhaltliche Begründung ein bloßer „Rechtsreflex" gewesen.[20] Für die Parteien habe zudem die Möglichkeit bestanden, den eigenen Tatsachenvortrag zu präzisieren. Eine prozessuale Gleichwertigkeit der Läuterung und der Entscheidungsbegründung lehnt Unverfehrt ausdrücklich ab. Das spricht jedoch nicht gegen eine funktionale Ähnlichkeit.

Ein Ausschnitt aus Zedlers Universallexikon von 1738 gibt Anlass zu fragen, ob die Läuterung für die Zeitgenossen trotz der prozessualen Verschiedenheit ähnliche Funktionen erfüllte wie die spätere Begründungspflicht:

„Dieser heilsame Sächsische Gebrauch der Leuterung hat zweyerley Nutzen: Erstlich dienet er, und ist gut für beyderseits Partheyen, damit sie ihre Sache wieder zurechte bringen mögen, so zuvor sich verlauffen hatten, und zwar etwa in Mangel genugsamen Berichts und Verstandes und denen Dingen so viel oder zu wenig gethan worden, oder könnte auch wohl durch Unfleiß versehen worden seyn. Zum andern nutzet die Leuterung auch dem Iudici, auf daß er sich aus Wiederhohlung, Leuterung und verständigen Auslegung derer vorigen eingekommenen Sätze und Acten erinnern möge, ob er auch irgend in Concipirung des Urtheils sich gierret, damit er hier retractiren und verbessern könne; denn irren ist menschlich."[21]

Zedler benennt zwei positive Wirkungen der sächsischen „Leuterung": Sie nützt den Parteien und dem Richter selbst. Erst eine „Leuterung" erkläre vielen Parteien ihren eigenen Prozess. Diese Folge mag noch dem ursprünglichen und bekannten Zweck der Läuterung entsprechen. Erstaunlich ist jedoch der Nutzen der Läuterung für den Richter. Zedler beschreibt, dass der Richter mithilfe der Akten und der Leuterungsschrift seine eigene Entscheidung hinterfragt und überprüft. Falls dem Richter ein Fehler unterlaufen sein sollte, hätte er nun die Möglichkeit zur Korrektur. Inhaltlich passen diese Sätze des Zedlerschen Lexikons nicht zum bisherigen Stand der Forschung, weil der Text unterstellt, der Richter würde in seinem eigenen Prozess persönlich die Läuterung verfassen. Dies geschah laut Unverfehrt ab der Mitte des 16. Jahrhunderts im sächsischen Verfahren regelmäßig an den Hofgerichten und dem Oberappellationsgericht, meistens folgte jedoch eine erneute Aktenversendung.[22] Viel brisanter ist jedoch, dass Zedler zwei Funk-

---

[18] Siehe *Unverfehrt*, Läuterung, 2020, „Die ‚Erklärung' als Resultat der Läuterung", S. 123–155.
[19] *Unverfehrt*, Läuterung, 2020, S. 123 f.
[20] *Unverfehrt*, Läuterung, 2020, S. 128.
[21] Art. Leuteratio, Leuterung, in: Zedlers Universal-Lexicon, 1738, Sp. 669 (671).
[22] *Unverfehrt*, Läuterung, 2020, S. 121.

tionen der Läuterung beschreibt, die in gleicher Weise etwa hundert Jahre später von den Zeitgenossen als elementare Funktionen der Begründungspflicht angesehen werden sollten. Auch dabei ging es nicht nur um die Information der Parteien, sondern um die Selbstreflexion des Richters. Beispiele hierfür in dieser Arbeit sind die Ausführungen von Kamptz[23] innerhalb der Normengeschichte sowie Steiger[24] und Kopp[25] im Rahmen des nächsten Abschnitts.

Es lohnt also, auch andere mögliche Vorläufer in den Blick zu nehmen, wenn man mehr als die normengeschichtlichen Ursprünge einer Regelung freilegen will.[26] Auch mit pauschalen Hinweisen auf ein früher angeblich höheres Ansehen der Gerichte[27] lässt sich die späte Entscheidungsbegründungspflicht nur unzureichend erklären. Die Läuterung erfüllte für die Zeitgenossen jedenfalls ähnliche Funktionen.[28]

II. Urteilserläuterung im 19. Jahrhundert

Die funktionale Ähnlichkeit zwischen einer Urteilsbegründung und einer Erläuterung lässt vermuten, dass die Erläuterung neben der Begründung überflüssig wurde. Doch überraschenderweise verschwand die Läuterung nicht so schnell aus der juristischen Literatur. Als Relikt in Lehrbüchern und sogar Gerichtsentscheidungen existierte sie bis weit in das 19. Jahrhundert hinein, wie der folgende Abschnitt zeigt.

1. Danz und Gönner

Die Läuterung existierte offenbar in der Moderne fort. Eine ausführliche Beschreibung des Rechtsbehelfs für das ausgehende 18. und frühe 19. Jahrhundert gibt der Prozessrechtler Wilhelm August Friedrich Danz (1764–1803). Danz studierte den Reichsprozess in Wetzlar, lehrte an der Karlsschule und sammelte praktische Erfahrungen als Hofgerichtsassessor in Stuttgart.[29] Er interessierte sich für das Deutsche Privatrecht und kom-

---

[23] Siehe oben B. IV. 3.
[24] Siehe unten D. II. 3.
[25] Siehe unten D. III. 3. b).
[26] *Hocks*, Gerichtsgeheimnis, 2002, S. 3, will wissen, „wie es dazu kam".
[27] *Werkmüller*, Urteilsbegründung, in: HRG 1998, Sp. 611 (612).
[28] Ähnlich interpretiert Czeguhn die Forschungen Gudians zu begründeten Schöffensprüchen im 14. und 15. Jahrhundert, die Begründung sollte danach vor allem Missverständnisse verhindern, *Czeguhn*, Entscheidungsfindung, in: Cordes (Hrsg.), Juristische Argumentation, 2006, S. 219 (235) mit Verweis auf *Gudian*, Begründung in Schöffensprüchen, 1960, S. 127.
[29] *Steffenhagen*, Danz, in: ADB 1876, S. 752 (752).

II. Urteilserläuterung im 19. Jahrhundert

mentierte das Lehrbuch Rundes. Allerdings bezeichnet Frank Ludwig Schäfer dieses Werk als „imposanten, wenn auch wenig originellen und wenig einflußreichen Kommentar".[30] Anders stand es hingegen mit Danz' Prozessrechtslehrbuch. Nach Ernst Holthöfer lieferten die „Grundsätze" eine begehrte Gesamtdarstellung auf dem aktuellen Diskussionsstand ihrer Zeit.[31] Die „Grundsäze des gemeinen, ordentlichen bürgerlichen Prozesses" enthalten eine Beschreibung der prozessualen Möglichkeit, eine Urteilserläuterung zu erbitten. Dieselbe Fassung aus dem Jahr 1795 fand sogar mit identischen Seitenzahlen Eingang in die dritte Auflage von 1800. Danz' Werk ist laut dem Vorwort ab der ersten Auflage als Handbuch für Richter und Parteivertreter konzipiert, „ohne alle Rüksicht auf Provinzialgesezgebung, blos nach den Grundsäzen des gemeinen Rechts".[32] Seine Darstellung konzentrierte sich auf das subsidiär in allen Territorien geltende Recht und genau hier fand die gemeinrechtliche Erläuterung noch lange einen Platz.

Allerdings meinte Danz, diese Form auch am Reichskammergericht beobachtet zu haben. Sein zweites prozessrechtliches Handbuch, ebenfalls von 1795, behandelte die „Grundsätze des Reichsgerichts-Prozesses". Im Abschnitt „Von denjenigen Rechtsmitteln, durch welche die kammergerichtlichen Urtheile eigentlich nicht angefochten werden" beschrieb er ebenfalls die „Nachsuchung um Erläuterung des Urthels".[33] Die beiden Texte sind in weiten Teilen identisch. Zwar bezieht sich Danz bei den Ausführungen zum Reichsgerichtsprozess auf das zu dem Zeitpunkt schon vollendete Lehrbuch über den ordentlichen Prozess. Aber es ist wahrscheinlich, dass seine Darstellung in beiden Bänden auf Beobachtungen des kammergerichtlichen Verfahrens beruht. Denn das Verfahren an den Reichsgerichten war bekannt und vor Ort in Wetzlar nachvollziehbar. Das Gemeine Recht hingegen galt subsidiär und war durch partikulare Regeln überlagert, die der Theorie nach Vorrang hatten.[34] Danz nahm jedenfalls für das Reichsgerichtsverfahren und das Gemeine Recht die gleichen Grundsätze der Läuterung an. Ob Kameralprozess und Gemeiner Prozess um 1800 einander so weit glichen, war schon zeitgenössisch umstritten[35] und wird in der Forschung nur beiläufig

---

[30] *Schäfer*, Juristische Germanistik, 2008, S. 113; „wenig origineller Methodensynkretismus" lautet Schäfers Verdikt an anderer Stelle, S. 165.

[31] *Holthöfer*, Literatur der Kameraljurisprudenz, in: Diestelkamp (Hrsg.), Die reichskammergerichtliche Literatur, 2002, S. 189 (210 f.); *Haferkamp*, Fortwirkungen des Kameralprozesses, in: Oestmann (Hrsg.), Formstrenge, 2009, S. 293 (296) ordnet Danz' Lehrbuch ebenfalls als einflussreich ein.

[32] *Danz*, Grundsäze, 1800, S. III; die Vorrede zur 1. Aufl., die „Nachsuchung um Erläuterung des Urthels" findet sich ebenfalls in der 4. Aufl., 1806, fortgeführt von Nikolaus Thaddäus Gönner.

[33] *Danz*, Grundsäze des Reichsgerichts-Prozesses, 1798, S. 610–612.

[34] *Oestmann*, Rechtsvielfalt vor Gericht, 2002, S. 5–13.

[35] Zu dieser Auseinandersetzung *Haferkamp*, Fortwirkungen des Kameralprozesses, in: Oestmann (Hrsg.), Formstrenge, 2009, S. 293 (298).

abgelehnt.[36] Für Danz glichen sich die beiden Prozessformen zumindest in diesem Punkt.

In gleicher Weise führte Nikolaus Thaddäus Gönner das Lehrbuch nach Danz' Tod fort. Noch 1821 findet sich dieselbe Passage über die Urteilserläuterung in der Fortsetzung. Dabei ist davon auszugehen, dass Gönner den Abschnitt bewusst in seinem Lehrbuch beließ. Denn er nahm kleinere, redaktionelle Änderungen daran vor. Er passte die Rechtschreibung an und fügte eine neue Zwischenüberschrift ein.[37] Damit bestand dieser Rechtsbehelf zumindest auf dem Papier bis weit in das 19. Jahrhundert hinein.

Die späte „Erläuterung" in Danz' und Gönners Lehrbuch gibt jedoch Rätsel auf. In welchem Verhältnis stand sie zur teilweise bestehenden Begründungspflicht? Ist sie typologisch einer der beiden bekannten älteren Formen der Läuterung zuzuordnen? Welche Besonderheiten hat sie demgegenüber? Die spärliche Quellenlage erlaubt nur vorsichtige Vermutungen. Möglich bleibt eine Exegese der wenigen Zeilen bei Danz.

Zum Gemeinen Prozess zählte Danz die „Nachsuchung um Erläuterung des Urthels". Dahinter verbirgt sich „die an den Richter gerichtete Bitte, den wahren Sinn eines dunkelen, oder zweideutigen Ausspruchs genau zu bestimmen".[38] Diese Aufforderung an den Richter ist kein Rechtsmittel, wie Danz erläutert. Sie sei nämlich nicht auf eine Änderung des Richterspruchs angelegt, sondern nur darauf, eine Erklärung zu erhalten. Damit fehlt ein Suspensiveffekt. Zudem ist derselbe Richter, der *iudex a quo*, für die Erläuterung zuständig, sodass auch ein Devolutiveffekt nicht eintritt. Danz beschreibt dieses prozessuale Mittel dennoch im Hauptstück „Von anderen Rechtsmitteln gegen das eröfnete Urthel" und rät Anwälten, auch hier die Frist für Rechtsmittel zu beachten:

„Weil indessen, wenn die gebetene Erläuterung als überflüssig und unstatthaft abgeschlagen wird, der Ergreifung eines Suspensivmittels die Rechtskraft entgegenstehen würde; so ist es räthlich, die zehentägige Nothfrist zu wahren, und auf den Fall daß die Deklaration dem bittenden Theile nachtheilig ausfallen sollte, ein Rechtsmittel behörig einzuwenden."[39]

Es sei also sinnvoll, die Frist für das Rechtsmittel in der Hauptsache zu beachten, weil ansonsten der Richterspruch unabhängig von der nachteiligen Erläuterung rechtskräftig werde. Die zehntägige Frist entspricht sowohl der der sächsischen Läuterungsfrist als auch der Appellationsfrist.[40] Danz gibt konkrete Anweisungen, wie der Schriftsatz an das Gericht verfasst werden soll:

---

[36] *Schubert*, Streben nach Prozeßbeschleunigung, ZRG (GA) 85 (1968), S. 127 (141).
[37] *Danz/Gönner*, Grundsätze, 1821, S. 666–669.
[38] *Danz*, Grundsäze, 1800, S. 619.
[39] *Danz*, Grundsäze, 1800, S. 619 f.
[40] *Oestmann*, Läuterung, in: HRG 2016, Sp. 670 (671); RKGO 1555 Part 2, Tit. 29, § 2 für die Appellation am Reichskammergericht.

II. Urteilserläuterung im 19. Jahrhundert

„1. zum Eingang beziehet man sich auf den in Frage stehenden Rechtsspruch, und rüket aus demselben die dunkele, oder zweideutige Stelle ein, oder leget ihn in Abschrift ganz bey. 2. Zeiget, oder führet auch, nach Befinden der Umstände, die Dunkelheit, oder Zweideutigkeit sorgfältig aus. 3. Bittet sodann, die Erklärung so zu geben, wie sie dem nachsuchenden Theile vortheilhaft ist, welchem Gesuche allenfalls auch passende Gründe vorangeschiket werden können. Wendet endlich 4. auf den Fall, daß die Erklärung widrig ausfallen sollte, ein Rechtsmittel ein."[41]

Bei diesem Rechtsbehelf soll der Anfragende also möglichst deutlich die behauptete Unklarheit im Rechtsspruch aufzeigen. Nicht klar ersichtlich ist, was Danz mit dem „Rechtsspruch", um dessen Erläuterung der Anfragende bittet, eigentlich meint. So könnte sich der Ausdruck sowohl auf den Tenor als auch auf eine eventuell schon abgegebene Begründung beziehen. Allerdings war eine Begründung um 1800 in den meisten Territorien noch nicht vorgesehen. Mutmaßlich handelte es sich bei der Begründungspflicht daher nicht um einen Bestandteil des Gemeinen Rechts im Sinne der Zeitgenossen. Dann hätte sich die Anfrage nur auf den Tenor bezogen. Dagegen spricht allerdings, dass Danz rät, „passende Gründe" voranzuschicken. Wahrscheinlich bezieht sich Danz auf einen nicht begründeten Rechtsspruch, der durch die Erläuterung erstmals mit Gründen versehen wird. Vermutlich ist dies eine Art Langfassung des Tenors. Dann wäre der Übergang zwischen der Erläuterung und der Begründung fließend.

Ein weiterer Unterschied zur sächsischen Läuterung besteht darin, dass Danz ausdrücklich zu einem Formulierungsvorschlag an den Richter rät. Die läuternde Partei soll die erwähnte Langfassung des Urteils selbst erstellen und den Richter um seine Gegenzeichnung bitten. Im sächsischen Verfahren hatte es gerade als Vorteil gegolten, bei der Läuterung keinen anderweitigen Vorschlag unterbreiten zu müssen.[42]

Die „Nachsuchung um Erläuterung" enthielt in Danz' Konzeption zudem die bedingte Einwendung eines Rechtsmittels für den Fall, dass der Richter den Ausspruch anders gemeint hatte, als es der anfragenden Partei günstig war. Damit beschrieb Danz ein genaues Verfahren, um sich ein Urteil erklären zu lassen. Allerdings konnte der verschwiegene Richter leicht eine Erläuterung umgehen, wie die folgende Passage zeigt:

„Findet nun der Richter, daß das Gesuch um Erläuterung ganz überflüssig ist; so muß er solches sogleich verwerfen, und kann einen Verweis, oder auch eine Geldstrafe anhängen. Hält er hingegen das Gesuch deswegen für unstatthaft, weil die Partie diejenige Bestimmung, um welche sie gebeten hat, zu verlangen nicht berechtiget ist; so muß er dasselbe zwar verwerfen, dem allenfalls eingewandten Rechtsmittel jedoch, wenn sonst nichts im Wege stehet, deferiren. Wird er aber überzeuget, daß sein Ausspruch dunkel oder zweideutig ist; so muß er entweder sogleich, oder wenn es nöthig seyn sollte, nach vorgängigen

---
[41] *Danz*, Grundsäze, 1800, S. 620.
[42] *Buchda*, Läuterung, in: HRG 1978, Sp. 1648 (1650).

Handlungen der streitenden Theile, die gebetene Erklärung, so wie sie den Akten und den Rechten gemäs ist, ertheilen".[43]

Danz schildert drei Möglichkeiten für Richter, mit der Erläuterungsbitte zu verfahren. Erstens konnte der Richter die Anfrage als „überflüssig" zurückweisen und der Partei sogar einen Verweis und eine Geldstrafe auferlegen. Der Verweis richtete sich mutmaßlich als Rüge gegen den Schriftsatzverfasser, also einen Parteivertreter, während die Geldstrafe von der Partei selbst zu tragen war. Für Danz, der Runde kommentiert hatte, folgte aus der „Natur der Sache",[44] dass „derjenige, der den in Frage stehenden Rechtsspruch gefället hat, auch darüber erkennen muß, ob derselbe einer Erläuterung bedürfe, und wie er zu erklären sey".[45] Der Richter konnte also behaupten, eine Erläuterung sei gar nicht nötig, weil sein eigener Ausspruch hinreichend deutlich sei. Das ersparte ihm die zusätzliche Arbeit einer Erläuterung und gab ihm die Möglichkeit, mit einer Geldstrafe abschreckend auf potentielle andere nachfragende Parteien einzuwirken. Die drohende Geldstrafe könnte in der Praxis Parteien abgehalten haben, um eine Erläuterung des Urteils zu bitten. Doch die genau beschriebene Vorgehensweise bei Danz deutet darauf hin, dass von diesem Rechtsbehelf tatsächlich Gebrauch gemacht wurde, auch wenn sich Spekulationen über die Häufigkeit anhand der Quelle verbieten.

Wenn der Richter zweitens der Ansicht war, die neue, klarstellende Bestimmung, die der Anfragende beigefügt hatte, entspreche nicht dem Sinn seines Urteils, konnte er die Anfrage verwerfen. Die Rechtsfolgen unterschieden sich aber je nachdem, ob der Richter das Gesuch für „überflüssig" oder bloß für „unstatthaft" hielt. Denn wenn er die Anfrage zurückwies und der Anfragende sich an die Ratschläge von Danz gehalten hatte, griff das bedingte Rechtsmittel gegen die Ausgangsentscheidung ein. Der Richter musste es demnach „deferiren", das heißt in der Regel die Appellation bewilligen.[46] Mit dieser Formulierung deutete Danz auf die sogenannten Apostelbriefe hin. Das waren Stellungnahmen, die der *iudex a quo* der appellierenden Partei für den Oberrichter mit auf den Weg gab.[47] In diesen Berichten bewertete der Ausgangsrichter die Aussichten des Rechtsmittels. Damit traten die Wirkungen des Rechtsmittels, einschließlich des Suspensiveffekts, ein.

---

[43] *Danz*, Grundsäze, 1800, S. 621.
[44] Zu diesem unklaren Rechtsbegriff *Haferkamp*, Natur der Sache, in: HRG 2016, Sp. 1844–1847; speziell zu Runde eine kurze Analyse bei *Montag*, Lehrdarstellung des Handelsrechts, 1986, S. 88–91.
[45] *Danz*, Grundsätze, 1821, S. 668.
[46] Art. Deferiren, in: Pierers Universal-Lexikon, 1858, S. 794 (794).
[47] *Merzbacher*, Apostelbrief, in: HRG 1971, Sp. 195 (195).

Drittens konnte der Richter, der von der Nachfrage und eingereichten Ergänzung überzeugt war, den Spruch gegenüber der anfragenden Partei erläutern. Anders als im sächsischen Recht, wo die Erläuterung ein Rechtsmittel war, diente Danz' Erläuterung nur dazu, Unklarheiten der Ausgangsentscheidung zu beseitigen. Inhaltliche Veränderungen des Richterspruchs waren in der Theorie nicht zulässig. Der Richter durfte „die Gränzen der Erläuterung nicht überschreiten, und seinen Ausspruch eben so wenig abändern, als demselben etwas ganz neues beisezen".[48] Zweck des Rechtsbehelfs war es nur, den Richterspruch besser zu verstehen. Allerdings konnte gegen ein „deklaratorisches Erkenntniß", das auf diese Weise erging, wieder ein Rechtsmittel ergriffen werden und zwar selbst dann, wenn die eigentliche Frist bereits verstrichen war. Die Nachsuchung um Erläuterung hatte damit faktisch eine Fristverlängerung zur Folge.

Danz äußert sich auch kurz zur Person, die um die Erläuterung des Urteils bitten konnte: „Nicht nur aber der Kläger und der Beklagte, sondern auch ein Dritter, der ein Interesse bei der Sache hat, sind um Erläuterung einzukommen berechtigt".[49] Dieser Einschub berechtigt zusätzlich andere Beteiligte am Prozess, die nicht selbst Kläger und Beklagter sind, etwa Intervenienten, um Erläuterung zu bitten. Aufgrund der Erstreckung der Rechtskraft nach einer Streitverkündung, zeitgenössisch Litisdenunziation, waren sie wie die Parteien selbst vom Urteil betroffen. Danz meint an dieser Stelle hingegen nicht an der Entscheidung vollkommen Unbeteiligte. Denn bei einer Anfrage musste der ersuchende Dritte gleich eine „Erklärung" beifügen, „wie sie dem nachsuchenden Theil vortheilhaft ist".[50] Als Interesse an der Sache genügte demnach nicht ein rein juristisch-akademisches Interesse an Gerichtsentscheidungen. Anders als bei der späteren Begründung ging es bei der Erläuterung also noch nicht um eine Fachöffentlichkeit.[51]

Grundsätzlich ist für diese Form der Erläuterung der *iudex a quo* zuständig. Nach Danz ist sogar eine Beschwerde statthaft, sofern ein Richter das Urteil eines anderen erläuterte. Auch im Falle einer vorangegangenen Aktenversendung darf der Richter laut Danz den Spruch „von auswärtigen Rechtsgelehrten" nicht erläutern.[52] Das ist eine deutliche Abgrenzung von der Läuterung des sächsischen Prozesses. Dort nämlich war jedenfalls in den späteren Prozessordnungen des 18. Jahrhunderts vorgeschrieben, zwecks ei-

---

[48] *Danz*, Grundsäze, 1800, S. 621.
[49] *Danz*, Grundsäze, 1800, S. 620.
[50] *Danz*, Grundsäze, 1800, S. 620.
[51] Siehe zu Adressaten der Begründungen E. II.
[52] *Danz*, Grundsäze, 1800, S. 621: „Es ist daher allerdings eine gegründete Beschwerde, wenn ein Richter einen von auswärtigen Rechtsgelehrten eingeholten, oder von einem Oberrichter gefällten Ausspruch zu erläutern sich anmasset."

ner Läuterung eine Aktenversendung vorzunehmen.[53] Sofern eine Kollegialentscheidung vorlag, sollte im sächsischen Prozess ein anderer Richter als der Berichterstatter das Urteil erläutern. Im sächsischen Prozess erläuterte also nur auf einer formalen Ebene das entscheidende Gericht sein Urteil selbst. Denn die Aktenversendung galt nicht als eigene oder zusätzliche Instanz.[54] Die gerichtliche Erklärung auf die erfolgreiche Läuterung hin erfolgte jedenfalls durch andere natürliche Personen. Die gemeinrechtliche Erläuterung nach Danz war hingegen darauf ausgelegt, dass gerade der Ausgangsrichter persönlich sein Urteil erklärte.

Vieles liegt bei dieser Quelle von Danz und später Gönner also im Unklaren. Anja Amend-Traut bezweifelt aufgrund dieser Beschreibung bei Danz die zwei Stränge der Läuterung in einer Fußnote.[55] Eindeutig ist jedoch, dass für die Parteien im Gemeinen Recht um 1800 ein Rechtsweg gegeben war, um das gerichtliche Urteil besser zu verstehen, auch wenn über die Erfolgsquoten nichts bekannt ist und die Erfolgschancen den Normen zufolge schlecht gestanden haben dürften. Denn die erfolgreiche „Nachsuchung um Erläuterung des Urthels" setzte voraus, dass Unklarheiten im richterlichen Ausspruch bestanden, die derselbe Richter zudem anerkannte. Damit erhielten die Parteien nicht ohne weiteres eine ausführliche Erklärung des Urteils wie bei der allgemeinen Begründungspflicht, sondern nur auf Antrag und bei Vorliegen weiterer Voraussetzungen. Es gab aber jedenfalls eine Möglichkeit, eine Erklärung des Gerichts zu erhalten.

Die bei Danz dargestellte Urteilserläuterung ist typologisch eine Unterform der Läuterung als Erklärung für die Parteien. Allerdings schildert Danz dennoch ein formalisiertes Verfahren und damit eine Art Rechtsbehelf. Mit der sächsischen Läuterung hat dies hingegen kaum Gemeinsamkeiten.

2. Linde

Hinweise auf das prozessuale Relikt einer Erläuterung finden sich in weiteren Lehrbüchern des 19. Jahrhunderts. Der Prozessrechtler Christoph Martin ordnete die Läuterung zum Beispiel in einer Anmerkung den außerordentlichen Rechtsmitteln zu.[56] Genaueres lässt sich bei seinem etwas jüngeren Kollegen Justin Linde nachlesen. Linde geht in seinem ab 1823 erscheinenden Lehrbuch immerhin noch kurz auf die Läuterung ein. Er weist auf die Fülle

---

[53] *Unverfehrt*, Läuterung, 2020, S. 110–113.
[54] *Kroeschell*, Deutsche Rechtsgeschichte III, 2008, S. 51; *Oestmann*, Gerichtsbarkeit und Verfahren, 2015, S. 9: „Rechtsbelehrung" als Aufgabe der Juristenfakultäten in der Aktenversendung.
[55] *Amend-Traut*, External and Internal Control, in: Czeguhn/Nevot/Sánchez Aranda (Hrsg.), Control of Supreme Courts, 2018, S. 209 (221 Fn. 67).
[56] *Martin*, Lehrbuch, 1838, S. 502.

von nicht devolutiven Rechtsmitteln in den verschiedenen partikularen Verfahrensordnungen hin. Dort sei von „Supplication, Leuterung, Nichtigkeitsbeschwerde, Restitution, Repräsentation, Oberleuterung"[57] die Rede. Allerdings handelt es sich nur um einen Nebenschauplatz, denn „nicht devolutive Rechtsmittel" mit verschiedenen Namen waren nach Linde „aus den Landesprozeßordnungen zu entnehmen"[58] und damit rein partikulare und keine gemeinrechtlichen Institute. Streng genommen gehörten sie damit gar nicht zum Lehrstoff in diesem Fach. Linde reißt aber kurz das Verhältnis zur Appellation und Revision an. Er bezeichnet das Verhältnis zu den ordentlichen Rechtsmitteln als elektive Konkurrenz und stellt Grundsätze auf, die verhindern sollen, dass durch die Läuterung zusätzliche Instanzen in einem Rechtsstreit zur Verfügung stehen. Die Läuterung bereitete also in den 1820er Jahren noch Abgrenzungsschwierigkeiten.

Ausführlicher äußerte sich Linde über die Läuterung in seinem Handbuch. Es ist nach Lindes eigener Einordnung im Vorwort kein „Commentar zu meinem Lehrbuche",[59] sondern eine eigenständige, umfassende Darstellung des Gemeinen Prozessrechts. Ganz ungewöhnlich begann er sein Handbuch mit dem vierten Band im Jahr 1831. Er plante also eine umfangreiche Darstellung des gesamten Zivilprozessrechts. Zunächst schrieb er über die Rechtsmittel, auch, „weil diese für das gemeine Prozeßrecht bisher am wenigsten bearbeitet, und eine ausführliche zeitgemäße Behandlung das dringendste Bedürfniß ist".[60] Optimistisch erklärte er bei Erscheinen dieses ersten Buches und vierten Bandes: „Nach dem beabsichtigten Plane wird das Handbuch wenigstens sechs Bände stark werden".[61] Dazu kam es jedoch nicht mehr. Lediglich ein als Nummer fünf überschriebener Folgeband erschien 1840 zu den Rechtsmitteln.[62] Schon diese beiden Bände umfassen zusammen etwa 1000 Seiten. Als Unterpunkt der Rechtsmittel behandelt Linde gleich zu Beginn die „Verbesserung, Erläuterung und Ergänzung richterlicher Verfügungen", obwohl er – wie sich gleich zeigen wird – die Läuterung keineswegs als echtes Rechtsmittel konstruierte.

Im Vorwort legte Linde seine Anschauungen zu wichtigen zeitgenössischen Streitfragen offen. Zwei Punkte sind hier hervorzuheben, weil sie helfen, Lindes Auffassung über die Läuterung einzuordnen. Zum einen legte er sein Verständnis von einem sinnvollen Verhältnis zwischen Wissenschaft und

---

[57] *Linde*, Lehrbuch, 1828, S. 618; *ders.*, Lehrbuch, 1850, S. 521.
[58] *Linde*, Lehrbuch, 1828, S. 618; identisch *ders.*, Lehrbuch, 1850, S. 521.
[59] *Linde*, Handbuch, 1831, S. X.
[60] *Linde*, Handbuch, 1831, S. X.
[61] *Linde*, Handbuch, 1831, S. X.
[62] *Schulte*, Linde, in: ADB 1883, S. 665–672, erwähnt ebenfalls nur die zwei Bände IV und V „eines beabsichtigten größeren Werkes"; auch *Körner*, Linde, in: NDB 1985, S. 576 (577) benennt nur zwei Bände.

Rechtspraxis dar. Des Weiteren äußerte er sich zu der Bedeutung gemeinrechtlicher Rechtsquellen neben staatlichen Partikularrechten in seiner Zeit und kritisierte vor diesem Hintergrund partikularstaatliche Gesetzgebungsvorhaben.

Erstens verfolgte Linde also den Anspruch, mit seinem Buch die Verständigung zwischen Wissenschaft und Praxis zu ermöglichen. Er wollte dem „Bedürfniß eines vollständigen Commentars, besonders für die anwendenden Juristen" nachkommen.[63] In seiner Zeit seien die vielen Erkenntnisse der Forschung für Juristen in der Praxis kaum verwendbar. Einzelergebnisse in Monografien seien für einen Praktiker unverständlich, da praktisch tätige Juristen weder alle diese Bücher lesen noch die Menge der neueren Literatur privat kaufen könnten.[64] Linde wollte mit seinem Lehrbuch eine kohärente Darstellung der neueren Forschungen vorlegen und so der Praxis ein wissenschaftlich fundiertes Handbuch bieten, also zwischen diesen beiden Bereichen vermitteln. Aus diesem Anspruch lässt sich bereits ein Rückschluss auf Lindes Auffassung über die Läuterung ziehen: Linde betrachtete die Läuterung als Teil des modernen Prozessrechts, das weiterhin Anwendung fand und behandelte sie nicht nur aus rechtshistorischem Interesse. Er räumte ihr einige Abschnitte in seinem Handbuch ein. Zudem gab er an, repräsentativ die Mehrheit zu vertreten.

Zweitens ging Linde im Handbuch der Frage nach, ob dem Gemeinen Prozessrecht neben den ausführlichen partikularen Regelungen überhaupt noch eine eigenständige Bedeutung zukam. Mit der zunehmenden Menge an positiven Einzelgesetzen drängte sich dieses Problem auf. Er studierte daher auch die partikularrechtlichen Institute für sein gemeinrechtliches Kompendium. Schon beim Abfassen des Vorworts zum ersten Teilband über die Rechtsmittel gelangte er zu der Überzeugung, das Gemeine Recht sei weiterhin die Grundlage der partikularen Prozessordnungen. Deshalb sei es auch möglich, einzelne unvollständige Prozessgesetze mithilfe des Gemeinen Prozesses zu ergänzen. Er stellte nur kleinere Abweichungen in spezifischen gelehrten Diskussionen und bei einzelnen Instituten fest. Nur selten gebe es im Partikularrecht Institute, die gemeinrechtlich unbekannt seien. In seinem Handbuch werde eine Gegenüberstellung von gemeinen und partikularen Regelungen offenlegen, in welchen Fällen Gemeines Recht überhaupt eingreife.[65] Doch die ausführliche Darstellung des Gemeinen Prozessrechts hatte bei Linde noch einen anderen Zweck. Er wollte die Sinnhaftigkeit der alten gemeinrechtlichen Regelungen aufzeigen und wandte sich gegen seiner Meinung nach vorschnelle gesetzgeberische Reformen.[66] Linde betonte im Vor-

---

[63] *Linde*, Handbuch, 1831, S. V.
[64] *Linde*, Handbuch, 1831, S. V f.
[65] *Linde*, Handbuch, 1831, S. VI f.
[66] *Linde*, Handbuch, 1831, S. VII: „Das vorliegende Werk sollte deshalb nicht blos das

wort, dass viele der angeblich neuen Gesetze auf ältere gemeinrechtliche Vorbilder zurückgingen. Daraufhin überprüfte er die einzelstaatlichen Entwürfe. Doch schon im Vorwort äußerte er sich damit deutlich zu ihrer wissenschaftlichen Bedeutung und gab den überkommenen gemeinrechtlichen Regelungen den Vorzug. Diese Verteidigung des Gemeinen Rechts könnte dazu geführt haben, dass Linde schnell bereit war, ein gemeinrechtliches Institut wie die Läuterung anzuerkennen. Ob er insofern eine bestehende Läuterung beschrieb oder selbst an ihrer Entstehung mitwirkte, ist schwer zu sagen.

Lindes Ausführungen zur Läuterung sind vor dem Hintergrund dieser Weichenstellungen in der Vorrede zu lesen. Zum einen versuchte er, den Wissensstand handbuchartig zusammenzufassen. Zum anderen wollte er das Gemeine Recht gegen partikulare Eingriffe schützen. Ob dieser Spagat möglich war, ist historisch kaum feststellbar. Im Abschnitt über die Läuterung ging er jedenfalls ganz anders vor, als die Lehrbuchautoren Danz und Gönner. Während Danz die Erläuterung aus der Perspektive von möglichen Parteivertretern beschrieben hatte, fasste Linde sie als abstraktes Rechtsinstitut auf, das nur in bestimmten klar umrissenen Konstellationen zulässig sei. Mit sprachlicher Präzision deckte er Widersprüche in älteren Darstellungen und Lehren auf. Sein Verständnis steht der ursprünglichen Wortbedeutung einer bloßen Erklärung damit deutlich näher.

Linde geht bei seiner Darstellung zunächst von der herkömmlichen Theorie der Erläuterung aus, wonach prinzipiell jedes Urteil der Erläuterung zugänglich sei, wenn eine Partei es nicht verstehe. Immer dann sei nach verbreiteter Meinung der *iudex a quo* zuständig, sein eigenes Urteil zu erläutern. Lindes Argumentation zielt darauf ab, diese „ganze Lehre"[67] zu widerlegen und durch ein besseres Verständnis der gemeinrechtlichen Erläuterung zu ersetzen. Als Vertreter der bisherigen Lehre benennt er in den Fußnoten namhafte Juristen wie den zitierten Gönner, aber auch August Wilhelm Heffter und Hieronymus Bayer. Sie differenzierten nicht, ob ein Urteil objektiv „dunkel, zweideutig oder widersprechend" war oder ob es lediglich von einer Partei, von einem der Beteiligten, nicht verstanden wurde. Linde sprach sich 1831 für eine klare Trennung dieser beiden Fallgruppen aus. Ein Urteil konnte danach entweder „wirklich" oder bloß „angeblich" dunkel, zweideutig oder widersprechend sein. Bei Linde ist dieser Dreischritt von unklaren Tenorierungen nicht bloß eine barocke Floskel, denn er grenzt die Begriffe streng voneinander ab:

---

in Deutschland geltende gemeine und partikuläre Prozeßrecht darstellen, sondern zugleich nachweisen, wie die vorhandenen Systeme, bei zeitgemäßer Nachhülfe, den Anforderungen der Wissenschaft und des Lebens genügen, wie gewagt es sey, wenn sich Gesetzgeber der Hand der Erfahrung entreißen, und wie bitter sich diese rächt, wenn die Gesetzgebung ewige Wahrheiten des Lebens einseitig gepriesenen Systemen, bewährt nur durch egoistische Hoffnungen ihrer Erfinder, zum Opfer bringt."

[67] *Linde*, Handbuch, 1831, S. 38.

„Dunkel ist ein Urtheil, wenn man seine Disposition nicht deutlich, nicht klar einzusehen im Stande ist; zweideutig, wenn es einen verschiedenen Verstand zuläßt, so gut dieses als jenes aussprechen kann, und widersprechend, wenn ein Theil der Disposition mit einem andern in einem unvereinbaren Verhältnisse steht."[68]

Die Abgrenzung erfolgt nun nach der Frage, ob die Unverständlichkeit wirklich oder nur angeblich vorliegt. Letztlich läuft diese Unterscheidung mit der modernen rechtswissenschaftlichen Dichotomie von subjektiv und objektiv parallel. Linde erklärt die „wirklich dunklen, zweideutigen und widersprechenden"[69] Urteile für nicht erläuterungsbedürftig. In einem solchen Fall, wenn das Urteil „wirklich" oder objektiv unklar ist, liegt nach Linde nämlich überhaupt keine Entscheidung vor. Wenn ein Urteil selbst „jedem mit der nöthigen Einsicht Begabten",[70] modern gesprochen einem verständigen Dritten, unverständlich ist, ist es nach Linde überhaupt kein Urteil. Eine Erläuterung ist dann auch nicht erforderlich. Plastisch spricht er davon, dass „ein Unsinn nimmermehr für ein vollziehbares richterliches Urtheil gelten kann".[71] Ein unsinniges Urteil existiere nicht, es stehe in seiner Bedeutung sogar unter einem nichtigen Urteil, da auch vernünftige nichtige Urteile denkbar seien. Im Gemeinen Recht gelte daher nach richtiger Anschauung der Grundsatz, dass solche unbestimmten Urteile völlig nutzlos und wirkungslos sind. Demzufolge könne man vom Richter ein neues Urteil verlangen. Linde stimmt Gönner aber zu, dass auch gegen wirklich unbestimmte Urteile eine Appellation oder Nichtigkeitsbeschwerde statthaft sei. Allerdings verliere eine Partei auch nichts, die gegen so ein Urteil überhaupt nicht vorgehe, da es einer Vollziehung ohnehin nicht zugänglich sei. Wenn der Richter gleichwohl ein solches Urteil „declarirt", also erklärte oder erläuterte, dann musste sich, Linde zufolge, keine der Parteien diese Erklärung gefallen lassen. Auch die Erklärung sei wie das Urteil selbst ungültig und wirkungslos. Linde schränkte also die bisherige Lehre insofern ein, als wirklich dunkle, zweideutige und widersprüchliche Erkenntnisse einer Erläuterung von vornherein nicht zugänglich seien.

Anders stehe es hingegen mit nur angeblich oder subjektiv undeutlichen Erkenntnissen, also solchen, die eine Partei einfach nicht versteht. Der Fehler liegt sozusagen nicht im Urteil, sondern bei der Partei. „In einem solchen Falle leidet nicht das Urtheil einen Mangel an Deutlichkeit, sondern die Parthei leidet Mangel an Einsicht".[72] Die Erläuterung dieses Urteils bringe denn auch „nichts Neues".[73] In diesem Fall kann nach Linde entweder der

---

[68] *Linde*, Handbuch, 1831, S. 38.
[69] *Linde*, Handbuch, 1831, S. 38.
[70] *Linde*, Handbuch, 1831, S. 41.
[71] *Linde*, Handbuch, 1831, S. 39.
[72] *Linde*, Handbuch, 1831, S. 41.
[73] *Linde*, Handbuch, 1831, S. 41.

iudex a quo oder aber auch der *iudex ad quem* das Erkenntnis erläutern. Die bloße Erklärung der Entscheidung ist zwar möglich, löst aber ihrerseits unter keinen Umständen eigene Rechtsfolgen aus. Die geringe juristische Bedeutung rechtfertigt den kaum formalisierten Umgang mit der Erläuterung. Bei Linde handelt es sich bloß noch um eine Erklärung, die mit den Feinheiten des Vorgehens bei Danz und erst recht mit den Vorgaben des sächsischen Rechts nichts mehr gemein hat.

Linde nennt sodann Beispiele für den Inhalt einer solchen Erläuterung, die das Verhältnis zur Entscheidungsbegründung bereits erahnen lassen. Linde schlägt nämlich vor, der zuständige Richter könne in der Erläuterung das Gesetz zitieren, auf das sich das Urteil maßgeblich stützt, etwa wenn die Partei nicht wusste, dass es um genau diese Gesetzesstelle geht.[74] Eine andere Alternative bestehe darin, auf die Akten Bezug zu nehmen.[75] Die vorgeschlagene Bezugnahme auf die Prozessakten und die konkret angewandten Gesetze macht deutlich, dass diese Informationen den Parteien in Lindes Vorstellung nicht anderweitig zur Verfügung standen. Auf einer gemeinrechtlichen Ebene nimmt Linde 1831 noch keine Entscheidungsgründe an, die diese Punkte aufdecken. Trotz weitgehender partikularer Begründungspflichten geht er vom überkommenen gemeinrechtlichen Grundsatz aus, dass Entscheidungen nicht zu begründen seien.

3. Konversationslexika

Ein ähnliches Bild bietet sich bei der Durchsicht einschlägiger Artikel aus zeitgenössischen Konversationslexika. Die Artikel richteten sich an ein breiteres nichtjuristisches Publikum. Fernab von Handbüchern und Lehrwerken, die die Läuterung teilweise voraussetzten, aber gleichzeitig sich untereinander in den Details widersprachen, könnten solche Lexikoneinträge eine allgemeinverständliche Erklärung bereithalten. Die Einträge unterscheiden sich auch innerhalb eines Nachschlagewerks über die Zeit erheblich. 1809 stand die „Leuterung" im Brockhaus als Gegenbegriff zur Appellation. Dort ist zu lesen:

„In der Rechtswissenschaft heißt remedium irgend ein Rechtsmittel, das man binnen zehn Tagen wider ein gesprochenes und eingehohltes Urthel oder wider einen Bescheid einwendet und seine Beschwerden darüber entweder vor demselben Richter anbringt (dann heißt das Remedium die Leuterung), oder an ein höheres Gericht gelangen läßt (die Appellation)."[76]

---

[74] *Linde*, Handbuch, 1831, S. 41 f.
[75] *Linde*, Handbuch, 1831, S. 42.
[76] Art. Remedium, in: Brockhaus Conversations-Lexikon, 1809, S. 177 (177).

62   C. Erläutern und Begründen

Eindeutig spricht der Text von einem Rechtsmittel und kontrastiert die Läuterung, die vor demselben Richter verhandelt wird, mit der Appellation. Ob tatsächlich die identische Person oder das identische Gremium über den Fall erneut entscheidet, bleibt unklar. Jedenfalls beschränkt der Eintrag die Definition nicht deutlich auf Sachsen und bleibt damit sehr vage. Etwas genauer ist der Abschnitt über die Läuterung im Brockhaus von 1838. Das „Suspensivrechtsmittel" sei „rein deutschen Ursprungs". Allerdings fand es „hauptsächlich in die sächs. Gesetzgebung Eingang und wurde von dieser mit vieler Sorgfalt und Liebe weiter ausgebildet".[77] Die sächsische Läuterung erscheint in dieser Darstellung als ein Überbleibsel eines deutschtümelnden Rechtsbehelfs. Allerdings bleibt anders als bei Danz der Suspensiveffekt erhalten. Ähnlich verhält es sich in einem zeitlich noch späteren Eintrag in Herders Conversations-Lexikon 1855. Die Läuterung sei eine „nochmalige Prüfung, Erläuterung des Urtheils vor derselben Instanz, die es gefällt hat: ohne Devolutivkraft, suspendirt aber die Vollziehung".[78] Dieser späte Vermerk betont neben der Suspensivkraft die Erklärung des Inhalts für die Parteien. In Pierers Universallexikon von 1860 schließlich hebt der Autor wiederum die Funktion als Rechtsmittel hervor. Insbesondere in kleineren Ländern bestehe das Institut fort, „wo es bei dem Mangel geeigneter Obergerichte die Appellation ersetzt".[79] Eine eindeutige Zuordnung als gemeinrechtliches Institut fehlt auch in den Lexika, allerdings wird die Läuterung erwähnt und als fortbestehende prozessuale Möglichkeit der Parteien bezeichnet.

4. Rechtsprechungssammlung

In einer besonderen Fallkonstellation konnte noch im 19. Jahrhundert der *iudex ad quem* für die Erläuterung zuständig sein, wie die folgende Quelle zeigt. Der Befund scheint auf den ersten Blick nicht zur Läuterung zu passen. Der Hinweis dazu findet sich 1849 in Seufferts Archiv. Seufferts Archiv war eine überregionale Entscheidungssammlung, die Auszüge aus regionalen Entscheidungssammlungen und eingesendeten Urteile von Praktikern für ein juristisches Publikum abdruckte.[80] Es handelt sich um eine Mitteilung über einen Erlass am Stuttgarter Obertribunal aus dem Jahr 1838. Der Auszug belegt damit die Anwendung der Läuterung bis weit ins 19. Jahrhundert hinein. Seuffert hatte im ersten Band angekündigt, er werde, „Entscheidungen aus den Gebieten des Civilrechts und Civilprocesses mittheilen, welche bei den obersten Gerichten in den deutschen Staaten nach gemeinem Rechte

---

[77] Art. Läuterung, in: Brockhaus Bilder-Conversations-Lexicon, 1838, S. 706 (706 f.).
[78] Art. Läuterung, in: Herders Conversations-Lexikon, 1855, S. 688 (688).
[79] Art. Leuterung, in: Pierers Universal-Lexikon, 1860, S. 320 (320).
[80] Zur Aufbereitung der Gerichtsentscheidungen bei Seuffert *Günzl*, Case Law in Germany, in: Eves/Hudson/Ivarsen/White (Hrsg.), Common Law, 2021, S. 206–235.

(deutschen oder fremden Ursprungs) ergangen sind".[81] Ausdrücklich widmete er die Sammlung allgemein geltenden Rechtsregeln; die Erläuterung galt ihm offenbar als gemeinrechtliches Institut. Der Auszug ist nur eine halbe Seite lang und bezieht sich ausschließlich auf die Zuständigkeit in einer besonderen Fallkonstellation. Der Erlass des Obertribunals in Stuttgart handelt von „Erkenntnissen eines Untergerichtes oder einer Mittelinstanz, welche in einer höhern Instanz, durch Zurückweisung des ergriffenen Rechtsmittels wegen Mangels einer gegründeten Beschwerde, bestätigt worden sind".[82] Betroffen waren Fälle, in denen das Obergericht ein Rechtsmittel von vornherein nicht zuließ. „Wird Erläuterung eines solchen Erkenntnisses gesucht", heißt es da, sollte das Gericht zuständig sein, welches das Rechtsmittel abgewiesen hat. Das höhere Gericht erläuterte also eine fremde Entscheidung, die des Untergerichts. Insofern weicht die Rechtsauffassung zur Läuterung am Stuttgarter Tribunal von dem Behelf ab, den Danz geschildert hatte. Denn nach der Stuttgarter Entscheidung befasst sich ein gänzlich anderes und sogar übergeordnetes Gericht, das sich nicht zur Entscheidung berufen sieht, mit dem Fall. Allerdings lässt sich die veränderte Zuständigkeit bei der Zurückweisung eines Rechtsmittels dogmatisch rechtfertigen, auch wenn das Argument in der Quelle nicht genannt ist: Das Obergericht schloss sich letztlich der Ansicht des Untergerichts an, indem es ein Rechtsmittel abwies. Damit gab das Appellationsgericht eine Erläuterung für seine eigene abschlägige Entscheidung, auch wenn diese nicht in Urteilsform erging. Die Terminologie und auch die Grundzüge weisen im Stuttgarter Erlass noch 1838 auf das Fortleben einer Läuterung oder auch Erläuterung im Zivilprozess hin. Seuffert hielt den Fall noch über zehn Jahre später für erwähnenswert.

III. Ergebnis

Die Quellen zeigen neue Perspektiven auf, die in der überschaubaren Literatur über die Läuterung nicht vorkommen.[83] Wichtige Lehrbücher des 19. Jahrhunderts erwähnen eine gemeinrechtliche Erläuterung, die über die Grenzen des sächsischen Rechts hinaus bekannt war und in der gerichtlichen Praxis Anwendung fand. Die späte Läuterung war gerade nicht als Rechtsmittel ausgestaltet und damit nur mittelbar oder überhaupt nicht an Fristen gebunden. Es handelt sich um eine prozessrechtliche Besonderheit, deren

---

[81] Seuffert (Hrsg.), Archiv I, 1847, S. IV.
[82] Seuffert (Hrsg.), Archiv II, 1849, S. 286.
[83] *Oestmann*, Läuterung, in: HRG 2016, Sp. 670 (670): „Literatur aus der Zeit seit Gerhard Buchda (Autor des gleichnamigen Art. der 1. Aufl. dieses Lexikons) gibt es praktisch nicht."; Die jetzt vorliegende Studie von Unverfehrt untersucht nicht das 19. Jahrhundert.

Einzelheiten umstritten waren. Während Danz von einer formalisierten Vorgehensweise ausging, beschrieb Linde die Erläuterung als schlichte, wenn auch schriftliche Nachfrage. Eine Begründungspflicht konnte sie bei Danz nicht ersetzen, weil die Position der anfragenden Parteien dafür zu schwach ausgestaltet gewesen sein dürfte. Die Erläuterung erfüllte jedoch ähnliche Funktionen wie die Entscheidungsbegründung. Denn im Nachgang der eigentlichen Entscheidung erfuhren die Parteien Genaueres über ihren Fall. Wesentlicher Unterschied bleibt die entgegengesetzte Fragerichtung. Die Begründung beantwortet, warum ein Urteil so ausgefallen ist. Die Erläuterung hingegen führt aus, was genau gemeint sein soll. In der Praxis kam es möglicherweise zu einer starken Annäherung. Erst mit den Reichsjustizgesetzen verschwand die Erläuterung endgültig.[84] Die in zivilrechtlichen Fällen zunehmend verpflichtende Begründung erübrigte mutmaßlich die schwächere und von den Parteien zu fordernde „Nachsuchung um Erläuterung". Formal bestanden beide Wege noch im 19. Jahrhundert, wenngleich die Läuterung nur wenige Spuren in den Quellen hinterlassen hat. Für die ältere Zeit relativiert dieser Rechtsbehelf in seinen unterschiedlichen Formen aber die sprichwörtliche „Begründungsfeindlichkeit des Ancien Régime".[85]

---

[84] *Buchda*, Läuterung, in: HRG 1978, Sp. 1648 (1650).
[85] *Gehrke*, Die privatrechtliche Entscheidungsliteratur, 1974, S. 33; *Sellert*, Urteilsbegründung, in: Dilcher/Diestelkamp (Hrsg.), Recht, Genossenschaft und Policey, 1986, S. 97 (102).

D. Zukunftsvisionen: Reform und Reformvorschläge nach 1803

Nach dem Zusammenbruch des Alten Reichs und vor der Gründung des Deutschen Bundes stand die Begründungspflicht unter günstigeren Vorzeichen. Leuchtendes Vorbild war Frankreich mit einer Begründungspflicht seit 1790.[1] Deutsche Juristen forderten mit kleinen Publikationen von etwa 30 bis 40 Seiten die Einführung einer Begründungspflicht.[2] Die Autoren verlangten eine Änderung der Gesetzeslage und stellten daher den Nutzen einer Begründungspflicht mit unterschiedlichen Argumenten heraus.

Vier dieser Texte von 1804 bis 1813 sollen im Folgenden herausgegriffen und detailliert vorgestellt werden. Der Reichskammergerichtssekretär Hoscher in Wetzlar, der bayerische Oberamtsrat Steiger, der Hofgerichtsadvokat Kopp aus Hanau und die Richter des Oberappellationsgerichts in München verfassten ganz unterschiedliche Abhandlungen mit verschiedenen Schwerpunkten.

In diesen Abhandlungen steht die Einführung der Begründungspflicht im Vordergrund. Zugleich bilden sie den Ausgangspunkt für eine Untersuchung der zentralen Aspekte in der Literatur über Entscheidungsbegründungen bis zur Mitte des 19. Jahrhunderts.[3]

Bei der Analyse dieser Texte bieten die folgenden Leitfragen Orientierung, um der zeitgenössischen Funktion der Entscheidungsgründe näherzukommen: An wen richtet sich die geforderte oder vorgeschriebene Entscheidungsbegründung; wer soll also nach Ansicht der zeitgenössischen Juristen überhaupt mit diesem Text weiterarbeiten und davon profitieren? Welche stilistischen Vorgaben sollen dabei beachtet werden; wie soll ein Urteil abgefasst sein, um den Leser zu überzeugen?

---

[1] Siehe A. I. Fn. 31.
[2] Eine zentrale, aber spätere Schrift stammt von Brinkmann, „Über die richterlichen Urtheilsgründe", siehe insbesondere B. V., E. II. 1., E. III. 6. b), E. IV. 2., E. V. 3. und E. VIII. 1.
[3] Siehe unter E.

I. Hoscher (1804)

Das Reichskammergericht war neben dem Reichshofrat das höchste Gericht des Alten Reiches. Eine allgemeine Begründungspflicht gegenüber den Parteien hat es dort nie gegeben.[4] Nach seiner Auflösung 1806 traten die höchsten territorialen Gerichte als oberste Gerichtsinstanz an seine Stelle. Doch schon vor 1806 galt in manchen Territorien eine Begründungspflicht.[5] Die Forderung, auch am Reichskammergericht eine solche Verpflichtung einzuführen, blieb hingegen unerfüllt. Ein spätes Plädoyer für eine Veränderung stammt von Johann Melchior Hoscher aus dem Jahr 1804. Seine Ansicht und seine Argumentation strahlten auf die Diskussion in den darauffolgenden Jahrzehnten aus.

„Quae vidi, pinxi" – was ich gesehen habe, habe ich geschildert. Diesen Wahlspruch stellte der Kanzleidirektor am Reichskammergericht Johann Melchior Hoscher[6] seiner Schrift gegen die Gerichtsgeheimnisse voran. Er legte ein ehrliches Zeugnis ab, wie es am Reichskammergericht wirklich zuging. Das zumindest sollten seine Leser denken. In seiner 40-seitigen Abhandlung „Über die Schädlichkeit der Gerichtsgeheimnisse" forderte er, die Entscheidungsgründe endlich den Parteien schriftlich darzulegen. Sein Vorschlag sollte, wie er offen zugab, die „Sustentation der Kanzlei", das heißt den finanziellen Unterhalt[7] verbessern, denn pro Seite einer Entscheidungsbegründung sollte zugunsten der Kanzlei eine Gebühr erhoben werden. Um Sinn und Zweck dieses Vorhabens zu untermauern, brachte Hoscher zahlreiche Beispiele aus seiner 14-jährigen Erfahrung als „Secretaire"[8] an. Das Thema war ein Herzensanliegen des Kanzlisten. Der Kenner des kammergerichtlichen Verfahrens hatte bereits in seiner „Sammlung merkwürdiger am kaiserlichen und Reichs Kammergerichte entschiedener Rechtsfälle" in der Vorrede 1789 eine Begründungspflicht erörtert.[9] Hoscher wollte mit der kleinen Schrift 1804 auf die Missstände im Umgang mit eigentlich geheimen Informationen über den Kreis der Eingeweihten aus Wetzlar hinaus auf-

---

[4] Zu den Regelungen in den einzelnen Verfahrensarten *Gehrke*, Die privatrechtliche Entscheidungsliteratur, 1974, S. 24–26; zu Beginn des 19. Jahrhunderts gab die Reichskammergerichtskanzlei jedoch eine offizielle Entscheidungssammlung des Gerichts heraus, die aber nur Tenorierungen enthielt, Reichskammergerichtskanzlei (Hrsg.), Vollständige Sammlung, 1800–1804.

[5] Zur Normengeschichte siehe Kapitel B.

[6] *Jahns*, Reichskammergericht, 2003, S. 875; weitere biographische Informationen bei *Maurer* (Bearb.), Protokoll, in: Historische Kommission der Bayerischen Akademie der Wissenschaften (Hrsg.), Protokolle, 2015, S. 277 (283 Fn. 795), Onlinefassung S. 6 Fn. 795.

[7] Art. Sustentiren, in: Herders Conversations-Lexikon, 1857, S. 383 (383).

[8] *Hoscher*, Schädlichkeit, 1804, S. V.

[9] *Hoscher*, Über die Frage, 1789; Baumann (Bearb.), Gedruckte Relationen, 2004, S. 16, erwähnt die Sammlung, die Edition berücksichtigt jedoch nicht die Vorrede.

merksam machen. Er enttarnte die Geheimhaltungsvorschriften als Farce und plädierte gerade darum für ihre Abschaffung.

Schon die Vorrede zeigt die wichtigen Themen auf. Es geht Hoscher zwar um „das gemeine Beste, die Beförderung und Verbesserung der Justiz" als „Hauptzweck dieses Vorschlags, und der vorliegenden Druckschrift".[10] Doch noch davor benennt er ökonomische Erwägungen, die den Anlass für seine Schrift gegeben hätten: „Die kammergerichtliche Kanzley leidet nemlich, wie bekannt, einen großen Mangel an ihrer erforderlichen Sustentation".[11] Die Versorgung des nichtjuristischen Personals am Reichskammergericht stellte also ein wichtiges Anliegen dar. Gängige Praxis war, dass die Bezahlung der Kanzleiangehörigen aus den Gebühren für die gerichtlichen Schriftstücke erfolgte. Die Prokuratoren am Reichskammergericht beschäftigten zunehmend eigene Schreiber und nutzten nicht mehr die Dienste der Kanzlei. Unter Protest akzeptierte das Gericht diese Praktik, wie Gemeine Bescheide aus dem Jahr 1783 belegen.[12] Weil es im ausgehenden 18. Jahrhundert zu Besoldungsrückständen kam, meinte Hoscher, Entscheidungsgründe seien ein gutes Mittel, um finanzielle Löcher zu stopfen. Er schlug deswegen vor, „daß durch die gesetzlich einzuführende Mittheilung der Entscheidungsgründe oder vielmehr der ganzen Relation, und desfalls festzusetzende Abschriftsgebühren, ein beträchtlicher Zuschuß hergenommen werden könnte".[13] Dies sei freilich nur ein Nebenaspekt. Hoscher betonte: „Das Heil der Justiz ist hier näher gelegen, als die Gehaltsverbesserung einer Kanzley."[14] Sein Vorschlag sollte also mehrere Probleme am Reichskammergericht lösen. Hoscher enthielt sich Vermutungen über andere Gerichte und betonte abschließend die Bedeutung des Themas für „Wohl und Wehe der Gerechtigkeitspflege".[15]

1. Gerichtsgeheimnisse

Mit dem Beitrag „Über die Schädlichkeit der Gerichtsgeheimnisse" rückte Hoscher ein heute weitgehend vergessenes Phänomen ins Zentrum seiner Überlegungen. Bis heute gibt es in der rechtshistorischen Literatur kaum Informationen zum Gerichtsgeheimnis oder zu den Gerichtsgeheimnissen.

---

[10] *Hoscher*, Schädlichkeit, 1804, S. IV.

[11] *Hoscher*, Schädlichkeit, 1804, S. IV.

[12] Oestmann (Hrsg.), Gemeine Bescheide I, 2013, S. 759–764; im Gegensatz zu einer früheren gerichtsinternen Regelung von 1702, siehe ebd., S. 610–612, konnten die Prokuratoren von nun an Kopien der Schriftstücke einreichen und so nur eine reduzierte Kanzleigebühr für die Korrektur entrichten.

[13] *Hoscher*, Schädlichkeit, 1804, S. IV.

[14] *Hoscher*, Schädlichkeit, 1804, S. VI.

[15] *Hoscher*, Schädlichkeit, 1804, S. VI.

So sucht man das Stichwort „Gerichtsgeheimnis" im Handwörterbuch zur Deutschen Rechtsgeschichte vergeblich. Eine ältere Erwähnung findet sich 1979 in einer Dissertation von Günter Haber.[16] Haber übernimmt den Begriff „Gerichtsgeheimnis" jedoch nicht aus seinen Quellen, da er ausschließlich mit französischsprachigen Texten arbeitet. Das „Gerichtsgeheimnis" taucht als Schlagwort aber in einer Kapitelüberschrift auf. Auch Heinrich Gehrke gebraucht den Ausdruck als Sammelbezeichnung für Geheimhaltungspflichten, ohne ihn explizit als Zitat aus den Quellen zu kennzeichnen.[17]

Doch mit dem Titel der Dissertation von Stephan Hocks „Gerichtsgeheimnis und Begründungszwang" kehrt der vage Ausdruck 2002 ins Bewusstsein der Forschung zurück. Hocks fasst darunter für seine Untersuchung nur die fehlende schriftliche Begründung gegenüber den Parteien.[18] Er berücksichtigt sogar jene Schrift des Gerichtssekretärs Hoscher. Doch Hoscher führte 1804 nicht nur die fehlende schriftliche Begründung an, sondern daneben weitere Formen von Gerichtsgeheimnissen. Er nannte das Referentengeheimnis,[19] also die Schweigepflicht über die Information, wer in der Sache Referent ist, sodann die Frage, ob die Akte aktuell vom Referenten bearbeitet wird,[20] ferner das Wissen, welcher Fall gerade vor dem Richtergremium verhandelt wird,[21] und die Geheimhaltung der Relation vor den Parteien. Schließlich erwähnte er als letzten Unterpunkt das Fehlen von Entscheidungsgründen. Hocks verkürzt dieses Verständnis, indem er zu Hoscher erklärt: „Mit dem Gerichtsgeheimnis meinte er namentlich die Verheimlichung der Urteilsgründe".[22] Durch diese Verengung auf die Entscheidungsgründe bleiben die Brisanz und der konkrete Inhalt von Hoschers weitaus differenzierterem Vorschlag im Dunkeln. Eine erneute Lektüre der Quelle und eine ausführliche Analyse versprechen daher neue Erkenntnisse. Denn es handelt sich um einen ungewöhnlichen Quellenbegriff, den Hocks auf einen Teilbereich reduziert. So blendet Hocks mit dem prägnanten Titel „Gerichtsgeheimnis und Begründungszwang" andere zeitgenössische Unterformen der Gerichtsgeheimnisse für die Forschung aus.

Doch genau diese weitere Begriffsbedeutung ist möglicherweise zentral für das Verständnis der älteren Konzeption. In der Darstellungsweise Hoschers stehen die schädlichen Gerichtsgeheimnisse im Vordergrund, von denen fehlende Entscheidungsgründe nur einen Teilaspekt ausmachen. Dieser umfas-

---

[16] *Haber*, Strafgerichtliche Öffentlichkeit, 1979, S. 21–31.
[17] *Gehrke*, Die privatrechtliche Entscheidungsliteratur, 1974, S. 34 f.
[18] *Hocks*, Gerichtsgeheimnis, 2002, S. 7.
[19] *Hoscher*, Schädlichkeit, 1804, S. 30.
[20] *Hoscher*, Schädlichkeit, 1804, S. 35.
[21] *Hoscher*, Schädlichkeit, 1804, S. 36.
[22] *Hocks*, Gerichtsgeheimnis, 2002, S. 143.

sendere Ansatz jedoch ist der Schlüssel zu einem anderen prozessualen Verständnis.

Denn nach Hoscher verleiten alle diese Geheimnisse am Reichskammergericht gleichermaßen zum Missbrauch, weil der „Cirkel von Leuten so groß ist, dem die Geheimnisse anvertraut sind".[23] Hoscher griff diese Gruppe von Geheimhaltungspflichten in ihrer Gesamtheit an: „Ich behaupte, daß der Gerechtigkeitspflege kein größeres Heil widerfahren könnte, als wenn das Gerichtsgeheimniß in allen Zweigen aus unsern Gesetzbüchern mit Stumpf und Stil exstirpirt würde."[24]

Leider erwähnen nur wenige andere gedruckte Quellen den Begriff. Ein Beispiel sind die posthum erschienenen „Erinnerungen aus alter und neuer Zeit" des Juristen August Ludwig Reyscher.[25] Rückblickend beschrieb er die Aufgaben des Gerichtsschreibers in seinem Heimatort so:

„Derselbe [der Gerichtsschreiber] hatte nicht blos gerichtliche Handlungen aufzuschreiben und zu verwahren, er war überhaupt der Schreiber des Orts und hatte als solcher die Verträge über Gebäude und leitende Güter, sowie über Testamente und Kodizille auf Ersuchen der Kontrahenten und Testirer gegen mäßigen Schreiberlohn abzufassen, dabei aber das Gerichtsgeheimnis mit gleicher Beschränkung wie Schuldheiß und Richter zu bewahren."[26]

Das Gerichtsgeheimnis untersagte demnach verschiedenen am Gericht arbeitenden Personen, sich über Inhalte des Verfahrens zu äußern. Diese Pflicht bestand ebenfalls, sofern ein Gerichtsschreiber für Privatleute tätig wurde. Die spärliche Quellenlage verbietet weitergehende Schlussfolgerungen. Es wäre voreilig, das Gerichtsgeheimnis auf dieser Grundlage als allgemeines Verfahrensprinzip anzunehmen. Aber zumindest die Ansicht Hoschers lässt sich rekonstruieren.

Hoscher setzte bei Geheimhaltungsvorschriften an den höchsten Gerichten des Alten Reichs an, die einige Referenten mutwillig ignorierten. Bekannt sind die Assessoren Gail und Mynsinger, die schon im 16. Jahrhundert entgegen ihren Amtspflichten Observationen veröffentlichten.[27] Heinrich Gehrke hält hierzu fest: „Die praktische Observanz stand somit über die Jahrhunderte hinweg völlig im Gegensatz zur Gesetzeslage."[28] Diese Dis-

---

[23] *Hoscher*, Schädlichkeit, 1804, S. 26.
[24] *Hoscher*, Schädlichkeit, 1804, S. IV.
[25] Zu ihm umfassend *Rückert*, Reyschers Leben, 1974.
[26] *Reyscher*, Erinnerungen, 1884, S. 34; posthum von Reyschers Neffen Karl Riecke herausgegeben, siehe S. V.
[27] Kurze Einordnung bei *Oestmann*, Gerichtsbarkeit und Verfahren, 2015, S. 176; *Wunderlich*, Begründung von Urteilen, 2010, S. 8, bezeichnet mit der „Begründung von Urteilen am Reichskammergericht" die Argumente, die Assessoren in ihre Protokollbücher schrieben, um das Kollegium zu überzeugen.
[28] *Gehrke*, Die privatrechtliche Entscheidungsliteratur, 1974, S. 36.

krepanz nahm man lange hin und kommentierte sie kaum. Hoscher drehte in seiner Argumentation den Spieß aber um. Er meinte, wenn das Gerichtsgeheimnis dauerhaft mit Füßen getreten werde, könne man es genauso gut abschaffen.[29] Das würde den Missbräuchen Einhalt gebieten und die Parteien vor gierigen Sollizitanten schützen. Sollizitanten waren Bittsteller am Reichskammergericht, die für ihre Mandanten versuchten, Prozesse voranzubringen.[30] Sie hatten jedoch keine Prozessvollmacht und wurden nicht offiziell für ihre Auftraggeber tätig.[31] Das Auseinanderklaffen von normativem Anspruch und Rechtswirklichkeit erkannte Hoscher 1804 als Problem. Er ging davon aus, eine Norm, die eine Geheimhaltung vorschrieb, sei nur sinnvoll, wenn sie auch durchsetzbar sei. In dieser Zuspitzung war das Argument ein neuer Ansatz am Reichskammergericht.

Hoscher nahm die rechtspraktischen Folgen der Vorschrift in besonderer Weise in den Blick. Er plädierte in seiner Abhandlung für die Aufhebung aller bestehenden Gerichtsgeheimnisse und ging über eigenständige nachträgliche Entscheidungsbegründungen gegenüber den Parteien sogar hinaus. Seine Argumentation folgt dabei einem strengen Aufbau. Die Gliederung in der Inhaltsübersicht ist ausformuliert und die sprechenden Überschriften ergeben so eine Kurzfassung der späteren Ausführungen. Hoschers Text gliedert sich in zwei Abschnitte. Auf die „Aufhebung des Gerichtsgeheimnisses in betreff der Entscheidungsgründe" folgt die „Aufhebung aller übrigen Gerichtsgeheimnisse". Entscheidungsgründe sind damit herausgehoben, doch: „Die übrigen Arten des gerichtlichen Geheimnisses verdienen indessen nicht weniger auch umständlich beleuchtet zu werden."[32] Hoscher behandelt unter diesem Schlagwort verschiedene Unterpunkte, die er allesamt verwerfen möchte.

2. Hoschers Vorschlag für das Reichskammergericht

Hoscher sah für die seiner Meinung nach unpraktikablen, missbrauchsanfälligen und im Ganzen untragbaren Gerichtsgeheimnisse nur eine Lösung: Sie sollten insgesamt abgeschafft werden. Er kämpfte gegen ein bestehendes Institut und in der Konsequenz für die Begründung von Gerichtsentscheidungen. Damit wollte er die bereits bestehende Praxis legalisieren. Wenn die Geheimnisse ohnehin ans Licht kämen, könne die Kanzlei ebenso gut daran verdienen.

---

[29] *Hoscher*, Schädlichkeit, 1804, S. 12.
[30] Dazu insbesondere *Fuchs*, Sollicitatur am Reichskammergericht, 2002.
[31] *Oestmann*, Prozessvollmacht, in: HRG 2020, Sp. 928 (929).
[32] *Hoscher*, Schädlichkeit, 1804, S. IV.

Den Ursprung der begründungsfeindlichen Praxis sieht Hoscher bei den Femegerichten: „Die Verheimlichung der Entscheidungsgründe, so wie das Gerichtsgeheimnis überhaupt, rührt aus den dunkeln Zeiten der Fehmgerichte her, und ist mit dem Stempel der Barbarey des damaligen Zeitalters bezeichnet."[33] In literarisch-romantischen Beschreibungen ab dem ausgehenden 18. Jahrhundert galt die Feme als geheimnisvolles, mystisches Gericht.[34] Hoscher stellte die Feme dagegen in die Tradition vormoderner Blutgerichtsbarkeit. Die von ihm genutzte negative Konnotation der Femegerichtsbarkeit rührt wahrscheinlich von den ausschließlich strengen Strafen, die diese Gerichte verhängen konnten. Die moderne Forschung bewertet die Feme hingegen als „Faktor einer friedenswahrenden Justiz im Alten Reich".[35] Die Anzeigepflicht der Schöffen an den Femegerichten wird positiv als Vorform der modernen Offizialmaxime gedeutet.[36] Die Ironie der Geschichte will es zudem, dass die Femegerichte als bäuerliche Niedergerichte noch bis ins 19. Jahrhundert hinein bestanden[37] und damit zur Zeit von Hoschers Plädoyer gegen Gerichtsgeheimnisse noch richteten. Die Gründe einer Entscheidung geheim zu halten, stammt nach Hoscher aber aus dieser angeblich vergangenen Zeit. Diese These sollte jedenfalls ein weiterer Anhänger der Begründungspflicht übernehmen.[38]

Hoscher betrachtet also die Geheimhaltung der Entscheidungsgründe als ein Relikt aus alter Zeit und bettet seine Kritik geschickt in andere Literaturstimmen ein, die ebenfalls für zugängliche Entscheidungsgründe eintreten. Er streitet sogar ab, dass es auch Befürworter der Geheimhaltungspflicht gab: „In neueren Zeiten erhebt sich indessen auch keine Stimme mehr zu Gunsten jenes Barbarismus der Gerichtsgeheimnisse. Wo nur irgend die Materie in neuern Werken zur Sprache kömmt, werden die Gerichtsgeheimnisse mit verdientem Abscheu beurtheilt."[39] Um seine These zu bekräftigen, zitiert er aus der Schrift des Reichskammergerichtsassessors Ditfurth, der sich ebenfalls gegen das Gerichtsgeheimnis ausgesprochen hatte. In seiner Schrift hatte Ditfurth 1792 die Referierart am Reichskammergericht behandelt.[40] Er schlug darin vor, sämtliche Protokolle einmal jährlich drucken zu lassen. Adressat dieser Protokollveröffentlichung sollte die Rechtswissenschaft selbst sein.

---

[33] *Hoscher*, Schädlichkeit, 1804, S. 18.
[34] *Fricke*, Feme, Westfälische Zeitschrift 15 (2006), S. 25, zu historisch informierten (34) und phantastischen (35) Erzählungen über die Feme im 19. Jahrhundert; *Lück*, Feme, in: HRG 2008, Sp. 1535 (1540).
[35] *Lück*, Feme, in: HRG 2008, Sp. 1535 (1541).
[36] *Oestmann*, Gerichtsbarkeit und Verfahren, 2015, S. 105.
[37] *Oestmann*, Gerichtsbarkeit und Verfahren, 2015, S. 106.
[38] Aloys Joachim Steiger, siehe D. II. 2.
[39] *Hoscher*, Schädlichkeit, 1804, S. 18.
[40] *Ditfurth*, Zwey Abstimmungen, 1792.

Hoscher unterbreitet seinen Lesern allerdings einen etwas anderen, nicht ganz uneigennützigen Vorschlag. Er fordert, dass „die Partie, die es verlangt, nur Abschrift von der ganzen Berathschlagung in betreff ihres Processes erhält".[41] Die Parteien sollten einen Anspruch auf die Erwägungen haben, für die Wissenschaft waren sie nicht primär bestimmt. Im Laufe seiner Schrift erläutert Hoscher diesen Vorstoß. Nur die bereits vorhandenen Relationen und die Protokolle der Beratung sollten als Kopie an die Parteien weitergereicht werden. Für die Assessoren hätte sich also nach Hoschers Vorstellung überhaupt nichts geändert. Die Kanzleiangehörigen würden hingegen profitieren, denn die „Copialgebühren nemlich für die Abschriften der Deliberationen könnten zu einem Hauptfond für die gedachte Sustentation bestimmt werden".[42] Die zusätzliche Abschrift sollte nur auf Anfrage und auf Kosten der jeweiligen Partei erfolgen. Bände mit umfangreichen Entscheidungsbegründungen des Reichskammergerichts würden sich trotzdem ergeben, denn in der Folge „wird es auch an Sammlern nicht fehlen, die, mit einer nothwendig zu treffenden Auswahl, demnächst die Sache gemeinnützig machen könnten".[43]

Terminologisch ist Hoschers Text noch sehr unscharf und deutlich undifferenzierter als Beiträge von Autoren aus den 1820er und 1830er Jahren. So bleibt unklar, welche Version der richterlichen Erwägungen nach Hoschers Auffassung als Entscheidungsgründe veröffentlicht werden sollte. Mutmaßlich handelt es sich um die Relationen,[44] oder die *rationes decidendi*[45] als Auszug daraus. Einen gänzlich neuen Text fordert er jedenfalls nicht. An anderer Stelle deutet er an, dass nach seinem Vorschlag „die ganze Berathschlagung den Partien selbst mitgetheilt werden müsste".[46] Später konkretisiert er die Umsetzung wie gezeigt: „Der Zweck ist Aufhebung des Geheimnisses zum Besten der Justiz und der Partien. Der wird erreicht, wenn die Partie, die es verlangt, nur Abschrift von der ganzen Berathschlagung in betreff ihres Processes erhält."[47] Er fordert, die Beratung auf einen gesonderten Antrag hin offen zu legen. Von einer generellen Veröffentlichung spricht er nicht, obgleich er davon ausgeht, die überwiegende Zahl der Parteien am Reichskammergericht werde von einem solchen Recht Gebrauch machen.

Hoscher verlangt aber umfassenden Einblick in die Beratungen für die Parteien. Ebenso gut könnten sie bei den Beratungen selbst anwesend sein. Letztlich fordert er damit die Abschaffung des heute noch existierenden Be-

---

[41] *Hoscher*, Schädlichkeit, 1804, S. 20.
[42] *Hoscher*, Schädlichkeit, 1804, S. 21.
[43] *Hoscher*, Schädlichkeit, 1804, S. 20.
[44] *Hoscher*, Schädlichkeit, 1804, S. 9.
[45] *Hoscher*, Schädlichkeit, 1804, S. 3.
[46] *Hoscher*, Schädlichkeit, 1804, S. 10.
[47] *Hoscher*, Schädlichkeit, 1804, S. 20.

ratungsgeheimnisses.[48] Dabei war ihm die Möglichkeit von eigens abgefassten Entscheidungsgründen durchaus geläufig. Sie würden aber nicht den gleichen Zweck erfüllen und außerdem die Assessoren mit zusätzlichen Aufgaben belasten, wie er seinen Lesern darlegt:

> „Wenn die Entscheidungsgründe dem Urtheile selbst einverleibt würden, so scheint es zwar, daß die schädlichen Folgen des sonstigen Geheimnisses dadurch schon entfernt wären. Aber es ist solches nicht hinlänglich. Denn es könnte in das motivirte Urtheil niemals alles eingeflochten werden, was in der Relation ist. Also in letzterer könnten und würden immer Umstände, oder Äußerungen, seyn, die zu den Motiven des Urtheils Mitveranlassung gegeben haben mögten, ohne daß die Partie auch jene Äußerungen erführe. Besser jedoch, oder nothwendig ist es, daß sie alles erfährt. Ohnehin würde der Entwurf eines umständlich motivirten Urtheils mühsam seyn, welche Mühe und Zeit ganz gespart ist, wenn die Urtheile so in ihrer Form bleiben, wie sie jetzt sind, die vollständige Deliberation aber auf Begehren in Abschrift gegeben wird."[49]

Gesonderte Entscheidungsgründe würden nicht alle relevanten Erwägungen enthalten. Nur die Kombination aus Relationen und Deliberation, also einer Mitschrift der Beratung, würde den Entscheidensprozess adäquat abbilden. Und darum ging es Hoscher offenbar. Dabei spricht er von Entscheidungsgründen, die „dem Urtheile selbst einverleibt würden". Hoscher geht daher von einem Stil aus, bei dem die Gründe mit der Sentenz in einem Schriftstück vermengt sind.

Im Folgenden führt Hoscher detailliert aus, welche Gebühren pro Bogen angemessen seien und dennoch ausreichend zum Unterhalt der Kanzlei beitrügen. Er berechnet genau, wie viele Seiten voraussichtlich jährlich hinzukämen, wenn eine Partei Abschriften verlangt, und erläutert zudem optimistisch, dass mutmaßlich sogar beide Parteien die abgeschriebenen Beratungen beantragen würden und damit noch mehr Gebühren in Rechnung gestellt werden könnten. Er merkt an, trotz der vermehrten *privilegia de non appellando* kämen genügend Prozesse vor das Reichskammergericht.[50] Den Versorgungsaspekt spricht Hoscher erneut an und betont, das sei nur ein Nebenschauplatz: „Das Beste der Justiz und der Partien ist hierbey allein hauptsächlichst zu berücksichtigen."[51]

---

[48] Kritisch zum Beratungsgeheimnis *Ernst*, Rechtserkenntnis durch Richtermehrheiten, 2016, S. 319 f.

[49] *Hoscher*, Schädlichkeit, 1804, S. 21.

[50] *Hoscher*, Schädlichkeit, 1804, S. 23 f.; insgesamt gingen die Prozesszahlen am Reichskammergericht ab 1771 zurück, siehe *Baumann*, Gesellschaft der frühen Neuzeit, 2001, S. 30.

[51] *Hoscher*, Schädlichkeit, 1804, S. 25.

3. Die Kenntnis der Beweggründe als natürliches Recht der Parteien

Seinen Vorschlag, die richterlichen Beratungen auf Anfrage preiszugeben und die Gerichtsgeheimnisse insgesamt aufzuheben, untermauert Hoscher mit einer Reihe von Argumenten. Er beginnt mit einer allgemeinen Darstellung, warum die Entscheidungsgründe mitgeteilt werden sollten. Mit Entscheidungsgründen meint er im Sinne seines Vorschlags nicht etwa ein eigens abgefasstes Dokument, sondern die tatsächlichen Beweggründe des Gerichts, wie sie etwa in der Beratung zum Ausdruck kommen. Es folgen Argumente, die insbesondere das Verfahren am Reichskammergericht betreffen. Schließlich widmet er sich den übrigen Formen des Gerichtsgeheimnisses und deren Kritik.

Den ersten Abschnitt seiner Schrift richtet er an der Prämisse aus, die Bekanntgabe der Entscheidungsgründe sei ein natürliches Recht der Parteien. Er stützt sich damit maßgeblich auf das Naturrecht. Auf diese Weise kontrastiert er das angestrebte natürliche Recht mit dem geltenden Recht, das hieran anzunähern sei.[52] Die Forderung, die Beweggründe des Gerichts gegenüber den Parteien offen zu legen, bedarf bei ihm aber keiner aufwendigen Herleitung, denn eine gegenteilige Auffassung verstoße schlicht „gegen das natürliche Gefühl"[53] oder gegen die „im Naturrecht fundirte Bekanntmachung der Entscheidungsgründe".[54] Eine tiefer gehende naturrechtliche Herleitung liefert er nicht. Sodann untersucht Hoscher alle vorgebrachten Argumente, die man für eine positivrechtliche Abweichung von diesem naturrechtlichen Grundsatz vorbringen könnte. Sein eindeutiges Ergebnis stellt er schon in der Gliederung voran: „Und es ist kein guter Grund vorhanden, um dem Naturrechte hierin zu derogieren."[55] Mit diesem argumentativen Kniff bedarf das Gerichtsgeheimnis einer besonderen Rechtfertigung. Die Offenlegung der richterlichen Beweggründe ist hingegen ohne weitere Argumente möglich, weil sie schon naturrechtlich geboten ist. Obgleich 1804 Begründungen noch selten und am Reichskammergericht nach dem Jüngsten Reichsabschied sogar verboten waren, legt er damit der Gegenposition den Rechtfertigungsdruck auf.

a) Neun haltlose Gegenargumente

Hoscher entkräftet im Folgenden neun Argumente, die eine Verheimlichung der Gründe rechtfertigen könnten. Sowohl sein Vorschlag als auch die Aus-

---

[52] *Schröder*, Recht als Wissenschaft, 2012, S. 113–115, zur Dichotomie von positivem Recht und Naturrecht ab dem 17. Jahrhundert.
[53] *Hoscher*, Schädlichkeit, 1804, S. 1.
[54] *Hoscher*, Schädlichkeit, 1804, S. 3.
[55] *Hoscher*, Schädlichkeit, 1804, S. VI, 2.

richtung am Naturrecht sind einzigartig. Stupende arbeitet er die denkbaren Argumente der gegnerischen Position ab.

Zunächst, überlegt Hoscher, „müßte das richterliche Amt schon hinreichen, um eine frivole Bestreitung des Urtheils im Zaum zu halten."[56] „Frivol" beschrieb als rechtstechnischer Begriff schon im 18. Jahrhundert die Einwendung von Bagatellen, „welche zu nichts dienen, als die Execution aufzuhalten und dem Gegentheil die Sache schwer zu machen".[57] Als „frivol" galten unredliche Prozesspraktiken, wie bewusste Prozessverzögerungen, gegen die sich etwa das Reichskammergericht mit Gemeinen Bescheiden zur Wehr setzte.[58] Hoscher hält es nicht für wahrscheinlich, dass die Parteien querulatorisch ihr Wissen um die Beweggründe ausnutzen. Damit geht er auf ein beliebtes zeitgenössisches Argument ein. Danach sollte die verweigerte Begründung Rechtsmittel verhindern. Dem hält Hoscher entgegen, schon das richterliche Amt an sich sei geeignet, grundlose Rechtsmittel zu vermeiden. Diesen Punkt greift er in ähnlichen Varianten wieder und wieder auf. Die vorherrschende Deutung der Forschung beschreibt einen Paradigmenwechsel von der Würde des Gerichts, die nicht durch offengelegte Gründe beeinträchtigt werden soll,[59] hin zu einer Anerkennung der Gerichte gerade wegen zugänglicher und inhaltlich überzeugender Begründungen.[60] Hoscher befindet sich hier an einer Umbruchstelle. Er bezieht sich zwar noch auf die Würde des Gerichts als Anknüpfungspunkt der Parteienüberzeugung, aber verkehrt dieses Argument in einen Hinweis auf die kritiklose Akzeptanz von Begründungen seitens der Parteien. Schließlich behauptet er sogar einen Prestigezuwachs durch die neue Offenheit: „Wie sehr würde das richterliche Ansehen hierbey gewinnen!"[61]

Zweitens wirft er der aktuellen Gesetzgebung einen inneren Widerspruch vor. Dabei wägt er die Folgen gegeneinander ab, die bei einer Entscheidung, die auf stichhaltigen Beweggründen beruht, und bei einer gänzlich verfehlten Entscheidung eintreten. Er hebt hervor, dass hinter der Entscheidung stehende, ungeschriebene „falsche Rationes Decidendi" viel seltener seien, als eine eigentlich fundierte Entscheidung. Doch in dem seltenen Fall einer Fehlentscheidung müssten Einwände von den Anwälten ermöglicht werden. Ansonsten werde „der Partie angethanes Unrecht, mittelst des Geheimnisses, zu einem unwandelbaren Recht erhoben".[62] Die Sorge, eine Begründung könne

---

[56] *Hoscher*, Schädlichkeit, 1804, S. 3.
[57] Art. Frivola appellatio, in: Oberländer (Hrsg.), Lexicon, 1723, S. 321.
[58] Oestmann (Hrsg.), Gemeine Bescheide I, 2013, S. 768, 773, 782.
[59] *Hocks*, Gerichtsgeheimnis, 2002, S. 39.
[60] *Sellert*, Urteilsbegründung, in: Dilcher/Diestelkamp (Hrsg.), Recht, Genossenschaft und Policey, 1986, S. 97 (105); *Hocks*, Gerichtsgeheimnis, 2002, S. 44.
[61] *Hoscher*, Schädlichkeit, 1804, S. 40.
[62] *Hoscher*, Schädlichkeit, 1804, S. 4.

widerlegt werden, sei also in den meisten Fällen unberechtigt, in den seltenen anderen Fällen gehe es hingegen um Gerechtigkeit im Einzelfall.

Hoscher gibt drittens zu bedenken, dass der Zweck der Gerichtsgeheimnisse, nämlich die Parteien von Rechtsmitteln abzuhalten, ohnehin nicht erreicht werde.

„Denn die tägliche Erfahrung lehrt, daß gleichwohl in den meisten Sachen, die nur irgend von Belang sind, jede mögliche Rechtsmittel eingewendet werden, ungeachtet die Entscheidungsgründe zum Geheimniß gemacht sind. Die Absicht verbleibt also nur in dem todten Buchstaben, Ihre Realisirung ist verfehlt."[63]

Die theoretische Überlegung, die Kenntnis der Beweggründe würde zur Fortsetzung des Rechtsstreits verleiten und die Unkenntnis die Betroffenen umgekehrt von Rechtsmitteln abhalten, habe sich in der Praxis schlicht als falsch herausgestellt.

Viertens sei das Gesetz bei dem Ziel, Rechtsmittel einzudämmen, sogar hinderlich, denn die Anwälte arbeiteten sich nicht an den eigentlichen Beweggründen des Gerichts ab, sondern nur an den vermeintlichen.

„Wenn nämlich dem Advokaten die eigentliche Entscheidungsgründe unbekannt geblieben sind, so unterstellt er bey Einlegung eines Rechtsmittels dem vorigen Urtheile falsche Entscheidungsgründe, und zieht nun gegen diese zu Feld. Er verspricht seiner Partie nunmehr einen augenfälligen Sieg, muß sich aber am Ende nothwendig getäuscht finden, weil er nur seine Einbildung, nicht aber den Richter, nicht die eigentlichen Gründe widerlegt hat. Wie unleidentlich ist es ohnehin, wenn die Akten mit ganz unnützem Schreibwerke, mit einer Widerlegung oder Erörterung von Dingen, die zur Sache gar nichts beytragen, angefüllt werden!"[64]

Die Anwälte würden gegen vermeintliche Gründe anschreiben und ihre Mandanten so in längere Rechtsstreitigkeiten verwickeln. Auf der Suche nach den eigentlichen Gründen würden die Anwälte überlange Schriftsätze zu deren Widerlegung beibringen, die nichts mit den eigentlichen Problemen des Falls zu tun hätten. Diese irrelevanten Schriftsätze bereiteten dem Gericht hohen Mehraufwand.

Besonders fatal sei es fünftens, wenn das Urteil doch durch „einen wesentlichen Fehler" auf der Tatsachen- oder Rechtsebene zustande gekommen sei. „Kein rechtlicher Mann wird es für eine Beleidigung halten, wenn man sagt, daß er fehlen könne."[65] Die menschliche Fehlbarkeit eines Richters ist für Hoscher allgemein anerkannt und zugestanden. Auch das stellt eine deutliche Abweichung vom üblichen Narrativ dar. Als Gewährsmänner für diese Ansicht benennt Hoscher Assessoren am Reichskammergericht, insbesondere den berühmten Kameralautoren Johann Ulrich von Cramer. Für den Fall

---

[63] *Hoscher*, Schädlichkeit, 1804, S. 4.
[64] *Hoscher*, Schädlichkeit, 1804, S. 4 f.
[65] *Hoscher*, Schädlichkeit, 1804, S. 6.

einer richterlichen Fehleinschätzung seien schriftliche Entscheidungsgründe wichtig und notwendig. Bei der geltenden Gesetzeslage, die zur Geheimhaltung verpflichte, sei es hingegen nur Glückssache, ob die Fehler aufgedeckt würden.

Hoscher geht zudem sechstens von misstrauischen Prozessverlierern aus, die Befangenheit oder gar Bestechlichkeit des Richters unterstellen und annehmen, nur deswegen im Prozess unterlegen zu sein. Eine gerichtliche Entscheidungsbegründung könne diesen Vorwurf entkräften. Geheimhaltung sei hier fehl am Platze, denn: „Wenn die Entscheidungsgründe unter die Räthsel und Auguria gehören, so kann sich die Partie um so weniger beruhigen."[66] Gerade die Geheimhaltung schürt nach Hoscher die Bedenken der Parteien, ob alles mit rechten Dingen zugegangen sei.

Die nächste und siebte Überschrift lautet „Großer Einfluß auf den Fleiß des Richters". Doch auch dabei spielt die Wirkung nach außen die entscheidende Rolle: „Es würde ferner völlige Sicherheit und Gewißheit vorhanden seyn, daß es der Richter bey keiner Sache an dem größten Fleiße fehlen lassen dürfte."[67] Die Vermutung einer nur oberflächlichen Beschäftigung mit dem Fall träte bei den Parteien angesichts einer Begründung gar nicht erst auf. Zudem vermeide eine Pflicht zur Offenlegung der Beweggründe, „daß die Relation wohl irgend mit einiger Eile verfaßt worden wäre".[68] Einen gewissen Disziplinierungseffekt vermutet Hoscher also auch auf die Richter.

Doch schon im Vorfeld soll die drohende Veröffentlichung von Relationen zu einer Art Bestenauslese führen. Hoscher nimmt mit dem achten Gegenargument das Einstellungsverfahren von Richtern am Reichskammergericht in den Blick. Er behauptet Auswirkungen der Veröffentlichung auf die Ausbildung zum Richter bis hin zu dem Entschluss, überhaupt eine Justizlaufbahn einzuschlagen. Die bevorstehenden mutmaßlich später öffentlichen Relationen „würden die erhabenen Richterstellen dadurch vor halben Meistern, die sich doch möglicherweise sonst auch einschleichen könnten, mit mehrerer Gewißheit" bewahren.[69] Denn die Anwärter würden in einer „Selbstprüfung" ihre Eignung für die angestrebte Laufbahn kritischer hinterfragen. Statt einer zwar anspruchsvollen aber einmaligen Aufnahmerelation am Reichskammergericht, würden „alsdann die Prüfungen lebenslänglich seyn".[70] Die parteiöffentlichen Relationen sollen also eine dauerhafte Prüfungssituation erzeugen. Seit dem 16. Jahrhundert waren Proberelationen eine Voraussetzung der präsentierten Kandidaten zur Aufnahme als Assessor am Reichskam-

---

[66] *Hoscher*, Schädlichkeit, 1804, S. 8.
[67] *Hoscher*, Schädlichkeit, 1804, S. 8.
[68] *Hoscher*, Schädlichkeit, 1804, S. 8.
[69] *Hoscher*, Schädlichkeit, 1804, S. 9.
[70] *Hoscher*, Schädlichkeit, 1804, S. 9.

mergericht.⁷¹ Wenn nun aber auch spätere Relationen kritisch von außen beäugt werden konnten, erhoffte Hoscher sich davon eine ähnliche Drucksituation für den Referenten in jedem seiner Fälle. Nach Hoschers Vorstellung sollte der Referent persönlich als Autor für die Relation einstehen, weil so die Schwächen seiner Arbeit für die Parteien ersichtlich seien. Obgleich die Urteilswirkung am Reichskammergericht dem gesamten Gericht zugeschrieben wurde,⁷² sollte dieser Kniff die Leistung des einzelnen Berichterstatters immer wieder auf den Prüfstand stellen. Der „Entschluß zu solchen fortdauernden Feuerproben" sei „die beste Garantie für den Werth des Mannes", meint Hoscher.⁷³ Er geht von einem entscheidenden Einfluss auf die Berufswahl aus. So sollten nur noch die besten Kandidaten für das Reichskammergericht gewonnen werden.

Zuletzt behauptet Hoscher, die Entscheidungsgründe könnten dem Gericht sogar Zeit sparen. Er meint, sobald die Parteien die Gründe erführen, sei das Amt des „Coreferenten" überflüssig. Üblicherweise verfassten je zwei Berichterstatter, der Referent und der Korreferent, eine Relation zu einem Rechtsstreit, so auch am Reichskammergericht. Die Aufgabe des Korreferenten kann nach Hoscher „hauptsächlich nur darin Begründung und Zweck haben, damit wenn der Referent auch allenfalls etwas übersehen hätte, es doch alsdann wohl noch von dem Coreferenten bemerkt werden würde".⁷⁴ Genau diese Überprüfung könnten die Parteien anhand der Beratungen selbst vornehmen. Ein zweiter Berichterstatter sei dann nicht mehr nötig und der betreffende Assessor könne seine Zeit für anderen Dienstgeschäfte nutzen.

Hoschers neun Gründe für offengelegte Beratungen im Allgemeinen beschäftigen sich mit dem Verhältnis vom Richter zu den Parteien. Sie bezwecken, den ordnungsgemäßen Prozessablauf vor den Parteien nachzuweisen und so deren Vertrauen in die richterliche Arbeit zu gewinnen. Darüberhinausgehende Adressaten wie etwa die wissenschaftliche Literatur selbst erwähnt Hoscher nicht.

b) Die verheerende Situation am Reichskammergericht

Anschließend nennt Hoscher spezielle Argumente, die insbesondere für die Einführung einer Begründungspflicht am Reichskammergericht sprechen. So weist er auf eine neue, kürzere Referiermethode hin. Diese sei fehleranfällig und daher wären ausformulierte Entscheidungsgründe ein gutes Kontrollinstrument. Das größte praktische Problem sieht er aber in der ständigen

---

⁷¹ *Ranieri*, Reichskammergericht, ZEuP 5 (1997), S. 718 (720 f.).
⁷² *Ernst*, Abstimmen nach den Gründen, in: FS Schröder, 2013, S. 309 (310).
⁷³ *Hoscher*, Schädlichkeit, 1804, S. 9.
⁷⁴ *Hoscher*, Schädlichkeit, 1804, S. 10.

Missachtung der Gerichtsgeheimnisse am Reichskammergericht. Viel zu viele Personen, darunter Assessoren, Praktikanten und sonstige Bekannte der Entscheidungsträger erführen vom Inhalt der Beratungen. Dadurch steige die Gefahr, dass Betroffene doch auf Umwegen von den Gründen Kenntnis erlangen. Letztlich sei das sogar die Regel. Hoscher schildert verschiedene Szenarien und meint resignierend: „Genug es geschähe auf welche Art es wolle: Auch die Entscheidungsgründe sind bey allen nur etwas wichtigen und interessanten Sachen effectu kein Geheimniß."[75] In diesem weitläufigen Kreis von Mitwissern sei es kaum möglich, den Schuldigen zu ermitteln, der letztlich eine Geheimhaltungspflicht verletzt habe. Hoscher nimmt besonders seine Berufsgruppe, die Kanzlisten, in Schutz. „Es ist höchst unbillig", meint er, „wenn in solchen Fällen vielleicht gerade die Kanzleyperson, welche bey der Deliberation als Protokollführer gegenwärtig war, für verdächtig geachtet werden sollte".[76] Hoscher liefert einen Hinweis, weshalb trotz der Verstöße gegen Geheimhaltungspflichten nichts unternommen werde: „Man inquirirt übrigens in allen den Fällen nicht, wenn das Gerichtsgeheimniß auch so häufig verletzt wird; denn man weiß, daß bey solchen Untersuchungen nichts herauskömmt."[77] Die große Anzahl der Geheimnisträger verhindere eine zuverlässige Ermittlung von vornherein. Damit sei das Gerichtsgeheimnis nicht durchsetzbar. Dieser Umstand sei den Zeitgenossen auch bewusst, sodass ein Verbot jede Abschreckungswirkung verliere. Die Regelung lade zu Missbräuchen ein. Denn wer Gutachten oder Protokolle aus den Sitzungen weitergebe, lasse sich diesen Geheimnisverrat teuer von den Parteien bezahlen.[78] Bestechung und Korruption am Reichskammergericht erkannte nicht nur Hoscher als Problem.[79] Hoscher sah dadurch ärmere Kläger und Beklagte am Reichskammergericht zusätzlich benachteiligt, weil sie sich solche teuren Informationen über die Auffassung des Gerichts nicht leisten konnten.[80]

Sodann fasst Hoscher die beiden Argumentationsstränge noch einmal zusammen. Dabei stellt er heraus, dass es zum einen um die fehlende Umsetzung und Beachtung der Geheimhaltungspflicht geht. Dafür bezieht er sich ausschließlich auf das Reichskammergericht. Zum anderen hält er das Verbot, die Gründe zu kommunizieren, für nicht zweckdienlich. Die Prozessflut werde dadurch tatsächlich nicht eingedämmt. Die Argumente für eine Veröffentlichung der Entscheidungsgründe als solche finden sich in ähnlicher Form in späteren Schriften. Besonders bemerkenswert ist, dass Hoscher den

---

[75] *Hoscher*, Schädlichkeit, 1804, S. 15.
[76] *Hoscher*, Schädlichkeit, 1804, S. 14.
[77] *Hoscher*, Schädlichkeit, 1804, S. 14.
[78] *Hoscher*, Schädlichkeit, 1804, S. 15.
[79] Siehe zum Beispiel Baumann/Eichler (Hrsg.), Die „Affäre Papius", 2012.
[80] *Hoscher*, Schädlichkeit, 1804, S. 16.

rechtspraktischen Aspekt am Reichskammergericht herausstellt. Er misst die Norm damit nicht nur an ihrem Zweck, sondern fragt auch nach ihrer Umsetzung in der Praxis. Die Umgehung und den ständigen Missbrauch möchte er nicht dulden und fordert daher, das Verbot zu verwerfen. Um Fragen der Durchsetzbarkeit eines Verbots geht es in späteren Quellen hingegen nicht mehr. Das mag mit der besonderen Situation am Reichskammergericht zusammenhängen. Fernab der Parteien in Wetzlar entschieden 25 Assessoren aufgeteilt in Senaten mit sechs bis acht Personen.[81] An kleineren Gerichten vor Ort hingegen konnten auch Außenstehende sich erschließen, welcher Richter für den Fall zuständig war. Die Geheimhaltung am Reichskammergericht verleitete viel eher dazu, aus diesen Informationen Kapital zu schlagen.

4. Weitere Formen der Gerichtsgeheimnisse

Im zweiten Abschnitt beschreibt Hoscher die übrigen Formen der Gerichtsgeheimnisse. Ein Großteil der Kritikpunkte bezieht sich ausdrücklich auf das Reichskammergericht. Die Parteien waren in besonderer Weise auf Sollizitanten und Prokuratoren vor Ort in Wetzlar angewiesen. Die Parteivertreter nutzten nach Hoscher das Gerichtsgeheimnis schamlos aus, um für jede Information von ihren Mandanten hohe Summen zu fordern. Recherchen, die sich in Wetzlar eigentlich leicht durchführen ließen, stellten sie als außergewöhnliche Leistung dar, die in jedem Prozess mehrere hundert Taler kostete. Hoscher greift zwei spektakuläre Beispiele heraus, in denen ein Sollizitant aus Münster und einer aus Lüttich den Parteien deutlich höhere Auslagen für ihre Nachforschungen berechnet hatten, als es ihren Unkosten wirklich entsprach. Damit hatten sich die Fürsprecher sogar strafbar gemacht. Hoscher bezog sich damit auf ein Beispiel aus dem Jahr 1668. Das Reichskammergericht versuchte aus dem Münsteraner Einzelfall eine generalpräventive Wirkung abzuleiten, indem es in der Rechtsform eines Gemeinen Bescheids handelte.[82] Der große zeitliche Abstand von knapp 150 Jahren hielt Hoscher nicht von einer Übertragung auf seine Zeit ab. Seither habe sich eben wenig verändert, liest man zwischen den Zeilen. Hoscher sah in diesen Missbräuchen ein dauerhaftes Problem bis in seine Zeit. Er nahm keinen Einzelfall an, sondern meinte: „Unter mehrern hundert Fällen kömmt indessen vielleicht nur einer heraus".[83] Diese verbreitete Vorgehensweise beschädigte nach Hoscher besonders den Ruf der Kanzleipersonen, auf die der Verstoß gegen Geheimhaltungspflichten negativ zurückfiel.

---

[81] 1782 wurde die Anzahl der Assessoren von 17 auf 25 aufgestockt, siehe Oestmann (Hrsg.), Gemeine Bescheide I, 2013, S. 750 f.

[82] Siehe die Einordnung in der Edition von Oestmann (Hrsg.), Gemeine Bescheide I, 2013, S. 494.

[83] *Hoscher*, Schädlichkeit, 1804, S. 29.

5. Ergebnis

Am Ende des Alten Reichs fordert Hoscher, endlich die Normen an die Gerichtspraxis anzupassen. Seine Argumentation kreist um das inzwischen vergessene Konzept der Gerichtsgeheimnisse, die er vollständig aufheben wollte. Die neue Offenheit soll die Parteien vom ordnungsgemäßen Prozessablauf am Reichskammergericht überzeugen. Dabei verfolgt Hoscher auch handfeste eigene finanzielle Interessen, da die Gerichtskanzlei, der er vorstand, pro Seite der Abschriften entlohnt werden sollte. Für die Assessoren am Reichskammergericht bedeutete Hoschers Vorschlag hingegen keinen Mehraufwand. Die Relationen und Protokolle der Beratungen lagen in den Prozessakten ohnehin vor. Hoscher spricht sich gegen eigenständige Entscheidungsbegründungen aus und will den Parteien stattdessen Zugriff auf die Überlegungen aus dem Entscheidensprozess ermöglichen. Eine terminologische Falle zeigt sich damit an dieser Quelle deutlich. Obwohl Hoscher nicht für eine Entscheidungsbegründungspflicht im modernen Sinne eintritt, fasst er wichtige Argumente dafür zusammen. Er fordert eine erhöhte Transparenz der Justiz durch Bekanntgabe der Motive. Zu einer Umsetzung seines Vorschlags kam es im Alten Reich nicht mehr und auch spätere Prozessordnungen schrieben nicht die Veröffentlichung der Relationen vor. Stattdessen mehrten sich die Forderungen nach gesonderten verschriftlichten Entscheidungsgründen.

II. Steiger (1812)

Aloys Joachim Steiger, ein früherer bayerischer Oberamtsrat, schrieb 1812 über die Begründungspflicht in den Rheinbundstaaten. Der heute unbekannte Autor widmete sich mit kürzeren Texten vielfältigen juristischen Themenfeldern. 1809 erschienen beispielsweise „Vermischte Aufsätze und Abhandlungen aus dem Gebiete der Justiz und Polizei" aus seiner Feder. In einer Art Sammelband ließ er 22 Aufsätze wieder abdrucken, die vorab in verschiedenen Zeitschriften erschienen waren. Er beschäftigte sich mit so diversen Themen wie Beweisrecht, Zinseszinsen, Geschworenengerichten, Präklusion im Gläubigerkonkurs und Wilddiebstahl.[84] Einige seiner Aufsätze haben zu seiner Zeit Rezensionen erhalten. Die Erstveröffentlichung von Steigers Schrift „Über den Nachtheil des Schulgeldes" wurde zum Beispiel 1807 in der Zeitschrift „Allgemeiner Kameral-, Ökonomie-, Forst- und Technologie-Korrespondent" besprochen. Der Rezensent merkte in einer Fußnote über den „Oberamtsrath Steiger" an: „Möchte dieser so rühmlichst

---

[84] *Steiger*, Vermischte Aufsätze, 1809, S. V–VIII.

bekannte gelehrte und würdige Geschäftsmann, dessen Verdienste ich längst verehre, öfters Muße gewinnen, um den Lesern dieser Blätter seine Ideen und Erfahrungen mitzutheilen!"[85] 1812, als Steiger über die Begründungspflicht schrieb, hatte der lokal offenbar geschätzte Jurist die Position als Oberamtsrat jedenfalls nicht mehr inne; auf dem Titelblatt seiner Abhandlung ist er als „vormals Fürstlich Waldburg-Wolfeggischer Oberamts-Rahte, der allgemeinen kameralistisch-ökonomischen Societät zu Erlangen korrespondierendem Mitgliede" bezeichnet. Noch im selben Jahr erhielt die 30-seitige Schrift eine Rezension in der Allgemeinen Literatur-Zeitung,[86] der damals wichtigsten fachübergreifenden Rezensionszeitschrift neben den Göttingischen Gelehrten Anzeigen. Steigers Beitrag über Gerichtsgeheimnis und Begründungspflicht war also über die Grenzen Bayerns hinaus bekannt. In der von der Forschung bisher unbeachteten Schrift trat Steiger für eine Begründungspflicht ein. Er argumentierte nicht aus der Sicht der betroffenen Parteien, sondern in erster Linie aus der Perspektive des Staates, der auf die Anerkennung von seinen Bürgern angewiesen sei.

Der anonyme Rezensent Steigers aus der Allgemeinen Literatur-Zeitung ließ sich allerdings nicht überzeugen. Er erkannte weder die „Verbindlichkeit der Richter dem Publicum die Gründe ihrer individuellen Ansicht vorzulegen" an, noch ließ er sich von den „erspriesslichen Folgen einer solchen Publicität für die Parteyen und die, welche sich für sie interessiren", überzeugen.[87] Er bedauerte sogar Justizverwaltungen wie die bayerische, die zu Entscheidungsbegründungen verpflichtet seien und „diese Art der Controlle" ertragen müssten.[88]

„Über die Aufhebung des Gerichts-Geheimnisses in den Staaten des Rhein-Bundes; insbesondere über die Frage: Sollen die Urtheils-Gründe den Partheyen von Amtswegen bekannt gemacht werden?" lautet der barocke Titel von Steigers Abhandlung. Einige Passagen übernahm er von älteren Autoren, etwa aus Hoschers Aufsatz über die Gerichtsgeheimnisse. In der „Vorerinnerung", einer Art Vorwort, lobte er Hoscher ausdrücklich:

„Des verdienstvollen Hoscher's geschätzte Schrift: ‚Über die Schädlichkeit der Gerichtsgeheimnisse' befaßt sich unter dem Standpunkte der aufgelößten Reichsverbindung, größtentheils mit den Justiz-Misterien des vormaligen Reichskammergerichtes, die er mit einem

---

[85] *Anonym*, Besprechung von Steiger, Über den Nachtheil, in: Harl (Hrsg.), Allgemeiner Kameral-, Ökonomie-, Forst- und Technologie-Korrespondent für Deutschland 135 (1807), S. 253 (253).

[86] *Anonym*, Besprechung von Steiger, Über die Aufhebung, Allgemeine Literatur-Zeitung 272 (1812), Sp. 486–488.

[87] *Anonym*, Besprechung von Steiger, Über die Aufhebung, Allgemeine Literatur-Zeitung 272 (1812), Sp. 486 (486).

[88] *Anonym*, Besprechung von Steiger, Über die Aufhebung, Allgemeine Literatur-Zeitung 272 (1812), Sp. 486 (487 f.)

Kenner-Auge bis in das verborgenste Detail verfolgt, und auf Resultate hinführet, welche den Ausspruch des Herrn Ober-Appellationsgerichts-Rahtes von Almendingen in mehr als einer Hinsicht rechtfertigen, ‚daß das Orakelmäßige der Reichs-Justiz eben nicht zu ihren empfehlungswürdigsten Eigenschaften gehöre, und seit drey Jahrhunderten zur Vervollkommnung derselben nichts beigetragen habe.'"[89]

Er schätzte den Einfluss Hoschers hoch ein und vermutete, seine Schrift habe vermittelt durch eine Rezension in der „oberdeutschen allgemeinen Literatur-Zeitung" in Bayern „eine äußerst denkwürdige Verordnung" über Entscheidungsgründe von 1804 veranlasst.[90] Die Forderung für das Reichskammergericht hätte danach immerhin partikulare Veränderungen angeregt. Neben der Schrift Hoschers von 1804, zitierte Steiger zustimmend aus den erwähnten „Abstimmungen" von Ditfurth von 1792. Damit bezog er sich maßgeblich auf die späte Kameralliteratur. Das rechtfertigt es, ihn an dieser Stelle zu behandeln. Eine weitere Passage entnahm er einer Schrift von Ludwig Harscher von Almendingen, der sich für die Rechtsvereinheitlichung im Rheinbund eingesetzt hatte.[91] Aus verschiedenen Versatzstücken schuf Steiger so ein neues Plädoyer für seine Zeit.

Steiger streift verschiedene Aspekte des Themas, darunter die Frage, ob das Gerichtsgeheimnis überhaupt noch für die Rheinbundstaaten gelte und wie der Staat die Bürger von einer guten Rechtspflege überzeugen könne. Wie Hoscher versteht er das Gerichtsgeheimnis als übergeordneten Begriff für verschiedene Regelungen, gegen die er angeht. Seine Schrift bewegt sich zwischen Feststellungen über die Rechtslage, den Gerichtsgebrauch und Verbesserungsvorschlägen für beide Bereiche. Dabei lobt er die bayerischen Gesetze ausdrücklich und beschreibt sie in mehreren Abschnitten. Er meint:

„Erfreulich war es für mich, meine theoretischen Ansichten zugleich durch praktische Brauchbarkeit in der Anwendung bewährt zu sehen, und an dem Beyspiele der neuesten musterhaften Legislation der erhabenen Königlich Baierischen Regierung zeigen zu können, daß es Triumph für die gute Sache sey, wenn sich Doctrin und Legislation im freundlichen Bunde für sie vereinen."[92]

Er versteht seine Schrift selbst als theoretische Abhandlung, deren Ertrag sich an den neueren bayerischen Gesetzen erkennen lasse. Zugleich stellt er Forderungen für die übrigen Rheinbundstaaten auf.

---

[89] *Steiger*, Über die Aufhebung, 1812, S. 4 f.
[90] *Steiger*, Über die Aufhebung, 1812, S. 11 f.
[91] *Schöler*, Deutsche Rechtseinheit, 2004, S. 126.
[92] *Steiger*, Über die Aufhebung, 1812, S. 5.

1. Frankreich als Vorbild

Steiger weist zunächst auf die Rechtslage in den Rheinbundstaaten hin, in denen der französische *Code Civil* Anwendung fand. Inhaltlich bewertet Steiger das „Napoleon'sche Gesetzbuch" von 1804 als fortschrittlich und spricht von der „Wohlthat einer klaren und simplifizirten Gesetzgebung".[93] Anders als das materielle Zivilrecht sei das napoleonische Zivilprozessrecht jedoch nicht unmittelbar übernommen worden.[94] Steiger erwähnt in diesem Zusammenhang eine gelehrte Diskussion, in der es um die Frage ging, ob das materielle französische Zivilrecht und das Prozessrecht derart miteinander verzahnt seien, dass mit dem *Code Civil* notwendig auch der *Code de Procédure Civile* in den Rheinbundstaaten angewandt werden müsse. Die Anwendbarkeit des französischen Zivilverfahrensrechts, des *Code de Procédure Civile*, war also nicht eindeutig geklärt.[95] Unabhängig von dieser dogmatischen Frage stellt Steiger fest, dass die Praxis noch nach dem überkommenen deutschen Verfahrensrecht arbeite und auf Entscheidungsgründe daher weitgehend verzichte. Er warnt, „eine vieljährige Gewohnheit" könne „gegen die Mängel" des Verfahrensrechts „blind machen",[96] und fordert „mit patriotischem Eifer an der so dringend gebotenen Verbesserung unablässig zu arbeiten".[97] In einer verworrenen Rechtslage spricht er sich dafür aus, den bisherigen Gerichtsgebrauch aufzugeben. Steiger schreibt also nicht in erster Linie gegen eine Gesetzeslage an, sondern gegen die Rechtsanwendung bei Gericht. Dabei benennt er das französische Verfahrensrecht als geeignetes Vorbild:

„Wenn einer der gerühmtesten Vorzüge der französischen Gerichtsverfassung – die Öffentlichkeit des Verfahrens und der Verhandlungen – bei solchen An- und Aussichten uns entgehet, so dürfte es doch nicht schwer halten, ein sehr wirksames Surrogat dafür auszumitteln, wenn eines der Grundübel des deutschen gerichtlichen Verfahrens – das sogenannte Gerichts-Geheimniß, und insbesondere die Heimlichkeit der richterlichen Entscheidungs-Gründe – in den verbündeten deutschen Staaten, wo es von einer liberalen, den dringenden Anforderungen des Vernunft-Ideals huldigenden Gesetzgebung noch nicht geschehen ist, mit Stumpf und Stiele ausgerottet würde."[98]

In Frankreich seien das Gerichtsverfahren und die einzelnen Verhandlungen öffentlich. Für Deutschland sei die Öffentlichkeit des Verfahrens aber nicht sinnvoll, wie Steiger in einer Fußnote mit Verweis auf Gönners „Archiv" belegt.[99] Dem gleichen Zweck wie die Öffentlichkeit des Verfahrens diene es

---

[93] *Steiger*, Über die Aufhebung, 1812, S. 7.
[94] *Steiger*, Über die Aufhebung, 1812, S. 8.
[95] *Steiger*, Über die Aufhebung, 1812, S. 8.
[96] *Steiger*, Über die Aufhebung, 1812, S. 8.
[97] *Steiger*, Über die Aufhebung, 1812, S. 9.
[98] *Steiger*, Über die Aufhebung, 1812, S. 9 f.
[99] *Steiger*, Über die Aufhebung, 1812, S. 9.

aber, das Gerichtsgeheimnis abzuschaffen. Das Gerichtsgeheimnis zu lüften, ist für Steiger ein „Surrogat" für die Öffentlichkeit des Verfahrens. Zum Gerichtsgeheimnis gehört für Steiger unter anderem die „Heimlichkeit der richterlichen Entscheidungs-Gründe" gegenüber den Parteien. Frankreich kannte sowohl öffentliche Gerichtsverhandlungen als auch Entscheidungsgründe für die Parteien. Insofern konnte die bloße Aufhebung des Gerichtsgeheimnisses das deutsche Verfahren nicht dem französischen gleichstellen. Mit der Nichtöffentlichkeit des Verfahrens bliebe ein Teil der gerichtlichen Handlungen weiterhin verborgen. Auf diesen Punkt geht Steiger jedoch nicht näher ein. Steigers Argument, die Entscheidungsgründe als einen Ersatz für öffentliche Gerichtsverhandlungen zu nutzen, sollte jedoch im Laufe der späteren Diskussion in verschiedenen Varianten genutzt werden.[100]

2. Der germanische Ursprung des Gerichtsgeheimnisses

Unbegründete Entscheidungen führt Steiger auf eine gemeinsame germanische Rechtstradition zurück. Im Gerichtsgeheimnis vermutet er ein „eingewurzeltes verjährtes Gebrechen der deutschen Gesez- und deutschen Gerichts-Verfassung".[101] Dabei verstand sich Steiger durchaus als Patriot, der etwa zu Beginn geschrieben hatte: „Und so lege ich diese Blätter anspruchslos auf den Altar meines teutschen Vaterlandes!"[102] Doch das kritisierte Gerichtsgeheimnis sah er als genuin deutsche Eigenart an, die er aufs Schärfste verurteilte: „Diese wahrhaft orakelmäßige Justizverfassung trägt ganz den Stempel der Barbarey eines Zeitalters an der Stirne, wo noch die heilige Vehma in einem großen Theile von Deutschland haußte".[103] Spöttisch vergleicht Steiger eine Justiz ohne Begründungspflicht mit der Femegerichtsbarkeit, die er wie eine Gottheit anspricht.[104]

Entscheidungsgründe für die Parteien schreibt Steiger demgegenüber „einer liberalen, den dringenden Anforderungen des Vernunft-Ideals huldigenden Gesetzgebung"[105] zu. So stellt er eine deutliche Verknüpfung zur Aufklärung her. Die normativ vorgeschriebene Begründungspflicht gilt ihm als Ausdruck aufklärerischen Denkens. Die bisherige Geheimhaltung an deutschen Gerichten bedenkt Steiger hingegen mit Beschreibungen aus einer vormodernen Zeit. Schon in der „Vorerinnerung" hatte er das „Gerichts-Geheimnis" als „Radikalübel der altgermanischen Verfassung" bezeichnet.[106]

---

[100] Siehe E. III.
[101] *Steiger*, Über die Aufhebung, 1812, S. 4.
[102] *Steiger*, Über die Aufhebung, 1812, S. 5.
[103] *Steiger*, Über die Aufhebung, 1812, S. 10 f.
[104] Siehe zur Feme bei Hoscher D. I. 2.
[105] *Steiger*, Über die Aufhebung, 1812, S. 10.
[106] *Steiger*, Über die Aufhebung, 1812, S. 4.

Steiger macht sich insbesondere die Ausführungen des Kammergerichtsassessors Franz Diedrich von Ditfurth zu eigen. Damit knüpft er rückwärtsgewandt an das Alte Reich und an Vertreter dieser vergangenen Ordnung an. Steiger zitiert Ditfurth zustimmend:

„Da wir aber nun in einem kultivirten Zeitalter leben, und wissen, daß die Richter aller Collegien nichts mehr, als Menschen sind, die allen Fehlern, und Irrthümern anderer Menschen unterworfen sind, mithin irren können, so fällt auch jene Ursache weg, warum aus den Deliberationen ein Geheimniß gemacht worden ist, deren öffentliche Bekanntmachung überaus wohlthätig und nüzlich seyn würde."[107]

Gerade die Menschlichkeit und Fehlbarkeit des Richters spricht nach Ditfurth und Steiger für die Veröffentlichung der Gründe. Mögliche Fehler in den Deliberationen sind daher kein Grund zur Geheimhaltung mehr. Vielmehr sollen Begründungen die Möglichkeit einer Korrektur im Rechtsmittelverfahren eröffnen.

3. Überzeugung der Nation und Kontrolle der Richter

Nachdem Steiger die Normen aus Bayern rekapituliert hat, folgen weitere Argumente für eine Begründungspflicht. Steiger geht davon aus, dass die oberste Staatsgewalt verantwortlich sei, die Gerichte bestmöglich „mit einsichtsvollen und redlichen Männern" zu besetzen.[108] Er bezweifelt auch nicht die Umsetzung:

„Wenn man nun gleich annehmen kann, daß der Regent, als die höchste Intelligenz des Staates, jederzeit die tauglichsten Mittel zum Zweke erwählen, und die Organe der Gerechtigkeitspflege nur in der Mitte eben so einsichtsvoller als rechtschaffener Männer aussuchen werde, so kann doch der Glaube an eine vollendete Rechtskenntniß und an die Integrität der Richter nicht erzwungen oder befohlen werden, sondern der Staat muß es durch organische Einrichtungen und Anstalten dahin zu bringen suchen, daß dieser Glaube im Innern der Staatsglieder sich von selbst erzeuge, und sich auch fortwährend darinn erhalte; – wenn ihm anders daran gelegen ist, daß die Nation Zutrauen faße in die öffentliche Verwaltung, in welche die Handhabung der Gerechtigkeit als eines der wirksamsten Triebwerke eingreift."[109]

Steiger enthält sich letztlich eines Urteils über die tatsächliche Qualität der Rechtspflege. Er arbeitet mit einem Gedankenspiel. Selbst wenn die geeignetsten Richter eingestellt wären, müsste noch die Nation genau davon überzeugt werden. Denn die Meinung der Untertanen sei entscheidend für den Herrscher. Der Herrscher kann aber nach Steigers Auffassung das Vertrauen in die Justiz nicht erzwingen, sondern nur die besten Voraussetzungen dafür schaffen. In diesem Zusammenhang fordert Steiger ganz allgemein „organi-

---

[107] *Steiger*, Über die Aufhebung, 1812, S. 11.
[108] *Steiger*, Über die Aufhebung, 1812, S. 14.
[109] *Steiger*, Über die Aufhebung, 1812, S. 14 f.

sche Einrichtungen und Anstalten".[110] Steiger verwendet „organisch" im Sinne einer Unterordnung unter den Staat als Organismus. Organisch soll daher jede staatliche Behörde handeln. In diesem Sinne seien Entscheidungsgründe gegenüber den Parteien organisch. Jeder interessierte Bürger könne sich dann selbst von der Qualität der Rechtspflege überzeugen. Interessanterweise möchte Steiger nur, dass die Entscheidungsgründe der Nation bekannt werden. Die Parteien, die unmittelbar vom Ausgang des Rechtsstreits betroffen sind, spielen dabei nur eine Nebenrolle. Das ist einerseits ungewöhnlich, weil das Zivilrecht selbstverständlich auf die Lösung von Konflikten zwischen Privatpersonen angelegt war und vorrangig die konkreten Parteien die Entscheidung akzeptieren mussten. Auf diese individuelle Ebene geht Steiger aber nicht gesondert ein. Andererseits passt das Ziel, die gesamte Nation zu überzeugen, genau zu seinem Anliegen, weil Steiger dezidiert die Obrigkeit anspricht. Ihr sei an einer guten Meinung aller Bürger über die Rechtspflege gelegen. Rhetorisch fällt auf, dass Steiger in diesem Kontext den Ausdruck „Nation" gebraucht. Statt von Volk oder Bürgern zu sprechen, verwendet er einen Terminus, der sich nicht speziell auf die in einer Region lebenden Menschen beschränkt. Dieser Ausdruck sollte ein Jahr später in der Instruktion im bayerischen Regierungsblatt[111] ganz ähnlich genutzt werden.

Unklar ist bei diesem Argument, ob Steiger davon ausgeht, nur die Parteien sollten das Urteil erhalten und ihre gewonnene Überzeugung an andere Bürger weitertragen, oder ob tatsächlich jeder Bürger unabhängig von seiner Beteiligung am Rechtsstreit die Gründe aus der Feder der Richter erfahren kann. Steiger stellt klar, dass die Publizität sich nicht bloß auf das Urteil beziehen kann, wenn es darum geht, das Vertrauen „der Nation" in die Justiz zu steigern. Neben dem Tenor als Begründetem und Ergebnis müssten stets die Gründe genannt werden. Er fordert die „Enthüllung der Motive des Urtheils":[112]

„Die Publizität der Urtheilsgründe ist die eigentliche Publizität der Justiz, welche jede Staatsregierung so mächtig ehret; ein Urtheil ohne offene Darlegung seiner Gründe ist ein Orakel, welches die Partheyen zwar in einen Zustand von Betäubung versezen, sie aber niemals beruhigen kann".[113]

Öffentliche Urteilsgründe sind für Steiger der zentrale Aspekt einer öffentlichen Justiz. Er stellt sie damit über öffentliche Verhandlungen. Gleichzeitig bringe die Öffentlichkeit der Staatsregierung Ehre. Nicht die Geheimhaltung, sondern die Öffentlichkeit stärke den Staat. Die Parteien des konkreten

---

[110] *Steiger*, Über die Aufhebung, 1812, S. 15.
[111] Hierzu D. IV. 1.
[112] *Steiger*, Über die Aufhebung, 1812, S. 16.
[113] *Steiger*, Über die Aufhebung, 1812, S. 16.

88   D. Zukunftsvisionen: Reform und Reformvorschläge nach 1803

Rechtsstreits brauchten die ausführlichen Gründe, um ein für sie ungünstiges Ergebnis zu akzeptieren.

In einem weiteren Paragraphen erweitert Steiger sein Argument. Die allgemeine Akzeptanz der Justiz in der Nation werde nicht nur gestärkt, sondern durch die Veröffentlichung von Entscheidungsgründen auch auf Dauer gesichert:

„Allein die Öffentlichkeit der Urtheilsgründe ist nicht bloß eine Pflanzschule des Glaubens der Nation an eine unpartheyische Justizpflege, und an eine stets gleichförmige Anwendung der Gesetze, sondern sie trägt zugleich die Garantie der Fortdauer dieses Glaubens in sich, da sie eine permanente Kontroll des Gerichtspersonals mit sich führt".[114]

Steiger hofft auf eine gegenseitige Beeinflussung: Außerhalb der Justiz stehende Bürger sollen sich anhand der Gründe von der Qualität des richterlichen Personals überzeugen; die Richter sollen sich wiederum bemühen, die hohen Ansprüche zu erfüllen, weil sie sich von der Öffentlichkeit kontrolliert fühlen. Die Begründungspflicht habe idealerweise einen Doppeleffekt, der letztlich dem Staat zugute komme. Die Bürger fassen Vertrauen in die Justiz, weil sie deren Sorgfalt beobachten, und spornen so die Richter an. Durch eine höhere Akzeptanz in der Bevölkerung möchte Steiger letztlich die Herrschaft stärken.

4. Kassation und Entscheidungsgründe

Doch nach Steiger sind rechtlich fehlerhafte Urteilsgründe nicht nur ein Problem für die Akzeptanz des Urteils durch die Parteien und die Nation, sondern verpflichten den Staat zum Eingreifen. Die Gerichte seien „wahre Staats-Ämter, und in dieser Eigenschaft der Gewalt des Regenten unterworfen".[115] Die richterliche Rechtsprechung untersteht über diesen Umweg des „Staats-Amtes" dem Herrscher. Gerichte sind insofern nicht vollständig unabhängig. Diese Konstruktion führt dazu, dass der Richter bei seiner Tätigkeit Amtspflichten ausübt. Sofern er einen Fehler begeht, sei das „in dem staatsrechtlichen Gesichtspunkte" ein Eingriff in die Gesetze.[116] Daraus folgt für Steiger:

„Die Staatsgewalt sieht sich daher aufgefordert, jeden ungerechten Richterspruch an sich – und unabhängig von der Motion irgend einer Parthey – als eine ungiltige Staatshandlung zu proklamiren, welches in Frankreich bereits durch eine musterhafte Einrichtung verwirklichet wird, da der kaiserliche Prokurator von Amtswegen die Cassation nichtiger Urtheile verlangen muß, wenn auch keine Parthey darum eingekommen seyn sollte."[117]

---

[114] *Steiger*, Über die Aufhebung, 1812, S. 17.
[115] *Steiger*, Über die Aufhebung, 1812, S. 19.
[116] *Steiger*, Über die Aufhebung, 1812, S. 19.
[117] *Steiger*, Über die Aufhebung, 1812, S. 20.

Bei „unrichtigen Richtersprüchen" müsse die Staatshandlung insgesamt für ungültig erklärt werden. Ein Fehler im Urteil würde danach genügen. Damit schlägt Steiger ein Instrument vor, das den Instanzenzug überflüssig macht. Unabhängig von einem Einschreiten der Parteien als formlose Beschwerde, Rechtsmittel oder in anderer Weise solle der Staat Urteile prüfen und gegebenenfalls ihre Ungültigkeit feststellen. Die Ungerechtigkeit zwinge den Staat zum Eingreifen. Dieses Modell sieht Steiger in Frankreich umgesetzt. Ein „kaiserlicher Prokurator", ein Staatsanwalt also, sei dafür zuständig, „die Cassation nichtiger Urtheile" von Amts wegen zu verlangen. Dabei komme es nicht auf ein Einschreiten der zivilrechtlich betroffenen Parteien an. Allerdings fordert Steiger nicht die Einsetzung staatlicher Prokuratoren nach französischem Vorbild. Letztlich sei die Einführung der Begründungspflicht ausreichend.

„Die Publizität der Urtheils- und Entscheidungs-Gründe würde daher ein um so zuverlässigeres Vehikel zur Würdigung der Kenntnisse und Fähigkeiten der Organe der Rechtsverwaltung bilden, als der rechtschaffene Sachwalter einer Parthey, welchem die wahren Entscheidungsgründe des Richters ein Geheimniß geblieben sind, sich nicht mehr gezwungen sehen würde, eigene ideelle Gründe aufzustellen, und zu widerlegen, und dadurch sich und seine Parthey zu täuschen, sondern sogleich Anlaß und Gelegenheit hätte, die ihm bekannt gewordenen wahren Entscheidungs-Gründe mit der gehörigen Umsicht zu würdigen und zu beleuchten."[118]

Statt einen Staatsanwalt einzusetzen, sollen also die Anwälte als Parteivertreter mit den richterlichen Entscheidungsgründen eine bessere Grundlage für ihre weitere Arbeit am Rechtsstreit erhalten. Bislang müsse auch der „rechtschaffene Sachwalter", sofern die Motive geheim gehalten werden, selbst nach möglichen rechtlichen Hintergründen des Urteils forschen. So aber kämpfe er gegen „eigene ideelle Gründe".[119] Als „ideell" bezeichnet Steiger Gründe, die nur in der Vorstellung des Anwalts existieren. Sie stehen im Gegensatz zu den wirklichen Gründen, die das Gericht tatsächlich zu dem Urteil veranlasst haben. Der Anwalt widerlege also, wenn er das Urteil angreift, seine selbst aufgestellten, vermeintlichen Gründe des Urteils. Genau dieses Argument hatte auch Hoscher 1804 angebracht. Einfacher könne der Anwalt, die „ihm bekannt gewordenen wahren Entscheidungs-Gründe"[120] überprüfen. Der Bezug zu dem zuvor erläuterten Modell des Staatsanwalts geht in diesem Satz etwas verloren. Die von Steiger geforderte Begründungspflicht in Deutschland ist dann nur als Ersatz für das an Frankreich bewunderte Mittel der Kassation zu verstehen.

---

[118] *Steiger*, Über die Aufhebung, 1812, S. 20.
[119] *Steiger*, Über die Aufhebung, 1812, S. 20.
[120] *Steiger*, Über die Aufhebung, 1812, S. 20.

5. Veröffentlichte Relationen

Doch die Veröffentlichung der Gründe ist Steiger nicht genug. Zum Gerichtsgeheimnis zählt er außerdem die „Heimlichhaltung der Relationen",[121] gegen die er sich ebenfalls wendet. Er fordert, den Parteien auf Verlangen zusätzlich zu den Gründen Abschriften der Relationen auszuhändigen. In diesem Punkt sekundiert er ebenfalls dem ehemaligen Reichskammergerichtskanzlisten Hoscher, der genau das schon 1804 vorgeschlagen hatte. Damit überträgt Steiger Hoschers Ausführungen, die vor allem auf die alte Reichsgerichtsbarkeit bezogen waren, auf die neuere Zeit und ihre Gerichtshöfe. Denn die Beurteilung der Sache durch den Referenten wirke sich maßgeblich auf das Ergebnis aus:

„Wenn man bedenkt, wie die wichtigsten Rechtssachen bei den höhern Justiz-Collegien oft ganz nach dem Gesichtspunkte, unter welchem der Referent sie auffaßte und ergriff, ihre Entscheidung erhalten, so muß selbst die Öffentlichkeit ihrer Arbeiten die wohlthätige Wirkung erzeugen, da sich in ihr gleichsam eine Garantie konstituirt, daß der Referent seine Relation mit erschöpfender Gründlichkeit und Sachkenntniß ausarbeiten, und sich wohl gewiß hüten werde, den Sachwaltern der Partheyen durch eine seichte und oberflächliche Arbeit eine Blöße zu geben, deren Beleuchtung ihm nicht nur allein vor einem höhern Richter, sondern selbst vor den Augen der öffentlichen Staatsverwaltung in dem nachtheiligsten Lichte darstellen müßte."[122]

Die Darstellung des Referenten in der Relation sei wegweisend für die Entscheidung in der Sache. Deshalb seien auch die Relationen interessant für die Parteien. Steiger gibt auf diese Weise einen Einblick in die Vorstellungen über den gerichtlichen Entscheidensprozess seiner Zeit. Er geht von einer Entscheidung, also einer Festlegung auf eine der möglichen Optionen, erst im gesamten Kollegium aus. Doch die Richtung gebe der Referent mit seiner Relation vor. Der Entscheidensprozess ist also insbesondere durch den Berichterstatter und seine Auffassung geprägt. Darum möchte Steiger die öffentliche Kontrolle der richterlichen Arbeit auf die Relationen ausdehnen. Dazu schlägt er das gleiche Mittel wie bei der endgültigen Entscheidung in der jeweiligen Instanz vor und fordert die Offenlegung der Dokumente. Die Publizität solle wiederum sicherstellen, dass der Referent gründlich und sachkundig vorgehe. Allerdings sollten die Relationen im Gegensatz zu den Entscheidungsgründen nur auf Antrag der Parteien bekannt gegeben werden. Die Möglichkeit einer späteren Anfrage der Parteien solle den Richter aber schon bei der Relation anhalten, genau vorzugehen. Denn die Einsicht der Parteien und ihrer Anwälte in die Relation habe eine potentiell noch größere Verbreitung der Arbeit des Referenten zur Folge. Schlechte Relationen würden so nicht nur die Arbeit des Gremiums behindern, sondern wären auch

---

[121] *Steiger*, Über die Aufhebung, 1812, S. 23.
[122] *Steiger*, Über die Aufhebung, 1812, S. 23 f.

nach außen hin peinlich für den betroffenen Richter. Fehlerhafte Ansätze und Ungenauigkeiten des Referenten könnten Anlass für ein Rechtsmittel sein. So erführen die Richter an der nächsthöheren Instanz durch den Vortrag des Appellanten von der mangelhaften Vorarbeit des Richterkollegen. Auch die öffentliche Staatsverwaltung würde hierüber in einem Folgeprozess Kenntnis erhalten. Die schlechte Arbeit des Referenten falle unmittelbar auf ihn persönlich zurück. Bei falschen oder nachlässig verfassten Urteilsgründen hingegen erscheine der gesamte Spruchkörper als Urheber verantwortlich.[123] Der Umweg über die Parteianwälte, die schlechte Relationen erbarmungslos vor ein höheres Gericht bringen, soll daher letztlich die Qualität des richterlichen Personals sichern. Steiger schließt sich Hoschers Forderung nach einem mittelbaren Kontrollinstrument an, das Qualität sichern und die Richter disziplinieren soll. Relationen als interne Vorarbeiten des Referenten sollen die Anwälte in die Lage versetzen, die richterliche Herstellung des Urteils zu prüfen und gegebenenfalls zu widerlegen. Sein Plädoyer für öffentliche Relationen illustriert Steiger mit der preußischen Justizverfassung. Dort seien die Relationen den Parteien in allen Instanzen zugänglich. Dabei wählt er einen überraschenden Ausdruck, der sich in die Diskussion über Öffentlichkeit als Verfahrensmaxime einfügt. Er bezeichnet das preußische Verfahren als „Justiz bei offenen Thüren".[124] Damit spielt er erneut auf Frankreich an, wo die Friedensrichter verpflichtet waren, Audienzen bei offenen Türen abzuhalten.[125]

6. Begründungsstile

Den Stil der Entscheidungsgründe betrachtet Steiger als rein formale und daher nebensächliche Frage: „Ob übrigens die Entscheidungsgründe in das Urtheil selbst verflochten, oder demselben abgesondert beigefügt werden sollen, – dies kann ich um so mehr dahin gestellt seyn lassen, als es mir hier mehr um die Sache, als um die Form zu thun ist."[126] Steiger nennt zwei Formen der Urteilsabfassung, die er aber nicht gegeneinander ausspielt. Die Gründe können mit dem Urteil verflochten werden oder abgesondert beigefügt sein. Indem er es „um so mehr dahin gestellt" sein lässt, drückt er aus, dass er die Frage ohnehin nicht für entscheidend hält, erst recht aber dann nicht, wenn

---

[123] *Ernst*, Abstimmen nach den Gründen, in: FS Schröder, 2013, S. 309 (310), konstatiert „eine Entwicklung hin zu einem ‚organschaftlichen' Konzept des Richterkollegiums".

[124] *Steiger*, Über die Aufhebung, 1812, S. 25.

[125] Daniels (Hrsg.), Gesetzbuch, 1807, S. 8 f. I. partie, Livre 1, titre 2 § 8 (Satz 2) „Ils pourront donner audience chez eux, en tenant les portes ouvertes.", zeitgenössische Übersetzung des Herausgebers: „Sie können in ihrem Hause, jedoch bey offenen Thüren, Audienz geben."

[126] *Steiger*, Über die Aufhebung, 1812, S. 27.

noch die Öffentlichkeit der Gründe überhaupt zur politischen und rechtswissenschaftlichen Diskussion stehe. Die Erläuterungen und Vorschriften in den gesetzlichen Anordnungen genügen Steiger. Er erwähnt Beispiele aus Bayern, Preußen und Frankreich. Neben einer bayerischen Verordnung von 1804 weist er auf die Kammergerichtsordnung Preußens hin. Danach unterschieden sich die Stile je nachdem, ob schriftlich oder mündlich verhandelt wurde. Im schriftlichen Verfahren sollten „vollständige Entscheidungsgründe jedem Urheile besonders angehängt" werden, beim mündlichen Verfahren hingegen „die Gründe mit in das Urtheil gebracht werden".[127] Damit deckt Steiger zwei verschiedene Stile an ein und demselben Gericht auf. Auch den französischen Stil stellt Steiger kurz vor. „Die Urtheile der französischen Gerichte könnten ebenfalls um so mehr zum Muster genommen werden, als sie sich durch ihre Form rüksichtlich der Motive als sehr zwekmäßig empfehlen."[128] Steiger streicht in diesem Abschnitt die Vorteile der verschiedenen Stile heraus. Wie eine Begründung letztlich genau aussieht, ist für sein Anliegen jedoch gleichgültig.

7. Ergebnis

Die kurze Abhandlung Steigers wechselt zwischen der Analyse einer bestehenden Rechtslage, Vergleichen mit Frankreich und rechtspolitischen Forderungen. Neben den Urteilsgründen spricht Steiger öffentliche Relationen und das französische Rechtsmittel der Kassation mithilfe von staatlichen Prokuratoren an.

Steiger lobt die französischen Regelungen der *Cinq Codes* durchgehend. Ob sie tatsächlich vollumfänglich in den Rheinbundstaaten anwendbar sind, lässt er dabei offen. Jedenfalls ruft er Gerichte dazu auf, künftig Entscheidungen zu begründen. In seinen patriotischen Äußerungen sucht er nicht die Nähe zu einer angeblich germanischen Rechtstradition, sondern distanziert sich ausdrücklich vom überkommenen mittelalterlichen Verfahren, das eine Begründung von Gerichtsentscheidungen nicht vorsah.

Steiger fordert nicht nur Entscheidungsgründe; zusätzlich sollen die Parteien das Recht erhalten, Abschriften der Relationen zu verlangen. Die Beweggründe der Entscheidung sollen den Parteien danach in zwei unterschiedlichen Schriftstücken zur Verfügung stehen. Insofern würden sie neben der Begründung der Entscheidung auch Unterlagen über den Entscheidensprozess erhalten. Die Parteien könnten sogar ersehen, wie weit das Gericht im Ergebnis den Vorschlägen des Referenten gefolgt ist. Doch es ist unklar, inwieweit diese Kenntnis einer rechtssuchenden Partei nützen sollte. Leider

---

[127] *Steiger*, Über die Aufhebung, 1812, S. 28.
[128] *Steiger*, Über die Aufhebung, 1812, S. 28.

äußert sich Steiger nicht dazu, inwiefern die Relationen neben den Gründen für die Parteien erkenntnisfördernd wären. Es geht ihm anscheinend nur um ein weiteres Mittel, die Richter zu disziplinieren. Das allerdings wird durch öffentliche Relationen erreicht. Der jeweilige Referent ist namentlich genannt und steht daher auch persönlich für die Qualität der abgelieferten Arbeit ein.

Steiger sieht seine Ansichten über die Begründungspflicht in Bayern bereits verwirklicht. Die Umsetzung der Forderung aus Gelehrtenkreisen beurteilt er als gelungene Zusammenarbeit von „Doctrin" – also Wissenschaft – und Gesetzgebung.

III. Kopp (1812)

„Über Entscheidungsgründe und deren Bekanntmachung mit dem Urtheile" lautet der Titel einer weiteren Schrift aus dem Jahr 1812. Dahinter verbirgt sich neben einem Plädoyer für die Begründungspflicht eine Analyse einer prozessrechtlichen Frage, die im Laufe des 19. Jahrhunderts umfangreich erörtert werden sollte: „Werden die Entscheidungsgründe, wenn sie denn den Parteien zugestellt werden, rechtskräftig?" Die frühe, beispielhafte Abhandlung stammt von einem Hofgerichtsadvokaten in Hanau, Johannes Kopp. Über den Praktiker ist heute fast nichts mehr bekannt. Er wurde 1811 promoviert und veröffentlichte im Jahre darauf jene 38-seitige Schrift „Über Entscheidungsgründe". Der Anwalt widmet sich darin zwei Fragen. Zuerst untersucht er, ob die Entscheidungsgründe, sofern sie verschriftlicht den Parteien ausgehändigt werden, Rechtskraft entfalten. Dann diskutiert er, ob die Entscheidungsgründe den Parteien zugänglich gemacht werden sollten. Er wirft damit neben der rechtspolitischen Frage nach der Begründung von Entscheidungen eine zentrale prozessrechtliche Frage auf, die sich im Anschluss an die Begründungspflicht stellte. Die Diskussion um die Rechtskraft der Entscheidungsgründe sollte die Wissenschaft bis zu den Reichsjustizgesetzen beschäftigen. Doch 1812 waren viele Gerichte noch gar nicht normativ angehalten, ihren Entscheidungen Gründe beizulegen.

Kopp bemängelt schon in seiner Einleitung, dass bis dahin nur die zweite, eigentlich eine politische Frage diskutiert worden ist, nämlich, ob es „nützlich" sei, „die Gründe einer Rechtsentscheidung den streitenden Theilen bekannt zu machen".[129] Dabei hätten viele Autoren die Rechtskraft dieser Gründe unterstellt. Im Falle einer Veröffentlichung der Entscheidungsgründe würde jedoch der Rechtsstreit hinausgezögert, weil dann auch gegen

---

[129] *Kopp*, Entscheidungsgründe, 1812, S. 3 f.

die Gründe Rechtmittel statthaft sein müssten.[130] In dieser Verzögerung des Prozesses sieht Kopp ein starkes Argument der Gegner der Begründungspflicht. Er hält es für falsch, die dogmatische Frage der Rechtskraft vorauszusetzen, um eine politische Frage, eine Frage der „Nützlichkeit", letztlich mit den Konsequenzen des unterstellten dogmatischen Ergebnisses zu verneinen. Diese Verquickung von zwei Diskussionsfeldern löst Kopp auf. Er fordert: „Allein man mußte zuvor die Rechtsfrage: können Entscheidungsgründe rechtskräftig werden? gründlich untersuchen, ihre Beantwortung hätte dann auf andere, erfreulichere Resultate geführt."[131] So entkoppelt er diese zwei Problemkreise voneinander. Kopp geht von „gemeinem teutschem Recht" aus, vermutet aber, dass seine Ausführungen „auch für andere Gesetzgebungen in ihren Folgesätzen vielleicht nicht ohne Interesse" sind.[132]

1. Geschichte der Begründungspflicht

Doch bevor er zu diesen Fragen des geltenden Rechts kommt, stellt Kopp die Geschichte der Begründungspflicht in Deutschland dar. Historische Einordnungen finden sich regelmäßig in den Schriften über die Begründungspflicht.[133] In einer Art Selbstvergewisserung dient der historische Vorspann auch bei Kopp dazu, die Leser einzustimmen. Durch einzelne wertende Ausdrücke nimmt Kopp die Leser für die „Nützlichkeit der Begründungspflicht" ein. Er beginnt mit den mittelalterlichen Schöffensprüchen, die nach seiner Aussage „gewöhnlich" begründet waren.[134] Unter dem römisch-kanonischen Recht habe sich dieser „löbliche Gebrauch" verloren.[135]

Dafür macht Kopp ein lange währendes „allgemeines Vorurtheil" und von den Juristen falsch verstandene römische Gesetzesstellen verantwortlich. Die Juristen „wähnten, es sei gegen die Würde des Richters, auf eine solche Art sich zu rechtfertigen, er mache dabei gleichsam den Rathgeber".[136] Der Richter solle sich nach dieser älteren Ansicht nicht herablassen, über die genauen Beweggründe des Falls zu berichten und so „den Parthieen oder ihren Sachwalten dadurch Gelegenheit zu unnützen Streitigkeiten" zu geben. Im schlimmsten Fall könne das Gericht sogar verspottet oder „von Advokaten chikanirt" werden.[137] Das galt es nach der älteren Lehre zu vermeiden. Ins-

---

[130] *Kopp*, Entscheidungsgründe, 1812, S. 4.
[131] *Kopp*, Entscheidungsgründe, 1812, S. 4.
[132] *Kopp*, Entscheidungsgründe, 1812, S. 4.
[133] Siehe zu Brinkmann bereits B. V.
[134] *Kopp*, Entscheidungsgründe, 1812, S. 5; siehe zur mittelalterlichen Begründung *Gudian*, Begründung in Schöffensprüchen, 1960.
[135] *Kopp*, Entscheidungsgründe, 1812, S. 5.
[136] *Kopp*, Entscheidungsgründe, 1812, S. 5.
[137] *Kopp*, Entscheidungsgründe, 1812, S. 5 f.

besondere „wenn sich schiefe und widerrechtliche Gründe zeigten", wäre nach dieser älteren Lehre das Ansehen des Gerichts nachhaltig beschädigt. „In der Folge kam man allmählich auf hellere Begriffe",[138] meint Kopp und bezieht sich damit schon sprachlich auf die Aufklärung.[139] Nach und nach hätten sich die Rechtslehrer für eine Begründungspflicht ausgesprochen. Diesem Vorschlag seien schließlich auch die einzelstaatlichen Regierungen gefolgt.

Kopp berichtet, dass die Landesherren sich teilweise gegen die Gerichte durchsetzen mussten. Denn manche Gerichte hätten auf der Gewohnheit beharrt, ihre Entscheidungen nicht zu begründen. Dann hätte die jeweilige Regierung die Gerichte mit einem „Specialbefehl" verpflichtet, „die in der Relation enthaltenen Entscheidungsgründe der Parthie ad inspiciendum" vorzulegen. Trotz mancher Sonderregelungen seien „gemeine Gesetze", etwa als reichsrechtliche Regelung, jedoch ausgeblieben. Schließlich betont Kopp, dass „die Bekanntmachung in Rechtssachen jeder Art durch Einführung der Französischen Gesetze in so vielen teutschen Staaten beinahe allgemein" geworden sei.[140] Mit dieser Feststellung ist er endgültig in seiner eigenen Zeit angelangt. Kopps eindeutige Aussage steht in deutlichem Kontrast zu der Einschätzung Steigers. Steiger hatte auf eine Diskussion über die Anwendbarkeit der französischen Prozessgesetze im Rheinbund hingewiesen. Zum Rheinbund zählte das Großherzogtum Frankfurt, das Napoleon als Satellitenstaat eingerichtet hatte. Mit diesen Normen war der Hanauer Advokat Kopp also möglicherweise vertraut. Kopp berichtet von einer herrscherlich-willkürlichen Einführung der Begründungspflicht. Zwar gebe es keine Tradition, die Gründe offenzulegen, es entspreche jedoch einer vernünftigen Forderung der Aufklärung.

Trotz der von ihm als weitreichend beschriebenen Geltung der französischen Gesetze erkannte Kopp sie nicht als allgemeingültig an. Als französische Gesetze ordnete er sie nicht als Teil der deutschen Rechtskultur ein.[141] Insofern konnte er eine Einführung der Begründungspflicht fordern, die es eigentlich schon in vielen Bereichen gab. Durch diese Annahme bewegt sich seine Abhandlung auf der Schwelle zwischen rechtspolitischer Forderung nach einer allgemeinen Begründungspflicht und dem praktischen Umgang mit einer schon bestehenden Verpflichtung. Kopp trennt die beiden Fragen, weil er meint, die Diskussion über die Begründungspflicht sei zu sehr von der Annahme geleitet worden, dass schriftliche Gründe rechtskräftig werden. Zunächst untersucht er, welche prozessrechtliche Wirkung Entscheidungsgründe haben.

---

[138] *Kopp*, Entscheidungsgründe, 1812, S. 6.

[139] *Gardt*, Nation und Sprache in der Zeit der Aufklärung, in: ders. (Hrsg.), Nation und Sprache, 2011, S. 169 (184), weist einen ähnlichen Sprachgebrauch bei Gottsched nach.

[140] *Kopp*, Entscheidungsgründe, 1812, S. 9.

[141] *Mankowski*, Rechtskultur, 2016, S. 489.

2. Wirkung der Entscheidungsgründe

Kopp prüft die Auswirkungen der den Parteien mitgeteilten Entscheidungsgründe. Dieses dogmatische Problem stellt sich für ihn im geltenden Recht, weil die Begründung teilweise vorgeschrieben war. Er unterscheidet dabei zwei Hauptauffassungen. Einerseits würden einige Autoren differenzieren, ob die Gründe in der Darstellung mit der Sentenz, also dem Tenor, verbunden werden. Bei einer Verbindung wie etwa im französischen Stil würden danach die Gründe rechtskräftig, nicht dagegen, wenn die Gründe im räumlichen Abstand zur Sentenz abgefasst sind.[142] Andererseits würden manche Autoren in keinem Falle, also auch nicht, wenn die Gründe mit dem Tenor „verflochten" seien, Rechtskraft annehmen.[143] Kopp selbst schließt sich dieser Meinung an, indem er ausführt: „Entscheidungsgründe können wohl ein Theil der Scriptur welche ein Gericht unter der Benennung Urtheil, Bescheid hat publiciren oder ausfertigen lassen, bilden; aber nie des Urtheils (sententia) im wahren, gesetzlichen Sinne."[144] Unabhängig von der Bezeichnung im Aufbau der richterlichen Entscheidung erwachsen Entscheidungsgründe seiner Ansicht nach nicht in Rechtskraft. Das liege an der grundsätzlichen Verschiedenheit von Entscheidungsgründen und Urteil.

„Entscheidungsgründe verhalten sich zum Urtheile, wie Ursache zur Wirkung, Grund zur Folge. […] Erklärt man letztere aber für fähig, rechtskräftig zu werden, so zerstört man ihr Wesen, und macht sie identisch mit dem Urtheile."[145]

Kopp umschreibt die kategoriale Trennung mit einer Wesensverschiedenheit, die sein Hauptargument gegen die Rechtskraft ist. Ansonsten würde die Trennung zwischen Begründetem und Begründung aufgehoben.

Seine Auffassung entspreche dem Gemeinen Recht. Danach werde die Entscheidungsbegründung auch nicht rechtskräftig. Kopp fordert die Übernahme dieses Grundsatzes in partikularen Gesetzen.[146] Die dogmatische Untersuchung wandelt sich zu einer rechtspolitischen Forderung. Ihm sei keine Verordnung bekannt, die diese Zusammenhänge klar regele. „Es wäre deshalb ungemein dienlich, hierüber gesetzliche Vorschrift zu erteilen."[147]

Diesen Rat verbindet er mit der Warnung vor einer Prozessflut. Der maßgebliche Zweck der Entscheidungsgründe sei, den Missbrauch suspensiver, also die Wirkung des Urteils aufschiebender Rechtsmittel einzuschränken. Anwälte, die aufgrund anderer Schriften von der Rechtskraft der Entscheidungsgründe ausgingen, würden so verleitet, gegen die Rechtsgründe sus-

---

[142] *Kopp*, Entscheidungsgründe, 1812, S. 14.
[143] *Kopp*, Entscheidungsgründe, 1812, S. 15.
[144] *Kopp*, Entscheidungsgründe, 1812, S. 22.
[145] *Kopp*, Entscheidungsgründe, 1812, S. 18.
[146] *Kopp*, Entscheidungsgründe, 1812, S. 24.
[147] *Kopp*, Entscheidungsgründe, 1812, S. 25.

pensive Rechtsmittel einzuleiten.[148] Sonst wären sie in einem künftigen Prozess hieran als formelle Wahrheit gebunden. Die Urteilsbegründung solle aber nicht zu weiteren Streitigkeiten Anlass geben, sondern den „Mißbrauch suspensiver Rechtsmittel" einschränken.[149]

Jedoch ist Kopp der Ansicht, die mitgeteilten Entscheidungsgründe dürften zur Auslegung eines „wirklich dunkeln Erkenntnisses" herangezogen werden.[150] Die Entscheidungsgründe werden nach Kopp also nicht rechtskräftig, sondern dienen nur in unklaren Fällen zur Interpretation des Spruches. Dies ist völlig unabhängig davon, ob die Entscheidungsgründe als eigenes Dokument angefügt werden oder mit der Entscheidung verwoben sind. Die Läuterung erwähnt Kopp zwar an dieser Stelle nicht. Aber er spricht wie Danz um 1800 und Linde 1831 vom Verständnis dunkler Erkenntnisse.[151] Anstatt den Richter nach dem genauen Inhalt zu fragen, sollten die Parteien nach Kopps Vorstellung in den Entscheidungsgründen nachlesen.

3. Publikation der Entscheidungsgründe

Sodann fällt es Kopp nicht mehr schwer, die verbleibende rechtspolitische Frage zu beantworten: „Ist es nützlich, die Entscheidungsgründe den Partheien zu eröffnen?"[152] Letztlich schließt dieser Abschnitt unmittelbar an die ältere Diskussion um die Begründungspflicht an, die Stephan Hocks ausführlich untersucht hat. Um keine Argumente zu vergessen, verweist Kopp schließlich auf Brunnemanns Werk „De processu civili"[153] aus dem Jahr 1666. Doch neben vertrauten Argumenten aus der älteren Diskussion bezieht Kopp sich auf die Praxis der Gerichte in seiner Zeit und gibt sogar konkrete Anweisungen für die Abfassung der Entscheidungsgründe. Kopp behauptet, dass die „Klugheit" zu einer staatlich vorgeschriebenen Begründungspflicht „räth".[154] Er zieht dafür einen Vergleich zur Schiedsgerichtsbarkeit.

„Dazu [zur Eröffnung der Urtheilsgründe] verbindet schon die menschliche Vernunft außer dem Staate einen vertragsmäßig gewählten Richter, insofern jene die streitenden Theile verlangen, und im Kompromiß etwas entgegenstehendes nicht bedungen ward."[155]

In Rechtsstreitigkeiten, die nicht vor ein staatliches Gericht, sondern einen privaten Schlichter gelangen, waren begründete Urteile nach Kopps Dar-

---

[148] *Kopp*, Entscheidungsgründe, 1812, S. 25.
[149] *Kopp*, Entscheidungsgründe, 1812, S. 24.
[150] *Kopp*, Entscheidungsgründe, 1812, S. 26.
[151] Siehe oben C. II. 1. und 2.
[152] *Kopp*, Entscheidungsgründe, 1812, S. 27.
[153] *Kopp*, Entscheidungsgründe, 1812, S. 31.
[154] *Kopp*, Entscheidungsgründe, 1812, S. 28.
[155] *Kopp*, Entscheidungsgründe, 1812, S. 28.

stellung ohnehin geläufig. Nur bei einer anderslautenden Vereinbarung der Vertragspartner entfiel die Begründung des Richters. Die staatliche Gerichtsbarkeit erscheint vor dieser Kontrastfolie als rückständig. Kopp nennt zwei zentrale Argumente für die Begründungspflicht. Zum einen soll sie suspensive Rechtsmittel einschränken, also zu einer schnelleren Lösung des Konflikts beitragen, zum anderen soll sie die Untergerichte bei ihrer Entscheidungsfindung disziplinieren.

a) Einschränkung suspensiver Rechtsmittel

Für die Veröffentlichung der Gründe spricht nach Kopp, dass sie hilft, den Missbrauch suspensiver Rechtsmittel einzuschränken. Er setzt dabei auf die Einsichtsfähigkeit der unterliegenden Partei.

„Der Richter halte das von beiden Seiten Vorgebrachte gegen die bestehenden Gesetze, prüfe gewissenhaft und unpartheiisch, und lege nun freimüthig den Streitenden seine Beweggründe vor: oft werden der Advokat, wenn er Geschicklichkeit und guten Willen hat, ebenso wie sein Mandant, wenn er ehrlich ist, ihr Unrecht einsehen, und die weitere Verfolgung eines nur geträumten Rechts aufgeben. So wird der Mißbrauch suspensiver Rechtsmittel gemindert."[156]

Die Einsicht und das Verstehen der rechtlichen Zusammenhänge halte die verlierende Partei von Rechtsmitteln ab. So würden mehr Rechtsstreitigkeiten abschließend an den Untergerichten entschieden und die Gerichte insgesamt entlastet. Die zeitgenössisch übliche Redensart vom „Mißbrauch der Rechtsmittel" könnte auf ein bewusstes Vorgehen des Appellanten in Kenntnis der Rechtslage hindeuten. Gegner der Begründungspflicht befürchteten, dass die Begründung helfe, ein Urteil erfolgreich in einer höheren Instanz anzugreifen, weil der Richter seine Gedanken offen gelegt habe.[157] Die Überzeugungskraft „freimüthig vorgelegter Beweggründe" dreht dieses Argument um. Es setzt verständige Parteien und Anwälte voraus, die ihre Niederlage eingestehen. Für diesen Idealfall muss zweifelsfrei feststehen, welche Rechtsregeln im konkreten Fall zur Anwendung kommen und wie sie genau zu verstehen sind.

b) Disziplinierung der Untergerichte

Neben der Überzeugung der Parteien – also einem Vorteil für die überlastete Justiz und einem früheren Ende des Rechtsstreits für die Parteien – erhofft sich Kopp von der Begründungspflicht Auswirkungen auf die Gerichtspraxis an den Untergerichten.

---

[156] *Kopp*, Entscheidungsgründe, 1812, S. 28 f.
[157] Dazu *Hocks*, Gerichtsgeheimnis, 2002, S. 65.

"Durch dies Institut werden besonders Untergerichte zu einem reifen, gründlichen Spruche gleichsam genöthiget. Ein Unterrichter, welcher die Entscheidungsgründe nicht mitzutheilen brauchet, wird häufig, nachdem er die Akten durchgesehen, allenfalls Umstände von Einfluß angemerkt, und einige Zeit überlegt hat, sein Urtheil abfassen, ohne eine Relation aufzusetzen. [...] Er ahnet dabei wohl Gründe, sie sind ihm aber nicht deutlich bewusst. Hätte er seine Motive sich klar gemacht, und so entwickelt, daß er sie niederschreiben, folglich ordnen konnte, dann würde er vielleicht manche gesetzwidrig oder nicht mit den Akten übereinstimmend gefunden und verworfen, es würde sich ihm vielleicht jetzt erst der einzig richtige Standpunkt zur Beurtheilung der Verhandlungen enthüllt haben."[158]

Das Untergericht könne laut Kopp durch eine Begründungspflicht zu einer ordnungsgemäßen Entscheidungsfindung angehalten werden. Obgleich die Urteilsbegründung sich auf eine bereits getroffene Entscheidung bezog, sollte die bevorstehende Begründung den Entscheidensprozess selbst beeinflussen. Ansonsten bestehe nach Kopp die Gefahr, dass der Richter überhaupt keine Relation verfasse, um zu seiner Entscheidung zu gelangen. Ein Einzelrichter musste jedoch nur mit sich selbst eine Entscheidung ausmachen. In Kollegialgerichten zwang die gemeinsame Entscheidung des Gremiums den Referenten, die Relationstechnik zu beachten. Der Referent versuchte mit seiner Relation, die Kollegen zu überzeugen. Für den Einzelrichter war die Technik zwar ebenfalls sinnvoll, nicht jedoch erforderlich, um überhaupt entscheiden zu können. Daher war es naheliegend, die Anwendung der Relationstechnik gerade bei Einzelrichtern zu bezweifeln. Kopp argumentiert, mancher Richter sei sich der eigentlichen Gründe seiner Entscheidung nicht genau bewusst, wenn er zuvor keine Relation verfasst habe. Mit Gründen meint Kopp an dieser Stelle die gedanklichen, ungeschriebenen Beweggründe. Nur eine schriftliche Relation dränge den Richter, detailliert über die verschiedenen Aspekte des Rechtsstreits nachzudenken. Das bezieht Kopp sowohl auf rechtliche als auch auf tatsächliche Fragen des Falles. Details der Akte könnten dem Richter leicht entgehen. Kopp hält es für wahrscheinlicher, dass der Richter ohne den geordneten Entscheidungsprozess der Relationstechnik ein Fehlurteil fällt.

Die Nachlässigkeit der Untergerichte, keine Relation zu verfassen, ist sogar ein zentrales Argument für Kopp, eine Begründungspflicht zu fordern. Es rechtfertigt nur eine Begründungspflicht an den Untergerichten. Kollegialgerichte, die ohnehin auf die Relationstechnik zur gemeinsamen Entscheidungsfindung angewiesen sind, müssten danach nicht zu einem „reifen, gründlichen Spruche gleichsam genöthiget" werden. Der Vorschlag, bei Untergerichten auf eine ausformulierte Begründung zu bestehen, deckt sich mit der Reihenfolge der Einführung in vielen Territorien und Bundesstaaten.[159] Häufig verpflichteten normative Vorgaben zuerst die Untergerichte, bevor

---

[158] *Kopp*, Entscheidungsgründe, 1812, S. 29 f.
[159] Siehe unter B. VI.

auch die Obergerichte ihre ausformulierten Erwägungen den rechtssuchenden Parteien mitteilen mussten. Andere verpflichtende gerichtliche Äußerungen über die Gründe der Entscheidung, wie die Appellationsberichte, reichten nach Kopp nicht aus:

„Appellationsberichte führen nicht immer und nicht völlig dahin, denn nicht alle Rechtssachen sind appellabel, nicht in allen wird appelliert, und öfters werden auch die Gründe zu dem Urtheile erst hinterher bei Aufsetzung des Appellationsberichts gemacht."[160]

Im Falle eines Rechtsmittels musste der Ausgangsrichter einen Appellationsbericht erstellen. Er half dem Richter der angerufenen Instanz, die Entscheidung des Untergerichts nachzuvollziehen. Damit kamen sie inhaltlich der geforderten Begründungspflicht nahe. Allerdings blieben sie gerade den Parteien regelmäßig verborgen. Allein der eventuell erforderliche Appellationsbericht genügt nach Kopp nicht, um die Untergerichte zur Relationstechnik anzuhalten. Denn zum einen ist die Appellation nicht in allen Fällen möglich. Wenn der Richter, zum Beispiel aufgrund eines geringen Streitwerts, keine Appellation befürchten muss, entfällt – für ihn von vornherein erkennbar – die Notwendigkeit, die Gründe der Entscheidung jemals einem Dritten schriftlich zu präsentieren. Zum anderen erhebt die unterliegende Partei häufig keine Appellation gegen das Urteil. In den verbleibenden Fällen, in denen eine Partei appelliert und das Untergericht daher einen Bericht erstellen muss, schreibt das Gericht die Gründe nach Kopps Beobachtung erst nachträglich. Das geht ihm nicht weit genug. Die Gründe müssten zeitgleich mit der Entscheidung abgefasst werden. Ansonsten dienten sie zwar der nachträglichen Rechtfertigung, seien aber nicht unbedingt die Gründe, die den Richter zu seiner Entscheidung veranlasst haben. Deshalb fordert Kopp:

„Zu einer solchen Aufhellung und Entwickelung undeutlicher, ungeordneter Begriffe, woraus meistentheils Fehler entstehen, wird das Untergericht am besten dadurch geleitet, wenn man es anweiset, die Gründe zugleich mit der Sentenz publiciren und ausfertigen zu lassen."[161]

Die Gründe – diesmal ausformulierte Entscheidungsgründe – soll das Gericht gleichzeitig mit der Entscheidung veröffentlichen. Insofern sind die Anforderungen Kopps sehr streng. Es geht nicht nur um eine nachträgliche Rechtfertigung der getroffenen Entscheidung, sondern um eine Absicherung des Entscheidensprozesses selbst. Auf diese Weise möchte Kopp verhindern, dass die Gerichte erst die Entscheidung fällen und die Gründe erst nachträglich abfassen und erfinden. Denn spätere Ausführungen, deren Ergebnis bereits feststeht, müssten nur eine getroffene Entscheidung legitimieren. Dann

---

[160] *Kopp*, Entscheidungsgründe, 1812, S. 30 f.
[161] *Kopp*, Entscheidungsgründe, 1812, S. 30.

handle es sich aber möglicherweise nicht um die Beweggründe, die im Entscheidensprozess leitend waren.

4. Ratschläge zur Formulierung

Nachdem Kopp herausgestellt hat, dass Entscheidungsgründe nicht rechtskräftig werden und überdies stets verfasst werden sollen, fügt er Hinweise zum Verfassen von Entscheidungsgründen an.[162] Kopp bezeichnet sie ganz handwerklich als „Technische Regeln". Er akzeptiert bei den Formulierungen unterschiedliche Varianten. Erstens kann man die Gründe mit dem Urteil „verflechten". Dabei folgt auf jede Verfügung, also jeden einzelnen vollstreckbaren Teil, die Begründung unmittelbar, bevor die nächste Verfügung genannt wird. Zweitens kann man die Gründe „als Anhang" nach dem Urteil abfassen. Das bedeutet, dass Tenor und Gründe schon auf einen Blick voneinander unterscheidbar sind. Interessanterweise differenziert Kopp bei dieser Variante, ob die Gründe im selben Dokument abgefasst werden, also in einem Schriftstück unter dem Tenor, oder ob sie auf einem gesonderten Blatt beginnen. Der erste Fall ist dem heutigen Juristen noch geläufig. So stehen letztlich auch die Gründe unter der Überschrift „Urteil" und sind neben Rubrum und Tatbestand Teil davon. Im zweiten Fall erhält das Dokument eine eigene Überschrift, die in Schriftart und Größe dem Urteil selbst nachempfunden ist. Das passt zur zeitgenössischen Terminologie von „Urtheil" einerseits und „Gründen" andererseits. Gründe sind dabei formal kein Teil des Urteils, sondern erläutern lediglich die darin enthaltenen Verfügungen. Für Kopp richtet sich die Darstellung nach der Länge der Gründe im Einzelfall, mithin nach der Komplexität des Rechtsstreits.

„Können die Gründe durch ein paar Worte angegeben werden, so wäre es unpassend, sie von dem Ausspruche der Sentenz, womit sie vielleicht nur einen mäßigen Perioden ausmachen, abzusondern. Sind sie aber nicht ganz kurz, so lasse man dieselben unter der Rubrik ‚Entscheidungsgründe' in ungezwungenem Ausdrucke, durch Nummern von einander getrennt, jedoch in sachgemäßer Ordnung, dem Urtheile folgen. Den Zusammenhang der Worte des letztern durch Einschiebung weitläufiger Gründe zu zerreißen, und alles in einen monströsen Perioden durch die Formel ‚in Erwägung' zu pressen, schadet der Deutlichkeit ungemein."[163]

Wenn die Gründe kurz sind, bietet sich nach Kopp die erste Darstellungsweise an. Es sei zwar nicht falsch, aber „unpassend", die Gründe von dem Tenor zu trennen. Kopp erwähnt solche Gründe, die „in ein paar Worten angegeben werden" können, und „nur einen mäßigen Perioden" – also nur einen nicht zu langen Satz – „ausmachen". Die Begründung konnte also sehr knapp ausfallen. Offenbar geht Kopp davon aus, dass in eindeutigen Fällen

---

[162] *Kopp*, Entscheidungsgründe, 1812, S. 32 f.
[163] *Kopp*, Entscheidungsgründe, 1812, S. 33.

ein einziger Satz als Begründung für eine richterliche Entscheidung genügt. Kopp bezieht sich in seiner Abhandlung ausdrücklich auf Untergerichte, bei denen er anscheinend von teilweise einfachen Rechts- und Tatsachenfragen ausgeht. Längere, also „nicht ganz kurze" Gründe sollen in der zweiten Variante verfasst werden und dem „Urtheile" folgen. Kopp rät von einem einzigen langen Satz ab, der Entscheidung und Gründe verbindet und mit „In Erwägung" beginnt. Eine Abgrenzung zwischen den beiden Fällen kurzer und nicht ganz kurzer Gründe nennt er nicht. Jedenfalls sind für Kopp „bogenlange Sätze"[164] nicht mehr sinnvoll. Ein Satz soll keine Seite umfassen. Kopp empfiehlt, längere Entscheidungsgründe mithilfe von Nummern zu untergliedern. Einen festen Stil gibt er nicht vor, sondern rät sogar zu „ungezwungenem" Ausdruck. Oberstes Ziel bei der Darstellung der Entscheidungsgründe ist offenbar die Deutlichkeit. Im Hinblick auf die Hauptargumente Kopps für eine Begründungspflicht muss das Urteil insbesondere für die Parteien und ihre Anwälte nachvollziehbar sein. Er gibt keine Hinweise, ob dafür Fachausdrücke vermieden werden sollen.

In Kopps Argumentation klingt an, dass die Gründe möglicherweise mündlich vorgetragen werden sollten. „Ein Schweben in einem bogenlangen Satze hindert den Leser, noch mehr den Zuhörer, an behendem Auffassen der Gedanken, und läßt nirgends Ruhe zum Überblick."[165] Vor allem ein Zuhörer könne ein begründetes Urteil, das aus einem einzigen sehr langen Satz besteht, kaum verstehen. Es liegt nahe, dass nach Kopps Auffassung die Gründe in der Urteilsverkündung verlesen werden sollten.

Noch im Abschnitt „Technische Regeln" stellt Kopp klar, „daß die Gründe einer jeden Rechtsentscheidung bekannt gemacht werden müssen, sowohl der Definitivurtheile als der Beiurtheile".[166] Diese Aussage ist in der Gliederung etwas verloren, sodass unklar ist, ob es sich um eine Regelung *de lege lata* oder *de lege ferenda* handelt. Kopp befürwortet jedenfalls eine umfassende Begründungspflicht. Neben Endurteilen bezieht sie sich auch auf Zwischenurteile.[167] Zu den zeitgenössisch sehr häufigen Beweisurteilen äußert er sich nicht.

5. Frankfurter Verordnungen als Beispiel

Kopp beschließt seine Abhandlung „Über Entscheidungsgründe und deren Bekanntmachung mit dem Urtheile" mit dem Abdruck von zwei Verordnungen, „welche die Weisheit des Herrn Großherzogs von Frankfurt beurkun-

---

[164] *Kopp*, Entscheidungsgründe, 1812, S. 34.
[165] *Kopp*, Entscheidungsgründe, 1812, S. 33 f.
[166] *Kopp*, Entscheidungsgründe, 1812, S. 34.
[167] Art. Urtheil, in: Pierers Universal-Lexikon, 1864, S. 298 (298).

den".[168] Damit mischt er seiner eigentlich gemeinrechtlichen Überlegung doch noch etwas Lokalkolorit bei und lobt vorab den hessischen Gesetzgeber. Bei genauerer Betrachtung erscheinen die Verordnungen aber nicht besonders weise gemessen an Kopps vorhergehenden Aussagen. Denn Kopps Disziplinierungsgedanke der Richter ist in den Verordnungen nur unvollständig berücksichtigt.

Die Verordnungen aus den Jahren 1805 und 1807 sind ihrerseits mit Erwägungen versehen. Der erste Verordnungstext vom 5. September 1805 betont zwar „das feste Vertrauen" der Untertanen in die Justiz, vermutet aber doch, „daß den streitenden Partheien nicht gleichgültig seyn könne, die ächten Gründe verlässig zu wissen, auf welchen die Erkenntnisse unserer Gerichte jedesmal beruhen".[169] Daher ergeht die Anweisung, „daß alle Unsere Civil-Richter und Gerichte unterer Instanzen, von welchen noch eine weitere Berufung statt hat, bei Abfassung ihrer definitiven Erkenntnisse die eigentlichen Gründe, welche sie hierzu bewegen, diesen Urtheilen selbst jedesmal deutlich einrücken, und zugleich mit den Urtheilen den streitenden Partheien eröffnen sollen".[170] Danach mussten erstinstanzliche Entscheidungen begründet werden, sofern eine Berufung prozessrechtlich zulässig war. Doch für die übrigen Fälle sah die Verordnung keine solche Pflicht vor. Wenn kein Rechtsmittel gegen eine Entscheidung statthaft war, musste der Richter seine Erwägungen nicht ausformulieren. Diese lückenhafte Begründungspflicht an Untergerichten hatte Kopp einige Seiten zuvor kritisiert. Nach der Verordnung musste der Richter nur bei einer ohnehin drohenden Berufung mühevoll Entscheidungsgründe und eventuell einen Bericht für den Oberrichter verfassen. Eine Disziplinierung aller Richter, um die Referiermethode sicher zu gebrauchen, wie Kopp sie gefordert hatte, gab es also im Großherzogtum Frankfurt nicht.

Die zweite Verordnung vom 20. Mai 1807 erstreckte diese Begründungspflicht auf Urteile des höchsten Gerichts im Großherzogtum, das Oberappellationsgericht Aschaffenburg. Die Erwägungen hierfür waren wiederum andere. Nach der Auflösung des „teutschen Reiches" und seiner Gerichte sollte das Oberappellationsgericht als „höchste Justizstelle in Unserem gesammten Staate das Beispiel der Offenheit und Geradheit den untergeordneten Justizstellen und Richtern geben, auch den Partheien alle mögliche Beruhigung gewähren".[171] Als Vorbild für die übrige Justiz und zur Beruhigung der Parteien war nun auch das Oberappellationsgericht zur Begründung angehalten. Die Ausnahme der nicht mehr angreifbaren unteren Gerichtsentscheidungen bestand normativ aber fort. Kopp präsentierte diese

---

[168] *Kopp*, Entscheidungsgründe, 1812, S. 34.
[169] *Kopp*, Entscheidungsgründe, 1812, S. 35.
[170] *Kopp*, Entscheidungsgründe, 1812, S. 35 f.
[171] *Kopp*, Entscheidungsgründe, 1812, S. 37 f.

Verordnungen als Ideal für andere partikulare Vorschriften. Doch bei genauerer Betrachtung setzten sie seine Forderungen hier noch nicht um. Pflichtschuldig huldigte er dennoch dem Großherzog, trat aber in der gleichen Schrift für weitreichendere Veränderungen ein.

6. Ergebnis

Kopps Beitrag steckt einige der wesentlichen Punkte ab, die in der Diskussion des 19. Jahrhunderts zur Sprache kommen sollten. Die Geschichte der Begründungspflicht bis in seine Zeit ist Teil seines Plädoyers und soll den Leser bereits einnehmen. Die Rechtskraft der Gründe lehnt Kopp entschieden nach geltendem Recht ab und entzieht damit möglichen Gegnern einer Begründungspflicht ein wichtiges Argument. Zugleich fordert er klarstellende Vorschriften über die Rechtskraft. Neben der Einschränkung suspensiver Rechtsmittel rückt Kopp die Entscheidungsherstellung des Richters in den Mittelpunkt. Eine Pflicht zur Entscheidungsbegründung könne die richterliche Arbeit verbessern. Nicht nur die Parteien als neue Adressaten, die sich eher überzeugen lassen, sondern die Entscheidungsherstellung des Richters selbst spreche für verpflichtende Urteilsgründe. Die spätere Rechtfertigungspflicht solle sich auf den vorhergehenden Entscheidensprozess auswirken. Diese anschließende schriftliche Begründung diszipliniere den Richter, in Übereinstimmung mit dem Recht zu entscheiden. Als Hofgerichtsadvokat vertrat Kopp die Parteien und musste sich eventuell mit unbegründeten und undurchdachten Entscheidungen herumschlagen. Dabei ist für seine Argumentation wesentlich, dass die Gründe zeitnah mit der Entscheidungsformel verfasst werden, denn nur dann geben sie wirklich die Motive aus dem Entscheidensprozess wieder. Die technischen Regeln Kopps lassen dem einzelnen Richter viel Spielraum. Pragmatische Erwägungen wie die Verständlichkeit stehen im Vordergrund. Darum richtet sich die Darstellungsweise nach dem Umfang der tatsächlich gedachten Gründe im Einzelfall. Mit dieser Gelassenheit in stilistischen Fragen erleichterte Kopp es seinen Lesern, den Vorschlag gutzuheißen.

IV. Königlich-Baierisches Regierungsblatt (1813)

Die folgende Quelle bietet einen faszinierenden Einblick in einen frühen normativen Regulierungsversuch in Bayern von 1813. Es handelt sich um einen Auszug aus dem Königlich-bayerischen Regierungsblatt. Die dort abgedruckte königliche Instruktion geht auf einen Entwurf des Münchener Oberappellationsgerichts zurück.[172] Insofern weist der Text über einen bloßen hoheitlichen Befehl hinaus, weil die zweckmäßige Abfassung der Entscheidungsgründe inhaltlich ihrerseits vom höchsten bayerischen Gericht begründet war. Die Vorschriften sind mit Erläuterungen versehen, die Richter noch zusätzlich anhalten sollten, die königlichen Vorgaben einzuhalten. Dabei thematisiert der Text Sinn und Zweck der Urteilsbegründung ausdrücklich wie in einer wissenschaftlichen Abhandlung. Genau das rechtfertigt es, ihn an dieser Stelle und nicht nur im Abschnitt über die Bayerischen Begründungsvorgaben ausführlich zu behandeln. Der Text setzt sich mit anderen Positionen auseinander und ist seinerseits in wissenschaftlichen Abhandlungen zitiert.

Zugleich erhält die Verordnung, indem sie im Namen des bayerischen Königs ergangen ist, normativen Charakter und richtet sich verbindlich an alle bayerischen nachgeordneten Gerichte. Unklar bleibt dabei, welche Teile der Anweisung wörtlich aus der Vorlage des Oberappellationsgerichts stammen und welche nachträglich verändert wurden. Das ist jedoch für die Fragestellung nachrangig. Denn die Quelle zeigt jedenfalls, welche Vorgaben für richterliche Entscheidungsgründe hoheitlich anerkannt waren. Die Begründungspflicht bestand in Bayern schon seit 1804.[173] Daher zeigt die Quelle, was nach Meinung des Normgebers noch verbesserungswürdig war. Die vorangestellte „Allgemeine Verordnung" enthält einen Geltungsbefehl für die nachfolgende Instruktion. Zugleich gibt der Verordnungstext erste Hinweise, weshalb eine zusätzliche Anweisung neben der seit 1808 verfassungsrechtlich verankerten Begründungspflicht nötig erschien.

„Verschiedentlich wahrgenommene Mißgriffe in Fassung der, Kraft der Konstitution Unsers Reiches dem Erkenntnisse beizufügenden Entscheidungs-Gründe haben gezeigt, daß nicht immer die Appellazions- und Untergerichte und deren Referenten den Zweck jener Entscheidungs-Gründe genau und richtig in das Aug fassen, oder hierüber übereinstimmende Grundsäze befolgen. Da jedoch von der zweckmäßigen und gründlichen Abfassung der Entscheidungs-Gründe großentheils das Ansehen der Gerichtshöfe mit abhängt; so haben Wir uns durch das Ober-Appellationsgericht den Entwurf zu einer Instrukzion über die zweckmäßige Fassung der Entscheidungs-Gründe vorlegen lassen."[174]

Anlass für die neue Instruktion sind demnach Entscheidungsgründe der Untergerichte, die den Erwartungen der Regierung nicht entsprachen. Konkret waren Entscheidungsgründe demzufolge in einer Art und Weise abgefasst, die nicht zu ihrem verfassungsrechtlich vorgesehenen Zweck passten. Problematisch war hieran laut der Verordnung vor allem, dass das Ansehen der Gerichte darunter leiden konnte.

---

[172] Königlich-Baierisches Regierungsblatt, 1813, Sp. 561 (561).
[173] Siehe B. III.
[174] Königlich-Baierisches Regierungsblatt, 1813, Sp. 561 (561).

Die ungewöhnliche Quelle regte schon 1969 den damaligen Präsidenten des Bundesverwaltungsgerichts Fritz Werner zu einem Beitrag in den Bayerischen Verwaltungsblättern an. Werner nutzt den Text als Anknüpfungspunkt zur Besinnung über derzeitige richterliche Aufgaben. Er mahnt, „daß die Urteilsgründe – die schriftlichen wie die mündlichen – viel eher als Titel und Amtstrachten ein Mittel sein können, um Recht und Gericht verständlich zu machen."[175] Dabei fasziniert ihn die „klangvolle, ja mitunter edle Sprache" der Instruktion.[176] Ignacio Czeguhn legt mithilfe der Anweisung den „Stilwandel in der deutschen und spanischen Rechtspraxis des 18. und 19. Jahrhundert" dar.[177] Stephan Hocks mutmaßt, „das juristische Argumentieren eines Richters orientierte sich nun an einem normativ gedachten idealen Prozessverlierer", und belegt diese These mit der bayerischen Anordnung.[178] Die Quelle ist tatsächlich zentral. Als Mischung zwischen normativer Vorgabe und wissenschaftlicher Reflexion über die Begründungspflicht erlaubt sie konkrete Aussagen über die Funktion der Begründung in Bayern. Die genannten Rechtshistoriker ziehen den Text aber nur auszugsweise heran. Der erste Paragraph über den Sinn und Zweck genügt aber nur scheinbar. Im Hauptteil der Anweisung finden sich jedoch detaillierte Angaben zur Abfassung der Entscheidungsgründe und zu der Frage nach den eigentlichen Adressaten einer gerichtlichen Begründung.

Die Instruktion besteht aus zwölf verschieden ausführlichen Paragraphen und legt Zweck, allgemeine Anforderungen, Gliederung und Gestaltung der Entscheidungsgründe für verschiedene gerichtliche Konstellationen fest. Insbesondere die Vorgaben für zivil- und strafrechtliche Fälle unterscheiden sich. Untergerichte und Appellationsgerichte hatten hingegen die gleichen Vorgaben zu beachten, da sie gleichermaßen dem Oberappellationsgericht in München unterstanden. Das bayerische Oberappellationsgericht war selbst nicht ausdrücklich an die Vorgaben gebunden, die es vorgeschlagen hatte. Stattdessen wachte das oberste Gericht über die Einhaltung der Vorschriften. Zum einen sollte es die unteren Instanzen auf Fehler hinweisen und zum anderen in „wichtigeren Fällen"[179] sogar dem Justizministerium Anzeige erstatten. Damit wurden die Entscheidungsgründe selbst auf ihre „Zweckmäßigkeit"[180] hin überprüft. Diese Überprüfung ging also über die rechtliche Ergebniskontrolle hinaus. Zur Kontrolle der inhaltlichen Richtigkeit im Rechtsmittelverfahren trat eine stilistische Überprüfung hinzu.

---

[175] *Werner*, Über eine bayerische Anleitung, BayVBl 15 (1969), S. 307 (308).
[176] *Werner*, Über eine bayerische Anleitung, BayVBl 15 (1969), S. 307 (309).
[177] *Czeguhn*, Stilwandel, in: Schulze/Seif (Hrsg.), Richterrecht, 2003, S. 59 (67).
[178] *Hocks*, Gerichtsgeheimnis, 2002, S. 110.
[179] Königlich-Baierisches Regierungsblatt, 1813, Sp. 561 (576).
[180] Königlich-Baierisches Regierungsblatt, 1813, Sp. 561 (575).

1. Sinn und Zweck

Die ersten Paragraphen erläutern, warum richterliche Entscheidungsgründe überhaupt für die Parteien abgefasst werden sollen:

„Durch die Entscheidungs-Gründe soll die Rechtsverwaltung Publizität erhalten; durch sie hören die Aussprüche des Richters auf, geheime und verborgene zu seyn; indem die Entscheidungs-Gründe den Richter in seiner vornehmsten Amts-Funkzion öffentlich vor dem Publikum hinstellen, sollen sie ihn auf sich selbst, auf seine Ehre und sein Ansehen aufmerksam machen, und ihn vor der Gefahr einer jeden Übereilung bewahren; durch sie soll ein verdientes Zutrauen der streitenden Theile, der peinlich Untersuchten, der ganzen Nazion zu den Gerichtshöfen begründet und erhalten werden."[181]

Öffentliche Entscheidungsgründe verleihen demzufolge der gesamten Rechtspflege Publizität. Damit ist noch nicht gesagt, wer die Entscheidungsgründe praktisch überhaupt zur Kenntnis nehmen kann. In dieser hoheitlichen Anweisung bezieht sich der Grundsatz der Öffentlichkeit noch nicht ausschließlich auf die Verhandlung. Allgemeiner geht es darum, das gerichtliche Ansehen zu stärken, indem die Arbeit des Gerichts nach außen wahrnehmbar wird. Die Entscheidungsgründe sind auf diese Art mit dem Verfahrensgrundsatz der öffentlichen Rechtspflege verknüpft. Zumindest für den Normgeber ist die Begründung ein Teil der Öffentlichkeit des Verfahrens. Diese Verknüpfung mit einem heute anders verstandenen Grundsatz wirft ein neues Licht auf den Übergang vom geheimen zum öffentlichen Verfahren. Geheime Verfahren können somit nicht nur durch mündliche Verhandlungen überwunden werden, wie es die Diskussionen in der Mitte des 19. Jahrhunderts nahelegten. Auch begründete und veröffentlichte Urteile erfüllen diesen Zweck. Um die Öffentlichkeit eines Verfahrens zu gewährleisten, reicht es danach aus, zu wissen, was der Richter tut. Dann ist nicht mehr erforderlich, ihm dabei zuzuschauen.[182] Das habe Auswirkungen auf das Entscheidensverhalten der zuständigen Richter sowie auf die äußere Wahrnehmung durch unmittelbar vom Prozess Betroffene und sogar die gesamte „Nazion", wie es in der Quelle heißt. Das Ansehen des Gerichts und das Vertrauen in die Rechtsprechung sind damit zwei Seiten einer Medaille. Die Forderung nach öffentlichen Gerichtsverhandlungen war politisch brisant. Öffentliche Entscheidungsgründe waren nicht in dieser Weise Gegenstand der politischen Diskussion. Dabei ist die Begründung für die Nachvollziehbarkeit eigentlich relevanter, weil ein Prozessunbeteiligter nur so wesentliche Inhalte der Akte – wenn auch im Nachhinein – erfährt. Die Begründungspflicht erfüllt nach dem Text der Instruktion zwei ganz unterschiedliche Zwecke: Sie diszipliniert

---

[181] Königlich-Baierisches Regierungsblatt, 1813, Sp. 561 (562 f.); ebenfalls zitiert bei *Czeguhn*, Stilwandel, in: Schulze/Seif (Hrsg.), Richterrecht, 2003, S. 59 (67).
[182] Siehe zu diesem Punkt genauer in der späteren Diskussion unter E. III.

den Richter und schafft zugleich Vertrauen in die Justiz. Diese Zwecke sind in dem kurzen Abschnitt angelegt und verdienen eine nähere Betrachtung:

Zum einen soll die Verpflichtung den Richter beeinflussen. Seine Aufgabe, Gründe für eine Entscheidung öffentlich anzuführen, soll sich positiv auf sein Entscheidensverhalten auswirken. Nach der Instruktion fallen Entscheidungen sorgfältiger aus, wenn der Richter sie anschließend begründen muss. Die verbindliche Entscheidung von Rechtsfällen ist danach die „vornehmste Amts-Funkzion" der Richter, denn sie üben Staatsgewalt aus. Die bis dahin gegenteilige Prozesspraxis, nicht zu begründen, änderte nichts an dem grundsätzlich hohen Ansehen der Entscheidungstätigkeit. Das Entscheiden galt laut dieser Quelle nach Ansicht der höchsten Richter und der Regierung als ehrbare Aufgabe, die vor allem durch Übereilung gefährdet war. Wieder einmal zeigt sich hier die zeitgenössische Hoffnung, dass die Pflicht, eine getroffene Entscheidung zu begründen, vorab positive Auswirkungen auf den Entscheidensprozess zeitigte.

Zum anderen sollen die Entscheidungsgründe das Vertrauen der Bevölkerung in die Arbeit des Gerichts erhöhen. Sowohl die Parteien des konkreten Rechtsstreits im Zivilrecht und der Beschuldigte im Strafrecht als auch die ganze „Nation" können sich anhand der Gründe einen Eindruck von der gründlichen Arbeit des Gerichts verschaffen.

Der Ausdruck „Nation" ist an dieser Stelle in doppelter Hinsicht schwierig zu deuten. Der Begriff wirft erstens die Frage auf, wer oder was im Jahr 1813 in Bayern allgemein mit Nation gemeint ist. Zweitens ist im Text nicht klar, welche konkreten Personen neben den unmittelbar Betroffenen von den Entscheidungsgründen Kenntnis erlangen sollen. Zunächst geht es um mögliche allgemeine Bedeutungen des Wortes „Nazion" im Bayern zur Zeit der Befreiungskriege. Um die Jahrhundertwende wird der Begriff noch nicht als Abstraktum, sondern als Bezeichnung für eine Menschengruppe verwendet, wie ein Lexikonartikel von 1798 belegt:

„Die Nation, [...] die eingebornen Einwohner eines Landes, so fern sie einen gemeinschaftlichen Ursprung haben, und eine gemeinschaftliche Sprache reden, sie mögen übrigens einen einzigen Staat ausmachen, oder in mehrere vertheilet seyn. [...] Auch besondere Zweige einer solchen Nation, d.i. einerley Mundart redende Einwohner einer Provinz, werden zuweilen Nationen genannt".[183]

Eine Nation sind demnach die Einwohner eines Gebietes unabhängig davon, ob dieses Gebiet einen Staat ausmacht. Daher überrascht der Ausdruck in einem Regierungsblatt. Denn dort sind nur die Einwohner gemeint, die von der Rechtsprechung der bayerischen Gerichte betroffen sind. Im französisch geprägten Bayern war es aber üblich,[184] statt von Volk von Nation zu spre-

---

[183] Art. Nation, in: Adelung (Hrsg.), Grammatisch-kritisches Wörterbuch, 1798, S. 439 f.

[184] *Koselleck*, Volk, in: Brunner/Conze/Koselleck (Hrsg.), Geschichtliche Grundbe-

chen. Bereits die Verfassung vom 25. Mai 1808 erwähnt beispielsweise eine „Nationalrepräsentation" im Sinne einer Volksvertretung.[185] Nach den Untersuchungen von Reinhart Koselleck ist „Volk" zudem eher ein „politischer Begriff".[186] Der Ausdruck „Nazion" bezieht sich also unspezifisch auf die bayerische Bevölkerung.

Damit ist jedoch die Bedeutung des Begriffs im Kontext der Quelle noch nicht abschließend geklärt. Wie soll die „ganze Nazion" verdientes Zutrauen zu den Gerichtshöfen fassen? Es stellt sich die Frage, welche Personen nach der dem Text zugrundeliegenden Vorstellung überhaupt Kenntnis von und Zugang zu den Entscheidungsgründen erhalten sollten, wenn von der Nation als Adressat die Rede ist. Man könnte am Rechtsstreit völlig unbeteiligte Einwohner darunter verstehen. Entscheidungsgründe würden dann immer über den Kreis der Parteien hinaus die Rechtspflege in der Bevölkerung bewerben und das Vertrauen in die Staatsgewalt stärken. Das setzt allerdings voraus, dass Dritte überhaupt Zugang zu den Entscheidungsgründen hatten. Hier könnte eine Veröffentlichung der Entscheidungsgründe in amtlichen oder privaten Sammlungen ins Spiel kommen. Die Quelle schweigt aber zu der Frage, ob Dritte Kenntnis von den Entscheidungsgründen erlangen sollen oder ob das Wissen der Prozessparteien über gute Entscheidungsgründe stellvertretend die Nation informiert. Es ist nur ersichtlich, dass die konkreten Entscheidungsgründe nach der Ansicht des Normgebers über den Einzelfall hinaus Bedeutung entfalten sollten.[187]

Paragraph zwei der Instruktion konkretisiert den Zweck der Entscheidungsgründe. Das „Zutrauen der streitenden Theile", das im ersten Paragraphen nur nebensächlich erwähnt wurde, rückt nun in den Vordergrund. Der Text unterscheidet dabei deutlich zwischen Zivil- und Strafsachen. In Zivilrechtssachen sollen die Entscheidungsgründe die Parteien insbesondere über „Grund oder Ungrund ihrer Ansprüche oder Vertheidigung belehren".[188] Die schriftlichen Entscheidungsgründe dienen dazu, die Parteien zumindest zu überzeugen, „daß der Richter alle Momente unparteiisch wür-

---

griffe, 1992, S. 141 (387): „Das beneidete Ideal ist Frankreich, wo (Staats-) Volk, Nation und Staat zusammenfallen".

[185] *Möckl*, Der moderne bayerische Staat, 1979, S. 148; *Koselleck*, Volk, in: Brunner/Conze/Koselleck (Hrsg.), Geschichtliche Grundbegriffe, 1992, S. 141 (330): „Vierter Titel. Von der Nationalrepräsentation".

[186] *Koselleck*, Volk, in: Brunner/Conze/Koselleck (Hrsg.), Geschichtliche Grundbegriffe, 1992, S. 141 (382).

[187] Stephan Hocks schließt aus dieser Formulierung, die „Öffentlichkeit" sei eigentlicher Adressat der Begründungen geworden, ohne den Ausdruck „Nazion" historisch einzuordnen oder sein Öffentlichkeitsverständnis zu erklären, *Hocks*, Gerichtsgeheimnis, 2002, S. 113.

[188] Königlich-Baierisches Regierungsblatt, 1813, Sp. 561 (563).

digte".[189] Die Gründe zeigen also nach außen eine vorbildliche Gerichtsbarkeit. Auch in der Instruktion geht es um den weiteren Verlauf des Falles: Die unterliegende Partei soll anhand der Gründe die Chancen eines Rechtsmittels besser einschätzen können. Die juristische Doktrin hatte lange gefordert, die Parteien über die genauen Gründe im Unklaren zu lassen, um gerade keine Rechtsmittel zu provozieren.[190] Das bayerische Oberappellationsgericht hingegen findet es nicht verwerflich, wenn die Parteien die Erfolgsaussichten eines Rechtsmittels anhand der Entscheidungsbegründung abschätzen. Diese Überlegung wird zur legitimen Prozesstaktik. Aus den verschiedenen Zwecken in den ersten beiden Paragraphen leitet das Oberappellationsgericht die Anforderungen an Inhalt und Stil der Entscheidungsgründe ab. Es ist bezeichnend, dass das Oberappellationsgericht und ihm folgend die bayerische Regierung nicht bloß Vorgaben für die Abfassung der Entscheidungsgründe erlassen, sondern den angesprochenen Richtern die Hintergründe der Vorschriften und ihren jeweiligen Zweck erläutern. Der Text wirbt also um das Verständnis seiner Leser. Diese Transparenz innerhalb der Kommunikation der Gerichte ist zugleich ein wesentliches Ziel der Reform. Damit sollte die Verständlichkeit und Nachvollziehbarkeit für die Parteien erhöht werden. Hierin äußert sich der aufklärerische Anspruch der Regierung. Zwei wesentliche Anforderungen an gerichtliche Urteilsbegründungen sind demzufolge Gründlichkeit und Objektivität. Den „entferntesten Schein einer Partheilichkeit"[191] gelte es zu vermeiden.

2. Stil und Form

Neben diesen allgemeinen „innern" Anforderungen hält die Anordnung auch „äußere", das heißt stilistische Vorgaben in Paragraph fünf bereit. Die Instruktion legt fest, dass die Entscheidungsgründe fortan auch in Zivilsachen „abgesondert dargestellt werden sollen".[192] Eine Ausnahme sind besonders kurze Gründe, die mit dem Urteil verknüpft werden können, ähnlich wie Johannes Kopp im Vorjahr angeregt hatte. Die Trennung der Entscheidungsgründe vom übrigen Urteil war laut der Instruktion schon zuvor im Strafrecht verpflichtend; die Verpflichtung wird nun auf das Zivilrecht übertragen. Zudem wird der französische Urteilsstil ausdrücklich verboten:

„Außer in dem Falle, wo bei Zivil-Erkenntnissen die Entscheidungs-Gründe in das Urtheil selbst mit eingeflochten werden können, ist künftig die dehnende und undeutliche Ein-

---

[189] Königlich-Baierisches Regierungsblatt, 1813, Sp. 561 (563).
[190] *Hocks*, Gerichtsgeheimnis, 2002, S. 29–31.
[191] Königlich-Baierisches Regierungsblatt, 1813, Sp. 561 (564).
[192] Königlich-Baierisches Regierungsblatt, 1813, Sp. 561 (564).

kleidung durch das fortgesetzte ‚in Erwägung' nicht mehr zu gebrauchen, sondern der Vortrag erwähnend oder beweisend zu stellen".[193]

Urteil und Urteilsbegründung in Form eines einzigen langen Satzes, der im Französischen mit „*Attendu que*" oder „*Considérant que*" eingeleitet ist, dürfen nach dieser Norm in Bayern nur noch gebraucht werden, wenn sie sehr kurz sind. Die Argumente dafür nennt das Schreiben gleich mit. Die Darstellungsform gilt als „dehnend und undeutlich", also langatmig und unpräzise. Die Norm vereinheitlichte ihrem Anspruch nach den Urteilsstil in ganz Bayern. Diese Notwendigkeit einer Vereinheitlichung sah man in den wenigsten Ländern bzw. Bundesstaaten. So gab es zum Beispiel in der Freien Stadt Lübeck in den 1820er Jahren noch verschiedene Urteilsstile.[194] Dabei war Lübeck mit dem Oberappellationsgericht der vier freien Städte für seine fortschrittliche Justiz bekannt.[195] Verschiedene Urteilsstile konnten also noch Jahrzehnte später nebeneinander bestehen, ohne den Ruf der Justiz in Mitleidenschaft zu ziehen.

Hinweise zum angemessenen Sprachgebrauch runden die Vorgaben der Instruktion ab: „In den Entscheidungs-Gründen muß die Sprache fehlerfrey, aber nicht gesucht; der Styl deutlich und einfach seyn".[196] Solche Wendungen finden sich häufig in Anleitungsbüchern. Konkrete Hinweise für die Formulierung sind das jedoch noch nicht. Allein die häufige Erwähnung in der Anleitungsliteratur zeigt aber, dass die juristische Fachsprache als verbesserungswürdig empfunden wurde.

Die Quelle trennt deutlich zwischen internen und externen Schriftstücken.[197] Interne Beratungsmaterialien wie Relationen dürfen nach der Anweisung keinesfalls als Entscheidungsgründe nach außen dringen. Dies verwundert zunächst, weil die Relation als Dokument des Entscheidens bereits Ausführungen enthält, die eine später getroffene Entscheidung rechtfertigen könnten. Es hätte daher nicht ferngelegen, den Parteien die Relationen zur Verfügung zu stellen, wie der Gerichtssekretär Hoscher noch 1804 für das Reichskammergericht gefordert hatte. Gleichzeitig wäre diese Möglichkeit zeitsparend, weil eine Relation für Kollegialentscheidungen ohnehin notwendig ist und im Zeitpunkt des Urteils schon zur Verfügung steht. Doch die Instruktion verbietet ausdrücklich, die Relation zur Entscheidungsbegründung aufzuwerten. Ein wesentlicher Unterschied zwischen dem „Vortrage in

---

[193] Königlich-Baierisches Regierungsblatt, 1813, Sp. 561 (565).

[194] Oestmann (Hrsg.), Gerichtspraxis im 19. Jahrhundert, 2019, S. 46 nennt den „französischen Urteilsstil". Zum anderen habe sich „der moderne Urteilsstil", ebd., S. 442 Anm. 3486, etabliert.

[195] *Oestmann*, Richterleitbild, fhi 2011, Rn. 13; ders. (Hrsg.), Gerichtspraxis im 19. Jahrhundert, 2019, S. 7.

[196] Königlich-Baierisches Regierungsblatt, 1813, Sp. 561 (564).

[197] Königlich-Baierisches Regierungsblatt, 1813, Sp. 561 (565).

der Rathssitzung" und den „für die Betheiligten bestimmten Entscheidungs-Gründen" bestehe in der Länge. Die Relation müsse ausführlicher sein als die Entscheidungsgründe.

„Es ist ein wesentlicher, dem Geseze vom 11. September 1804 [...] zuwiderlaufender Fehler, wenn die Referenten ganze Vorträge, oder doch die vollständigen Gutachten statt der Entscheidungs-Gründe hinausgeben. Dieß wird daher ausdrücklich untersagt. [...] Eben so wird es untersagt, die Entscheidungs-Gründe durch einen Sekretär aus dem Vortrage des Referenten ausziehen zu lassen."[198]

Die Vorträge sind danach nicht als Entscheidungsgründe anzusehen. Es ist nicht einmal zulässig, dass der Sekretär die Gründe aus dem ausformulierten Vortrag exzerpiert. Der Sekretär war zumindest an höheren Gerichten zwar meist selbst Jurist, aber an der Entscheidung im konkreten Fall nicht beteiligt. Er wäre daher erst nachträglich an einen entschiedenen Fall herangetreten. Das ausdrückliche Verbot lässt dabei mehrere Schlüsse zu. Zum einen deutet es auf eine vorangegangene gegenteilige Praxis hin.[199] Nach der Einführung der richterlichen Begründungspflicht in Bayern wurden vermutlich die Relationen häufig bloß abgeschrieben und als Gründe den Parteien überreicht. Zum anderen postuliert die Regelung eine strenge Trennung zwischen interner gerichtlicher Kommunikation bei der Entscheidungsfindung und externer Kommunikation über die getroffene Entscheidung mit den Parteien.

Der Instruktion zufolge sollten Länge und Sprachgebrauch der Begründung nach dem Rechtsgebiet variieren. Hintergrund dieser Überlegung war die Annahme unterschiedlicher Leserkreise von zivil- und strafrechtlichen Urteilsgründen.

„In spezieller Beziehung auf die zwei Hauptzweige der richterlichen Amts-Verrichtungen, nämlich die zivil- und die peinliche Rechtspflege, kommt vor allen zu bemerken, daß a) das Publikum an dem Gange der Untersuchungs-Sachen und an deren Entscheidung einen größern Antheil nimmt, als an den Zivilprozessen, und b) die Entscheidungs-Gründe in Straf-Sachen vorzüglich für den Untersuchten selbst bestimmt sind; in Zivil-Rechtsstreiten hingegen mehr an einem Rechtsgelehrten gerichtet werden, welcher, wenn er nicht die Partei selbst ist, seinen Mandanten darüber unterrichten und belehren kann und muß. Diese Unterschiede dürfen bei Fassung der Entscheidungs-Gründe nicht übersehen werden."[200]

Strafprozesse würden die Öffentlichkeit stärker interessieren. Dennoch seien die Gründe im Strafprozess in erster Linie für den Beschuldigten bestimmt. Er soll also, in Übereinstimmung mit den oben genannten Zwecken, zumindest nachvollziehen können, wieso das Gericht sein Verhalten in genau dieser

---

[198] Königlich-Baierisches Regierungsblatt, 1813, Sp. 561 (565).
[199] So in diesem Zusammenhang auch *Czeguhn*, Stilwandel, in: Schulze/Seif (Hrsg.), Richterrecht, 2003, S. 59 (67).
[200] Königlich-Baierisches Regierungsblatt, 1813, Sp. 561 (566).

Weise beurteilt hat. Anders sieht es im Zivilrecht aus: Adressaten sind hier nach Auffassung der bayerischen Regierung nicht primär die betroffenen Parteien. Stattdessen richten sich die Gründe an einen Rechtsgelehrten. Gemeint ist aber nicht ein Richter oder Anwalt, der in künftigen Fällen die Entscheidung als Präzedenzfall nutzt, sondern der Parteianwalt im konkreten Fall. Die Parteien müssten die Ausführungen nicht verstehen, es reiche vielmehr aus, wenn ihnen der Inhalt durch einen Anwalt vermittelt wird. Im Zivilrecht können Entscheidungsgründe demzufolge in der Fachsprache verfasst werden. Die Instruktion geht davon aus, dass diese unterschiedlichen Adressatenkreise unterschiedliche Ausdrucksweisen rechtfertigen. Dazu gehört auch, dass „die Entscheidungs-Gründe für Zivil-Erkenntnisse in der Regel kürzer seyn können, als in Kriminalsachen".[201] Diesem Schluss liegt die Annahme zugrunde, dass komplexe Zusammenhänge in juristischer Fachsprache kürzer gefasst werden können. Eine für Laien verständliche Version sei dagegen länger.

In Strafsachen werden die Richter angehalten, besonders auf ihren Sprachgebrauch zu achten. Die Entscheidungsgründe sollten „der Fassungskraft auch des ungebildeten Menschen angepaßt werden, daher ungekünstelt und einfach seyn [...], zu welchem Ende auch alle aus fremden Sprachen entlehnten Wörter, so wie die nur den Rechtsgelehrten verständlichen wissenschaftlichen Ausdrücke sorgfältig daraus zu entfernen sind".[202]

Bei strafrechtlichen Erkenntnissen nimmt die Instruktion zusätzlich eine mögliche spätere Veröffentlichung in den Blick. Das ist verständlich, hatte doch Johann Anselm von Feuerbach bereits 1808 die ersten „Merkwürdigen Criminal-Rechtsfälle" aus Bayern veröffentlicht.[203] Die Funktion der Begründungspflicht im Strafrecht ist zwar nicht Thema dieser Arbeit. Aber die folgende Passage aus der Instruktion zeigt, welchen Anspruch das Oberappellationsgericht beziehungsweise die bayerische Regierung bei der Authentizität von Bearbeitungen stellte:

„Denn neben dem, daß der Rechts-Vertheidiger sie mitgetheilet erhalten muß, und demselben die öffentliche Bekanntmachung nicht untersagt ist, so kann es einmal im Plane des Gesezgebers liegen, wenigstens die wichtigern und merkwürdigern peinlichen Rechts-Fälle mit den Erkenntnissen und Entscheidungs-Gründen zur Kenntnis des großen Publikums zu bringen, und zwar nicht in einer neuen fleißigen Einkleidung, sondern um das Ansehen der höhern Gerichtshöfe noch mehr und unerschütterlich zu befestigen, in ihrer ursprünglichen Gestalt, wie sie das Gericht selbst hinausgegeben hatte."[204]

Bei der Formulierung der Entscheidungsgründe soll der Richter demnach schon berücksichtigen, dass eine spätere Veröffentlichung über den Kreis der

---

[201] Königlich-Baierisches Regierungsblatt, 1813, Sp. 561 (567).
[202] Königlich-Baierisches Regierungsblatt, 1813, Sp. 561 (567).
[203] *Feuerbach*, Merkwürdige Criminal-Rechtsfälle, 1808.
[204] Königlich-Baierisches Regierungsblatt, 1813, Sp. 561 (566 f.).

Beteiligten hinaus nicht auszuschließen ist. Im hier erwähnten Fall des Strafprozesses kann zum einen der Anwalt die Entscheidungen samt ihren Gründen veröffentlichen, zum anderen könnte sich der Gesetzgeber später zu einer Entscheidungssammlung entschließen, die auch vergangene Fälle einbezieht, beides hypothetische Szenarien. An Feuerbachs Sammlung war schon zeitgenössisch ersichtlich, wie leicht sie sich verwirklichen konnten. Für diese Eventualität sollen die Entscheidungsgründe den Ansprüchen eines breiteren Publikums genügen. Eine „neue fleißige Einkleidung", also eine Umformulierung anlässlich des Drucks, kommt für den Normgeber nicht in Frage. Hintergrund dieser Überlegung ist das zu erhaltende Ansehen der Gerichte.

Ein längerer Abschnitt der Instruktion befasst sich mit Begründungen in Zivilsachen für Entscheidungen an Untergerichten und Appellationsgerichten. Es geht also um alle Urteile, die von unteren und mittleren Gerichten in Bayern gefällt wurden und letztlich durch Rechtsmittel vor das Oberappellationsgericht München gelangen konnten. Im Falle von Rechtsmitteln musste sich das Oberappellationsgericht mit eben diesen Begründungen auseinandersetzen. Mit den folgenden Anweisungen zu Kürze und Prägnanz erleichterte sich das höchste Gericht im Königreich seine eigene Arbeit, denn das Oberappellationsgericht war ja maßgeblich an der Formulierung der Vorgaben beteiligt.

Die Vorgaben und Anregungen sind in neun Punkte gegliedert. Die streitigen Rechtsverhältnisse, die Beweise sowie die streitentscheidenden Prozessförmlichkeiten sollen deutlich, aber kurz zusammengefasst werden.[205] Zwar ist diese Anweisung erneut wenig präzise, jedoch spiegelt sie ein von den Zeitgenossen wahrgenommenes praktisches Problem. Allen Bescheiden, sofern sie auch nur mittelbar auf die Entscheidung Einfluss haben, müssen ebenfalls Gründe beigefügt werden. Ausdrücklich betont die Instruktion, dass jeder einzelne entschiedene Punkt eine Begründung erfordere.[206] Als Nächstes wiederholen die Anweisungen, dass sich zivilrechtliche Entscheidungen an Rechtsgelehrte richten. Plausibel ist das vor allem bei komplexen Gerichtsverfahren und in höheren Instanzen, wenn sich die Parteien ohnehin anwaltlich vertreten lassen. Deshalb könnten die Argumentationen vor höheren Gerichten nach der Quelle kürzer ausfallen. Die anwaltliche Vertretung führt zu drei weiteren Vorgaben, die besondere Beachtung verdienen:

„Insbesondere ist 6) in Fällen, wo die Entscheidung von streitigen oder zweifelhaften Rechtsmeinungen abhängt, diejenige, welche das Gericht annimmt, nicht mit Gelehrsamkeit und Wiederholung schon oft vorgetragener Gründe zu motiviren, sondern es soll sich darauf beschränken, lediglich diejenigen anzuführen, welche seine Überzeugung bestimmten. Als Ausnahme kann 7) die Ausführung umständlicher seyn, wenn das Gericht eine von den bisher bekannten Meinungen und Lehren verschiedene aufstellt. Endlich ist 8) zu

---

[205] Königlich-Baierisches Regierungsblatt, 1813, Sp. 561 (568).
[206] Königlich-Baierisches Regierungsblatt, 1813, Sp. 561 (568).

bedenken, daß die großen und gelehrten Deduktionen in den Entscheidungs-Gründen die Beurtheilung des Erkenntnisses oft mehr erschweren, als erleichtern; mehr Zweifel erregen, als überzeugen oder beruhigen, und den richterlichen Ausspruch dem schlichten gesunden Menschenverstande manchmal verdächtig machen können, als wenn es eine eigene große Mühe erfordert hätte, Gründe zu finden, um gerade dieses Erkenntniß heraus zu bringen."[207]

Rechtsprobleme sind also kurz und prägnant zu erörtern. Dazu sollen nicht alle erdenklichen Gründe wiedergegeben werden, sondern nur diejenigen, die das Gericht letztlich überzeugt haben. Hieran lässt sich erkennen, dass Entscheidungsgründe sehr wohl noch einen starken Bezug zu dem Entscheidensprozess aufweisen. Die Entscheidungsgründe fassen nicht bloß öffentlichkeitswirksam die Überlegungen zusammen, um das Erkenntnis nachträglich zu legitimieren. Vielmehr beziehen sie sich auf die gemeinsam gewonnenen Überzeugungen des Kollegiums. Nur, wenn das Gericht eine ganz neue Lehre aufstellt, darf die Begründung „umständlicher", sprich ausführlicher sein. Der achte Absatz unterstützt die Hinweise aus Unterpunkt sechs und sieben. Der Urteilsspruch solle durch die Begründung verständlich werden. Zu ausführliche Begründungen ständen diesem Ziel aber entgegen. Nach Auffassung des Normgebers erregen weitschweifige Gründe eher Zweifel, ob das Ergebnis richtig sei. Formale Aspekte sind damit in der Vorstellung des Normgebers ebenso wichtig wie die inhaltliche Überzeugungskraft.

3. Justizinternes Kontrollverfahren

Die hoheitliche Anweisung schließt mit ausführlichen Hinweisen zur Kontrolle und Selbstkontrolle der Richter. Paragraph elf beschreibt ein gestuftes Vorgehen, um zu vermeiden, dass Entscheidungsgründe veröffentlicht werden, die dem Ansehen der bayerischen Gerichte schaden könnten. Auf der ersten Stufe sollen die anderen Richter einer Kollegialentscheidung gegenüber dem „Aufsaz des Referenten nicht nachsichtig seyn".[208] Schlechte Entscheidungsgründe würden sonst auf das gesamte Gericht und nicht nur auf den Einzelrichter zurückfallen.[209] In deutlichen Worten hält die Instruktion die Räte zur Strenge an: Die „Votanten sollen bedenken, [...] daß Nachsicht gegen den Referenten Beleidigung für das Gericht seyn würde, wovon jeder Votant ein Mitglied ist, und welches er ohne Pflichtverletzung nicht herabwürdigen lassen kann."[210] Unangemessene Milde bei der Beurteilung von fremden Entwürfen ist folglich sogar ein eigener Verstoß des Richters. Ein

---

[207] Königlich-Baierisches Regierungsblatt, 1813, Sp. 561 (569).
[208] Königlich-Baierisches Regierungsblatt, 1813, Sp. 561 (574).
[209] Zur Zuschreibung des Urteils zum Kollegium *Ernst*, Abstimmen nach den Gründen, in: FS Schröder, 2013, S. 309 (310); siehe dazu auch D. I. 3. a). und D. II. 5.
[210] Königlich-Baierisches Regierungsblatt, 1813, Sp. 561 (574 f.).

ähnliches Verfahren soll die Einhaltung der neuen Vorgaben bei den Appellationsgerichten sicherstellen. Das Oberappellationsgericht schließlich hat auf einer zweiten Stufe die Aufgabe, „in allen zu dessen Kognition kommenden Zivil- und Kriminalsachen die Zweckmäßigkeit der Entscheidungs-Gründe der vorigen Instanzen genau zu prüfen".[211] Zusammen mit der inhaltlichen Richtigkeit der Urteile stehen im Appellationsverfahren die Entscheidungsgründe selbst auf dem Prüfstand. Das Oberappellationsgericht ist angewiesen, die betroffenen Untergerichte auf Fehler aufmerksam zu machen. Die gleiche Kontrolle üben Appellationsgerichte in Berufungsfällen über die Untergerichte aus. Auf einer dritten Stufe berichtet das Oberappellationsgericht sogar an das Justizministerium, wenn „bedeutende Mißgriffe in Fassung der Entscheidungs-Gründe von den Appellationsgerichten begangen worden sind".[212]

Paragraph 13 beschließt die Verordnung. Interessanterweise fehlt ein zwölfter Paragraph. Das könnte auf eine unaufmerksame Schlussredaktion hindeuten oder auch ein Indiz für eine weitere Regelung des Oberappellationsgerichts München sein, die später gestrichen wurde. Der letzte Paragraph bekräftigt jedenfalls alle zuvor gegebenen Anweisungen. Dabei geht die Norm von einer hohen intrinsischen Motivation der Richter aus, die Vorgaben umzusetzen:

„Es wird erwartet, daß die Appellationsgerichte und nicht weniger die Untergerichte, so viel sie betrifft, die hier vorgezeichnete, auf die Vervollkommnung der Rechtspflege und Befestigung des daraus entstehenden Zutrauens der Nazion zu den Gerichtshöfen abzielende Anleitung zu Fassung zweckmäßiger Entscheidungs-Gründe als aus dem Wesen der Sache geschöpft, pflichtschuldig berücksichtigen, und den bestimmten Vorschriften, wo deren zu geben möglich war, nicht zuwider handeln, überhaupt aber die Wichtigkeit des Zweckes derselben erkennend ihn erreichen zu helfen sich bestreben werden."[213]

Das „Zutrauen der Nazion" ist wiederum eigentliches Ziel der Vorgaben. Auch an dieser Stelle lösen sich die Unklarheiten über den Bezug jedoch nicht auf. Die Richter sollen die Vorgaben einhalten und sich die Wichtigkeit der Entscheidungsgründe vor Augen führen.

4. Ergebnis

Aus der Instruktion lässt sich nicht ableiten, welche einzelnen Vorgaben vom Oberappellationsgericht stammen und welche erst für das Regierungsblatt hinzugefügt wurden. Die Anweisungen sind daher eine Mischung aus Ansichten von Richtern und der bayerischen Regierung. Die Quelle ist in den Details der Vorgaben zur Begründungspflicht aber einzigartig. Zusätzlich

---

[211] Königlich-Baierisches Regierungsblatt, 1813, Sp. 561 (575).
[212] Königlich-Baierisches Regierungsblatt, 1813, Sp. 561 (576).
[213] Königlich-Baierisches Regierungsblatt, 1813, Sp. 561 (576).

zum Gerichtsgebrauch aus der mehrjährigen Erfahrung mit Entscheidungsgründen stellt die Instruktion handfeste Vorgaben von hoheitlicher Seite auf. Unabhängigen Richtern werden so auf einer formalen Ebene Vorschriften für ihre zentrale Amtspflicht auferlegt. Die strenge Trennung zwischen Dokumenten vor und nach der Entscheidung äußert sich in dem Verbot, Relationen als Vorlage zu Entscheidungsgründen zu verwenden. Andererseits lässt die Instruktion nach der getroffenen Entscheidung keinerlei Veränderung an den Gründen mehr zu. Die ausformulierten Gründe für die Parteien und eventuelle Dritte mussten wörtlich übereinstimmen. Auffällig ist die Differenzierung zwischen zivil- und strafrechtlichen Fällen. Die Annahme verschiedener Adressaten führt dabei auch zu verschiedenen formalen Vorgaben, etwa bei der Ausführlichkeit der Gründe. Kontrollen durch das Gericht selbst und im Falle eines Rechtsmittels durch ein Obergericht runden die Instruktion als gesetzesartige Anordnung ab und bieten die größtmögliche Garantie für eine Umsetzung in der Praxis. Über die tatsächliche Beachtung ist damit zwar noch nichts gesagt. Es handelt sich jedoch um einen einflussreichen Text, der in den folgenden Jahrzehnten immer wieder in der Literatur aufgegriffen und zitiert werden sollte.

V. Ergebnis

Die Reformen und Reformvorschläge beziehen sich auf eine noch zu etablierende Begründungspflicht, aber nennen dennoch präzise Vorgaben für die Umsetzung. Das bayerische Regierungsblatt formt als königliche Anweisung eine bereits bestehende Begründungspflicht weiter aus. Die vier Quellen stecken das Spektrum der später folgenden Diskussion teilweise ab und zeigen einige Themen auf, die nach 1815 wiederaufgenommen werden sollten.

Johann Melchior Hoscher nimmt die sogenannten Gerichtsgeheimnisse am Reichskammergericht zum Ausgangspunkt seiner Überlegungen. Er fordert deren Abschaffung. Die Parteien sollten Zugriff auf die Relationen und Beratungsprotokolle erhalten, um umfassend über den Prozessverlauf informiert zu werden. Aloys Joachim Steiger überträgt Hoschers Forderungen für das untergegangene Reichskammergericht auf den Rheinbund. Nach seiner Vorstellung sollten sowohl die Relationen als auch eigens ausformulierte Entscheidungsgründe den Parteien zur Verfügung stehen. Johannes Kopp hingegen verlangt nur Entscheidungsgründe an unteren Instanzen, um einen überlegten Entscheidensprozess zu sichern. Im Regierungsblatt aus Bayern ist schließlich ein konkretes Beispiel für eine zeitgenössische detaillierte Regelung zu finden. Die Quelle differenziert mit klaren Überlegungen zwischen den Adressaten von Entscheidungsgründen im Zivil- und Strafrecht.

Die Disziplinierung der Richter ist ein zentrales Argument in allen vier Quellen. Als Kehrseite sollen die Leser von der Qualität der Entscheidungen und der Befähigung der Richter überzeugt werden.

Hoscher, Steiger und Kopp legen großen Wert darauf, dass die Richter genau die Erwägungen den Parteien mitteilen, die sie tatsächlich zu der Entscheidung bestimmt haben. Hoscher und Steiger fordern daher die Preisgabe der Relationen, Kopp die zügige Abfassung eigenständiger Gründe nach der Entscheidung. Die bayerische Anordnung betont hingegen das Ansehen der Gerichte als Schutzgut. Schon beim Formulieren sollen die Richter eine mögliche spätere Vervielfältigung in Entscheidungsbänden bedenken. Es ist ausdrücklich untersagt, eine gekürzte Fassung der Relationen als Entscheidungsgründe auszugeben. Die Quellen thematisieren damit das Verhältnis zwischen der Herstellung und der Darstellung der Gerichtsentscheidung explizit. Während Hoscher, Steiger und Kopp fordern, die Herstellung abzubilden, setzt die bayerische Anordnung auf eine makellose Darstellung nach außen. Dieser Aspekt ist entscheidend, um zu verstehen, ob lediglich eine bereits gegenüber dem Kollegium existierende Pflicht „umgesprungen" ist[214] oder ob es sich um eine gänzliche neue Verpflichtung handelt.

---

[214] Siehe oben A. I.; *Ernst*, Rechtserkenntnis durch Richtermehrheiten, 2016, S. 174.

E. Versatzstücke einer Begründungslehre nach 1815

Zwischen 1815 und 1850 war die Begründungspflicht nicht mehr bloß eine Forderung der gelehrten Literatur. Immer mehr Staaten setzten sie normativ um und verpflichteten Gerichte, den Parteien gegenüber die Beweggründe ihrer Entscheidung zu offenbaren. Doch diese neue Verpflichtung löste auch neue Fragen aus. Wozu war diese Begründung überhaupt da? Wie sah eine gute Begründung aus? Und welche prozessualen Folgen hatte sie? Dabei bildete die Begründungspflicht häufig nur einen Nebenstrang der Argumentation, um einen ganz anderen Punkt herauszustellen. Auf der Suche nach Antworten auf die Frage nach der Funktion der Urteilsgründe, nach Vorschriften zum genauen Aufbau und den prozessualen Folgen tauchen bei den Quellenrecherchen für diese Studie unerwartete Bereiche einer Begründungslehre im 19. Jahrhundert auf. Zentrale Diskussionspunkte wie die politisch brisante Forderung nach öffentlichen und mündlichen Verfahren, nach Kodifikation und Gesetzgebung oder nach praktischer und zugleich wissenschaftlicher Beschäftigung mit Recht geraten somit in den Fokus.

In juristischen und rechtspolitischen Debatten kamen richterliche Entscheidungsbegründungen an zentraler Stelle oder als beiläufige Bemerkung vor. Wegen dieses Perspektivenreichtums gibt es mehrere Möglichkeiten, den Stoff zu ordnen, etwa nach Autoren, nach Diskussionszusammenhängen oder schlicht chronologisch. Alles hat seine Berechtigung, alles ist jedoch auch mit spezifischen Vor- und Nachteilen verbunden. Autor an Autor zu reihen, verunklart Diskussionszusammenhänge und stellt den einzelnen Juristen und seine Biographie stärker in den Vordergrund. Ein Gespräch der Autoren miteinander ist dann nicht deutlich. Eine rein chronologische Vorgehensweise erschwert es ebenfalls, einen Überblick über die eigentlich relevanten Themen zu gewährleisten. Daher ist die Arbeit nach Diskussionszusammenhängen geordnet. Sofern ein Autor mehrere der hier herausgegriffenen Aspekte anspricht, taucht seine Schrift in verschiedenen Abschnitten immer wieder auf. Wiederholungen zum Aufbau der behandelten Texte oder der individuellen Terminologie lassen sich dabei manchmal nicht vermeiden, wenn es die Verständlichkeit erfordert. Querverweise über die Fußnoten sollen den Zugriff auf biographische Hinweise erleichtern. Manche Autoren äußerten sich hingegen nur ganz kurz, sprachen aber in wenigen Zeilen mehrere Aspekte an. Dann ist die Quelle nach ihrem Schwerpunkt einem Aspekt zugeordnet.

Die Entscheidungsbegründungspflicht stand zeitgenössisch nicht im Mittelpunkt des wissenschaftlichen Interesses. Sie taucht vielmehr in verschiedenen Diskussionen auf, nebensächlich und als einer von vielen Aspekten in anderen Zusammenhängen. Diese Berührung mit weiteren juristischen und rechtspolitischen Fragen der Zeit spiegelt sich in der folgenden Gliederung. Acht Diskussionspunkte und Zusammenhänge, in denen die Begründungspflicht als Argument genutzt wird, sollen vertieft werden. In einer Synopse der Quellen haben sie sich als tragfähiges Gerüst für eine Analyse erwiesen. Diese Aspekte sind bereits teilweise in den Texten der Reformer in Abschnitt D. angeklungen.

Den ersten Aspekt bilden die historischen Darstellungen der Begründungspflicht durch die hier untersuchten Autoren (I.). Die Zuspitzung der historischen Gegebenheiten bis in ihre Zeit deutet an, inwieweit die Autoren Änderungen überhaupt als neu anerkannten. Sodann beleuchtet ein weiterer Abschnitt, für wen die Entscheidungsgründe nach Meinung der hier vorgestellten Autoren überhaupt verfasst wurden (II.). Drittens werden die Entscheidungsgründe als Ersatz der Gerichtsöffentlichkeit vorgestellt (III.). Ein vierter Abschnitt (IV.) zeigt Berührungspunkte mit dem Kodifikationsstreit auf. Die beiden folgenden Unterkapitel widmen sich der Umsetzung der Begründungspflicht. Dabei geraten sowohl stilistische Vorgaben (V.) als auch Umgehungsversuche der Begründungspflicht (VI.) in den Blick. Die Diskussion um die Rechtskraft der Entscheidungsgründe geht sodann auf sprachliche Missverständnisse genauer ein (VII). Schließlich stellten einige Autoren ausdrücklich das Verhältnis von juristischer Wissenschaft und Praxis bei Urteil und Entscheidungsbegründung in den Mittelpunkt (VIII.).

Diese Themenliste könnte man sicherlich mit weiteren Diskussionen erweitern, die sich mit Begründungen überschneiden. So ebneten Entscheidungsbegründungen den Weg zu umfangreichen Entscheidungssammlungen. In diesem Bereich eröffnen sich weitere Forschungsfelder. Wie sollten diese Sammlungen genutzt werden? Inwieweit gingen die Zeitgenossen von einer Präjudizienbindung aus?[1] Wie verbreitet waren sie? Inwieweit trugen Sammlungen zu einer Rechtsvereinheitlichung bei[2] und beeinflussten das Zusammenspiel von Wissenschaft und Rechtspraxis?[3] Doch diese Fragen verlassen bereits den Themenkreis über die Funktion, also die rechtliche Bedeutung der Begründung gegenüber den Parteien. Entscheidungssammlungen setzten sich erst um die Mitte des Jahrhunderts durch und läuteten ein neues

---

[1] Dazu *Ogorek*, Richterkönig, 1986, S. 170–278; *Payandeh*, Judikative Rechtserzeugung, 2017, S. 57–110.

[2] *Mohnhaupt*, Rechtseinheit durch Rechtsprechung?, in: Peterson (Hrsg.), Juristische Theoriebildung, 1993, S. 117–143.

[3] *Rückert*, „Theorie und Praxis", in: Peterson (Hrsg.), Rechtswissenschaft als juristische Doktrin, 2011, 235–293; *Haferkamp*, Historische Rechtsschule, 2018, S. 269–312.

Zeitalter ein.⁴ Seufferts Archiv, die erste erfolgreiche überregionale Sammlung, erschien erstmals 1847.

I. Vergewisserungen über die Herkunft der Begründungspflicht

Im Folgenden wird der Frage nachgegangen, ob die Autoren des 19. Jahrhunderts die Begründungspflicht als Neuerung oder als ältere Einrichtung darstellten. Aloys Joachim Steiger hatte das Gerichtsgeheimnis als „Radikalübel der altgermanischen Verfassung" bezeichnet und damit jede Begründungstradition verneint.⁵ Johannes Kopp hatte 1812 in seiner Forderung nach einer allgemeinen Begründungspflicht hingegen auf begründete mittelalterliche Schöffensprüche hingewiesen. Dieser „löbliche Gebrauch" habe sich erst später verloren.⁶ Beide verwiesen für die neu aufkommende Begründungspflicht auf die Aufklärung und den Einfluss Frankreichs. Die beiden Reformbefürworter gingen damit von einer Innovation aus. Wie hielten es weitere Autoren? Nahmen sie die einzelgesetzlichen Vorgaben überhaupt als einschneidende Veränderung wahr? Handelte es sich bei der Begründungspflicht ihrer Auffassung um eine römische Tradition, eine deutschrechtliche Besonderheit oder eine Errungenschaft der Aufklärung? Die unterschiedlichen Antworten zeigen ein breites Spektrum von Meinungen. Im Zentrum steht die Überlegung, welcher Zusammenhang zwischen dem historischen Geschichtsgebrauch und der Meinung über die Begründungspflicht besteht. Der Geschichtsgebrauch ist für diese Zwecke im Folgenden auf zwei Fragen zugespitzt: Warum sollte nach Ansicht der Autoren überhaupt eine Begründung stattfinden und schrieben sie dieser Vorgabe zudem Rechtsverbindlichkeit zu?

1. Aretin (1824)

Eine ganz kurze, tabellarische Erwähnung der Entscheidungsgründe steht in einem 20-seitigen Heftchen der Brüder Johann Georg und Johann Christoph von Aretin aus Anlass der Jubelfeier zu Ehren von Maximilian Joseph I. von Bayern. Die Brüder Aretin listeten in einer Tabelle die Neuerungen aus der Regierungszeit des Königs auf. Doch lässt sich auch an diesen Stichworten eine deutliche Position ablesen. Christoph Aretin war unter anderem Richter am Oberappellationsgericht Neuburg/Donau. Mit Carl von Rotteck ver-

---

⁴ Zeitgenössisch benannte *Kuntze*, Wendepunkt, 1856, S. 4–7 verschiedene Symptome einer Zeitenwende, darunter Seufferts Archiv.
⁵ *Steiger*, Über die Aufhebung, 1812, S. 4; siehe D. II. 2.
⁶ *Kopp*, Entscheidungsgründe, 1812, S. 5; siehe D. III. 1.

fasste er das „Staatsrecht der konstitutionellen Monarchie".[7] Sein älterer Bruder Georg hatte Kameralwissenschaften studiert und als Straßenbaudirektor und Generalkommissar eines Kreises Funktionen im Staatsdienst bekleidet.[8] Im Tiroler Aufstand wurde er 1809 gefangen genommen und 1810 nach seiner Freilassung vom König mit einem Lehngut und einem Jahrgeld für seine Verdienste belohnt.[9] Auf dem Gut widmete er sich nur noch den Wissenschaften, Künsten und der Landwirtschaft.[10] Aus dieser ruhigen Zeit stammt die tabellarische Lobeshymne auf Maximilian, seinen Gönner und König. In „Zur Feyer des Jubelfestes" erwähnen Aretins große Errungenschaften, die sie als Fortschritte und Verdienst des Königs preisen. Quellenkritik ist hier also besonders angebracht. Doch das Büchlein zeigt trotzdem, wie die Entscheidungsgründe zeitgenössisch gesehen werden konnten. Die Brüder Aretin stellten den Zustand „vor 25 Jahren", den Errungenschaften „im Jahre 1824" in Stichworten gegenüber. Am 16. Februar 1824 feierte Bayern das 25. Kronjubiläum des Königs. In acht Punkten stellten die beiden Autoren Verbesserungen aus dieser Herrschaftszeit vor. Regierendes Haus, Staatsverfassung und Rechtszustand der Nation, Verwaltungsart, Rechtspflege, Polizei und ihre verschiedenen Zweige, Kirche und Wissenschaft, Staatshaushalt sowie auswärtige Verhältnisse und Kriegswesen sind die Oberthemen, zu denen sie bedeutende Veränderungen festgehalten haben.

Im Abschnitt über die Rechtspflege konstatieren Aretins die „Geheimhaltung der Entscheidungsgründe"[11] bei der Thronbesteigung als Maximilian IV., um in der rechten Spalte der Tabelle auf die nunmehr „Konstitutionell angeordnete Beisetzung der Entscheidungsgründe" unter Maximilian Joseph I. zu verweisen.[12] Die Entscheidungsgründe sind in dieser Darstellung eine Neuerung und ein Erfolg, die dem Regenten zugeschrieben werden. Der Eintrag hebt den Verfassungsrang dieser Pflicht hervor. Es handelt sich um einen von 14 Punkten in der Liste über die Rechtspflege. Die Aufhebung der Folter, ein verbessertes Strafgesetzbuch,[13] mündliche Verhandlungen und die Aufhebung einer adeligen und einer gelehrten Bank in den Justizkollegien zählen ebenfalls dazu. Ungeachtet älterer, interner Begründungszwänge als

---

[7] *Aretin*, Aretin, Christoph, in: NDB 1953, S. 348 (348).
[8] *Aretin,* Aretin, Georg, in: NDB 1953, S. 348 (348 f.).
[9] *Löbe*, Aretin, Georg, in: ADB 1875, S. 519 (519).
[10] *Löbe*, Aretin, Georg, in: ADB 1875, S. 519 (519).
[11] *Aretin/Aretin*, Zur Feyer, 1824, S. 9.
[12] In Bayern war es offenbar üblich, auch in diesem Zusammenhang von einer Beisetzung zu sprechen, siehe *Gumpfer*, Alphabetische Zusammenstellung 1843, S. 154: „Beisetzung (Sieh unter Aussegnen, Beerdigung, Begräbnisplätze, Bescheide, Entscheidungsgründe, Erkenntnisse, Leichen, Leichenbeschau, Medicinalwesen, Selbstmörder.)".
[13] Zum Bayerischen Strafgesetzbuch von 1813 insbesondere Koch/Kubiciel/Löhnig (Hrsg.), Feuerbachs Bayerisches Strafgesetzbuch, 2014.

Vorbereitung einer Kollegialentscheidung geht die staatstragende Sicht von einem deutlichen Einschnitt aus. Aretins beschlossen die Belobigungen des Königs mit der rhetorischen Frage „Wo zeigt die Geschichte 25 Jahre wie diese?"[14] und bekräftigten damit den Eindruck von Fortschritt und Modernität.

2. Rudorff (1837)

Ein Gegenbeispiel für den Umgang mit Entscheidungsgründen bietet Adolf August Friedrich Rudorff. Rudorff war Schüler und enger Freund Savignys[15] und späterer Rektor der Friedrich-Wilhelms-Universität Berlin. Unter der Überschrift „Das Urtheil" stellte Rudorff in seinem Grundriss von 1837 zunächst römisch-rechtliche Quellen zusammen, um dann das kanonische Recht und die ältere Praxis zu behandeln und schließlich auf das „Deutsche Recht" einzugehen.[16] Seine Arbeit ist eine akribische Zusammenstellung von zivilrechtlichen Rechtsquellen, die zum Beispiel auch den Sachsenspiegel umfasst, ohne dessen Fortgeltung zu hinterfragen. Der Grundriss richtete sich vorrangig an Rudorffs Berliner Studenten. Er enthält daher vor allem Literaturhinweise, um die einzelnen Vorlesungsstunden genauer nachzubereiten.[17] Dennoch geben seine Stichworte Hinweise darauf, welche Bereiche des Zivilprozessrechts er als zentral ansah.

Vor allem Rudorffs Schweigen ist an dieser Stelle aufschlussreich. Die Pflicht zur Entscheidungsbegründung taucht in seinem vorlesungsbegleitenden Grundriss nämlich nicht auf. Zwar stellt er einschlägige Literatur zum Thema zusammen. Er verweist unter anderem auf Rudolf Brinkmann und Johannes Kopp, die sich zentral mit der Begründungspflicht beschäftigt hatten.[18] Als praxisnahes Beispiel nennt er den „Beitrag zur Einleitung in die Praxis der Civilprozesse" von Friedrich Christian Bergmann aus dem Jahr 1830, der in einem Fall eine ausführliche Entscheidungsbegründung als Muster enthält.[19] Rudorff fügte in seinen Grundriss ebenfalls ein ausformuliertes Urteil als Orientierung für die Studenten ein. Doch seine Musterurteile kommen im Gegensatz zu denen Bergmanns ohne Entscheidungsgründe aus.[20] Dies mag an einer zeitgenössisch verbreiteten Einteilung liegen, wonach die

---

[14] *Aretin/Aretin*, Zur Feyer, 1824, S. 20.
[15] *Rückert*, Savignys Dogmatik, in: FS Canaris, 2007, S. 1263 (1370).
[16] *Rudorff*, Grundriss, 1837, S. 161–165.
[17] *Haferkamp*, Pandektisten am Katheder, in: Peterson (Hrsg.), Rechtswissenschaft als juristische Doktrin, 2011, S. 91, zu Vorlesungsleitfäden in den 1830er Jahren.
[18] *Rudorff*, Grundriss, 1837, S. 165; zu Kopp siehe D. III.; zu Brinkmann insbesondere B. V., E. II. 1., E. III. 6. b), E. IV. 2., E. V. 3. und E. VIII. 1.
[19] *Bergmann*, Beitrag, 1830, S. 371–385.
[20] *Rudorff*, Grundriss, 1837, S. 165.

Begründung selbst nicht Teil des Urteils war. Aber selbst im Anschluss an diesen Abschnitt gibt es bei dem Berliner Ordinarius keine Hinweise zur Entscheidungsbegründung. Damit signalisiert Rudorff Desinteresse an dem Thema.

2005 bezeichnet Hans-Peter Haferkamp Rudorff als „Hauptvertreter des antiquarischen Flügels der historischen Schule".[21] In seiner 2018 erschienen Monografie bescheinigt er ihm auch Interesse am geltenden Recht. Haferkamp ordnet Rudorff nach der Teilung der Historischen Schule in den 1820er Jahren einer Gruppe zu, die nach dem Vorbild Savignys einen Gegenstand von der Antike bis in ihre eigenen Zeit verfolgte, um „Abgestorbenes" herauszufiltern.[22] Diese Vorgehensweise findet sich ebenfalls in Savignys „System des heutigen römischen Rechts" ab 1840. Savigny hat darin ältere Rechtsquellen nur auf die Frage ihrer Fortgeltung hin untersucht.[23] Nach der Methode seines Mentors verfuhr Rudorff im Grundriss ebenfalls. Die historischen Grundlagen legte er ausführlich dar, um letztlich das noch geltende Recht herauszuschälen. Gesetzgeberische Einschnitte haben in diesem Ansatz eines gewachsenen und über Jahrhunderte gewordenen Rechts keinen Platz. Rudorff ignorierte daher die Begründungspflicht weitestgehend. Seine Studenten erfuhren in der Vorlesung vermutlich nichts über die geltende Rechtslage zu Urteilsgründen und ihre praktische Anwendung bei Gericht. Diese Bereiche überließ Rudorff der praktischen Ausbildung.

Entscheidungsgründe waren ihm daher keine einzige eigene Zeile wert. Nur verklausuliert in den Literaturnachweisen finden sich Hinweise. Rudorff stellte die Begründungspflicht nicht als Einschnitt dar, sondern überging sie stillschweigend.

3. Savigny (1847)

Eine ganz ähnliche Ansicht wie Rudorff äußerte Friedrich Carl von Savigny zehn Jahre später. In Band sechs seines Großlehrbuchs, dem „System des heutigen römischen Rechts", widmete er der Rechtskraft von Entscheidungsgründen mehrere Paragraphen. Im zweiten Buch dieses monumentalen Werkes beschäftigte er sich mit „Rechtsverhältnissen". An versteckter Stelle offenbarte er, wieso die Rechtskraft der Entscheidungsgründe überhaupt im System einen Platz fand. Denn Savigny unterschied deutlich zwischen materiellem und prozessualem Recht.[24] Dabei berücksichtigte er nur das materielle Recht in seinem „System".[25] Nachdem er die Rechtskraft der Entschei-

---

[21] *Haferkamp*, Rudorff, in: NDB 2005, S. 203 (204).
[22] *Haferkamp*, Historische Rechtsschule, 2018, S. 264 f.
[23] Ausführlich dazu *Rückert*, Savignys Dogmatik, in: FS Canaris, 2007, S. 1263–1297.
[24] *Buchheim*, Actio, 2017, S. 39–43.
[25] *Rückert*, Savignys Dogmatik, in: FS Canaris, 2007, S. 1263 (1279) betont, dass Sa-

I. Vergewisserungen über die Herkunft der Begründungspflicht

dungsgründe behandelt hatte, beschrieb er die Rechtsfolgen der Rechtskraft. Savigny benannte als „Wirkungen" der Rechtskraft die „Exekution", die „actio iudicati" und die „Einrede der Rechtskraft".[26] Wegen der materiellrechtlichen Einrede beschäftigte er sich überhaupt im „System" mit der Rechtskraft.[27] Über solche Umwege konnten prozessuale Themen wie Entscheidungsbegründungen auch in Lehrbüchern der zivilrechtlichen Dogmatik vorkommen.

Unerwartet sind dabei Savignys nebensächliche Bemerkungen zur Rechtsquelle der richterlichen Begründungspflicht. So schreibt er im Rahmen der Frage, woher man bei vergangenen Rechtsstreitigkeiten erfahren kann, was sich der Richter gedacht haben mag:

Es „muß daran erinnert werden, daß es seit Jahrhunderten in vielen Gerichtshöfen üblich ist, neben jedem ausgesprochenen Urtheil eine ausführliche Rechtfertigung desselben aufzustellen, die den Namen führt: Urtheilsgründe, oder auch: Zweifels- und Entscheidungsgründe."[28]

Savigny stellt nicht auf die Gesetzgebung ab, die vielerorts zur Begründung verpflichtet, sondern auf einen schlichten Gerichtsgebrauch, den er nicht als verbindlich ansieht, der aber einer einheitlichen Praxis entsprechen soll. Der gelehrte Diskurs des 18. Jahrhunderts, den Stephan Hocks in seiner Dissertation nachgezeichnet hat,[29] spielt für Savigny erwartungsgemäß keine Rolle. Der Diskussion in der Aufklärung und der Gesetzgebung einzelner Bundesstaaten zum Trotz führt er die Begründungspflicht auf eine jahrhundertelange Tradition zurück. Der Übergang von Voten und Relationen als internen Dokumenten des Kollegiums zu Entscheidungsbegründungen gegenüber den Parteien ist für ihn offenbar keine wesentliche Zäsur. Denselben Gedanken von Kontinuität wiederholt Savigny im folgenden Paragraphen 292:

„Wenn wir die, seit langer Zeit sehr weit verbreitete Art, die Urtheile schriftlich abzufassen, voraussetzen, nach welcher dem Urtheil selbst eine ausführliche Rechtfertigung hinzugefügt wird, so liegt der Gedanke sehr nahe, nur der Inhalt des Urtheils werde rechtskräftig".[30]

Eigentlich thematisiert Savigny in dieser Stelle eine mögliche Rechtskraft der Entscheidungsgründe.[31] Dabei spricht er aber von einem lange bestehenden

---

vigny über das Privatrecht hinaus sich über „Recht und seine Faktoren Volk, Staat, Juristen" äußerte.

[26] *Savigny*, System VI, 1847, S. 409.
[27] *Savigny*, System VI, 1847, S. 409.
[28] *Savigny*, System VI, 1847, S. 350 f.
[29] *Hocks*, Gerichtsgeheimnis, 2002.
[30] *Savigny*, System VI, 1847, S. 370.
[31] Dazu näher E. VII. 4.

Gebrauch an vielen Gerichten, erwähnt jedoch keine gesetzliche Verpflichtung zur Begründung. Jedenfalls finden Landesgesetze an dieser Stelle keine Erwähnung. Im Gegensatz zu vielen Autoren des 18. Jahrhunderts, die mithilfe römischer Quellen eine Begründungspflicht konstruieren oder ablehnen wollten,[32] diskutiert Savigny auch keine Begründungspflicht nach dem *Corpus Iuris Civilis*. Savigny befragt nicht einmal die römischen Quellen. Üblicherweise hat Savigny im „System" „zuerst das Alte treulich und ausführlich genau" vorgestellt, wie Joachim Rückert 2007 konstatiert.[33] Doch diesen ersten historischen Schritt überspringt Savigny und kommt unmittelbar auf die geltende Rechtslage zu sprechen. Die partikularrechtlichen gesetzlichen Vorgaben zur richterlichen Begründung erwähnt er mit keinem Wort. In der Darstellung Savignys gibt es keinen abrupten Bruch durch die normative Einführung der Begründungspflicht. Das steht im Einklang mit seiner Rechtsquellenlehre, wonach Recht durch „innere, stillwirkende Kräfte" entsteht, die sich in einer langen Gewohnheit äußern.[34] Eigentliche Rechtsquelle ist das Gewohnheitsrecht, dieses kann durch einen Gesetzgeber übernommen werden. Über den Rechtscharakter der Begründungpflicht äußert sich Savigny nicht explizit, er beschreibt lediglich den Umgang mit einer „sehr verbreiteten Art".

Diese Stelle in Savignys System ist eine auffällige, aber vereinzelte Äußerung in seinem Werk. Als Mitglied des preußischen Staatsrats kämpfte er selbst für eine Verpflichtung zur Begründung von Entscheidungen, die aber vor allem dazu dienen sollte, die Wissenschaft und die Rechtspraxis über gerichtliche Entscheidungen zu informieren.[35] Für die schrittweise Erweiterung der preußischen Begründungspflicht hatte er sich in den 1820er Jahren ausgesprochen.[36] Nach der Studie Wolfgang van Halls dienten die Entscheidungsgründe für Savigny zum einen „der Ausbildung der Richter, zum anderen der Bearbeitung durch die Rechtswissenschaft".[37] Entscheidungsgründe waren damit für andere Juristen gedacht, nicht hingegen für die Parteien des konkreten Rechtsstreits. Doch Savignys Abschnitt über die Rechtskraft der Entscheidungsgründe im „System" nahm genau diese andere, von ihm vernachlässigte Gruppe in den Blick. Für die Parteien und eine

---

[32] *Gehrke*, Die privatrechtliche Entscheidungsliteratur, 1974, S. 31.
[33] *Rückert*, Savignys Dogmatik, in: FS Canaris, 2007, S. 1263 (1272); dieser Befund bestärkt Rückerts These bei der Analyse des Titelbestandteils „Heutig", dass es Savigny in erster Linie um geltendes Recht und nicht um die Darstellung eines untergegangenen Rechtssystems geht, ebd., S. 1271.
[34] *Savigny*, Vom Beruf, 1814, S. 14; *ders.*, Vom Beruf, in: Rückert/Akamatsu (Hrsg.), Politik, 2000, S. 222.
[35] Siehe zu dieser Verknüpfung *Hall*, Savigny als Praktiker, 1981, S. 151–157.
[36] Siehe oben B. IV. 3.
[37] *Hall*, Savigny als Praktiker, 1981, S. 151.

mögliche weitere Auseinandersetzung zwischen ihnen war die Rechtskraft der Entscheidungsgründe unmittelbar relevant.[38] Die abstrakte, große Richtungsfrage nach dem Verhältnis von Wissenschaft und Praxis und einer Systematisierung des Privatrechts durch Entscheidungsgründe trat in diesem Zusammenhang in den Hintergrund.

Savigny stellte auf die interne gerichtliche Begründung ab und bemerkte daher keine großen historischen Veränderungen. Sein eigenes erfolgreiches Bestreben, externe Entscheidungsgründe in Preußen gesetzlich auf mehr und mehr Fälle auszudehnen und sie anschließend zu veröffentlichen, erwähnte er nicht.

4. Martin (1795–1842, 1855)

Noch in den 1855 verschriftlichten Vorlesungen des erfolgreichen Zivilprozessrechtlers Christoph Martin kann man nachlesen, warum Gerichte ihre Entscheidungen überhaupt begründen. Allerdings stammen die Formulierungen nicht von Christoph Martin selbst, sondern von seinem Sohn, Theodor Martin, der ebenfalls studierter und promovierter Jurist war und die Vorlesung seines Vaters etliche Jahre zuvor gehört hatte. Der pensionierte Christoph Martin entschuldigte sich im Vorwort mit Verpflichtungen als Gutachter und Mitglied diverser Gesetzgebungskommissionen und mit seiner schwindenden Sehkraft.[39] Er selbst hatte die Vorlesung von 1795–1842 frei gehalten, also „nie ein feststehendes Heft vorgetragen".[40] Das Material seiner Vorlesung stellte er seinem Sohn zur Ausformulierung zur Verfügung. Die zweibändige Langfassung seines Lehrbuchs verband Martin mit dem „Wunsch, [...] daß durch dasselbe dem juristischen Publicum ein nützliches Handbuch für die Civilpraxis in die Hände geliefert werde".[41] Er wandte sich damit in gleicher Weise an Lehrende, Studierende und Praktiker. Die Rechtsquelle der Begründungspflicht erschien noch erwähnenswert. Wodurch sollte ein Gericht verpflichtet sein, seine Entscheidungsgründe gegenüber den Parteien offen zu legen? Die Antwort formulierte Theodor Martin wie folgt:

„Schon der Natur der Sache nach würde daher jedes Civilgericht verpflichtet sein die Gründe seiner Entscheidung anzugeben und dieselben den Parteien mitzutheilen, damit diese dadurch in den Stand gesetzt würden zu controliren, ob das Gericht in Ansehung der thatsächlichen Fragen sich an den Inhalt der Acten gehalten habe. Allein das gemeine Recht [Fußnotenverweis auf „Jüngster Reichsabschied § 60, 61'] schreibt dies nicht vor, verpflichtet die Gerichte vielmehr nur, alle Erkenntnisse, selbst die proceßleitenden Verfügungen, auf Verlangen dem Obergerichte gegenüber durch Angabe der Gründe seiner

---

[38] Siehe genauer unten E. VII., zur Gerichtspraxis insbesondere E. VII. 6.
[39] *Martin*, Vorlesungen, 1855, S. X.
[40] *Martin*, Vorlesungen, 1855, S. IX.
[41] *Martin*, Vorlesungen, 1855, S. IX.

Entscheidung zu rechtfertigen. In neuern Gesetzen ist dies jedoch mit Recht abgeändert und den Gerichten aufgegeben worden, ihre Entscheidung alsbald mit Gründen zu versehen und auch den Parteien davon Kenntniß zu geben."[42]

Eigentlich müsste nach Martin jedes Zivilgericht seine Entscheidungsgründe den Parteien zur Verfügung stellen. Nur so könnten die Parteien eine Entscheidung überprüfen. Das leitet Martin jedenfalls aus der „Natur der Sache" ab. Damit wiederholt er die Argumentation Hoschers aus dem Jahr 1804. Aufgrund der Kürze bleibt unklar, ob der Ausdruck „Natur der Sache" hier technisch im Sinne einer Rechtsquelle gemeint ist. Auffällig ist aber, dass die Parteien den Richterspruch nur in Bezug auf die tatsächlichen Fragen überprüfen sollen. Es geht also um den Sachverhalt, wie er aus den Akten hervorgeht. Für die rechtliche Bewertung ist keine Kontrolle seitens der Parteien vorgesehen. Doch diese Verpflichtung aus der „Natur der Sache" besteht ohnehin nur in der Theorie, wie schon der Konjunktiv erkennen lässt. Denn die hypothetische Begründungspflicht ist überlagert vom Gemeinen Recht, das gerade keine solche Pflicht gegenüber den Parteien vorsieht. An dieser Stelle verweist Martin auf §§ 60 und 61 des Jüngsten Reichsabschieds,[43] eine der wenigen Quellen, die auch nach dem engsten möglichen Verständnis zum Gemeinen Recht zu rechnen war. Der Reichsabschied sah lediglich vor, dass Gerichte auf Anfrage der Obergerichte ihre Entscheidung nachträglich und nur für das Obergericht begründeten. Martin kommt es aber explizit auf die Begründung nach außen an, die der Reichsabschied von 1654 noch nicht kannte. Das Gemeine Recht seinerseits werde aber durch die „neuern Gesetze" abbedungen. Gemeint sind gesetzliche Regelungen, die in den einzelnen Territorien und Staaten explizit eine Begründungspflicht vorschrieben. Nach Martin ist die Begründungspflicht zwar durchaus vernünftig, denn sie entspringt der „Natur der Sache". In der Umsetzung stellt sie sich ihm aber als Neuerung der jüngsten Gesetzgebung dar. Martin sieht damit einen Umbruch, den Savigny ausdrücklich verneint und Rudorff übergeht. Martin unterscheidet klar zwischen einer historisch älteren Verpflichtung innerhalb der Justiz und einer jüngeren Verpflichtung gegenüber den Parteien. Welche der beiden Ansichten man teilen mag, ist eine Frage der Perspektive.

5. Ergebnis

Es besteht bei den untersuchten Quellen Uneinigkeit darüber, was rechtlich die Richter viele Jahrhunderte veranlasste, den Parteien die Gründe der Urteile zu verschweigen. Das Spektrum der Meinungen reicht von der Annahme, das Gerichtsgeheimnis sei ein Relikt des deutschen Rechts im Mit-

---

[42] *Martin*, Vorlesungen, 1855, S. 395.
[43] Senckenberg/Schmauß (Hrsg.), Neue und vollständigere Sammlung, 1747, S. 652 f.

telalter, bis zu der Behauptung, es sei erst mit der Anwendung des römischen Rechts im 15. Jahrhundert im deutschsprachigen Raum eingeführt worden. Die Liste der hier vorgestellten Stimmen ist nicht abschließend,[44] zeigt jedoch verschiedene Ansätze. Savigny ging nicht auf die jahrhundertelange Verheimlichung gegenüber den Parteien ein, sondern behauptete, offene Gründe seien von jeher Gerichtsgebrauch gewesen. Sein Schüler Rudorff erwähnte Entscheidungsbegründungen nicht einmal. Die Brüder Aretin nahmen die Begründungspflicht hingegen in ihre Liste der Neuerungen unter Maximilian Joseph I. auf. Martin bezog sich nur den Jüngsten Reichsabschied. Es kam weder zu einer Diskussion über diese unterschiedlichen Ansichten, noch zu Forschungen im 19. Jahrhundert, warum, wie und ob sich im Mittelalter oder später eine Geheimhaltung etabliert hat. Die Texte enthalten kaum Bezugnahmen auf andere zeitgenössische Autoren. Die widerstreitenden Thesen werden nicht aufgegriffen.

Doch jeder Autor nahm seine Ansicht über die Herkunft der Begründungspflicht als Ausgangspunkt für eine eigene Argumentation. Es war anscheinend nicht das Ziel, die historischen Grundlagen offenzulegen. Stattdessen ging es den Autoren um einen Beitrag zur Begründungspflicht aus dogmatischer und rechtspolitischer Perspektive für das geltende Recht. Die vermeintlichen historischen Wurzeln fanden nur als argumentative Stütze und der Vollständigkeit halber Erwähnung.

II. Adressaten von Entscheidungsgründen

Die Länge, Struktur und Formulierung der Entscheidungsbegründung hing nicht zuletzt davon ab, für wen sie eigentlich gedacht war. Als Adressaten kamen sowohl die Parteien als auch Studenten und Referendare, eine juristische Öffentlichkeit oder die Untergerichte desselben Gerichtszweigs in Betracht.

Heinz Mohnhaupt beschreibt die Verfahrens- und Entscheidungsöffentlichkeit als „zweidimensional".[45] Damit meint er auf der einen Seite die Sphäre des individuellen Parteienstreites und auf der anderen Seite den politischen, gesamtgesellschaftlichen Rahmen. Insofern geht er von einem Legitimationsbedürfnis aus, das sowohl gegenüber dem einzelnen Bürger des konkreten Rechtsstreits als auch gegenüber einer größeren Öffentlichkeit besteht. Den neuen Urteilssammlungen schreibt er eine erhebliche ökonomische Bedeutung zu, da sie den Ausgang eines rechtlichen Konflikts bere-

---

[44] Weitere Äußerungen zur Herkunft der Geheimhaltung unter E. III.
[45] *Mohnhaupt*, Sammlung und Veröffentlichung, in: Battenberg/Ranieri (Hrsg.), Geschichte der Zentraljustiz, 1994, S. 403 (410).

chenbar machten.⁴⁶ Die Bedeutung für die Parteien und die wirtschaftliche Relevanz von Entscheidungssammlungen stehen außer Frage. Doch um beantworten zu können, inwieweit die Begründungspflicht eine Neuerung festlegte, soll überprüft werden, wen maßgebliche juristische Autoren als Adressaten von richterlichen Begründungen vor Augen hatten.

Die Auswahl eines Adressaten hat ihrerseits weitreichende Folgen für die Begründung selbst: Wie weit muss der Richter juristische Zusammenhänge erläutern oder kann sie voraussetzen? Wie prinzipiell oder auf den Einzelfall bezogen muss die Begründung sein? Darum scheint es für den Richter wichtig, zu wissen, wie er sich den durchschnittlichen Leser seiner Ausführungen vorstellen sollte. Wen sollte die Begründung eigentlich überzeugen? Der Codex Iuris Fridericianum und die Preußische Gerichtsordnung gaben im Normtext an, dass auf die Parteien bei der Formulierung Rücksicht zu nehmen sei.⁴⁷ Die Instruktion im Königlich-Baierischen Regierungsblatt hatte schon 1813 eindeutig festgelegt, wer die Entscheidung verstehen sollte und dabei zwischen Zivil- und Strafprozessen differenziert.⁴⁸ In beiden Fällen sollten die konkreten Parteien des Rechtsstreits die Erwägungen des Gerichts nachvollziehen können. Allerdings konnte im Zivilrecht der Parteivertreter seinen Mandanten die Entscheidungsgründe erklären. Die Instruktion sah voraus, dass die Fälle später in Entscheidungssammlungen veröffentlicht werden könnten, und mahnte daher zu besonderer Sorgfalt. Primärer Adressat blieben jedoch die Parteien. Eine solche klare Differenzierung ist die Ausnahme. Die meisten Hinweise auf Adressaten von Entscheidungsgründen blieben überraschend vage, wie der folgende Abschnitt zeigt.

1. Brinkmann (1826)

1826 veröffentlichte Rudolf Brinkmann in Kiel eine Abhandlung von etwa 130 Seiten mit dem Titel „Über die richterlichen Urtheilsgründe nebst Bemerkungen über den richterlichen Stil und Ton". Brinkmann war ausweislich des Titels ordentlicher Professor der Rechte und Beisitzer des Spruchkollegiums in Kiel. 1862 verfasste er die Schrift „Aus dem Deutschen Rechtsleben. Schilderungen des Rechtsganges und des Kulturzustandes der letzten drei Jahrhunderte". Er war als Prüfer im juristischen Examen tätig.⁴⁹ Seine Veröffentlichung von 1826 ist für die Frage nach der richterlichen Arbeit im

---

⁴⁶ *Mohnhaupt*, Sammlung, und Veröffentlichung, in: Battenberg/Ranieri (Hrsg.), Geschichte der Zentraljustiz, 1994, S. 403 (411).
⁴⁷ Siehe B. IV. 2.
⁴⁸ Königlich-Baierisches Regierungsblatt, 1813, Sp. 561 (566), siehe D. IV. 2. bei Fn. 200.
⁴⁹ Hierzu *Haferkamp*, Fortwirkungen des Kameralprozesses, in: Oestmann (Hrsg.), Formstrenge, 2009, S. 293 (308).

frühen 19. Jahrhundert zentral, denn die häufig zitierte Schrift und längste monografische Quelle[50] beleuchtet diverse Aspekte der Begründungspflicht. In anderen Bereichen erntete Brinkmann jedoch vor allem Spott. 1814 schrieb er „Über den Werth des bürgerlichen Gesetzbuchs der Franzosen" und erhielt eine vernichtende Rezension in der Jenaischen Allgemeinen Literatur-Zeitung. Brinkmann überprüfte damals die einzelnen Vorschriften des *Code Civil* auf die Frage, ob sie auch in Deutschland eingeführt werden sollten.[51] Der unbekannte Rezensent „H.J.M." meinte, es sei „aber doch gar unangenehm, wenn man am Ende eines ganzen Buches sich fragen muss, ob man wohl irgend einen Nutzen daraus gezogen habe".[52] Es sei ein Buch, „in welchem nichts so bestimmt ausgesprochen ist, als der Wunsch des Streites gegen die Ansichten Anderer, und in welchem doch eigene neue Gedanken so gar selten, bedeutende neue Ideen durchaus gar nicht vorkommen".[53] Abgesehen von seiner Schrift über die Begründungspflicht ist Brinkmann in Vergessenheit geraten.[54] Obwohl sein Gesamtwerk unbedeutend erscheinen mag, zitierten ihn seine zeitgenössischen Kollegen in der Frage der Begründungspflicht häufig. Noch in der später lebhaften Diskussion um die Rechtskraft der Gründe[55] beriefen sich etwa der Gießener Professor Justin Timotheus von Linde,[56] der einflussreiche Heidelberger Prozessrechtler Christoph Martin[57] und Friedrich Carl von Savigny in Berlin[58] auf ihn. Diese Tatsache belegt eine nationale wissenschaftliche Auseinandersetzung mit der Begründungspflicht, die von den verschiedenen normativen Vorgaben weitestgehend unbeeindruckt verlief.

Als Brinkmanns Schrift 1826 erschien, waren die Gerichte in deutschsprachigen Staaten überwiegend bereits verpflichtet, ihre Urteile schriftlich zu begründen. Doch Schleswig und Holstein bildeten wegen der Personalunion mit Dänemark lange Zeit eine Ausnahme. Eine schriftliche Begründung gegenüber den Parteien war hier erst ab 1834 vorgesehen.[59] Die fehlende Begründungspflicht nahm Brinkmann zum Anlass für seine Ausführungen. Er widmete die Schrift dem dänischen König Frederik dem Sechsten und

---

[50] Nach *Hocks*, Gerichtsgeheimnis, 2002, S. 88, erneut S. 160 ist dies „das ausführlichste Werk zur richterlichen Begründungspflicht".
[51] *Tütken*, Privatdozenten, 2005, S. 481.
[52] H.J.M., Besprechung von Brinkmann, Über den Werth, Jenaische Allgemeine Literatur-Zeitung, 144 (1815), Sp. 193 (193).
[53] H.J.M., Besprechung von Brinkmann, Über den Werth, Jenaische Allgemeine Literatur-Zeitung, 144 (1815), Sp. 193 (194).
[54] Eine Ausnahme bildet *Tütken*, Privatdozenten, 2005.
[55] E. VII.
[56] *Linde*, Rechtskraft, AcP 33 (1850), S. 315 (322).
[57] *Martin*, Lehrbuch, 1838, S. 189.
[58] *Savigny*, System VI, 1847, S. 371.
[59] Siehe oben unter B. V.

forderte ihn darin auf, endlich richterliche Urteilsgründe vorzuschreiben. In Dänemark galt nach Brinkmann „seit Jahrhunderten" eine Pflicht der Mittel- und Untergerichte, ihre Entscheidungen zu begründen.[60] Die Abhandlung verfolgt in erster Linie das rechtspolitische Ziel, den König vom Nutzen einer Begründungspflicht auch für Schleswig und Holstein zu überzeugen.[61] Die Ausführungen Brinkmanns lassen sich daher in die Diskussion um die Einführung der Begründungspflicht des späten 18. Jahrhunderts einordnen, wie es zum Beispiel Stephan Hocks getan hat. In „einer geschichtlichen, zusammenstellenden und prüfenden Untersuchung"[62] behandelte Brinkmann die Frage, ob zukünftig Begründungen mit dem Urteil in Schleswig und Holstein ergehen sollten. Er äußerte sich also zu einer Diskussion, die in vielen Staaten schon abgeschlossen war.

Jedoch beließ Brinkmann es nicht bei dem Versuch, den dänischen König zu einer gesetzlichen Begründungspflicht zu überreden. Vielmehr war sein zweites Anliegen, „über die Auffindung, Entwickelung und Anlage der Zweifels- und Entscheidungsgründe, geläutertere und hellere Begriffe zu verbreiten, und auf die Schicklichkeit und den Anstand im Stil und Ton mehr und mehr die Aufmerksamkeit zu führen".[63] Dieser zweite Teil setzte somit eine Begründungspflicht voraus und erläuterte, wie Juristen praktisch vorzugehen hätten. Ähnlich wie in der Anleitungsliteratur der Zeit rückte die Darstellung der Entscheidungsgründe in den Fokus. Der Sache nach konnte sich dieser Teil nicht an den König richten, sondern belehrte Juristen über die richtige Abfassung von Urteilen. So bleibt dunkel, an wen sich der Autor zeitgenössisch wandte, wen er als Leser vor Augen hatte. Die achtseitige Widmung spricht zum einen für König Frederik beziehungsweise eine politische Öffentlichkeit in Schleswig und Holstein als Adressaten. Der zweite praktische Teil deutet dagegen einen Adressatenkreis über Schleswig und Holstein hinaus an. Die Lektüre könnte für angehende Richter aufschlussreich gewesen sein. Die verspätete Einführung einer Begründungspflicht in Schleswig und Holstein veranlasste Brinkmann, rechtspolitische und rechtspraktische Erwägungen nebeneinander zu stellen. Brinkmann brachte sich so in zwei verschiedenen Diskussionskreisen ein. Insbesondere seine Ansichten über rechtspraktische Fragen sind hier von Relevanz. Brinkmann stellte vorab jedoch gemeinsame Prämissen für beide Teile auf, sodass die Schrift letztlich nur aus dem Zusammenhang verständlich ist.

---

[60] *Brinkmann*, Urtheilsgründe, 1826, S. I der Widmung (nicht nummeriert), erneute Erwähnung der dänischen Verpflichtung auf S. 44 f.
[61] So auch *Hocks*, Gerichtsgeheimnis, 2002, S. 160.
[62] *Brinkmann*, Urtheilsgründe, 1826, S. I der Widmung (nicht nummeriert).
[63] *Brinkmann*, Urtheilsgründe, 1826, S. II des Vorworts (nicht nummeriert).

a) Die Begründungspflicht als Ausgleich zur richterlichen Unabhängigkeit

Bereits in der Widmung an den dänischen König argumentiert Brinkmann mit der richterlichen Unabhängigkeit. Die Unabhängigkeit begründet er für das Zivilrecht mit einem einzigen Satz: „Aber eben der ernste königliche Wille, Niemanden in wohl hergebrachten Rechten zu kränken, bringt es in nothwendiger Folge mit sich, der Justiz ihren freien Lauf zu lassen, so oft eine Privatsache im Streite sich befindet."[64] Richterliche Unabhängigkeit hänge mit den Rechtsquellen im Zivilrecht zusammen. Herkommen und Gewohnheiten sollen danach unangetastet bleiben. Daher halte sich der Herrscher freiwillig aus diesem Bereich heraus. Übereinstimmend damit war auch das Zivilrecht selbst im 19. Jahrhundert eine staatlich wenig regulierte Materie, die weitestgehend der Wissenschaft und den Gerichten selbst überlassen war.[65] Das Recht und seine Durchsetzung waren herrscherlichen Entscheidungen entzogen. Doch Brinkmann sieht ein Legitimationsproblem, wenn die dadurch ungebundenen Richter ihre Entscheidungsgründe nicht den Parteien darlegen. Er führt aus:

„Allein es scheint doch immer gefährlich, die ganze Rechtspflege von ihren eignen Dienern abhängig zu machen und diesen gewissermaßen eine unumschränkte Gewalt einzuräumen. Das würde geschehen, wenn die Richter ihre Aussprüche durch kundbare Gründe zu verantworten nicht gebunden wären. Die höhern Richter auf jeden Fall würden das Vorrecht vor allen übrigen Staatsdienern genießen, von ihren Handlungen keine Rechenschaft zu geben. Am wenigsten dürfte es rathsam seyn, ein Mißtrauen aufkommen zu lassen, welches die Gerichte gewiß in den wenigsten Fällen, wo dasselbe sich ausspricht, verdienen mögten. Einem solchen Mißtrauen kann am leichtesten durch offene Darlegung der Urtheilsgründe begegnet werden".[66]

Die Begründung soll danach die unbeschränkte Gewalt der Richter kompensieren.[67] Die Rechenschaftspflicht von Staatsdienern, die Brinkmann erwähnt, bestand üblicherweise gegenüber höherrangigen Staatsdienern und damit mittelbar gegenüber dem Monarchen. Nur Richter waren hiervon frei. Brinkmann argumentiert aber in anderer Weise: Offene Urteilsgründe ergehen in erster Linie gegenüber den Parteien. Ihnen gegenüber Rechenschaft abzulegen, soll das Misstrauen der Bürger verhindern. Argwohn gegenüber den Gerichten des Königs würde hingegen negativ auf den Staat und seinen Landesherren zurückfallen.

Die Argumente der Widmung greift Brinkmann im Laufe seiner Schrift immer wieder auf. Die kurze, unterwürfige Zueignung zeigt an, mit welchen

---

[64] *Brinkmann*, Urtheilsgründe, 1826, S. V der Widmung (nicht nummeriert).
[65] *Rückert*, Die historische Rechtsschule, JZ 65 (2010), S. 1 (1), „Recht ohne Staat" als zentrale Botschaft der Historischen Schule.
[66] *Brinkmann*, Urtheilsgründe, 1826, S. VI f. des Vorworts (nicht nummeriert).
[67] Zu einem ähnlichen Ergebnis gelangt auf Grundlage anderer Quellen *Hocks*, Gerichtsgeheimnis, 2002, S. 173–175.

Aspekten Brinkmann den Herrscher zu überzeugen suchte, denn er konnte wohl am ehesten damit rechnen, dass die Widmung vom König oder seinen Beratern gelesen wird.

b) Urteilsgründe als Verschriftlichung der inneren Erkenntnis

Brinkmann stellt seinem Plädoyer für eine Begründungspflicht im Urteil den Nachweis voran, jeder wissenschaftlich geschulte Richter könne erkennen, warum er so und nicht anders entscheide. Dieses Bewusstsein, wie er es nennt, die innere Erkenntnis fördert die „Urtheilsgründe" zu Tage. Der Richter müsse sie dann nur noch verschriftlichen. Brinkmann bezeichnet sowohl die inneren Überzeugungen des Richters, die eine Entscheidung tatsächlich stützen, als auch die ausdrücklich aufgeführten und für die Parteien verfassten Entscheidungsgründe als „Urtheilsgründe". Er unterscheidet damit terminologisch nicht zwischen gedachten und geschriebenen Erwägungen. Die geforderte Begründung gegenüber den Parteien soll laut Brinkmann nur eine Niederschrift der Gründe sein, die tatsächlich zur Entscheidung geführt haben.

„Deutsche Richter mögen demnach über das Recht, oder über die That urtheilen: immer ist es ihnen nothwendig, und, wenn sie fleissig in ihrer Wissenschaft forschen, zugleich möglich, mit den Gründen ihrer Erkenntnisse auf dem Reinen zu seyn, wenn im Übrigen auch eine Eröffnung dieser Gründe nicht sollte erfordert werden."[68]

Der Richter sollte die Gründe unabhängig davon kennen, ob er zu einer schriftlichen Begründung verpflichtet ist. Doch diesem Ideal entsprächen in der Praxis bei weitem nicht alle Richter:

„Wer aber das alltägliche Treiben mancher Gerichte seiner Beobachtung unterzieht, wird sich öfters geneigt fühlen, die Wirklichkeit einer stets deutlichen Erkenntniß der Urtheilsgründe zu bezweifeln".[69]

Brinkmann misstraut der Praxis und vermutet, dass Richter urteilen, ohne sich vorher der Rechtslage zu vergewissern. Die spätere Begründung soll vor diesem Hintergrund zukünftig garantieren, dass die Entscheidung zuvor aus Gründen abgeleitet wird. Ihre Funktion geht damit weit über eine Legitimation der getroffenen Entscheidung hinaus und soll einen rationalen Entscheidensprozess absichern. Das Argument ist in der wissenschaftlichen Diskussion nicht neu. Auch Johannes Kopp hatte gefordert, Richter sollten durch eine Begründungspflicht angehalten werden, die Fälle vorab genauer

---

[68] *Brinkmann*, Urtheilsgründe, 1826, S. 9.
[69] *Brinkmann*, Urtheilsgründe, 1826, S. 1.

zu durchdenken.⁷⁰ Voraussetzung ist nach Brinkmann eine hinreichende wissenschaftliche Qualifikation der Richter.⁷¹

Diese innere Erkenntnis müsse der Richter verständlich äußern. Brinkmann gab dabei klar vor, welche Leser Richter vor Augen haben sollten. Die Adressatenfrage beantwortete er eindeutig:

„Nur verwechsle man nicht den Standpunkt eines Richters, der zu den Parteien spricht, mit dem eines Berichterstatters oder gar eines Schriftstellers. Der Referent spricht zu einem Kollegium, bei dem er ruhige Prüfung, Kenntnisse, Einsicht, Erfahrung und Übung, voraussetzen darf. Manches bedarf hier eines bloßen Fingerzeigs, was vor den Parteien näher nachzuweisen ist."⁷²

Nach Brinkmann muss der schriftlich begründende Richter andere Leser im Sinn haben als ein mündlich vortragender Referent oder auch ein Schriftsteller. Der Berichterstatter oder Referent sprach vor den übrigen Richtern des Spruchkörpers. Mit Schriftstellern meint Brinkmann Juristen, die sich in wissenschaftlichen Abhandlungen ebenfalls an ein juristisches Fachpublikum wandten. Brinkmann fordert die Richter auf, sich des anderen Adressatenkreises bei einer Entscheidungsbegründung deutlich bewusst zu sein. Die Urteilsgründe sollen auch für juristische Laien, wie die Parteien, verständlich sein. Statt kurzer Hinweise wären daher genaue Erläuterungen angebracht. Brinkmann tritt damit für eine verständliche Erklärung ein, um die Akzeptanz der Justiz auch bei Nichtjuristen zu fördern.

c) Ergebnis

Hinter Brinkmanns Forderung nach richterlichen Entscheidungsgründen verbirgt sich ein Appell an die Richter: Sie sollen sich die Beweggründe für ihre Entscheidungen bewusstmachen und prüfen, ob sie mit dem Recht übereinstimmen. Richter, die diese Anforderung bislang nicht erfüllen, müssen durch eine gesetzliche Begründungspflicht diszipliniert werden. Das zwinge sie, schon bei der Entscheidung ihre Gründe zu hinterfragen. Die anderen Richter, die bereits ihre Entscheidung überlegt treffen, sollen über die Begründungspflicht die Möglichkeit erhalten, sich öffentliche Anerkennung für ihr vorschriftsmäßiges Entscheiden zu verdienen. Das Ansehen einzelner Richter, aber auch des ganzen Richterstandes wird nach Brinkmann von der Begründung aller Entscheidungen profitieren. Mittelbar komme diese Pflicht auch dem Staat zu Gute, denn Richter als unabhängige Staatsdiener seien so jedenfalls inhaltlich Rechenschaft schuldig. Adressaten der

---

⁷⁰ Siehe unter D. III. 3. b); *Hocks*, Gerichtsgeheimnis, 2002, S. 156–158, differenziert, ob der Richter nach der Forderung nur zur Arbeit angehalten oder kontrolliert werden soll.
⁷¹ Siehe unter E. VIII. 1.
⁷² *Brinkmann*, Urtheilsgründe, 1826, S. 121 f.

Begründung seien hingegen die Parteien des konkreten Rechtsstreits. Richter sollen sich bemühen, ihnen die inneren Gründe für das Urteil verständlich darzulegen.

2. Mittermaier (1823, 1832)

Carl Joseph Anton Mittermaier erwähnte die Entscheidungsgründe in seinem Werk „Der gemeine deutsche bürgerliche Prozess" nur am Rande. Den Abschnitt über Entscheidungsgründe nutzte er, um seine Argumentation in einem anderen Bereich zu stützen. Innerhalb eines Kapitels über das Appellationsverfahren beschäftigte sich der führende Strafrechtler und Rechtsvergleicher[73] mit der Frage, „ob eine bloße Erklärung darauf, daß man sich für beschwert halte, mit Berufung auf die Akten hinreiche, oder ob die einzelnen Beschwerden bestimmt angegeben und deduzirt werden sollen?"[74] Es ging also um den Schriftsatz der Appellation an das Gericht, den sogenannten Appellationslibell. Für ein wirksames Rechtsmittel konnte man entweder nur die Behauptung einer Beschwer fordern oder aber, dass der Appellant ausführlich darlegte, in welchen Punkten er das Urteil angreife. Mittermaier sprach sich zumindest für eine kurze Erläuterung der Beschwerde aus, damit der Appellant selbst sich die Gründe vor Augen halten und der Appellat sich auf die mündliche Verhandlung vorbereiten könne.[75] Diese Meinung ergänzte er mit einem Hinweis auf die Entscheidungsgründe, indem er anführte:

Es „kann dies um so mehr da gefordert werden, wo dem ersten Instanzurtheile vollständige Entscheidungsgründe beigefügt wurden, was hoffentlich in Deutschland künftig allgemein der Fall seyn wird."[76]

Mittermaier schloss sich damit der rechtspolitischen Forderung nach einer umfassenden Begründungspflicht an. Denn mit begründeten erstinstanzlichen Urteilen sei es für den Appellanten einfacher zu erläutern, gegen welche Verfügungen des Richters er mit dem Rechtsmittel vorgehe. Offenbar erschien Mittermaier die Diskussion um die Begründungspflicht an dieser Stelle doch fernliegend, daher fügte er nur in einer Fußnote hinzu:

„Gewiß liegt ein Grund vieler frivolen Appellationen in dem Mangel der Entscheidungsgründe der Urtheile. Es ist oft unmöglich bei einer mystisch genug gefaßten Urtheilsformel den Grund zu errathen, welcher das Gericht zu diesem Ausspruche bewogen haben mag. Werden die Gründe vollständig, deutlich und faßlich aufgestellt, so läßt in vielen Fällen die Parthei, von der Gründlichkeit des Urtheils durch die Gründe belehrt, die Appellation liegen, während sie ihr Glück versucht, wenn nur das kurze Urtheil ihr mitgetheilt wird.

---

[73] *Schröder*, Mittermaier, in: Kleinheyer/Schröder (Hrsg.), Deutsche und europäische Juristen, 2017, S. 296 (297).
[74] *Mittermaier*, Prozeß III, 1832, S. 65.
[75] *Mittermaier*, Prozeß III, 1832, S. 65.
[76] *Mittermaier*, Prozeß III, 1823, S. 52; *ders.*, Prozeß III, 1832, S. 66.

Selbst die Abfassung des Beschwerdenlibells erhält durch vollständige Entscheidungsgründe eine Grundlage, welche dem zwecklosen Häufen von Beschwerden vorbeugt."[77]

Nach Mittermaier sei es für die Parteien durch Entscheidungsgründe viel leichter, von dem Rechtsmittel der Appellation sinnvoll Gebrauch zu machen. Daher könnten Entscheidungsgründe vor „frivolen Appellationen" schützen. Hoscher hatte 1804 in Bezug auf denselben Fachbegriff noch defensiv argumentiert. Er hatte sich dafür ausgesprochen, den Parteien die Relationen zur Verfügung zu stellen und war überzeugt, dies werde nicht zu frivolen Appellationen führen.[78] Mittermaier behauptet umgekehrt, dass Entscheidungsgründe sogar frivole Appellationen verhindern können. Mit „frivolen Appellationen" meint Mittermaier allerdings nicht querulatorische Appellationen aus bloßer Unkenntnis. Bislang gebe es vielmehr Appellationen ins Blaue hinein, weil die Parteien die wahren Gründe nicht kannten. Doppeldeutig spricht Mittermaier vom „Mangel der Entscheidungsgründe der Urtheile". Damit kann gemeint sein, dass es zwar Entscheidungsgründe gab, diese aber nicht richtig, sondern mangelhaft abgefasst waren. Wahrscheinlicher ist aber, dass die Entscheidungsgründe insgesamt fehlten, es also an niedergeschriebenen Gründen mangelte. Jedenfalls haben die Parteien nach Mittermaier keine inhaltlichen Anhaltspunkte, um die Appellation zu überdenken. Mittermaier nimmt so diejenigen Appellanten in Schutz, die ihr Rechtsmittel noch nicht begründen, obwohl er eigentlich eine Begründung empfiehlt. Ein Teil dieses Problems ließe sich nach Mittermaier durch eine Begründungspflicht lösen. Die Entscheidungsgründe erfüllen danach nicht bloß eine symbolische Funktion, sondern nützen den Parteien als eigentlichen Adressaten bei der Abwägung ihrer Chancen in einem Rechtsmittelverfahren. Mittermaier propagiert hier ein aufgeklärtes Konzept. Danach sollen sich die Parteien mithilfe der Entscheidungsgründe über ihre Aussichten im Rechtsmittelverfahren informieren und danach rational über das weitere Vorgehen entscheiden. Diese Ansicht war 1823/1832 nicht mehr neu. Doch Mittermaier lässt es sich nicht nehmen, bei einem anderen Gegenstand, hier dem Appellationslibell, kurz darauf zu verweisen. In dieser konkreten Situation würden Entscheidungsgründe den Parteien helfen und wären daher auch für sie bestimmt.

3. Tittmann (1828, 1846)

Doch nicht alle Autoren trauten den Parteien soviel Geschick und Verständnis zu. Ein Gegenbeispiel ist das beliebte Lehrwerk von Carl August Tittmann, sein „Handbuch für angehende Juristen zum Gebrauche während der

---

[77] *Mittermaier*, Prozeß III, 1823, S. 52 Fn. 27; *ders.*, Prozeß III, 1832, S. 66 Fn. 3a.
[78] Zur Frivolität siehe D. I. 3. a).

Universitätszeit und bei dem Eintritte in das Geschäftsleben". Es erschien 1828 in erster und 1846 – posthum – in zweiter Auflage. Der spätere Herausgeber Pfotenhauer rühmte 1846 den verstorbenen Autor als „um Gesetzgebung, Wissenschaft und Anwendung gleich verdienten Rechtsgelehrten und Staatsmann".[79] 1828 wollte Tittmann zugleich eine „juristische Enzyklopädie und Methodologie für angehende Juristen" bieten, „kurze Systeme von den hauptsächlichsten Theilen der Rechtswissenschaft aufstellen" und dabei nicht auf eine Universitätskarriere, sondern auf das „juristische Geschäftsleben" vorbereiten.[80] Das Buch verfolgte ausdrücklich einen praktischen Ansatz. Tittmann forderte nicht, dass die Urteilsgründe für den Laien verständlich sein sollen. Über die Formulierung der Entscheidungsgründe hieß es in beiden Auflagen identisch:

„Eine Darstellung derselben [der Entscheidungsgründe], wie sie die Parteien zu ihrer Unterrichtung brauchen, ist bei ihnen so wenig, als bei den Urtheilen selbst und andern processualischen Schriften möglich. Denn die Entscheidungsgründe beruhen eben so wie die Urtheile auf Sätzen und Formeln, die bloss dem Juristen verständlich sein können."[81]

Es sei nicht das Ziel, den Prozessausgang gegenüber den Parteien zu erklären oder zu rechtfertigen. Zugleich meint Tittmann, es gehe bloß um Formeln für Eingeweihte. Ebenso wenig könne eine interessierte bürgerliche Öffentlichkeit die Urteilsgründe verstehen. Tittmann äußert sich allerdings nicht ausdrücklich dazu, für wen Urteile dann eigentlich gedacht sein sollen. Fest steht jedoch, dass nur Juristen in den Begründungen angesprochen sein sollten. Die juristischen Parteivertreter könnten dennoch Adressaten der Begründung sein. Sie wären dann in der Lage, den Parteien das Ergebnis zu erklären. Nur bei einer solchen, nicht explizit bei Tittmann angelegten Betrachtungsweise können die Parteien noch als Adressaten der Begründung gelten.

4. W. H. Puchta (1829, 1830)

Der Vater des „sympathischen Begriffsjuristen" Georg Friedrich Puchta[82] war Landrichter in Bayern. Mit gelegentlichen Aufsätzen etwa im „Archiv für die civilistische Praxis"[83] trat Wolfgang Heinrich Puchta aus dem richter-

---

[79] *Tittmann*, Handbuch, 1846, S. XI.
[80] *Tittmann*, Handbuch, 1828, S. V.
[81] *Tittmann*, Handbuch, 1828, S. 720.; *ders.*, Handbuch, 1846, S. 635 f.
[82] *Haferkamp*, Puchta und die „Begriffsjurisprudenz", 2004, S. 14, wählt diese Formulierung, um die neuere Puchta-Deutung zu umschreiben; zu Puchta senior siehe *Eisenhart*, Puchta, in: ADB 1888, S. 690–692.
[83] *Landsberg*, Geschichte III/2, 1910, S. 439 f., listete seine Aufsätze in den Noten, S. 202, auf: AcP-Aufsätze im 10.–16. Band, sowie in der Gießener Zeitschrift für Zivilrecht und Prozess 3.–13. Band; das AcP war zeitgenössisch allerdings stärker praktisch ausgerichtet als heute, siehe *Rückert*, Geschichtlich, praktisch, deutsch, in: Stolleis (Hrsg.), Juristische Zeitschriften, 1999, S. 107 (158).

lichen Berufsalltag heraus. Ernst Landsberg lobte ihn in höchsten Tönen als „Musterbild eines deutschen Praktikers, der, ohne je nach Beförderung zu streben, aus innerer Neigung hervor seiner richterlichen Tätigkeit ein Menschenalter hindurch in stiller Tüchtigkeit obgelegen, die dadurch erworbenen Erfahrungen aber auch mit schriftstellerischem Geschick [...] verwendet hat."[84]

Sein zweibändiges Lehrbuch „Der Dienst der deutschen Justizämter oder Einzelrichter" für angehende Richter beschrieb Puchta selbst als „Anleitung zur Geschäftspraktik".[85] Das Lehrbuch richtet sich daher wie das Werk Tittmanns an junge Praktiker. Puchta konnte zu dem Zeitpunkt schon auf einen „mehr als 30jährigen Cursus"[86] als Richter zurückblicken und bezeichnete sein Werk als eine „auf Theorie und Erfahrung gebaute Dienstespragmatik".[87] Trotz einiger Übungen an der Universität bleibe der Einstieg in die Praxis schwierig. Es sei eine alte Weisheit, „daß nämlich zwischen der Lehre und der Anwendung eine Kluft sich befindet, über welche zu gelangen etwas mehr dazu gehört als ein herzhafter Sprung".[88] Diese Kluft wollte Puchta mit seinem Handbuch überwinden helfen. Allerdings stellte er Wissenschaft und Praxis damit keineswegs als Gegensätze dar, vielmehr schrieb er „zur Belebung des Sinnes für eine wissenschaftliche Praxis bei den Anfängern".[89]

Im zweiten Band ging er auf Entscheidungsgründe ein, die die Kandidaten von nun an verfassen müssten. Kurz benannte er die wichtigsten juristischen Streitpunkte. Zunächst wies er auf die gesetzliche Pflicht zur Begründung „in dem größten Theile von Deutschland" hin.[90] An Puchtas Empfehlungen zum Sprachgebrauch erkennt man, wen er als Leser vor Augen hatte:

„Man bedient sich dabei eines gemeinverständlichen, selbst dem Nichtjuristen deutlichen Vortrags, soweit dieß irgend die rechtswissenschaftliche Ausführung der Sache gestattet, bei der natürlich manches, was nur dem Eingeweihten verständlich ist, nicht umgangen werden kann".[91]

Die Entscheidungsgründe sollten nach seinen Ausführungen in einer allgemeinverständlichen, also nicht in einer juristischen Fachsprache verfasst sein. Im Gegensatz zu Tittmann, der verneinte, dass juristische Laien die Entscheidungsgründe verstehen könnten, nahm Puchta sie als Adressaten in

---

[84] *Landsberg*, Geschichte III/2, 1910, S. 439 f.
[85] *Puchta*, Dienst der Justizämter, 1829, S. VII; Tittmann schrieb ebenfalls für die Geschäftspraktik, siehe E. II. 3. und E. V. 4.
[86] *Puchta*, Dienst der Justizämter, 1829, S. VII.
[87] *Puchta*, Dienst der Justizämter, 1830, S. III.
[88] *Puchta*, Dienst der Justizämter, 1829, S. III f.
[89] *Puchta*, Dienst der Justizämter, 1830, S. III; siehe zur wissenschaftlichen Praxis E. VIII.
[90] *Puchta*, Dienst der Justizämter, 1830, S. 190.
[91] *Puchta*, Dienst der Justizämter, 1830, S. 190.

den Blick. Die Parteien des konkreten Rechtsstreits werden so in die Lage versetzt, die Rechtfertigung für ihr Urteil zu verstehen. Juristische Zusammenhänge dürften allerdings nicht durch zu starke Vereinfachung verfälscht werden. Trotz der Bemühung um eine anschauliche Sprache blieben Abschnitte, die nur Experten verständlich sind, nicht aus. Von dieser Anforderung eines „gemeinverständlichen Vortrags" gebe es eine Ausnahme:

> „Wo der Prozeß durch Rechtsanwälte oder rechtskundige Parteien geführt wird, können die E.G. auch für deren Beurtheilung eingerichtet werden, so daß es also hier eines weitläufigen und mühsamen Nachweisens aller Mittelsätze, wodurch man zum Hauptsatze gelangt, nicht bedarf, sondern eine gedrängte Zusammenstellung der wesentlichen, die Conclusion oder den Ausspruch des Richters begründenden Thatsachen oder Rechtssätze hinreichend ist."[92]

Wenn der Richter wusste, dass die Parteien anwaltlich vertreten oder selbst Juristen waren, durfte er sich etwas Schreibarbeit ersparen und die Herleitung abkürzen. Dieser Satz Puchtas unterstreicht, dass es ihm um das Verständnis des Ergebnisses bei den konkreten Parteien ging. Auf die Möglichkeit einer späteren Veröffentlichung der Entscheidungsgründe und damit die Kenntnisnahme durch ein größeres Fachpublikum ging Puchta nicht ein. Dies erschien ihm bei Justizämtern oder Einzelrichtern vermutlich fernliegend. Die Entscheidungsgründe sollten aber, soweit es der Fall zuließ, sprachlich auf das Vorwissen der Parteien abgestimmt sein.

5. Savigny (1847)

Friedrich Carl von Savigny äußerte sich vage dazu, wen der Richter mit den Entscheidungsgründen ansprechen oder erreichen sollte. Die Äußerung findet sich im „System des heutigen römischen Rechts" im sechsten Band im Abschnitt, der von der Rechtskraft der Entscheidungsgründe handelt. Nur in einer Randbemerkung deutete Savigny an, für wen die schriftlichen Ausführungen der Richter bestimmt sein könnten. Er schrieb, der Gedanke liege nahe, „der Inhalt der Urtheilsgründe sey blos zur Überzeugung der Parteien oder anderer Leser bestimmt, und werde nicht rechtskräftig".[93] Letztlich lehnte er diese Ansicht sogar ab, weil er unter bestimmten Umständen von einer Rechtskraft der Entscheidungsgründe ausging.[94] Urteilsgründe als mit dem Urteil ausgegebene Erwägungen des Richters sollten schlicht überzeugen. Erstaunlich ungenau sprach Savigny von Parteien oder anderen Lesern. Damit nahm er alle potentiellen Leser in den Blick, unabhängig von ihrer juristischen Sachkenntnis. Seine folgende Argumentation ist jedoch aus-

---

[92] *Puchta*, Dienst der Justizämter, 1830, S. 192.
[93] *Savigny*, System VI, 1847, S. 370.
[94] Siehe unten E. VII. 4.

schließlich auf zukünftige Streitigkeiten zwischen denselben Parteien ausgerichtet. Nur für solche Fälle konnte es auf die Rechtskraft einzelner Urteilsbestandteile ankommen. In diesem Zusammenhang sollten Leser mehr über die Hintergründe des konkreten Falls erfahren. Das genügte. Ein größerer Adressatenkreis stand jedoch etwa bei Entscheidungssammlungen im Raum. Auf diese Unterscheidung ging Savigny an dieser Stelle nicht ein.[95]

6. Ergebnis

Aus den Quellen geht keine einheitliche Meinung hervor, für wen die Ausführungen in den Entscheidungsbegründungen verfasst sein sollten. Brinkmann und Mittermaier bezogen sich eindeutig auf die Parteien. Wolfgang Heinrich Puchta forderte eine „gemeinverständliche Sprache" und damit ebenfalls eine Verständlichkeit über juristische Kreise hinaus. Mit einer vagen Andeutung verwies Savigny sowohl auf die Parteien als auch auf andere Leser. Tittmann meinte als einziger Autor, die Urteilsgründe seien nur für Juristen verfasst. In der älteren Diskussion um 1800 hatten die Parteien noch eine bedeutendere Rolle gespielt.[96] Mit der Begründungspflicht traten sie jedoch in den Hintergrund. In Lehr- und Anleitungsbüchern findet sich die Adressatenfrage nur noch versteckt. Möglicherweise veranlasste der spezifische Kontext die Autoren, ausgewählte Adressaten zu benennen. Mittermaier beschäftigte sich zum Beispiel mit dem Appellationslibell und erwähnte vielleicht aus diesem Grund die Parteien. Festzuhalten bleibt, dass es keine einheitliche Zuschreibung gab, wer mit den Entscheidungsgründen angesprochen werden sollte und auf welchen Leserkreis sich Richter daher einstellen sollten.

III. Entscheidungsgründe als Öffentlichkeitsersatz

Die bisherige Forschungsliteratur deutet einen Zusammenhang zwischen der Öffentlichkeit des Verfahrens und der Veröffentlichung von Entscheidungsgründen teilweise an.[97] Explizit benennt Marie Theres Fögen 1974 die Entscheidungsbegründungspflicht als Vorboten der Gerichtsöffentlichkeit, indem sie von einer „Tendenz zu einer rudimentären Publizität" für das ausgehende 18. Jahrhundert spricht.[98] Sie bezeichnet die richterliche Begrün-

---

[95] Siehe aber oben E. I. 3.
[96] Siehe unter D.
[97] Grundgedanken des folgenden Abschnitts habe ich auf dem Kolloquium „Richter – Urteiler – Spruchkörper" im April 2018 in Wetzlar vorgestellt.
[98] *Fögen*, Gerichtsöffentlichkeit, 1974, S. 20; kritisch *Sellert*, Besprechung von Fögen, Gerichtsöffentlichkeit, ZRG (GA) 92 (1975), S. 295 (insbesondere 298).

dungspflicht als „Anhaltspunkt" einer frühen Öffentlichkeit in Deutschland. Sowohl die Begründungspflicht als auch die Staatsanwaltschaft als Anklagebehörde sieht sie als Kontrollmechanismen des Staates und Ausgleich für die richterliche Unabhängigkeit.[99] Nach ihrer Argumentation lag die Einführung der Öffentlichkeit damit im ureigenen Interesse des Staates.[100] Hildebert Kirchner betitelt einen Aufsatz über die Einführung der Begründungspflicht 1980 als „Geschichte der Publizität der Begründung".[101] Stephan Hocks erwähnt im Kontext seiner Arbeit den „vielfach proklamierten Wunsch nach Öffentlichkeit".[102] Pascale Cancik verweist 2007 in ein und derselben Fußnote ihrer Habilitation auf maßgebliche Forschungen zur Gerichtsöffentlichkeit und zur Entscheidungsbegründung.[103] Christian Laue reißt den Zusammenhang in einem Aufsatz über die Öffentlichkeit des Strafverfahrens 2010 ebenfalls an. In diesem Kontext zitiert er aus dem Votum des preußischen Justizministers Kircheisen. Kircheisen schrieb über die Vorschläge zur Justiz in den Rheinprovinzen von 1818, die Kenntnis der Entscheidungsgründe sei dem „Geiste einer wohltätigen Öffentlichkeit gemäß".[104]

Semantisch weist die „Öffentlichkeit" bereits auf eine andere Neuerung für die Gerichtsbarkeit hin: die Verfahrensöffentlichkeit. Sie ist eine zentrale politische Forderung in der ersten Hälfte des 19. Jahrhunderts.[105] Daher lohnt es, das Verhältnis zwischen schriftlichen Begründungen und der Forderung nach öffentlichen Verhandlungen etwas genauer unter die Lupe zu nehmen. Zunächst ist dazu eine Vergewisserung über den Begriff der „Öffentlichkeit" um 1800 geboten.

Denn der schillernde Begriff „Öffentlichkeit" umfasst viele Facetten. In der heutigen Rechtswissenschaft wird die Verfahrensöffentlichkeit in engem Zusammenhang mit der Mündlichkeit der Verhandlung gedacht. Nur eine mündliche Verhandlung kann auch öffentlich stattfinden. Zuschauer verfolgen den Verlauf des Prozesses im Gerichtssaal. Die Beratung des Gerichts ist hingegen geheim. Öffentlichkeit wird daher üblicherweise nicht auf die Entscheidungsgründe als Rechtfertigung des Verfahrensergebnisses bezogen. Auch die rechtshistorische Forschung unterstellt grundsätzlich einen solchen Zusammenhang. So definiert Martin Ahrens zu Beginn des einschlägigen

---

[99] *Fögen*, Gerichtsöffentlichkeit, 1974, S. 38.
[100] *Fögen*, Gerichtsöffentlichkeit, 1974, S. 39.
[101] *Kirchner*, Geschichte der Publizität, AjDB 10 (1980), S. 16–29.
[102] *Hocks*, Gerichtsgeheimnis, 2002, S. 192.
[103] *Cancik*, Verwaltung und Öffentlichkeit, 2007, S. 27 Fn. 114.
[104] *Laue*, Öffentlichkeit des Strafverfahrens, in: Strafverteidigervereinigungen (Hrsg.), Strafverteidigung vor neuen Aufgaben, 2010, S. 135 (143 f.).
[105] Siehe zur Einführung der Gerichtsöffentlichkeit *Fögen*, Gerichtsöffentlichkeit, 1974; *Tirtasana*, Der gelehrte Gerichtshof, 2012, S. 15, nimmt die Forderung nach Öffentlichkeit zum Ausgangspunkt für ihre Untersuchung.

HRG-Artikels die „Öffentlichkeit im rechtlichen Sinne" als „Teilnahmerecht des Publikums an den mündlichen Verhandlungen vor einem Gericht".[106] Ein beteiligter oder unbeteiligter Zuschauer soll den Verlauf des gerichtlichen Verfahrens mitverfolgen können. Das ist jedoch nur sinnvoll, wenn in diesem Verfahren auch gesprochen, also mündlich verhandelt wird.[107] Dieses überkommene Verständnis, wonach Öffentlichkeit des Verfahrens die physisch-reale Anwesenheit Dritter bedeutet, ist bereits in der Mitte des 19. Jahrhunderts verbreitet. Der inhaltliche und notwendige Zusammenhang zwischen Öffentlichkeit und Mündlichkeit findet sich nicht nur in der zeitgenössischen juristischen Fachliteratur, sondern ebenso in allgemeinen Konversationslexika der Zeit, wie der folgende Ausschnitt aus Pierer's Universallexikon von 1861 unter dem Schlagwort „Öffentlichkeit" veranschaulicht:

„Öffentlichkeit u. Mündlichkeit, in dieser Zusammenstellung gebraucht, charakterisirt eine bestimmte Form des Proceßverfahrens. Ö. u. M. kann stattfinden sowohl in Civil- als in Strafsachen. […] B. Im Civilprocesse. Was hier zunächst die Mündlichkeit anlangt, so ist dieselbe nur von untergeordneter Bedeutung. Im Criminalproceß kann das Princip der Mündlichkeit in seiner ganzen Reinheit durchgeführt, im Civilproceß kann dagegen eine schriftliche u. bindende Grundlage nicht entbehrt werden. […] Da Öffentlichkeit mit Schriftlichkeit unvereinbar ist, so ist die erstere auch im Civilprocesse so weit ausgeschlossen, als schriftliches Verfahren stattfindet, für das mündliche Verfahren ist sie dagegen zulässig. […] Mit der Mündlichkeit verschwand die Öffentlichkeit des Verfahrens von selbst. Das öffentlich-mündliche Verfahren ist auf deutschem Boden zuerst wieder in denjenigen Ländern eingeführt worden, welche durch Napoleon I. unter französische Herrschaft gebracht wurden. Jetzt ist es in den meisten deutschen Staaten wieder eingeführt worden."[108]

Öffentlichkeit und Mündlichkeit stehen im Lexikonartikel als Begriffspaar für eine besondere Art des gerichtlichen Verfahrens. Im Zivilprozess allerdings sei dieses Verfahren weniger stark ausgeprägt, weil Schriftlichkeit weiterhin die Grundlage darstelle. Die Begriffspaare „mündlich-öffentlich" und „schriftlich-heimlich" bilden Gegensätze. Öffentlichkeit kann danach nicht schriftlich, Mündlichkeit nicht heimlich stattfinden. Daher – so folgert der Artikel konsequent – ist die Öffentlichkeit im schriftlichen Zivilverfahren weitgehend ausgeschlossen. Sogar in der historischen Herleitung findet sich die klare Dichotomie. Ohne Mündlichkeit im gelehrten Prozess erübrigte sich auch die Öffentlichkeit, die deswegen in späteren Verfahren nicht mehr

---

[106] *Ahrens*, Öffentlichkeit, in: HRG 2017, Sp. 113 (113).

[107] Zur praktischen Umgehung der Mündlichkeit im 20. Jahrhundert siehe *Diestelkamp*, Beobachtungen zur Schriftlichkeit im Kameralprozeß, in: Oestmann (Hrsg.), Formstrenge, 2009, S. 105 (105 f.), der von seinem eigenen „Praxisschock" im Referendariat berichtet, weil die Mündlichkeit darin bestand, schriftlich vorbereitete Anträge zu stellen; sowie *Oestmann*, Gerichtsbarkeit und Verfahren, 2015, S. 244 f.

[108] Art. Öffentlichkeit und Mündlichkeit, in: Pierers Universal-Lexikon, 1861, S. 228 (228 f.).

zugelassen war. Erst mit den Prozessreformen unter Napoleon sei das öffentlich-mündliche Verfahren zurückgekehrt. Der zeitgenössische Lexikonartikel unterstellt, Öffentlichkeit bedeute zugleich Anwesenheit. Öffentlich ist danach eine Sitzung, bei der das Gericht buchstäblich vor den Augen der Zuschauer verhandelt. Schon 1861 war es nicht mehr nötig, dieses eingeschränkte Verständnis von Öffentlichkeit näher zu erläutern. Doch diese Deutung ist historisch keinesfalls selbstverständlich. Andreas Deutsch wertete das Recht, hinter verschlossenen Türen zu urteilen, das Teil eines Privilegs von 1429 war, als „wichtiges Indiz für den voranschreitenden Inquisitionsprozeß".[109] Die Heimlichkeit war damit Teil eines Vorrechts. In der Frühen Neuzeit dienten symbolische Handlungen dazu, den Anschein einer Öffentlichkeit herzustellen. Im 15. Jahrhundert sollte bei einer Testamentserrichtung in Hamburg die Tür nicht verschlossen werden, es konnten für die Öffentlichkeit auch zwei Kerzen brennen.[110] Öffentlichkeit konnte historisch also auf verschiedene Weisen erreicht werden.

Doch das im 19. Jahrhundert verengte Begriffsverständnis prägt die Vorstellungen bis heute. Wir neigen dazu, in einer Art Rückprojektion nur das „zu erkennen, was wir schon zu wissen glauben".[111] Schon einige Jahrzehnte vor dem Lexikonartikel aus Pierer's Universallexikon ist die Bedeutung eines öffentlichen Gerichtsverfahrens noch nicht so klar zu bestimmen.

Neben der juristischen Bedeutung, um die es hier zentral gehen soll, enthält der Begriff eine politisch-soziale Kategorie.[112] Öffentlichkeit als Wahrnehmbarkeit staatlicher Handlungen für Außenstehende impliziert sowohl Teilhabe als auch Kontrolle. In diesem Sinne garantiert Öffentlichkeit die Nachvollziehbarkeit der Handlung von Mächtigen und drückt zugleich politische Beteiligung aus. Diese Verheißung schwingt auch im juristischen Diskurs mit.

Die juristische und die allgemeine Verwendung des Wortes überschneiden sich. Es ist anzunehmen, dass der allgemeine Sprachgebrauch auch die Vorstellungen eines gerade erst entstehenden gerichtlichen Verfahrensprinzips beeinflusste. Daher lohnt es sich, die Begriffsgeschichte der politisch-sozialen Kategorie in den Blick zu nehmen. Sowohl der Begriff als auch das dahinterstehende Konzept der „Öffentlichkeit" stammen aus der Umbruchszeit zwischen 1750 und 1830, einer Epoche, die in der Geschichtswissenschaft als

---

[109] *Deutsch*, Klagspiegel, 2004, S. 150.

[110] Beide Beispiele bei *Bachmann*, Die kaiserliche Notariatspraxis, 2017, S. 167.

[111] *Stolleis*, Rechtsgeschichte schreiben, 2008, S. 27: „So mag die eigene Rechtserfahrung, die wir als Suchscheinwerfer in die Vergangenheit verwenden, sowohl auf die richtige wie auf die falsche Spur führen. Eine Hauptgefahr liegt darin, dass wir nur erkennen, was wir schon zu wissen glauben."

[112] *Hölscher*, Öffentlichkeit, in: Brunner/Conze/Koselleck (Hrsg.), Geschichtliche Grundbegriffe, 1978, S. 413 (413).

"Sattelzeit" beschrieben wird. Danach wandelten Begriffe und Konzepte in dieser Phase ihre spezifische Bedeutung. Dem von Reinhart Koselleck 1979 begründeten Lexikon „Geschichtliche Grundbegriffe" liegt die Annahme zugrunde, „daß sich seit der Mitte des achtzehnten Jahrhunderts ein tiefgreifender Bedeutungswandel klassischer topoi vollzogen, daß alte Worte neue Sinngehalte gewonnen haben, die mit Annäherung an unsere Gegenwart keiner Übersetzung mehr bedürftig sind".[113] Dieser Wandel ist deshalb so wichtig, weil „die Quellensprache [...] eine einzige Metapher für die Geschichte" ist, „um deren Erkenntnis" Historiker sich bemühen.[114] Die heute fremde Sprache ist aber der einzige Zugang zur Vergangenheit, den es gibt.

Erst in der zweiten Hälfte des 18. Jahrhunderts entstand aus dem Adjektiv „öffentlich" und aus der Übersetzung von Publizität die „Öffentlichkeit".[115] Bis ins 19. Jahrhundert blieb diese Neuschöpfung jedoch ungebräuchlich und auch die Verwendung als „Öffentlichkeiten" im Plural verschwand nur allmählich.[116] Als Kollektivsingular war die „Öffentlichkeit" fortan einer Ideologisierbarkeit zugänglich.[117] Die eine „Öffentlichkeit" brachte eine Allgemeinheit und Mehrdeutigkeit des Begriffs mit sich und ermöglichte die Verwendung in verschiedenen und möglicherweise auch gegenläufigen Kontexten.[118] Der Begriff umfasst um die Mitte des 19. Jahrhunderts noch ein großes Bedeutungsspektrum. Einerseits meint er Zugänglichkeit, andererseits die bürgerliche Gesellschaft selbst als Gegengewicht zur staatlichen Herrschaft.[119] Im frühen 19. Jahrhundert kann Publizität sogar Meinungs- und Pressefreiheit bedeuten.[120] Der Ausdruck avancierte daher zu einem Schlagwort des frühen Liberalismus. Die Öffentlichkeit des Justizwesens

---

[113] *Koselleck*, Einleitung, in: Brunner/Conze/Koselleck (Hrsg.), Geschichtliche Grundbegriffe, 1972, S. XIII (XV).

[114] *Koselleck*, Einleitung, in: Brunner/Conze/Koselleck (Hrsg.), Geschichtliche Grundbegriffe, 1972, S. XIII (XIII); ebd., S. XXIII, gibt jedoch zu, dass es sich dabei bloß um eine „theoretische Prämisse" handelt.

[115] *Schiewe*, Öffentlichkeit, 2004, S. 44 nennt als frühesten Beleg des Wortes Öffentlichkeit Joseph von Sonnenfels, Grundsätze der Policey, Handlung und Finanzwissenschaft, 1762; ebd., S. 51 f. weist für das Konversationslexikon Adelung eine Substantivierung aus „öffentlich" nach, arbeitet bei Campe aber die Substantivierung und die Übersetzung des Wortes „Publizität" als zwei Ursprünge des neuen Begriffs heraus.

[116] *Schiewe*, Öffentlichkeit, 2004, S. 47, geht daher für die Zeit um 1800 nachvollziehbar noch nicht von einem eigenständigen Begriff im Sinne der Begriffsgeschichte aus.

[117] *Koselleck*, Einleitung, in: Brunner/Conze/Koselleck (Hrsg.), Geschichtliche Grundbegriffe, 1972, S. XIII (XVII) zu der Besonderheit von Kollektivsingularen.

[118] *Koselleck*, Einleitung, in: Brunner/Conze/Koselleck (Hrsg.), Geschichtliche Grundbegriffe, 1972, S. XIII (XVII).

[119] *Schiewe*, Öffentlichkeit, 2004, S. 61; *Fögen*, Gerichtsöffentlichkeit, 1974, S. 39 diskutiert hingegen, ob sich Entscheidungsgründe als Kontrollmechanismus des Staates gegen eine zunehmend unabhängige Justiz angeboten hätten.

[120] *Cancik*, Verwaltung und Öffentlichkeit, 2007, S. 27.

sollte zu einer unabhängigen und gerechteren Urteilsbildung beitragen.[121] In erster Linie geht es dabei um die Zugänglichkeit; Zugang erhält die Gesellschaft selbst. In dem deutschen Begriff „Öffentlichkeit" schwingen beide Implikationen mit.[122] Insgesamt handelt es sich damit im frühen 19. Jahrhundert noch um ein diffuses Begriffsfeld. Die folgenden Quellen stammen aus dieser Umbruchzeit. Unschärfen in der begrifflichen Verwendung sind daher mit dem Bedeutungswandel erklärbar.

Das zeitgenössische Verständnis von Verfahrensöffentlichkeit und Entscheidungsgründen lässt sich an einigen Quellen genauer belegen: Steiger hatte Entscheidungsbegründungen als „Surrogat" der Öffentlichkeit bezeichnet.[123] Im bayerischen Regierungsblatt von 1813 erschienen die Entscheidungsgründe als Alternative zu öffentlichen Gerichtsverhandlungen.[124] In den Quellen ab 1815 rückte das Verhältnis zwischen verfahrenssichernden Entscheidungsgründen und dem Prinzip der Öffentlichkeit weiter in den Fokus.

1. Wening (1821)

Um das Konzept der Öffentlichkeit kreiste die 1821 erschienene Schrift von Franz Xaver von Wening. Er präsentierte „Rechtliche Ansichten über die Nothwendigkeit, die Entscheidungsgründe bei der Beschlagnahme oder Confiskation der Schriften öffentlich bekannt zu machen". Wening war ausweislich des Titelblatts Doktor der Rechte und Assessor des königlich bayerischen Kreis- und Stadtgerichtes zu München. Ein Jahr zuvor hatte sein Bruder, der Universitätsprofessor Johann Nepomuk von Wening-Ingenheim, die Rahmenbedingungen an den juristischen Fakultäten wie etwa die Einschreibung oder die Möglichkeiten zur Finanzierung eines Studiums insbesondere in Landshut thematisiert. „Des Rechtes kundig als Jurist"[125] ergriff Franz Xaver von Wening für seinen Bruder Partei. Er wollte dessen Schrift über die juristische Lehrmethode verteidigen, die dem Verfasser „Unannehmlichkeiten" bereitet hatte.[126] Franz Xaver meinte mit den „Unannehmlichkeiten" eine „Beschlagnahme" dieser Schrift.[127] Vor dem Hintergrund der Karlsbader Beschlüsse forderte Franz Xaver zukünftig eine Begründungspflicht bei solchen Zensurmaßnahmen. Die Einschränkungen der Pressefrei-

---

[121] *Liesegang*, Öffentlichkeit und öffentliche Meinung, 2004, S. 9.

[122] *Hölscher*, Öffentlichkeit, in: Brunner/Conze/Koselleck (Hrsg.), Geschichtliche Grundbegriffe, 1978, S. 413 (413).

[123] Siehe D. II. 1.

[124] Siehe D. IV. 1.

[125] *Wening*, Rechtliche Ansichten, 1821, S. 3.

[126] *Wening*, Rechtliche Ansichten, 1821, S. 3.

[127] *Wening*, Rechtliche Ansichten, 1821, S. 3.

heit müssten in jedem Einzelfall begründet werden. In einem Teil seiner Argumentation verwies er auf die vorgesehenen gerichtlichen Entscheidungsbegründungen bei Urteilen und deren Vorzüge. Über die Hintergründe dieser Verpflichtung vermutete er:

„Und was mochte den Gesetzgeber bewegen, das gewohnte Stillschweigen zu brechen [...]? [...] Er hat es erwogen, daß der Richter, sobald er sein Amt gleichsam im Verborgenen übt, leicht nachläßig werden, Einflüsterungen Gehör geben kann, welche vom Rechte abführen. Oft entscheidet sodann der Referent und nicht die Sache, das ‚Einverstanden' wird Tagesordnung. Ungleich sorgsamer muß der Richter sein, welcher die Gründe seiner Meinung, seiner Sentenz, dem Publikum mitzutheilen genöthiget ist. Offenbare Fehlgriffe, absichtliche Verdrehungen werden seltner. Wer möchte sich dem Gespötte der Anklage öffentlicher Meinung aussetzen? Auch Widersprüchen der Entscheidung in gleichen Fällen, dem Ansehen der Gerichtshöfe, und der Gewißheit des Rechtes gleich schädlich, beugt die neue Anordnung vor."[128]

Wening sah die Kontrolle der Richter bei der Amtsausübung als entscheidend an. Die Begründungspflicht sollte sie zwingen, nur nach rechtlichen Aspekten vorzugehen. Die Übertragung auf die politische Zensur liegt in der Luft. „Offenbare Fehlgriffe" und „absichtliche Verdrehungen" gelte es auch dort zu vermeiden.

Wening bezog sich in erster Linie auf die bayerischen Regelungen, wie aus den Fußnoten hervorgeht. Er sah die im Zivil- und Strafrecht vorgesehenen Entscheidungsgründe als „eine Anerkennung des Strebens nach Öffentlichkeit" an.[129] Dem Ideal der Öffentlichkeit entsprächen vor allem allgemein zugängliche Gerichtsverfahren. Stattdessen könnten aber auch „Entscheidungsgründe gleichsam ein passendes Auskunftsmittel" bilden. Denn „der Staat legt durch sie dem Volke und den Parteien Rechenschaft darüber ab, wie seine Gerichte sprechen und richten".[130] Wening lobt ausdrücklich, dass „unsere Gesetze eben so weise als human nicht einmal den obersten Gerichtshof von der Pflicht entbunden [haben], dem Urtheile Entscheidungsgründe anzufügen".[131] Damit stimmte er in das Loblied vieler bayerischer Autoren über die Klugheit des Herrschers ein. Als Zugeständnis an die Forderungen nach Öffentlichkeit sah er auch die angeführten „Ursachen" bei „allerhöchsten Entschließungen".[132] Damit bezog er sich wahrscheinlich auf andere staatliche Entscheidungen außerhalb der Rechtspflege, die ihrerseits Begründungen enthielten.[133] Dieselbe Offenheit forderte Wening bei der Rechtferti-

---

[128] Wening, Rechtliche Ansichten, 1821, S. 10 f.
[129] Wening, Rechtliche Ansichten, 1821, S. 10.
[130] Wening, Rechtliche Ansichten, 1821, S. 11.
[131] Wening, Rechtliche Ansichten, 1821, S. 12.
[132] Wening, Rechtliche Ansichten, 1821, S. 12.
[133] Art. Beschluß, in: Pierers Universal-Lexikon, 1857, S. 668 (668): „die Entschließung, welche mehrere über eine Sache berathschlagende Personen lassen, in der Staatswissenschaft nur von administrativen od. polizeilichen Behörden gebraucht, da hingegen die Umschließung von Gerichtshöfen Spruch, Urtheil, Bescheid heißt."

gung der Zensur: „Ein Umstand aber, der für alle rechtlichen Urtheile so viel Werth und Gewicht hat, kann bei Urtheilen über Rechte der Preßfreiheit unmöglich gleichgültig und unbedeutend sein."[134]

Wening stellt die Entscheidungsbegründungspflicht in den größeren Kontext der Öffentlichkeit staatlichen Handelns. Hierzu gehören auch die Verfahrensöffentlichkeit sowie allgemeine begründete Erlasse der Regierung. Mit diesen Beispielen für eine Öffentlichkeit untermauert er sein Anliegen, auch Zensurentscheidungen müssten künftig gegenüber Betroffenen gerechtfertigt werden. Unter dem Schlagwort der Öffentlichkeit vereinigte er damit sowohl die Entscheidungsbegründungen als auch die Verfahrensöffentlichkeit.

2. Linde (1828)

Im Abschnitt über die „Öffentlichkeit des gemeinrechtlichen Verfahrens" stellte Justin Linde in sämtlichen Auflagen seines Lehrbuchs des deutschen gemeinen Civilprocesses die Entscheidungsgründe dar. Dabei schloss er sich einer verbreiteten Ansicht seiner Zeit an. Denn die Elemente der Öffentlichkeit leitete er aus einer mittelalterlichen Tradition ab.

„Die altdeutsche Gerichtsöffentlichkeit beruhte darauf, daß alle Staatsbürger, also auch die Partheien zu der ganzen gerichtlichen Verhandlung Zutritt hatten, und die Urtheilsfinder in Gegenwart aller Anwesenden ihre Meinung laut aussprachen, der nicht mitstimmende Richter aber ein solches Urtheil offenbarlich aussagte. Mit dem Aufhören der Mündlichkeit verschwand auch die mündliche Öffentlichkeit, doch trat an deren Stelle gemeinrechtlich eine schriftliche Öffentlichkeit, vermöge welcher alle Verhandlungen vor Gericht öffentlich beurkundet, und unter öffentlicher Aufsicht zur allgemeinen Einsicht aufbewahrt, insbesondere auch durch die schriftlichen Zweifels- und Entscheidungsgründe die öffentliche Berathung der Schöffen vertreten wird."[135]

Linde unterschied zwischen einer älteren mündlichen und einer neueren schriftlichen Öffentlichkeit, die er einander als gleichwertig gegenüberstellte. Die mittelalterlichen Schöffensprüche seien schon aufgrund des Verfahrens öffentlich gewesen, weil jeder Urteiler seine Meinung für alle vernehmbar äußerte. Diese ältere Institution sei im gemeinen Recht funktional durch zwei wesentliche Aufgaben des Richters ersetzt worden: zum einen die genaue Aktenführung, auf die die Parteien zugreifen konnten, zum anderen die schriftlichen „Zweifels- und Entscheidungsgründe". Linde wählte damit eine unscharfe Terminologie, die offenlässt, inwiefern nur die *rationes decidendi* als Entscheidungsgründe galten. Jedenfalls vertraten diese Gründe die Öffentlichkeit und halfen, sie zu ersetzen. Linde untermauerte seine Darstellung mit diversen Literaturbelegen, etwa von Feuerbach und Gensler. In einer

---
[134] *Wening*, Rechtliche Ansichten, 1821, S. 11 f.
[135] *Linde*, Lehrbuch, 1828, S. 217.

Fußnote verwarf Linde folgerichtig die Ansicht Brinkmanns, wonach das schriftliche Verfahren „in dunkle Säle und finstre Kammern geführt" habe.[136] Denn nach Linde war die Öffentlichkeit nie verschwunden. Damit konstruierte Linde eine Kontinuität seit dem Mittelalter. Er klammerte einige Jahrhunderte aus, in denen es weder öffentliche Schöffenberatungen noch Urteilsgründe gab, sondern lediglich interne Relationen. Diese Sichtweise kennt keinen Unterschied zwischen der Herstellung und der Darstellung einer Entscheidung.

In späteren Auflagen schickte er diesen Ausführungen einen Abschnitt über das antike Rom voran.[137] Parallel zur „altdeutschen Gerichtsöffentlichkeit" skizzierte er eine Entwicklung von einer mündlichen Öffentlichkeit, die physische Anwesenheit und das unmittelbare Erleben der Prozesshandlungen umfasste, hin zur Geheimhaltung. Allerdings erwähnte er für Rom kein ähnliches Surrogat wie die Entscheidungsgründe.

3. W. H. Puchta (1829, 1830)

Wie „Öffentlichkeit" nach zeitgenössischer Vorstellung bereits durch Entscheidungsgründe hergestellt werden kann, zeigt eine Quelle aus dem Jahr 1829. Der Landrichter Wolfgang Heinrich Puchta begann sein Anleitungsbuch für junge Praktiker[138] mit einer ausführlichen Einleitung über „allgemeine Betrachtungen und geschichtliche Entwicklungen". Unter der Überschrift „Surrogat der Öffentlichkeit" findet sich der folgende Abschnitt:

„Nachdem das Rechtsverfahren aufgehört hatte, öffentlich zu seyn, mußte die hierin liegende Bürgschaft gegen Richterwillkühr auf andere Weise gegeben werden. Dieß geschah nun und geschieht noch 1) durch das Mittel der Akten, in welche alles, was Material der Entscheidung werden soll, verzeichnet wird, so daß, was nicht darin enthalten ist, für den obwaltenden Rechtsstreit als nicht existierend angenommen wird; 2) dadurch, daß die Parteien bei dem Entstehen dieser Akten mitwirkend sind, und 3) daß ihnen zu jeder Zeit deren Einsicht gestattet ist, zur Versicherung, daß keine auf die Entscheidung Einfluß habende Erörterung ihnen geheim bleiben könne, und sie gegen Auslassungen eben sowohl als gegen ungebührliche Einschaltungen ihre Rechte zu wahren vermögen; 4) durch Angabe der Entscheidungsgründe. Denn diese schriftlich verabfaßten Entscheidungs- (oder Zweifels- und Entscheidungs-) Gründe vertreten nun die Stelle der öffentlichen Berathung der Schöffen."[139]

Funktional hätten verschiedene „Mittel" das mittelalterliche öffentliche Verfahren ersetzt. Die ältere Öffentlichkeit galt Puchta als eine „Bürgschaft gegen Richterwillkühr". Er bezieht sich damit auf ungelehrte dinggenossen-

---

[136] *Linde*, Lehrbuch, 1828, S. 217 Fn. (4).
[137] *Linde*, Lehrbuch, 1838, S. 188; *ders.*, Lehrbuch, 1850, S. 194.
[138] Siehe zu Puchta und seinem Lehrwerk oben E. II. 4.
[139] *Puchta*, Dienst der Justizämter, 1829, S. 122.

schaftliche Verfahren vor dem Einfluss des romanisch-kanonischen Prozesses. Der Umstand, also die anwesenden männlichen Mitglieder eines Dorfes, wirkte durch Zustimmung oder Ablehnung an der Entscheidungsfindung mit.[140] Die Kontrolle der Richter wäre in späterer Zeit von anderen Grundzügen des Verfahrens gewährleistet worden. Im Wesentlichen nennt Puchta hierfür zwei Aspekte: die Akten und die Entscheidungsgründe. Zusammen treten sie als Surrogat an die Stelle der „Öffentlichkeit". Wichtigstes Surrogat der Öffentlichkeit seien lange Zeit die Gerichtsakten gewesen. Denn die Akten bilden den Rechtsstreit vollständig ab, weil alles, was nicht darin steht, auch nicht Gegenstand der Entscheidung werden kann.[141] Weiter wirken die Parteien an den Akten mit, indem sie Schriftsätze einreichen. Vervollständigt ist dieses Surrogat durch die Möglichkeit der Einsichtnahme seitens der Parteien. So können sie oder ihre Sachwalter sowohl die „Auslassungen" als auch „ungebührliche Einschaltungen" bemerken und dagegen vorgehen.

Zusätzlich werde die Öffentlichkeit in neuerer Zeit durch die Angabe der Entscheidungsgründe ersetzt. Nach Puchta vertreten die Entscheidungsgründe die Stelle der öffentlichen Beratung der Schöffen. Er lässt dabei außen vor, dass die Beratung erst auf eine Entscheidung hinausläuft, während der Ausgang des Rechtsstreits schon feststeht, wenn das Gericht die Entscheidungsgründe formuliert. Zwar bleibt letztlich offen, „ob diese Art der Öffentlichkeit durch Akten und Entscheidungsgründe der ältern Öffentlichkeit gleich kommt oder nicht",[142] doch beide Institute ersetzen die mittelalterliche Öffentlichkeit für Puchta zumindest teilweise. Er kritisiert hingegen, dass häufig die Parteien keinen Zugriff auf die Entscheidungsgründe hatten. In wenigen Sätzen skizziert Puchta den historischen Umgang mit den Entscheidungsgründen bis in seine Zeit:

„Diese Gründe wurden aber lange Zeit hindurch nur auf Verlangen edirt. Den Parteien aber wurden sie in manchen Ländern, wenn nicht die Urtheile von Juristenfacultäten oder Schöppenstühlen eingehohlt wurden, ganz versagt. Es geschah dieß wohl weniger aus Scheu vor der Öffentlichkeit, – denn diese hätte doch nur bei den Richtern ein Motiv werden können, nicht aber bei den Gesetzgebern und Regierungen, von welchen doch eine solche Anordnung ausgehen oder wenigstens gebilligt werden mußte, – als aus der grundlosen Besorgniß, es möchte die Mittheilung der Zweifels- und Entscheidungsgründe bei unzufriedenen Parteien der Streitsucht Nahrung geben. Deswegen wurden die Entscheidungsgründe erst auf erhobene Berufung oder Beschwerde, und zwar nur dem Oberrichter herausgegeben, und so war es denn auch mit wenigen Ausnahmen (namentlich ging man in

---

[140] Für einen Überblick siehe *Oestmann*, Gerichtsbarkeit und Verfahren, 2015, S. 58 f.; zur Vertiefung *Gudian*, Begründung in Schöffensprüchen, 1960; *Weitzel*, Dinggenossenschaft, 1985.

[141] *Quod non est in actis non est in mundo*, siehe zu einem möglicherweise größeren Einfluss der Mündlichkeit *Diestelkamp*, Schriftlichkeit im Kameralprozeß, in: Oestmann (Hrsg.), Formstrenge, 2009, S. 105 (105 m.w.N.).

[142] *Puchta*, Dienst der Justizämter, 1829, S. 123.

III. Entscheidungsgründe als Öffentlichkeitsersatz

Kursachsen und Preußen hier mit einem löblichen Beispiel voran) noch bis zu Ende des vorigen Jahrhunderts nicht gebräuchlich, wenigstens nicht durch Gesetze vorgeschrieben, den Urtheilsausfertigungen die Gründe beizufügen."[143]

Neutral und ganz dem Sprachgebrauch der Zeit entsprechend geht er schlicht von „Gründen" aus. Zunächst bezieht er sich mit dieser Formulierung auf interne Dokumente. Teilweise wurden die Urteile nur für den Oberrichter in der Rechtsmittelinstanz begründet. Sodann erwähnt er Begründungen gegenüber den Parteien, die nur ausnahmsweise möglich waren. Er vermutet, die Gerichte hätten die Begründung aus der Sorge verheimlicht, sie könnten sonst „bei unzufriedenen Parteien der Streitsucht Nahrung geben". Als Wegbereiter der Begründungspflicht lobt Puchta die Gesetzgebung in Kursachsen und Preußen. Weshalb eine Begründung zuvor nicht stattfand, ist für ihn nicht klar. Aber für seine eigene Zeit stellt er optimistisch fest:

„Heut zu Tage möchte wohl die entgegengesetzte Praxis zu den seltenen Ausnahmen gehören, und so trifft denn unsere Rechtspflege der Vorwurf der Heimlichkeit, der sie sofern vorhin mit Recht betroffen, nicht mehr. Es ist hier nicht der Ort, zu untersuchen, ob diese Art der Öffentlichkeit durch Akten und Entscheidungsgründe der ältern Öffentlichkeit gleich kommt oder nicht. Daß aber namentlich die Entscheidungsgründe für nichts weiter als bloß für ‚Krücken einer kranken Justiz' zu betrachten, möchte doch bei unbefangener Prüfung sich etwas anders darstellen. Für eine schlechte Entscheidung können freilich Gründe, vielleicht in großer Menge angeführt werden; sie wird darum nicht besser: aber eine auf gute Gründe gebaute Entscheidung kann unmöglich eine schlechte seyn."[144]

In der Praxis würden die Entscheidungsgründe nun veröffentlicht. Puchta geht von nur ganz seltenen Ausnahmen aus. Daher sei die Rechtspflege überhaupt nicht mehr heimlich, vielmehr, so schwingt in dieser Aussage mit, sei die Rechtspflege bereits öffentlich. Allerdings äußert er sich nicht abschließend zu der Frage, ob diese Form der Öffentlichkeit gleichbedeutend mit der Öffentlichkeit mittelalterlicher Verfahren ist. In einem Lehrbuch enthält er sich einer abschließenden politischen Bewertung. Insofern verwendet er den Ausdruck „Surrogat" im allgemeinsprachlichen Sinne. Es handelt sich nach einer zeitgenössischen Definition um ein „Ersatzmittel, welches die Stelle einer anderen schwer oder gar nicht zu erlangenden Sache vertreten soll"[145] und könnte daher auch von geringerer Qualität sein. Allerdings verteidigt er die Entscheidungsgründe gegen die harsche Kritik Feuerbachs. Dieser hatte in seinen „Betrachtungen über Öffentlichkeit und Mündlichkeit" 1821 eine nachträgliche Begründung gegenüber den Parteien als bloße „Krücken einer kranken Justiz" abgetan und weitergehende Änderungen des Prozessrechts gefordert.[146] Für Puchta hingegen weisen stichhaltige Gründe auch auf ein

---

[143] *Puchta*, Dienst der Justizämter, 1829, S. 122 f.
[144] *Puchta*, Dienst der Justizämter, 1829, S. 123.
[145] Art. Surrogat, in: Brockhaus Bilder-Conversations-Lexikon, 1841, S. 337 (337).
[146] *Feuerbach*, Betrachtungen, 1821, S. 368 Fn. 29; siehe sogleich E. III. 6. a).

richtiges Ergebnis hin. Die Entscheidungsgründe erscheinen so als funktionales Äquivalent der Verfahrensöffentlichkeit. Eine weitergehende Gerichtsöffentlichkeit sei daneben überflüssig.

4. Möhl (1842)

Die folgende Quelle stammt ebenfalls aus Bayern und streift die Frage nach der Öffentlichkeit der Entscheidungsgründe. Ansonsten ist sie jedoch in einem völlig anderen Kontext entstanden. Es handelt sich um einen Aufsatz des heute weitgehend in Vergessenheit geratenen Autors Arnold Möhl.[147] Möhl wurde 1806 in Mannheim geboren und verstarb 1879 in Speyer.[148] Der promovierte Frankenthaler Bezirksrichter verfasste in seiner Freizeit gelegentlich Beiträge in regionalen und überregionalen Zeitschriften und monografische Abhandlungen über strafrechtliche und strafprozessuale Fragen. Er schrieb in den 1830er und 40er Jahren Aufsätze zu rechtspolitisch brisanten Themen, etwa „Über den Zweck der Strafe" (Heidelberg 1837), „Über das Geschworenengericht" (Heidelberg 1838, 2. Auflage 1848), „Über das Repräsentativsystem (Mannheim 1840), „Über das Naturrecht" (Mannheim 1841) und „Über die neuen religiösen Wirren in Deutschland" (Mannheim 1845). Sein Aufsatz „Über das Urtheilen rechtsgelehrter Richter ohne gesetzliche Beweistheorie" erschien 1842 in der „Zeitschrift für deutsches Strafrecht". Überwiegend Praktiker äußerten sich in der Zeitschrift zu aktuellen Problemen der Strafrechtspflege. Die Zeitschrift richtete sich nicht primär an eine universitäre Leserschaft. Möhl bezog die wissenschaftlichen Veröffentlichungen der Zeit aber umfassend ein und zog in seinem Plädoyer für eine freie Beweiswürdigung Regelungen in anderen europäischen Staaten als Argumente heran.

Neben den Entscheidungsgründen und der Gerichtsöffentlichkeit thematisierte Möhl in seinem Aufsatz von 1842 eine dritte kontroverse Frage seiner Zeit: den Freibeweis. Das betraf nicht die Art der Beweismittel, sondern die Überzeugungsbildung des Gerichts. Die formale Beweislehre schrieb genau vor, wann eine Tatsache als erwiesen galt, wann also der Vollbeweis erbracht war. Die freie Beweiswürdigung wollte die Aufgabe der Gewichtung der Beweise hingegen den Richtern auferlegen. Die ältere, gesetzliche Beweistheorie stieß seit der Ächtung der Folter an ihre Grenzen. Sobald ein Geständnis nicht mehr mit Gewalt erpresst werden durfte, bestanden kaum noch Möglichkeiten, eine Straftat vor Gericht nachzuweisen. Denn ein

---

[147] Neuere Erwähnungen finden sich bei *Greve*, Verbrechen und Krankheit, 2004, S. 191, mit dem Zitat von Möhl, Strafe sei „Medizin für den Verbrecher" und bei *Reulecke*, Gleichheit und Strafrecht, 2007, S. 261 f.

[148] *Anonym*, Ein guter Jurist, Beiblatt zur Landshuter Zeitung 31 (1879), Nr. 5, S. 18 (18).

III. Entscheidungsgründe als Öffentlichkeitsersatz 153

Geständnis, das als Vollbeweis galt, war nun schwierig zu erlangen.[149] Auch zwei glaubwürdige Zeugen, die alternativ für einen Vollbeweis erforderlich waren, waren selten zur Stelle. Die Diskussion über eine Reform des Beweisrechts fand daher vorwiegend im Kontext des Strafprozessrechts statt. Doch auch im Zivilrecht dominierte bis ins späte 18. Jahrhundert eine formale Beweislehre, sofern nicht der *Code de procédure civile* Anwendung fand.[150] Die vorgebrachten Argumente gelten daher für das Strafrecht und das Zivilrecht gleichermaßen. Liberale forderten, die gesetzliche Beweistheorie mit ihren halben und viertel Beweisen durch eine freie richterliche Beweiswürdigung zu ersetzen. Doch auch dieser Vorschlag rief Kritiker auf den Plan; man fürchtete willkürliche Urteile. Denn die Beweislehre sollte den Beschuldigten im Strafprozess ursprünglich schützen.[151] Dieses Verfahren sollte auch im Zivilprozessrecht Objektivität gewährleisten. Zum Zeitpunkt von Möhls Aufsatz stand die zentrale prozessuale Frage kurz vor einem entscheidenden Durchbruch. 1846, gut 100 Jahre nach der gesetzlichen Abschaffung der Folter, sollte Preußen als erster Staat Beweisregeln im Strafrecht grundsätzlich abschaffen und so die freie Beweiswürdigung einführen.[152]

Möhl ergriff in dieser Diskussion wenige Jahre vor der preußischen Reform das Wort für die freie Beweiswürdigung. Allerdings vertrat er diese Meinung nicht apodiktisch, sondern differenzierte nach verschiedenen möglichen Grundprinzipien des Strafverfahrens.[153] Sofern das Verfahren öffentlich sei und eine Entscheidungsbegründungspflicht bestehe, befürworte er auch die freie Beweiswürdigung. Im Falle eines heimlichen und schriftlichen Verfahrens müsse hingegen die gesetzliche Beweistheorie Anwendung finden. Beide Konstellationen sollten willkürliche Entscheidungen der Richter verhindern. Ein heimliches und schriftliches Verfahren erfordere auch strenge Beweisregeln. Sonst könne der Richter seine Entscheidung losgelöst von den Tatsachen treffen. Bei einem öffentlichen Verfahren mit zusätzlicher, nachträglicher Begründungspflicht hingegen könne die Würdigung des Beweises

---

[149] Allerdings gab es auch in Deutschland Indizienbeweise, die allerdings noch zu einem Vollbeweis addiert wurden, *Ignor*, Geschichte des Strafprozesses, 2002, S. 186 f.; Verdachts- und Ungehorsamsstrafen traten in Preußen für ca. 100 Jahre an die Stelle der Folter, *Oestmann*, Gerichtsbarkeit und Verfahren, 2015, S. 212; *Koch*, Folterbefürworter, in: Altenhain/Willenberg (Hrsg.), Geschichte der Folter, 2011, S. 11 (17), qualifiziert die Verdachtsstrafen als Unterfall der schon im gemeinen Recht bekannten *poena extraordinaria*; ebenso *Koch*, Grundlagen, in: FS Rüping, 2008, S. 393 (398 f.).

[150] *Deutsch*, Beweis, in: HRG 2008, Sp. 559 (563); Auseinandersetzungen der Zeitgenossen und der Forschung um eine freie Beweiswürdigung im Ius Commune weist *Schmoeckel*, Humanität und Staatsraison, 2000, S. 285–294 nach, der den Richter im Spannungsfeld zwischen festen Beweisregeln und weitreichenden Kompetenzen im Verfahren zeigt.

[151] *Oestmann*, Gerichtsbarkeit und Verfahren, 2015, S. 210.

[152] *Ignor*, Geschichte des Strafprozesses, 2002, S. 252.

[153] *Möhl*, Urteilen, Zeitschrift für deutsches Strafverfahren 2 (1842), S. 277 (278).

dem Richter überlassen werden, weil er sich im Nachgang ohnehin noch schriftlich rechtfertigen müsse. Die Rechenschaftspflicht im Wege der Entscheidungsgründe sichert nach Möhl ein Verfahren mit freier Beweiswürdigung ab:

> „Allein wo ist die so nothwendige Garantie der Unschuld, wo ist die Schranke gegen die Willkür des Richters? Sie ist enthalten in der Wissenschaft und dem Gewissen des Richters, in der Nothwendigkeit für denselben, Rechenschaft über seine Überzeugung durch Entscheidungsgründe zu geben und in der Öffentlichkeit der Verhandlung, als der conditio sine qua non der Richtigkeit und Gerechtigkeit der richterlichen Entscheidung".[154]

Möhl benennt vier Schranken gegen richterliche Willkür im Freibeweisverfahren. Neben der wissenschaftlichen Arbeitsweise[155] und dem Gewissen des Richters sind dies die Entscheidungsbegründungspflicht und die Öffentlichkeit des Verfahrens. Für Möhl ist es selbstverständlich, dass eine wissenschaftliche Methode die richterliche Willkür nachhaltig einschränkt. Die wissenschaftliche Ausbildung des Richters und sein persönliches Gewissen schützen aber ebenso bei heimlichen und schriftlichen Verfahren vor richterlicher Willkür. Die zwei weiteren „Schranken" setzen bei einer genaueren Überprüfbarkeit an. Anders als beim geheimen Verfahren ist er mit den Entscheidungsgründen und einer öffentlichen Verhandlung zusätzlich rechenschaftspflichtig. Möhl stellt damit die schriftlichen Gründe und die Öffentlichkeit nebeneinander. Insbesondere das Prinzip der Öffentlichkeit sei für Richtigkeit und Gerechtigkeit unerlässlich.

Möhl behandelt die Begründungspflicht und die Öffentlichkeit an dieser Stelle noch als zwei gleichwertige, nicht voneinander abhängige Garantien gegen willkürliche Entscheidungen. In demselben Aufsatz setzt er die beiden Prozessmaximen jedoch in ein eindeutiges Verhältnis:

> „Ohne Entscheidungsgründe fehlt der Prüfstein der treuen Auffassung, der richtigen Abwägung der Beweisverhandlung, so wie der gerechten Entscheidung, ohne sie fehlt eine der wesentlichen Garatieen der Gerechtigkeit, einer der wesentlichen Bestandtheile der Öffentlichkeit, eines der unentbehrlichen Mittel zur Erweckung und Erhaltung des Vertrauens in die gerechte Handhabung der Justiz, in die unpartheiische Rechtspflege. Aber immerhin bleibt selbst diesem System, wornach rechtsgelehrte Richter bei übrigens öffentlicher und mündlicher Verhandlung ohne Beweistheorie nur nach innerer Überzeugung und ohne Angabe von Entscheidungsgründen urtheilen, vor dem Systeme der Geschworenengerichte der Vorzug."[156]

Möhl tritt hier erneut für Entscheidungsgründe ein. Obwohl die gesetzliche Pflicht in Bayern schon besteht und nicht gefährdet ist, verteidigt er sie vehement. Dies kann an der überregionalen Ausrichtung der Zeitschrift liegen, weil Entscheidungsgründe noch nicht überall in Deutschland selbstständ-

---

[154] *Möhl*, Urtheilen, Zeitschrift für deutsches Strafverfahren 2 (1842), S. 277 (292 f.).
[155] Dazu unten E. VIII.
[156] *Möhl*, Urtheilen, Zeitschrift für deutsches Strafverfahren 2 (1842), S. 277 (304).

lich waren. Wahrscheinlicher ist jedoch, dass Möhl nur im Zusammenhang mit Geschworenengerichten überhaupt an fehlende Entscheidungsgründe dachte. Denn Urteile von Geschworenengerichten waren nicht begründet.[157] Die Laien entschieden über Schuld oder Unschuld des Angeklagten, mussten als Nichtjuristen dieses Ergebnis aber nicht begründen. Möhls Ausführungen sind damit auch als Plädoyer gegen Geschworenengerichte und für eine Besetzung der Gerichte ausschließlich mit Berufsrichtern zu lesen. Hier betont Möhl erneut, die freie Beweiswürdigung sei nur in Kombination mit einer Rechenschaftspflicht möglich. Die Entscheidungsgründe werden damit zu einer wesentlichen „Garantie der Gerechtigkeit". In diesem Zusammenhang bezeichnet Möhl die Entscheidungsgründe als einen der wesentlichen Bestandteile der Öffentlichkeit. Öffentliche Verhandlung und Entscheidungsgründe stehen danach nicht mehr nebeneinander, sondern die Gründe erscheinen als Teil der Forderung nach mehr Öffentlichkeit. Das Verhältnis von Entscheidungsgründen zur Öffentlichkeit ist bei Möhl also nicht eindeutig. Festzuhalten bleibt aber, dass Möhl ausgerechnet die Entscheidungsgründe als Argument gegen die Geschworenengerichte anführt. Die verschriftlichten Entscheidungsgründe bilden bei ihm einen Unterpunkt der Forderung nach öffentlichen Gerichtsverfahren.

In seiner Argumentation zeichnet er einen Zusammenhang zwischen der Öffentlichkeit des Verfahrens, der Entscheidungsbegründungspflicht und der freien Beweiswürdigung. Die Frage, ob die gesetzliche Beweistheorie nicht länger fortbestehen solle, hängt für ihn vom „Grundprincip" des Strafprozesses ab.[158] Das Untersuchungsprinzip mit Heimlichkeit und Schriftlichkeit des Verfahrens stehe mit der gesetzlichen Beweistheorie in engem Zusammenhang. Die gesetzliche Beweistheorie wäre hingegen unzweckmäßig und verwerflich für ein Verfahren, das nach dem Anklageprinzip ausgerichtet ist und öffentlich und mündlich abgehalten wird. Die Verfahrensform ist danach richtungsweisend für weitere Prinzipien. Eine freie Beweiswürdigung kann es nach Möhl nur geben, sofern gelehrte Richter entscheiden, denn ein Geschworenengericht entscheide ohnehin nach seiner innersten Überzeugung:

„Nur wo rechtsgelehrten Richtern die Entscheidung über die Thatfrage anheimgestellt ist, kann die Frage über die Zweckmäßigkeit oder Unzweckmäßigkeit einer gesetzlichen Beweistheorie aufgeworfen werden, denn die rechtsgelehrten Richter sollen nicht nach einer innersten Überzeugung sprechen, deren Gründe Niemand erfährt, nach denen man nicht fragen darf, sondern sie sollen Rechenschaft geben über ihre Überzeugung vor Gott und den Menschen, sie sollen die Gründe entwickeln, auf welchen ihre Entscheidung beruht, sie sollen die Basis ihrer Entscheidung durch offene Darlegung der Motive offenbaren [...]."

---

[157] *Werkmüller*, Urteilsbegründung, in: HRG 1998, Sp. 611 (614); *Koch*, Die gescheiterte Reform, ZIS 4 (2009), S. 542 (546).
[158] *Möhl*, Urtheilen, Zeitschrift für deutsches Strafverfahren 2 (1842), S. 277 (278).

Die Nothwendigkeit und Zweckmäßigkeit der Entscheidungsgründe kann keinem Zweifel unterworfen sein."[159]

Die freie Beweiswürdigung steht danach für ein rationales und nachvollziehbares Entscheiden, bei dem es nicht bloß um eine persönliche Überzeugung geht. Anders als Geschworene sollen Richter ihr Urteil begründen und diese Begründung offen darlegen. Richter entscheiden danach rational und wägen ihr Urteil sorgsam ab. Nach Möhl treffen sie daher nachvollziehbarere Entscheidungen als Geschworenengerichte. Deshalb zieht er Richter, die eine freie Beweiswürdigung vornehmen, den Geschworenengerichten vor. Doch die freie Beweiswürdigung soll mit der Öffentlichkeit des Verfahrens und der Öffentlichkeit der Entscheidungsgründe Hand in Hand gehen. Dieses Argument zieht sich als wiederkehrender roter Faden durch den Aufsatz.[160] Möhl sieht die Entscheidungsgründe als Teilbereich einer umfassenderen Gerichtsöffentlichkeit an und stellt öffentliche Verhandlungen und Entscheidungsgründe gleichermaßen einer heimlichen Rechtspflege gegenüber.

5. Schmid (1843)

Doch in den 1840er Jahren gab es noch restriktivere Positionen. Andreas Christian Johannes Schmid stellte in seinem „Handbuch des gemeinen deutschen Civilprocesses" weitaus geringere Anforderungen an die Verfahrensöffentlichkeit.

„Die Öffentlichkeit des Verfahrens ist verschieden theils nach ihrem Umfang, theils nach den Mitteln, wodurch sie bewirkt wird. Ihrem Umfang nach ist sie: 1) eine solche, wodurch die gerichtlichen Verhandlungen zur Kunde eines Jeden, der davon Kenntniß zu nehmen wünscht, oder wenigstens der Gerichtsuntergebenen, gelangen, und zwar entweder durch Gestattung der unmittelbaren Gegenwart derselben bei den gerichtlichen Verhandlungen selbst, oder durch Gestattung der Einsicht der Protocolle und Acten".[161]

Nach Schmid ist die Einsicht in Protokolle und Akten gleichwertig mit der Anwesenheit während gerichtlicher Verhandlungen. Nicht einmal Entscheidungsgründe sind für öffentliche Gerichtsverhandlungen erforderlich, sondern die Möglichkeit der Einsichtnahme genügt. Schmid publizierte sein „Handbuch" als Privatdozent in Kiel. Der entschiedene Befürworter der Begründungspflicht in Schleswig und Holstein, Rudolf Brinkmann, war zu diesem Zeitpunkt bereits am Kieler Oberappellationsgericht tätig.[162] Schmid zitierte den ehemaligen Hochschullehrer zwar,[163] betonte aber, Entscheidungs-

---

[159] *Möhl*, Urtheilen, Zeitschrift für deutsches Strafverfahren 2 (1842), S. 277 (286).
[160] Vgl. *Möhl*, Urtheilen, Zeitschrift für deutsches Strafverfahren 2 (1842), S. 277 (292 f., 302 f., 304).
[161] *Schmid*, Handbuch, 1843, S. 283.
[162] *Tütken*, Privatdozenten, 2005, S. 493.
[163] *Schmid*, Handbuch, 1843, S. 288 Fn. 12.

III. Entscheidungsgründe als Öffentlichkeitsersatz 157

gründe seien „in den Gesetzesquellen des gemeinen Rechts nicht gefordert".[164] Schmid wollte das gemeine deutsche Zivilprozessrecht „in seiner jetzigen Ausbildung und practischen Anwendbarkeit"[165] darstellen. Noch 1843 waren Entscheidungsgründe für ihn nicht Bestandteil des gemeinen deutschen Zivilprozesses.

6. Stimmen gegen die Gleichsetzung

Erstaunlich viele Autoren akzeptierten die nunmehr vorgeschriebenen Entscheidungsgründe als Umsetzung der politisch umkämpften Öffentlichkeit von Gerichtsverhandlungen. Doch diese Ansicht blieb nicht unwidersprochen. Rudolf Brinkmann argumentierte gegen die Gleichsetzung verschiedener Öffentlichkeiten, um für Entscheidungsgründe einzutreten. Damit schloss er sich inhaltlich Nikolaus Thaddäus Gönner an, der schon 1810 diese Meinung geäußert hatte. Der lauteste Widerspruch gegen die Gleichsetzung kam jedoch von Anselm von Feuerbach. Entscheidungsgründe konnten für ihn eine Verfahrensöffentlichkeit gerade nicht ersetzen.

a) Feuerbach (1821)

Feuerbach veröffentlichte 1821 seine „Betrachtungen über die Öffentlichkeit und Mündlichkeit der Gerechtigkeitspflege". Er bestreitet darin die Ansicht einiger Zeitgenossen, die Begründungspflicht sei ein Ersatz gerichtlicher Öffentlichkeit. In einer vorangestellten Begriffsklärung differenziert er zwischen verschiedenen Formen gerichtlicher Öffentlichkeit. Öffentlichkeit könne „auf eine doppelte Weise gedacht werden: entweder als eine unmittelbare oder als eine mittelbare".[166] Die unmittelbare und die mittelbare Öffentlichkeit erläutert er wie folgt:

> „Durch jene werden die gerichtlichen Handlungen selbst ein Gegenstand der eignen sinnlichen Wahrnehmung Anderer; durch diese werden Andere nur durch Zeugnisse – und zwar nach unserer Gerichtsverfassung – durch urkundliche gerichtliche Zeugnisse, von dem Geschehen in Kenntnis gesetzt. Jene ist daher durch die persönliche Gegenwart derjenigen Personen bedingt, auf welche sich die Öffentlichkeit bezieht; diese schließt die persönliche Gegenwart derselben aus."[167]

Die unmittelbare Öffentlichkeit ermöglicht die eigene Wahrnehmung der Geschehnisse bei Gericht bei eigener körperlicher Anwesenheit. Die mittelbare Öffentlichkeit hingegen beruht auf der Kenntnis der Verfahrensinhalte

---

[164] *Schmid*, Handbuch, 1843, S. 288.
[165] *Schmid*, Handbuch, 1843, S. V.
[166] *Feuerbach*, Betrachtungen, 1821, S. 25.
[167] *Feuerbach*, Betrachtungen, 1821, S. 25 f.

aus gerichtlichen Urkunden. Das gelte zum Beispiel für das Urteil, wie Feuerbach in einer Fußnote sicherheitshalber erläutert:

„Die aufgeschriebene und den Partheien mitgetheilte Urtheilsausfertigung ist nicht das Urtheil selbst: Dieses wurde gesprochen, und der schriftlich mitgetheilte Aufsatz ist seinem Wesen nach blos ein urkundliches Zeugniß des Gerichts, daß ebenso, wie in der Urkunde enthalten, von dem Gerichte gesprochen worden sey."[168]

Das schriftliche Urteilsdokument belegt danach nur das zuvor ergangene mündliche Urteil. Die Urteilsausfertigung schafft danach mittelbare Öffentlichkeit. Vor diesem Hintergrund greift Feuerbach andere Ansichten zur schriftlichen Öffentlichkeit im Wege der Entscheidungsgründe an:

„Wenn in dem neuesten Partheikampf der eine Theil die Öffentlichkeit der Gerichte forderte, der andere dagegen zu erwiedern pflegte, daß die geforderte Öffentlichkeit bereits vorhanden sei; so hatten jene die unmittelbare, diese die mittelbare Öffentlichkeit im Sinn und verwirrten dadurch ohne Noth den Streit."[169]

Die bislang unscharfe Terminologie habe maßgeblich zur Verwirrung beigetragen. Feuerbach merkt an, dass auch die mittelbare Öffentlichkeit letztlich die Gerichtsgeheimnisse aufdeckt. Doch stelle sich die leicht zu beantwortende Frage, „welche von beiden Arten der Öffentlichkeit vor der andern den Vorzug verdiene?"[170] Für Feuerbach geht die „unmittelbare Erkenntniß eines Dinges unstreitig der blos mittelbaren" vor.[171] Feuerbach deckte so die Gleichsetzung von Entscheidungsgründen und öffentlichen Verfahren unter dem Schlagwort der Öffentlichkeit auf. Er argumentierte, dass neben der Entscheidungsbegründung öffentliche Verfahren wichtig seien und bezeichnete die Entscheidungsgründe als „Krücken für eine kranke Justiz",[172] die sie aber nicht heilen konnten.

Feuerbachs eigener Vorschlag war hingegen weitaus differenzierter. Er forderte zusätzlich zur Öffentlichkeit und Mündlichkeit eine Aufhebung des Beratungsgeheimnisses. Sofern die Beratung nichtöffentlich sei, sollte die „Abstimmung aller Einzelnen mit Entscheidungsgründen" versehen sein.[173] Spöttisch beschreibt er den Richter, dessen Gedanken in der Beratung vom Rechtsstreit abschweifen:

„In den Leibern, welche da mit allem Ernst richterlicher Würde schweigend im Halbkreise umhersitzen, ist vielleicht gerade jetzt die Seele nicht zu Hause, oder hält so eben eine süßträumende Ruhe, oder lustwandelt in weit angenehmern Gegenden als durch die trockenen Gemeinplätze des jetzt verhandelten Rechtsstreits".[174]

---

[168] *Feuerbach*, Betrachtungen, 1821, S. 25.
[169] *Feuerbach*, Betrachtungen, 1821, S. 26.
[170] *Feuerbach*, Betrachtungen, 1821, S. 26.
[171] *Feuerbach*, Betrachtungen, 1821, S. 26.
[172] *Feuerbach*, Betrachtungen, 1821, S. 368 Fn. 29.
[173] *Feuerbach*, Betrachtungen, 1821, S. 130.
[174] *Feuerbach*, Betrachtungen, 1821, S. 135.

Feuerbach gibt zu bedenken, dass die Stimme eines abgelenkten Richters, der sich unbedacht dem Referenten anschließt, genauso viel zählt, wie alle anderen Stimmen des Kollegiums. Die Pflicht, Einzelvoten zu begründen, würde genau diesem Missstand abhelfen und den Richter zwingen, sich zu konzentrieren.[175] In den „Betrachtungen" forderte Feuerbach umfassende Reformen der Gerichtsbarkeit. Die Entscheidungsgründe akzeptierte er nur als ersten Schritt in die richtige Richtung.

b) Brinkmann (1826)

Rudolf Brinkmann setzte Entscheidungsgründe ebenfalls ins Verhältnis zu öffentlichen und mündlichen Verfahren. Allerdings verwies er auf Öffentlichkeit und Mündlichkeit, um die Notwendigkeit von schriftlichen Entscheidungsgründen erneut zu unterstreichen. Damit steht sein Text in einem eigenartigen Kontrast zu den etwas früheren Forderungen Feuerbachs. Brinkmann meinte über Frankreich, die „Öffentlichkeit des Verfahrens" habe „dazu beigetragen, die Rechtswissenschaft praktisch zu bilden; allein daß diese Öffentlichkeit allein den Segen verbreite, würde nur ein Kurzsichtiger zu behaupten wagen".[176] Öffentliche Gerichtsverfahren sind danach ein erster Schritt, um eine wissenschaftliche und eine praktische Beschäftigung miteinander in Einklang zu bringen. Doch Brinkmann versuchte mit einer einfachen Gegenüberstellung zu beweisen, dass öffentliche Verfahren dafür nicht genügen. „Im Herzogthume Schleswig ist Öffentlichkeit und Mündlichkeit des Processes",[177] erläuterte er „und so ist die Erklärung sehr natürlich, daß in Ermangelung wissenschaftlich gefundener und öffentlich gegebener Urtheilsgründe auch der Anbau der praktischen Rechtswissenschaft unterblieben sei".[178] Obwohl es in Schleswig öffentliche und mündliche Verhandlungen gebe, sei die „praktische Rechtswissenschaft" rückständig. Mit der „praktischen Rechtswissenschaft" bezieht sich Brinkmann auf die wissenschaftliche Rechtsanwendung in Einzelfällen vor Gericht.[179] Die von Brinkmann beobachteten Mängel und Probleme seines Faches schob er auf die fehlende Begründungspflicht. Nur mit dieser zusätzlichen Verpflichtung, könne eine wissenschaftliche Rechtsanwendung garantiert sein. Damit folgte Brinkmann inhaltlich einer etwas abseitig publizierten Ansicht Gönners.

Bereits 1810 hatte Nikolaus Thaddäus Gönner in seinem „Archiv für die Gesetzgebung und Reforme des juristischen Studiums" den „Vorschlag einer

---

[175] Die Begründung der Einzelvoten entspricht gerade nicht der allgemeinen Begründungspflicht gegenüber den Parteien, so aber offenbar *Kischel*, Begründung, 2003, S. 25.
[176] *Brinkmann*, Urtheilsgründe, 1826, S. 58.
[177] *Brinkmann*, Urtheilsgründe, 1826, S. 58.
[178] *Brinkmann*, Urtheilsgründe, 1826, S. 59.
[179] Siehe dazu E. VIII. 1.

Sammlung aller wichtigen Urtheile besonders von den Obergerichten, als Mittel zur Vervollkommnung der Gesetze" veröffentlicht. Er forderte eine Zusammenstellung der wegweisenden Urteile verschiedener höchster Gerichte. Sein Vorschlag sollte erst mit Seufferts Archiv 1847 überregional umgesetzt werden. Gönner erörterte das Verhältnis von „Jurisprudence", also der Rechtsprechung, zu „Doctrin und Legislation", wie bereits der Untertitel seiner Schrift verrät.

Wesentliche Voraussetzung für eine solche Entscheidungssammlung waren ausführliche Entscheidungsbegründungen. Gönner trennte nicht scharf zwischen einer Begründung gegenüber den Parteien und einer späteren weitergehenden Veröffentlichung. Die Öffentlichkeit des Verfahrens betrachtete Gönner zwar als eigene Prozessmaxime, aber er räumte daneben veröffentlichten Entscheidungsgründen einen immensen Stellenwert ein, indem er schrieb:

„Hinweg mit der zwecklosen Publicität der Verhandlungen in bürgerlichen Rechtsstreitigkeiten, deren Eindruck erlischt wie der Schall eines Wortes verhallt, die nicht gelangt zur Wissenschaft des Kenners, die entzogen ist dem reifern Nachdenken verständiger Rechtsgelehrten".[180]

Gönner bezeichnete die öffentlichen Verhandlungen im Vergleich mit Entscheidungsgründen als „zwecklos", weil die mündlichen Äußerungen im Gericht nicht festzuhalten sind. Er bedauerte, dass außer den Zuschauern niemand davon erfahre. Namentlich gelehrte Juristen nähmen regelmäßig keine Notiz davon.

„Nur die Publicität der Urtheile bildet eine Controle gegen die Richter [...]. Publicität der Verhandlungen leistet nichts von allem diesen [...], so lange nicht ihr Ausspruch kund wird der Nation, und durch Publicität der öffentlichen Prüfung unterworfen. Eben diese Publicität sichert der Justizverwaltung weit mehr, als das sonderbarste aller Geheimnisse, das berühmte Referentengeheimniß."[181]

Gönner spricht von der Publicität der Urteile einerseits und der Publicität der Verhandlungen andererseits, womit er im ersten Fall eine schriftliche Öffentlichkeit, im zweiten eine mündliche meint. Die Möglichkeiten einer Kontrolle seien bei öffentlichen Urteilen, also veröffentlichten Entscheidungsgründen, viel größer als beim bloß physischen Zugang zum Raum der Gerichtsverhandlung.

Brinkmann und Gönner waren sich demnach einig, dass Entscheidungsbegründungen auf den urteilenden Richter und die Rechtswissenschaft selbst

---

[180] *Gönner*, Vorschlag, in: ders. (Hrsg.), Archiv für die Gesetzgebung und Reforme des juristischen Studiums, 1810, S. 202 (214).

[181] *Gönner*, Vorschlag, in: ders. (Hrsg.), Archiv für die Gesetzgebung und Reforme des juristischen Studiums, 1810, S. 202 (214 f.).

weitaus positivere Auswirkungen haben können, als die bloße Öffentlichkeit des Verfahrens.

7. Ergebnis

Öffentlichkeit erforderte nach Auffassung einiger Zeitgenossen nicht notwendig Mündlichkeit, sondern konnte durch ausformulierte Entscheidungsgründe gewahrt sein. Die Autoren traten damit für eine schriftliche Form der Öffentlichkeit ein. Anscheinend herrschte keine Einigkeit in der Frage, was eigentlich ein „öffentliches Verfahren" sein sollte. Selbst innerhalb der hier vorgestellten Quellen, die eine ähnliche These vertreten, bedeutet Öffentlichkeit nicht das gleiche. Besonders eindrücklich ist das bei Arnold Möhl. Möhl stellt das öffentliche Verfahren und die Entscheidungsgründe gleichwertig nebeneinander, um wenige Seiten später die Entscheidungsgründe als Ausschnitt aus der Forderung nach einem öffentlichen Verfahren zu bezeichnen. Hellsichtig erkannte Anselm von Feuerbach schon 1821 die Verwechslung. Viele Autoren schrieben aber unbeirrt weiter über bereits umgesetzte öffentliche Verfahren in Form der Begründungspflicht. Wolfgang Heinrich Puchta zitierte Feuerbach sogar ausdrücklich,[182] ließ sich aber inhaltlich nicht von ihm beeindrucken.

Den vorgestellten Quellen zufolge war die Zugänglichkeit der Verhandlung für Außenstehende nicht nötig, damit die Forderung der Öffentlichkeit als erfüllt galt. Vielmehr genügte es nach Ansicht der Autoren, im Anschluss an das Verfahren in den Entscheidungsgründen nachzulesen, wie der Richter entschieden hatte und welche Erwägungen er dafür benannte. Abstrakt formuliert verlangten die Autoren nicht, dass die Herstellung eines Urteils beobachtbar ist, sondern gaben sich mit einer später verfügbaren Darstellung zufrieden.[183] Danach konnte eine mündliche Verhandlung öffentlich sein, bei der nur die abschließende richterliche Beratung geheim war. Umgekehrt sollte es aber auch genügen, wenn die Überlegungen der weiterhin geheimen Beratung im Wege der Entscheidungsbegründung zugänglich gemacht wurden.

Neben der politisch brisanten Forderung nach öffentlichen Verfahren stand die Forderung nach öffentlichen Entscheidungsgründen nicht so stark im Zentrum der Aufmerksamkeit, sondern spielte sich im Schatten dieser größeren Diskussion ab. Doch für Juristen ist die Kenntnis der Gründe wichtiger als die Möglichkeit der körperlichen Anwesenheit im Verfahren, wie

---

[182] *Puchta*, Dienst der Justizämter, 1829, S. 123.
[183] *Weitzel*, Werte und Selbstbewertung, in: Cordes (Hrsg.), Juristische Argumentation, 2006, S. 11 (14); *Hocks*, Gerichtsgeheimnis, 2002, S. 128 Fn. 382, bestreitet noch für das späte 18. Jahrhundert, dass die Unterscheidung zwischen Entscheidungsherstellung und -darstellung überhaupt getroffen worden sei.

Gönner und Brinkmann betonten. Schon zeitgenössisch war bekannt, dass sich kaum Zuschauer in eine öffentliche Verhandlung verirrten.[184] Insbesondere für zukünftige Rechtsstreitigkeiten eröffnete die Bekanntgabe der Gründe mehr Möglichkeiten für Wissenschaft und Praxis.[185] Obwohl die Entscheidungsgründe viel detailreicher über das Verfahren Aufschluss geben, entspricht ihre Veröffentlichung jedoch einem engeren Verständnis einer Gerichtsöffentlichkeit. Denn juristischen Laien bleibt der Zugang zumindest faktisch eher verschlossen. Anders als bei einer mündlichen Verhandlung, aus der Zuschauer einen persönlichen Eindruck gewinnen, sind die Gründe letztlich exklusiv für Juristen. Denn juristischer Sachverstand ist von unschätzbarem Vorteil, um die Gründe zu verstehen und so geht die Forderung in den Quellen am sonstigen Ideal einer „Öffentlichkeit aller Gebildeten"[186] vorbei.

In gewisser Weise verbirgt sich in den präsentierten Quellen eine konservative Position im wahrsten Sinne des Wortes. Indem die Autoren der bayerischen Instruktion, Steiger, Wening, Linde, Puchta, Möhl und Schmid in unterschiedlichen Abstufungen behaupten, die Entscheidungsgründe wären bereits eine Form der Gerichtsöffentlichkeit, setzen sie sich für die Bewahrung der Verhältnisse und gegen eine Ausweitung von öffentlichen Verhandlungen ein. Die meisten Autoren kamen aus Bayern. Dort waren Entscheidungsgründe bereits vorgeschrieben und sie begegneten weitergehenden Forderungen mit genau diesem Argument.[187] Brinkmann schrieb aus der umgekehrten Warte heraus: Mit mündlichen und öffentlichen Gerichtsverfahren in Schleswig und Holstein gab er sich nicht zufrieden, sondern forderte daneben Entscheidungsgründe.

Einige Autoren hoben ausdrücklich hervor, dass die umstrittenen Arten der Öffentlichkeit die Justiz kontrollieren sollten.[188] Puchta sprach von einer „Bürgschaft gegen Richterwillkühr", Möhl sah in der Kontrollmöglichkeit die Überlegenheit gegenüber Geschworenengerichten.

---

[184] Dazu anschaulich *Fögen*, Gerichtsöffentlichkeit, 1974, S. 28 f.

[185] Siehe *Mohnhaupt*, Sammlung und Veröffentlichung, in: Battenberg/Ranieri (Hrsg.), Geschichte der Zentraljustiz, 1994, S. 403–420; *Berger/Günzl/Kramp-Seidel*, Normen und Entscheiden, in: Pfister (Hrsg.), Kulturen des Entscheidens, 2019, S. 248 (259–263).

[186] *Stolleis*, Geschichte des öffentlichen Rechts II, 1992, S. 47.

[187] So auch *Laue*, Öffentlichkeit des Strafverfahrens, in: Strafverteidigervereinigungen (Hrsg.), Strafverteidigung vor neuen Aufgaben, 2010, S. 135 (143 f.); *Werkmüller*, Urteilsbegründung, in: HRG 1998, Sp. 611 (614): „In verschiedenen Staaten hatten die Landstände die Forderung nach Entscheidungsgründen – sozusagen als Vorstufe und als Ersatz für die noch nicht durchgesetzte Öffentlichkeit der Verfahren – in ihren politischen Forderungskatalog aufgenommen."

[188] Auch heute tragen Öffentlichkeit und Mündlichkeit sowie die Begründungspflicht gleichermaßen zur Kontrolle der Justiz bei, siehe *Voßkuhle/Sydow*, Die demokratische Legitimation, JZ 57 (2002), S. 673 (680).

IV. Entscheidungsgründe als Gesetzesanwendung

Die neu aufkommende Begründungspflicht stand in einem eigentümlichen Zusammenhang mit der vielleicht bedeutendsten Rechtsdiskussion des frühen 19. Jahrhunderts: dem sogenannten Kodifikationsstreit.[189] Die Auseinandersetzung um die Frage, ob ein allgemeines bürgerliches Gesetzbuch für Deutschland nützlich sei, politisch opportun und ob es die Rechtswissenschaft voranbringen oder schwächen würde, schwelte über Jahrzehnte. Einen Höhepunkt erreichte die Diskussion im vielbeachteten Schlagabtausch zwischen Thibaut und Savigny 1814. Die hier vorzustellenden Quellenausschnitte befassen sich eigentlich mit der Begründungspflicht von Entscheidungen und deuten nur am Rande die Auffassung der Autoren in der Frage nach Kodifikation und Gesetzbüchern an. Inwieweit die Zeitgenossen damit ihre Leser bewusst einnehmen wollten, ist nicht klar. Der Bezug zwischen abstrakten Gesetzen und konkreten Begründungen, den die Autoren mit wenigen Andeutungen aufgreifen, rückt jedoch in den Fokus. Die Texte enthüllen damit ein Stück weit das zeitgenössische Verständnis vom Subsumieren.

1. Eine frühe Äußerung: Gönner (1810)

Nikolaus Thaddäus Gönner unterbreitete bereits 1810 den „Vorschlag einer Sammlung aller wichtigen Urtheile".[190] Darin sprach er sich für eine staatlich koordinierte Entscheidungssammlung aus. Gönner hatte begründete Gerichtsurteile vor Augen, wie sie in Bayern vorgeschrieben waren. Die höchstgerichtlichen Entscheidungen sollten nach bestimmten Kriterien zusammengestellt und publiziert werden. Gönner schrieb damit nicht explizit zur Begründungspflicht, jedoch forderte er eine Entscheidungssammlung, die in engem Zusammenhang damit stehen sollte. Entscheidungssammlungen kamen in größerem Umfang erst mit der Begründungspflicht auf. Sie konnten verlässlich Auskunft geben, auf welche Begründung sich das Gericht letztlich geeinigt hatte. Gönner lobte eingangs explizit die „Publicität der Urtheile und der Entscheidungsgründe" in Frankreich.[191] Der in sich nicht stringente Text Gönners zu Entscheidungssammlungen ist ein Beispiel für die Vermischung der Diskussionen um Kodifikation, Begründungspflicht und Richterleitbild. Obgleich er aus dem Untersuchungszeitraum herausfällt, zeigt er

---

[189] Siehe aus der neueren Literatur insbesondere *Rückert*, Kodifikationsstreit, in: HRG 2012, Sp. 1930–1934; *Schöler*, Deutsche Rechtseinheit, 2004; *Mertens*, Gesetzgebungskunst, 2004.

[190] Siehe dazu kurz unter E. III. 6. b).

[191] *Gönner*, Vorschlag, in: ders. (Hrsg.), Archiv für die Gesetzgebung und Reforme des juristischen Studiums, 1810, S. 202 (202).

eindrücklich die Verquickung der Begründungspflicht mit den Vorteilen einer Kodifikation.

Gleichzeitig mit Feuerbach als Strafrechtler und dem aufstrebenden Zivilrechtler Savigny war Gönner beim Erscheinen dieses Aufsatzes Ordinarius für Staatsrecht in Landshut.[192] Als streitbarer Jurist ist er in die Rechtsgeschichte eingegangen, nicht zuletzt gilt er als Gegenspieler Savignys und der Historischen Rechtsschule.[193] Bernd Mertens entwirft in seiner aktuellen Studie ein neues Bild Gönners und kritisiert die bisherige Rezeption als von „negativen Stereotypen und pauschaler Geringschätzung seines Charakters und Lebenswerks" gezeichnet.[194]

Namentlich zwei Forschungsbeiträge befassen sich explizit mit dieser Quelle aus Gönners Feder. Heinz Mohnhaupt erwähnt den „Vorschlag" in einem Aufsatz über die Sammlung und Veröffentlichung von Rechtsprechung. Mohnhaupt benennt die „wissenschaftliche Kommunikation zwischen Gesetzgebung, Wissenschaft und Rechtsprechung" als einen Aspekt, allerdings ohne diesen Punkt weiter auszuführen.[195] Im Anschluss daran geht Stephan Hocks auf den Beitrag Gönners ein. In diesem Zusammenhang beschreibt er die Veröffentlichung von Entscheidungsgründen als zeitgenössisch probates Mittel, um „die Unbestimmtheit des Gesetzes zu bewältigen".[196] An anderer Stelle führt er aus: „Die Veröffentlichung der Entscheidungsgründe sollte nach der zeitgenössischen Vorstellung gerade das Defizit an Klarheit rechtlicher Normen kompensieren".[197]

Versteckt schreibt Gönner allerdings nicht nur über die Vorteile von Sammlungen, sein Aufsatz ist ein verkapptes Plädoyer für eine zivilrechtliche Kodifikation:

„sollten wir nicht, besonders im gegenwärtigen Zeitpunkt einer Umgestaltung unserer Gesetzbücher, nachahmen das Beispiel einer Nation, deren Gesetzbuch mit mehr oder weniger Modificationen einen großen Theil des ehemaligen Teutschlands beherrscht?"[198]

Gönner schlägt vor, ein allgemeines Gesetzbuch wie in Frankreich zu erlassen. Im gesamten Aufsatz lobt er den *Code Civil* als ideale Kodifikation. Immer wieder hat Gönner auch in anderen Veröffentlichungen die Übernahme des *Code Civil* gefordert.[199] Der Rechtswissenschaft wollte er dabei

---

[192] *Schaffner*, Gönner, in: NDB 1964, S. 518 f.
[193] *Rückert*, Historische Rechtsschule, in: HRG 2012, Sp. 1048 (1048 f.).
[194] *Mertens*, Gönner, Feuerbach, Savigny, 2018, S. 1.
[195] *Mohnhaupt*, Sammlung und Veröffentlichung, in: Battenberg/Ranieri (Hrsg.), Geschichte der Zentraljustiz, 1994, S. 403 (408 f.).
[196] *Hocks*, Gerichtsgeheimnis, 2002, S. 183.
[197] *Hocks*, Gerichtsgeheimnis, 2002, S. 178.
[198] *Gönner*, Vorschlag, in: ders. (Hrsg.), Archiv für die Gesetzgebung und Reforme des juristischen Studiums, 1810, S. 202 (211).
[199] Siehe etwa den Aufsatz *Gönner*, Einführung, in: ders. (Hrsg.), Archiv für die Gesetz-

neben der Gesetzgebung nur eine dienende Funktion zugestehen.[200] Indirekt erhebt Gönner eine solche Kodifikation zur Voraussetzung für eine gelungene Entscheidungssammlung. So meint er im selben Aufsatz:

„Die erste Bildung und Nachhülfe muß dem Gesetzbuch allemal auf dem Wege der Jurisprudence zukommen, denn der Verkehr erzeugt Streitigkeiten, und die wirklichen Prozesse führen unwillkührlich zu Erörterungen und Debatten über Rechtsfragen, auf welche ein Rechtsstreit zurückgeht. Unversiegbar ist diese Quelle und allgemein ihre Ausbreitung; auch strömt sie Anfangs klar und rein, nur das Gesetz und schlichter Verstand bilden ihre Adern, denn noch hindert keine Auctorität den unmittelbaren Zutritt zu dem Gesetzbuch, und noch hat keine Gelehrtheit den natürlichen Verstand der Richter irre geführt."[201]

Ohne sein Anliegen zu diesem Zeitpunkt bereits offenzulegen, setzt Gönner ein Gesetzbuch voraus, das Gegenstand der rechtswissenschaftlichen und rechtspraktischen Auseinandersetzungen sein kann. Den Ausdruck „Jurisprudence" verwendet er im französischen Sinne für die Rechtsprechung.[202] „Gesetz" und „schlichter Verstand" genügen nach Gönner, um einen Rechtsstreit zu entscheiden. Doch diese Situation werde in der Folge meist durch die „Doctrin", die Rechtswissenschaft, unterbunden. Vorbeugen lasse sich nach Gönner, indem „der Gesetzgeber nur Grundsätze ausspricht".[203] Damit kehrt er wieder zum Ausgangspunkt seiner Überlegungen, einem Loblied auf den *Code Civil*, zurück.

„Nach dieser Methode wurde Napoleons Civilgesetzbuch abgefaßt, von schwerfälliger dogmatischer Weitschweifigkeit des preußischen Landrechts, wie von der Casuistik des römischen Rechts weit entfernt."[204]

Der *Code Civil* erfülle das Ideal eines einfachen Gesetzes, das sich nicht in Details verliere und sei daher sowohl dem preußischen Landrecht als auch dem römischen Recht überlegen. Ein solches Gesetz ist Voraussetzung für Gönners Sammlung. Gewissermaßen fordert Gönner einen Neustart, um die Juristerei vor den Gelehrten zu erretten. Gönner schreibt eigentlich über die Chancen und Möglichkeiten von Entscheidungssammlungen begründeter Urteile. Doch wirbt er dabei für eine Kodifikation, die dem *Code Civil* ähneln

---

gebung und Reforme des juristischen Studiums 1808, S. 169–195; monografisch *ders.*, Über Gesetzgebung, 1815; dazu insbesondere *Mertens*, Gönner, Feuerbach, Savigny, 2018, S. 38, S. 119–134.

[200] *Mertens*, Gönner, Feuerbach, Savigny, 2018, S. 119.

[201] *Gönner*, Vorschlag, in: ders. (Hrsg.), Archiv für die Gesetzgebung und Reforme des juristischen Studiums, 1810, S. 202 (205 f.).

[202] *Gönner*, Vorschlag, in: ders. (Hrsg.), Archiv für die Gesetzgebung und Reforme des juristischen Studiums, 1810, S. 202 (204 Fn. b)).

[203] *Gönner*, Vorschlag, in: ders. (Hrsg.), Archiv für die Gesetzgebung und Reforme des juristischen Studiums, 1810, S. 202 (207).

[204] *Gönner*, Vorschlag, in: ders. (Hrsg.), Archiv für die Gesetzgebung und Reforme des juristischen Studiums, 1810, S. 202 (208).

soll. Die folgenden beiden Quellen setzten die Verpflichtung zu Entscheidungsbegründungen in eine noch deutlichere Abhängigkeit zur Qualität von Gesetzen.

2. Brinkmann (1826)

Rudolf Brinkmann schrieb umfassend über die Begründungspflicht und stellte die Vorteile einer solchen Reform in den leuchtendsten Farben dar. Mit einer kurzen Passage hinterfragte er seine grundlegende Forderung nach einer Begründungspflicht jedoch selbst. Es handelt sich um den Fall einer strengen Gesetzesbindung.

„Hat die Gesetzgebung die richterliche Willkür dadurch beschränkt, daß sie den Richter zur buchstäblichen Anwendung der Gesetze verpflichtet: so ist es freilich für die Ausbildung des Rechtes nicht nothwendig, mit Entscheidungsgründen hervor zu treten; sie können dann nur das Gesetz nachweisen, auf welches der entschiedene Fall zu beziehen ist. Sind dagegen nach ihrem vernünftigen Sinne die Gesetze zu erklären, also nach Veranlassung, Grund und Zweck; ist darum ein Gesetz nicht bloß auf den namentlich vorhergesehene Fall, sondern auch auf ähnliche nach vernünftigem Ermessen anzuwenden; bleibt endlich der richterlichen Beurtheilung gar Vieles in Ansehung der Größe einer zu erkennenden Strafe oder Entschädigung überlassen: so ist es gewinnreich für die ganze bürgerliche Gesellschaft, zu erfahren, aus welchen Ursachen der Richter seine Entscheidung hergeleitet und wie er dem Vertrauen des Staates entsprochen hat."[205]

Sofern es Gesetze gibt, an deren Wortlaut der Richter gebunden ist, muss er nur noch in atypischen Fällen begründen, meint Brinkmann. Er geht davon aus, in klaren Fällen, die dem Gesetz unterfallen, reiche es, den Gesetzeswortlaut zu zitieren. Die Wiedergabe des Gesetzestextes als Begründung im Urteil ist in der französischen Tradition verankert.[206] Hieran orientierte sich Brinkmann möglicherweise. Zwar galt in Schleswig und Holstein kein französisches Recht, doch sowohl seine Ausführungen zum Stil in einem Satz,[207] als auch sein Vorschlag, in einfachen Fällen statt einer eigenständigen Begründung das Gesetz zu zitieren, deuten auf eine Vertrautheit mit dem französischen Entscheidungsstil hin. Jedoch darf der Richter nach Brinkmann nur in einfachen Fällen durch Wiedergabe des Gesetzestextes begründen. Dann sei schon hinreichend deutlich, worauf sich die Entscheidung stütze. Diese Ansicht erinnert an die Auslegungslehre Savignys. Savigny war davon ausgegangen, dass nur dunkle Gesetze einer Auslegung bedürfen.[208] Für eindeutige Fälle waren die Auslegungs-Canones nicht vorgesehen. Eine aus-

---

[205] *Brinkmann*, Urtheilsgründe, 1826, S. 57.
[206] *Weber*, Begründungsstil, 2019, S. 85 f.
[207] Siehe unten E. V. 3 bei Fn. 300.
[208] *Rückert*, Methode und Zivilrecht, in: ders./Seinecke (Hrsg.), Methodik des Zivilrechts, 2017, S. 53 (75).

führliche Begründung ist nach Brinkmann nur nötig, wenn das Gesetz erklärt werden muss. Das treffe zu, wenn das Gesetz auch auf andere als die ausdrücklich geregelten Fälle angewandt werden soll. Modern gesprochen schränkte Brinkmann die Begründungspflicht auf die Fälle der Analogie ein und ließ ansonsten ein Zitat des Gesetzes genügen. Wenn es aber um schwierige Anwendungsfragen geht, profitieren nach Brinkmann nicht nur die Parteien, sondern die „ganze bürgerliche Gesellschaft" von einer Begründung. Daran soll der Richter beweisen, dass er das ihm entgegengebrachte Vertrauen verdient. In einer Zusammenschau zwischen diesem Abschnitt und der Widmung an den dänischen König ergibt sich ein bemerkenswerter Zusammenhang. Brinkmann geht zunächst von der Willkür des Richters im Zivilrecht aus, die eine Begründungspflicht überhaupt erfordere. Sofern der Richter aber an den Gesetzeswortlaut gebunden ist, entfalle eine solche Verpflichtung. Nur wenn dem Richter ein eigener Entscheidungsspielraum verbleibt, ist er danach zu einer Begründung verpflichtet. Eine Rechtfertigung ist nur für eine eigenständige, unabhängige Entscheidung nötig.

Brinkmann äußert sich nicht dazu, ob er in der Praxis häufiger von den eindeutigen Fällen ausgeht, in denen die Wiedergabe des Gesetzes genügt, oder ob er meint, die unklaren Fälle kämen öfter vor. Jedenfalls lässt er anklingen, dass Entscheidungsgründe nur nötig sind, um die ansonsten ausufernde richterliche Willkür einzuschränken. In letzter Konsequenz würde eine Kodifikation damit einen Großteil der zivilrechtlichen Probleme der Zeit lösen. Brinkmann spricht sich damit an versteckter Stelle, aber doch eindeutig für eine umfassendere Gesetzgebung aus. Dabei hütet er sich vor der Behauptung, eine Kodifikation würde eine Eigenleistung des Richters erübrigen.

„Immer bleibt dem Ermessen des Richters ein großer Spielraum, so umfassend auch die Gesetzgebung und die Gewohnheiten seyn mögen; aber dafür ist zu sorgen, daß das richterliche Ermessen nicht so regellos sey, um in eine gränzlose Willkür ausarten zu können."[209]

Trotz detaillierter Gesetzgebung und Gewohnheit verbleibe dem Richter immer ein gewisser Entscheidungsspielraum. Brinkmann spricht insofern vom „Ermessen des Richters". Diese richterliche Freiheit müsse das Gesetz einhegen. Brinkmann geht von einer gesetzgeberischen Gratwanderung aus, die dem Richter stets etwas von seiner Freiheit belasse. Entscheidungsbegründungen erscheinen vor diesem Hintergrund vor allem als Hilfsmittel, sofern genaue Gesetze fehlen. Je unabhängiger der Richter ist, desto detaillierter muss er begründen. Dieser Zusammenhang zwischen Freiheit und Begründungslast taucht in Brinkmanns Schrift an verschiedenen Stellen auf.

---

[209] *Brinkmann*, Urtheilsgründe, 1826, S. 60.

3. Kierulff (1839)

Einen völlig anderen Standpunkt nahm Johann Friedrich Kierulff 1839 ein. In seinem Hauptwerk, der „Theorie des gemeinen Rechts", äußerte sich der Kieler Professor nebenbei über Entscheidungsbegründungen und stellte sie in einen Zusammenhang mit der Art Gesetzgebung, die er forderte. Der junge Kierulff kämpfte an zwei Fronten. In seiner „Theorie" lehnte er sowohl naturrechtliche Vorstellungen einerseits als auch die Methode der historischen Schule andererseits ab und forderte, nicht mehr geltende Teile des *Corpus Iuris* auszusondern. Der berühmte Germanist August Ludwig Reyscher bezeichnete Kierulff 1846 als Vertreter einer „philosophischen Richtung".[210] Inwieweit eine philosophische Schule der historischen Richtung entgegenstand, wurde zeitgenössisch[211] und in der Forschungsliteratur[212] immer wieder aufgegriffen, soll aber hier nicht vertieft werden. Denn aus einer solchen Schulzugehörigkeit können keine Folgen für den einzelnen Autor abgeleitet werden. Im Mittelpunkt steht daher die kurze Aussage Kierulffs über Entscheidungsbegründungen.

Die Abwendung von Naturrecht und historischer Schule einerseits sowie die zeitgenössische Bewertung seiner „Theorie" als Pandektenlehrbuch[213] kann man als „nicht eindeutig" beschreiben.[214] Sie sind aber durchaus kein Widerspruch. Denn Kierulff wandte sich nur gegen die Auseinandersetzung mit nicht rezipierten Teilen des *Corpus Iuris*, lehnte aber nicht das römische Recht insgesamt ab. Er beschäftigte sich ausdrücklich mit den rezipierten und daher noch anwendbaren Fragmenten.[215] In der Forschung wird stets

---

[210] *Reyscher*, Begriff, in: Zeitschrift für deutsches Recht und deutsche Rechtswissenschaft, 10 (1846), S. 153 (160 f.: „rationalistische oder philosophische Richtung"); von einer friedlichen Vermittlung zwischen den Schulen geht *Bluntschli*, Die neueren Rechtsschulen, 1862, S. 68 Fn. aus.

[211] *Puchta*, Gewohnheitsrecht, 1828, S. 214, erwähnt „die philosophische Schule, welche sich als Gegnerinn Savigny's berühmt gemacht", antithetisch erneut: S. 183; Savigny verwahrte sich gegen eine Bezeichnung seiner Methode als nur historisch und nicht philosophisch, siehe *Rückert*, Savignys Konzeption, Tijdschrift voor Rechtsgeschiedenis 61 (1993), S. 65 (71 mit Fn. 38).

[212] *Döhring*, Geschichte der Rechtspflege, 1953, S. 335 f.; vor voreiligen Zuordnungen zu „Schulen" warnt *Rückert*, Thibaut – Savigny – Gans, in: Blänkner (Hrsg.), Eduard Gans, 2002, S. 247 (282 f.); *Haferkamp*, Historische Rechtsschule, 2018, S. 298 fasst Jordan, Müller, Seuffert und Kierulff als Gruppe zusammen, die den Gerichtsgebrauch völlig vom Gewohnheitsrecht löste und als Gesetzesinterpretation verstand; ebd., S. 28 stellt heraus, dass die philosophische Schule schon früh einen Gegenbegriff zur Historischen Schule darstellte; siehe auch *Rückert*, Idealismus, 1984, S. 84 mit Zitat von Gönner 1809.

[213] *Teichmann*, Kierulff, in: ADB 1910, S. 513 (514).

[214] *Tirtasana*, Der gelehrte Gerichtshof, 2012, S. 34.

[215] *Kierulff*, Theorie, 1839, S. 188.

IV. Entscheidungsgründe als Gesetzesanwendung 169

Kierulffs philosophische Rückbindung an Hegel betont.[216] Unklar ist allerdings, woher diese Gewissheit stammt.[217] Denn Kierulff geht in seinem Werk nicht auf Hegel ein. Die idealistischen Bezüge könnten ebenso auf Parallelen zu Kierulffs akademischem Lehrer Schelling beruhen. Neben dieser philosophischen Rückbindung betont die Forschungsliteratur bei Kierulffs Rechtsanwendung das Streben nach einer gerechten Lösung im Einzelfall.[218] Urteile seien für ihn eine „originäre Artikulationsform staatlichen Rechtsbindungswillens".[219]

Diese Widersprüche finden sich in Kierulffs „Theorie". Joachim Rückert geht davon aus, das Werk sei zeitgenössisch „sehr beachtet"[220] gewesen. Das galt selbst unter Romanisten.[221] Die Resonanz war jedoch nicht nur positiv. Puchta und Savigny ärgerten sich in ihrem Briefwechsel 1839/40 über die „Theorie".[222] Gemessen an der Neuartigkeit und Stimmigkeit ihrer Thesen erfuhr die „Theorie" wenig Aufmerksamkeit. Als Ursache dafür galt bereits 1910 für Teichmann der aufkeimende Streit zwischen Romanisten und Germanisten.[223] Dennoch besteht Einigkeit darüber, dass die wissenschaftliche Bedeutung Kierulffs auf diesem Werk beruht.[224] In seiner Einleitung hoffte er auf eine Verwendung seines Buches in Lehrveranstaltungen.[225] Als Dozent leitete er ein beliebtes Pandektenkolleg,[226] das möglicherweise als Vorlage für die „Theorie des gemeinen Civilrechts" diente. Jörn Eckert bezog die rechtshistorische Bedeutung „fast ausschließlich" auf die programmatische Ein-

---

[216] *Döhring*, Geschichte der Rechtspflege, 1953, S. 338; *Landsberg*, Geschichte III/2, 1910, S. 591; *Tirtasana*, Der gelehrte Gerichtshof, 2012, S. 36, *Eckert*, Kierulff, in: ders. (Hrsg.), Juristen im Ostseeraum, 2007, S. 31 (34); *Ogorek*, Richterkönig, 1986, S. 236, sieht Überschneidungen mit Hegels Ansichten zur Geltung des positiven Rechts und zieht dazu auch die Grundlinien der Philosophie des Rechts heran.
[217] Schon zeitgenössisch *Reyscher*, Begriff, in: Zeitschrift für deutsches Recht und deutsche Rechtswissenschaft, 10 (1846), S. 153 (160).
[218] *Döhring*, Geschichte der Rechtspflege, 1953, S. 345, 347; *Tirtasana*, Der gelehrte Gerichtshof, 2012, S. 36: „Insofern war sein Blickwinkel der eines Praktikers, der primär eine Lösung des Einzelfalls anstrebte."
[219] *Ogorek*, Richterkönig, 1986, S. 240.
[220] *Rückert*, Savignys Dogmatik, in: FS Canaris, 2007, S. 1263 (1270).
[221] Siehe zu Puchta *Haferkamp*, Puchta und die „Begriffsjurisprudenz", 2004, S. 359 f., der herausstellt, dass Puchta die Bedeutung von Kierulffs Werk anerkannte, aber seine Rechtsquellenlehre ablehnte.
[222] *Haferkamp*, Puchta und die „Begriffsjurisprudenz", 2004, S. 360 f. Fn. 19.
[223] *Teichmann*, Kierulff, in: ADB 1910, S. 513 (514); beinahe wörtlich übernommen bei *Eckert*, Kierulff, in: ders. (Hrsg.), Juristen im Ostseeraum, 2007, S. 31 (33).
[224] *Polley*, Kierulff, in: NDB 1977, S. 595 (595).
[225] *Kierulff*, Theorie, 1839, S. XXXI.
[226] *Teichmann*, Kierulff, in: ADB 1910, S. 513 (514).

leitung.²²⁷ Doch je nach Fragestellung lohnt sich ein Blick über die ersten Seiten hinaus.²²⁸

Zu Entscheidungsbegründungen äußerte sich Kierulff kurz, aber bestimmt in einer Fußnote im Abschnitt über die Rechtskraft. Mit wenigen Worten verknüpfte er ein Plädoyer für Entscheidungsgründe mit seiner Ansicht über Rechtsquellen, Kodifikation und Methode:

„Wir fordern Entscheidungsgründe, aber wir verkennen es nicht, daß in den Ländern des gemeinen Rechts bei dem jetzigen Stand der Dinge der Practiker nicht vollkommen dieser Fordrung genügen kann, da ihm nicht zugemuthet werden darf, selbst in dem Chaos der römischen unpractischen und der noch anwendbaren Bestimmungen, welche in dem Justinianeischen Corpus Juris durcheinander liegen, zurecht zu finden, und da die Wissenschaft und Theorie noch nicht eine völlige Scheidung dieser heterogenen Elemente getroffen haben. Soll der Richter tief eingehende und treffende Entscheidungsgründe geben, so muß er eine einfache Legislation haben, und eine kräftige selbstthätige Theorie ihm zur Seite stehen, welche ihm Anleitung giebt, den Geist der herrschenden Grundsätze zu begreifen. Dann erst kann sich zeigen, ob er seinem Amt wirklich gewachsen ist."²²⁹

Kierulff spricht sich zu Beginn in drei Worten für eine Begründungspflicht aus, äußert aber nicht, für wen und in welchen prozessualen Konstellationen sie gelten soll. Zudem relativiert er dieses Postulat direkt wieder für seine Zeit. Der Ruf nach einer Begründungspflicht ist möglicherweise im zeitgenössischen wissenschaftlichen Diskurs opportun und steht für eine transparente Rechtsfindung gegenüber Parteien und anderen Richtern. Ein zentrales Anliegen ist die Begründungspflicht für Kierulff allerdings nicht. Anders als Brinkmann behauptet er, dass im Geltungsbereich des gemeinen Rechts der Praktiker, also insbesondere der Richter, gar nicht in der Lage sei, seine Entscheidung angemessen zu begründen. Das liegt nach Kierulff nicht an unzureichenden juristischen Fähigkeiten des Personals, sondern an der unübersichtlichen Rechtslage. Vom *Corpus Iuris Civilis* seien nämlich im gemeinen Recht einige Bestimmungen noch anwendbar, andere dagegen nicht. Damit wiederholt Kierulff seine Ansichten aus der Einleitung und bezieht sie auf konkrete Probleme in der alltäglichen Rechtsfindung. In Auseinandersetzung mit der historischen Schule äußert Kierulff gleich zu Beginn seiner Monografie:

„Die Praxis konnte bei diesem Wust von Controversen, welche lediglich dem Festhalten jenes alten Dogma ihr Daseyn verdanken, nichts anderes thun, als blindlings eine Ansicht herausgreifen, und der traditionellen Auctorität dieses oder jenes juristischen Schriftstellers sich unterwerfen."²³⁰

---

²²⁷ *Eckert*, Kierulff, in: ders. (Hrsg.), Juristen im Ostseeraum, 2007, S. 31 (33 f.).
²²⁸ Zur Einleitung der „Theorie" siehe *Ogorek*, Richterkönig, 1986, S. 232–241.
²²⁹ *Kierulff*, Theorie, 1839, S. 261 Fn. *).
²³⁰ *Kierulff*, Theorie, 1839, S. XV–XVII.

IV. Entscheidungsgründe als Gesetzesanwendung

Kierulff behauptet, es sei für die Praxis nicht überschaubar, welcher Teil des römischen Rechts noch gelte. Daher greife die Praxis zufällig einzelne Ansichten heraus, um überhaupt noch entscheiden zu können. Unter dem gemeinen Recht versteht er die noch allgemein anerkannten Regelungen, unabhängig davon, ob „ihre ursprüngliche Quelle das Justinianeische oder Kanonische Gesetzbuch, deutsche Gesetzgebung oder deutsche Praxis ist".[231] Kierulff findet auf diese Weise einen Weg, für ein nationales, gemeines Recht zu argumentieren und dabei gleichzeitig die römischen Quellen zu berücksichtigen. Es geht ihm ausschließlich um das tatsächlich rezipierte Recht, wodurch er sich von der historischen Schule abzusetzen glaubt. Kierulff ist daher auch als „veränderungsfreudiger Romanist"[232] bezeichnet worden. Politisch zeigte sich sein Engagement für eine nationale Einheit in seiner Mitgliedschaft der Frankfurter Nationalversammlung als Abgeordneter für Rostock, wobei er für die Kaiserkrönung Friedrich Wilhelms IV. stimmte.[233]

Eine genaue Trennung des Stoffes in weiterhin anwendbare und veraltete Bestandteile des römischen Rechts stehe aber durch „Wissenschaft und Theorie" noch aus. Kierulff unterscheidet diese beiden Beschäftigungen mit Recht voneinander. Das ergibt sich jedenfalls aus der Einleitung.[234] Als „Wissenschaft" bezeichnet er eine philosophische Auseinandersetzung mit Recht und Gerechtigkeit, während die „Theorie" den Umgang mit bestehenden Rechtsregeln vorgibt. Die „Theorie" übernimmt daher die Funktion einer praktischen Rechtswissenschaft.[235] Jedenfalls kommt diese Aufgabe aber nicht der Praxis zu; auch die Gesetzgebung muss nicht festlegen, welche Fragmente noch fortgelten. Solange diese Leistung von „Wissenschaft und Theorie" noch ausstehe, könne der Richter überhaupt nicht allen Vorgaben gemäß begründen. „Tief eingehende und treffende Entscheidungsgründe" stellt Kierulff als Ideal hin. Sie wären seiner Meinung nach nur unter zwei Voraussetzungen möglich. Erstens müsste es eine „einfache Legislation" geben. Der Begriff „Legislation" ist etwas unscharf, weil er im üblichen Sprachgebrauch der Zeit allgemein die Gesetzgebung bezeichnet, wie Kierulff selbst herausstellt.[236] Wahrscheinlich meint Kierulff damit aber eine umfassende

---

[231] *Kierulff*, Theorie, 1839, S. XXIV f.

[232] *Rückert*, Reyschers Leben, 1974, S. 136 Fn. 344.

[233] *Best/Weege*, Biographisches Handbuch, 1998, S. 204.

[234] *Kierulff*, Theorie, 1839, S. XXXI f., dort schreibt er, „daß die wissenschaftliche Anschauung und der wissenschaftliche Gedanke von derjenigen intellectuellen Operation, welche der Theorie angehört, dem Wesen nach verschieden ist".

[235] *Eckert*, Kierulff, in: ders. (Hrsg.), Juristen im Ostseeraum, 2007, S. 31 (40); für das Verschwinden der praktischen Jurisprudenz machte Kierulff ausdrücklich Savigny verantwortlich, siehe *Schröder*, Wissenschaftstheorie, 1979, S. 1 Fn. 3.

[236] *Kierulff*, Theorie, 1939, S. XVI; Art. Legislation, in: Herders Conversations-Lexikon, 1855, S. 730 (730).

Kodifikation des Zivilrechts, wie sie im Kodifikationsstreit diskutiert worden war. Seine vorangegangene Forderung, zunächst geltendes von nicht mehr anwendbarem Recht zu trennen, spricht dafür, dass er sich inhaltlich Savigny anschließt. Die zweite Voraussetzung ist eine eigenständige theoretische Auseinandersetzung der Wissenschaft mit dieser Kodifikation. Ihre Aufgabe wäre, „den Geist der herrschenden Grundsätze zu begreifen". Anscheinend geht es dabei um einen höheren Abstraktionsgrad, der noch über das Erfassen der Grundsätze hinausgeht.

Im Ergebnis vertritt Kierulff die These, die Zeit sei noch nicht reif für eine richterliche Begründungspflicht. Bis dahin müsse die Wissenschaft geltende und nicht weiter geltende Fragmente des *Corpus Iuris* trennen, um ein Gesetzbuch zu ermöglichen. Die Wissenschaft müsse die Lösung konkreter Fälle wiederum vorbereiten. Aus heutiger Sicht stellt sich die Frage, ob Richter nach Kierulff ohne die entsprechende „Legislation" überhaupt angemessene Entscheidungen in Einzelfällen treffen konnten, wenn sie von dem Chaos der anwendbaren und nicht mehr anwendbaren Fragmente überfordert waren. Kierulff selbst stellte sich dieser Aufgabe von 1853 bis 1879[237] als Gerichtspräsident des Oberappellationsgerichts der vier freien Städte.

4. Ergebnis

Mit kleineren Anspielungen verweisen einige Autoren auf die Debatte um eine einheitliche Zivilgesetzgebung. Brinkmann behauptet, dass Entscheidungsgründe nur ausnahmsweise nötig seien, wenn es eine Kodifikation gebe. Ein Urteil könne sich danach jedem erschließen, der sowohl den Fall als auch das geltende Gesetz kenne. Das soll zwar nicht in jedem komplizierten Rechtsstreit gelten, aber doch bei einer Vielzahl. Die Begründungspflicht erscheint so als Übergangslösung, bis endlich eine Kodifikation mit „guten Gesetzen" erlassen ist. In gegenteiliger Weise bezieht sich Kierulff auf den Kodifikationsstreit. Er behauptet, dass richterliche Entscheidungsbegründungen erst möglich werden, wenn es eine Kodifikation gibt und die Wissenschaft die Prinzipien für die Praxis aufbereitet. Ganz ähnlich hatte Gönner Jahrzehnte früher argumentiert, als er eine Entscheidungssammlung forderte. Unterschwellig hatte er eine Kodifikation zur Voraussetzung der von ihm geforderten Entscheidungssammlung erhoben.

Brinkmann und Kierulff hingegen plädierten beide für eine Kodifikation und für eine Begründungspflicht. Im Detail sind ihre Meinungen aber sehr verschieden, weil sie sich bei den Grundannahmen von Gesetzgebung, Wissenschaft und Praxis uneinig sind.

---

[237] *Tirtasana*, Der gelehrte Gerichtshof, 2012, S. 35; *Polgar*, Oberappellationsgericht, 2007, S. 189–197.

V. Aufbau und Stil

Doch wie sollte eine gute Entscheidungsbegründung abgefasst sein? Schon in den Reformvorschlägen standen Anmerkungen zu dieser Frage. Der folgende Abschnitt versucht, die späteren Überlegungen der Zeitgenossen in Anleitungsbüchern und Monografien einzufangen. Bis heute gibt es wenige gesetzliche Vorschriften für Aufbau und Stil von Entscheidungsbegründungen. § 313 ZPO beschränkt sich beispielsweise auf die Vorgabe, dass Entscheidungsgründe Teil des Urteils sind und legt in Absatz drei fest: „Entscheidungsgründe enthalten eine kurze Zusammenfassung der Erwägungen, auf denen die Entscheidung in tatsächlicher und rechtlicher Hinsicht beruht." Dennoch setzt eine überkommene Darstellungsweise in Entscheidungsgründen, der sogenannte Urteilsstil, der freien Gestaltung enge Grenzen. Er zeichnet sich durch bestimmte Formulierungen aus. Insbesondere steht das Ergebnis am Anfang. Von da ausgehend werden die einzelnen Anspruchsvoraussetzungen kurz angesprochen und nur vertieft, soweit sie rechtlich oder tatsächlich Probleme aufwerfen. Die historischen Vorläufer dieser Vorgaben sind in den Anleitungsbüchern des 19. Jahrhunderts zu suchen. Wie Ruth Katharina Weber in ihrer kürzlich erschienenen Studie über den Begründungsstil feststellt, gab es bis weit nach der Reichsgründung keinen einheitlichen Begründungsstil in Deutschland.[238] Weber führt dies auf den rheinischen Senat am Reichsgericht zurück. Zu Beginn des 19. Jahrhunderts standen unterschiedliche Stile für Entscheidungsbegründungen zur Wahl, die zeitgenössische Autoren nach ihrer Brauchbarkeit bewerteten.

1. Gensler (1815)

Der Zivilrechtslehrer Johann Kaspar Gensler ist heute beinahe in Vergessenheit geraten. Fachlexika erwähnen ihn selten, die gängigen Juristen-Biographien kennen ihn nicht.[239] Schon Ernst Landsberg setzte nur zwei Hinweise.[240] Andererseits erwähnt ihn die rechtshistorische Forschung heutzutage beiläufig, als müsse man ihn kennen, aber ohne Näheres über ihn zu berichten. So muss er als Mitbegründer des „Archiv für die civilistische Praxis" bedeutend gewesen sein und im Kodifikationsstreit Thibaut zur Seite gestanden ha-

---

[238] *Weber*, Begründungsstil, 2019, S. 228.
[239] Siehe etwa Stolleis (Hrsg.), Juristen, 2001; Kleinheyer/Schröder (Hrsg.), Juristen, 2017.
[240] *Landsberg*, Geschichte III/2, 1910, S. 312 (in einer Aufzählung), S. 415 (als Mitbegründer des AcP); zur auffallenden Unbekanntheit ebenfalls *Rückert*, Geschichtlich, praktisch, deutsch, in: Stolleis (Hrsg.), Juristische Zeitschriften, 1999, S. 107 (147).

ben.[241] Lediglich in der Fakultätschronik von Klaus-Peter Schroeder findet der Heidelberger Nachfolger Christoph Martins noch einen Platz.[242]

Auf Johann Kaspar Genslers mehrbändiges Werk „Grundsätze der juristischen Vortrags- und formellen Entscheidungskunde in gerichtlichen Rechtsgeschäften" (1815) verweisen die späteren Anleitungsbücher hingegen.[243] Doch in der Allgemeinen Literatur-Zeitung übte ein unbekannter Rezensent[244] nach Erscheinen des ersten Bandes scharfe Kritik. Er bemängelte, Genslers Werk sei als Grundlage einer Vorlesung und für Anfänger unbrauchbar.[245] Die Konzeption als mehrbändiges Handbuch erschwere den Gebrauch, denn:

> „Es kann nicht fehlen, dass bei dieser Methode immer Wiederholungen vorkommen müssen. Man muss die Angabe von Regeln nicht zu weit treiben, nicht eine Vollständigkeit derselben für alle möglichen Fälle zu erreichen suchen; welche doch nichts nützt; denn für den mechanischen geistlosen Arbeiter können die Regeln nie vollständig genug seyn, und den bessern talentvollen Mann erdrücken viele Regeln."[246]

Die Kritik gipfelte in dem Vorwurf, Gensler habe den Stoff auf vier Bände ausgedehnt, um seine Einnahmen aus dem Verkauf zu erhöhen.[247] Weitschweifigkeit, eine schwülstige Sprache, irrelevante Fragen im beispielhaften „Actenextract" und eine Beweisstation, die nicht nach dem Artikelprozess vorging, störten den unbekannten Rezensenten ebenfalls. Christoph Martins „Anleitung zum Referiren in Rechtssachen" ziehe er als „einfach und doch genügend"[248] vor. Gensler stand mit der Rezension wieder einmal[249] im Schatten seines Vorgängers auf dem Heidelberger Lehrstuhl. Martin blieb die maßgebliche Autorität für Fragen des Zivilprozessrechts. Besonders erfolgreich war von Gensler ausgerechnet ein posthum erschienener Kommentar über Martins Lehrbuch zum Zivilprozess.[250]

---

[241] *Rückert*, Kodifikationsstreit, in: HRG 2012, Sp. 1930 (1932); *Haferkamp*, Historische Rechtsschule, 2018, S. 140.

[242] *Schroeder*, Universität für Juristen, 2010, S. 122–125.

[243] Siehe etwa Linde unter E. III. 2.

[244] Die Anzeigen in der Literatur-Zeitung geben den Namen des Rezensenten nicht preis, höchstwahrscheinlich handelte es sich aber um einen mit dem Gegenstand bestens vertrauten Juristen.

[245] *Anonym*, Besprechung von Gensler, Grundsätze, Allgemeine Literatur-Zeitung Nr. 184 (1817), Sp. 633 (636).

[246] *Anonym*, Besprechung von Gensler, Grundsätze, Allgemeine Literatur-Zeitung Nr. 184 (1817), Sp. 633 (634).

[247] *Anonym*, Besprechung von Gensler, Grundsätze, Allgemeine Literatur-Zeitung Nr. 184 (1817), Sp. 633 (634).

[248] *Anonym*, Besprechung von Gensler, Grundsätze, Allgemeine Literatur-Zeitung Nr. 184 (1817), Sp. 633 (634).

[249] *Schroeder*, Universität für Juristen, 2010, S. 122.

[250] *Gensler/Morstadt*, Vollständiger Commentar, 1825; als einziges Werk von Gensler

Bereits die Gliederung seiner „Grundsätze" ist aufschlussreich, denn „Entscheidungsgründe" thematisiert Gensler in unterschiedlichen Abschnitten seines Handbuchs: zuerst im Rahmen der „Referirkunst", die den Vortrag des Akteninhalts abdeckt,[251] dann im Abschnitt über die „Decretirkunst", also den eigentlichen Urteilsvorschlag. Ein „Decret", ist nach Gensler „Ziel und Resultat der gerichtlichen Relation".[252] Das „gutachtliche Decret", modern gesprochen der Urteilsvorschlag, soll mit Gründen versehen werden. Sowohl im Rahmen des „Actenextracts", als auch bei den einzelnen Voten bis zum Generalvotum gibt Gensler Hinweise zur inhaltlichen und formalen Gestaltung der Gründe. Gründe sind damit beim Referieren und beim Decretieren zu fertigen. Getrennt geht er auf die interne und die externe Begründung ein.

Unter der Überschrift „Decretirkunst" schreibt Gensler sodann über das Urteil. Der letzte Abschnitt vor dem Anhang behandelt die „zu publicirenden Gründe", also die Entscheidungsgründe im engeren Sinne. Die strikte Trennung zwischen dem Urteil und seiner Begründung deutet auf Genslers Verständnis der Begründungspflicht hin. Das „Decretiren" dürfe auf keinen Fall als Teil der Relation verstanden werden.

„Allein diese, nur in das Gebiet der formellen Decretirkunst gehörige, Arbeit [Ausarbeiten eines Urteils] bestehet für sich, hat den schon festgestellten Gesamtbeschluss des Collegii zur Basis und zum Gegenstand, und ist also kein Theil der Relation."[253]

Auf Grundlage der Relation und Beratung soll der Richter das Urteil erstellen. Diese vorgesehene Reihenfolge soll nicht dadurch unterlaufen werden, dass Urteile schon vorab formuliert sind. Entscheidungsfindung und Entscheidungsbegründung sind daher bei Gensler streng zu trennen, selbst wenn derselbe Richter erst die Relation und später das Urteil schreiben sollte. Eine eventuell entgegengesetzte Praxis an den Gerichten „verdient offenen Tadel".[254] Denn sofern das Richterkollegium in Einzelpunkten anders entscheiden wolle, sei der Urteilsvorschlag bereits überflüssig. Gensler sieht die „Unbefangenheit und Unpartheilichkeit"[255] des Kollegiums gefährdet, wenn das Urteil schon vorab ausformuliert ist. Die Rücksicht auf den Referenten könne das Gremium verleiten, seinen Vorschlag gleichwohl anzunehmen.

---

zum Beispiel in einer umfangreichen Prozessakte zitiert: Oestmann (Hrsg.), Gerichtspraxis im 19. Jahrhundert, 2019, S. 1034.

[251] *Gensler*, Grundsätze, 1815, S. 4 f. „Treu, mithin vollständig und klar, soll der Referent den Acten-Inhalt vortragen; jedoch zusammengezogen und beschränkt auf diejenigen Bestandtheile, welche für den Zweck der Relation – Finden und Feststellen des gesetzlichen Richterbeschlusses – wesentlich und erheblich sind."

[252] *Gensler*, Grundsätze, 1815, S. 9.

[253] *Gensler*, Grundsätze, 1815, S. 57 f.

[254] *Gensler*, Grundsätze, 1815, S. 58. Fn. 8.

[255] *Gensler*, Grundsätze, 1815, S. 58. Fn. 8.

Eine Ausnahme lässt Gensler nur bei einer Proberelation im Rahmen der Ausbildung zum Assessor zu. Teil einer solchen Prüfungsleistung sei ein Urteilsentwurf. Im Grundsatz unterscheidet Gensler damit streng zwischen der Entscheidungsherstellung und der späteren Darstellung.

2. Grolman (1819)

Karl Ludwig von Grolman, der hessische Staatsmann und Universitätsprofessor, ist heute vor allem für seine Diskussion mit Johann Anselm von Feuerbach über den Zweck der Strafe berühmt.[256] Er beschäftigte sich jedoch auch mit dem Zivilprozessrecht und veröffentlichte eine „Theorie des gerichtlichen Verfahrens in bürgerlichen Rechtsstreitigkeiten" als „Leitfaden"[257] für die Hörer seiner Vorlesung. Daher enthält das Werk auch einfache Begriffsklärungen. Von 1800 bis 1826 erlebte der Leitfaden fünf Auflagen. Zwar betonte Grolman im Vorwort stets, welche Verbesserungen er vorgenommen habe, aber die politischen Umwälzungen beeinflussten den Stoff kaum. Grolman mutmaßte 1810 im Vorwort zur dritten Auflage noch, ein gemeinrechtliches Gerichtsverfahren werde es bald aufgrund der Partikulargesetzgebung nicht mehr geben. Doch in der folgenden Auflage 1819 hatte er nach eigenen Angaben kaum inhaltliche Änderungen vorgenommen.[258] Mit seinem vorlesungsbegleitenden Leitfaden verfolgte Grolman zugleich einen wissenschaftlichen Anspruch. Gerade das Zivilprozessrecht sei bislang nur stiefmütterlich von der Theorie behandelt worden. Daher setzte sich Grolman ein hohes Ziel: „Mein Lehrbuch hat daher die Absicht, zur Vervollkommnung der Wissenschaft selbst, für welche es bestimmt ist, beyzutragen."[259] Auffällig ist hieran, dass Grolman 1819 noch ausdrücklich zwischen theoretischer und praktischer Rechtswissenschaft differenzierte.[260] Dabei verzichtete er auf umfangreiche Literaturnachweise und ordnete den Stoff in naturrechtlichen Kategorien.[261]

Grolman äußerte sich deutlich zur Form des Urteils. Dabei benutzte er die Ausdrücke „Entscheidung" und „Urtheil" synonym und stellte klar, dass die formalen Vorgaben sowohl für Endurteile als auch für Zwischenurteile galten. Das Urteil bestand in seiner Terminologie jedoch nur aus dem Urteilskopf und den Verfügungen, eine Begründung gehörte nicht dazu und sollte auch gar nicht erfolgen. Zum Inhalt des Urteils gab Grolman lediglich Hin-

---

[256] Für einen Überblick siehe *Schröder*, Grolman, in: Kleinheyer/Schröder (Hrsg.), Juristen, 2017, S. 183–185.
[257] *Grolman*, Theorie, 1819, S. VI.
[258] *Grolman*, Theorie, 1819, S. XVI.
[259] *Grolman*, Theorie, 1819, S. VII.
[260] *Schröder*, Wissenschaftstheorie, 1979, S. 53 Fn. 101.
[261] *Kaufmann*, Untersuchungsgrundsatz, 2002, S. 29.

V. Aufbau und Stil

weise bezüglich der Reihenfolge mehrerer Verfügungen. Schließlich riet er „nur bey einfachen, aber nicht wohl bey zusammengesetzten Urtheilen" zur Fassung in einem einzigen Satz.[262] In zwei Abschnitten hatte er damit alles Wichtige zum Urteil beschrieben. Weitaus detaillierter äußerte sich Grolman über die Relation, der er zehn Abschnitte widmete. Nach einer ausführlichen Begriffsklärung folgten Anleitungen für den „historischen Theil" und den „dogmatischen Theil", die die Relation gliedern. Der dogmatische Abschnitt ist das sogenannte Votum oder Gutachten. Für diesen Abschnitt rät Grolman zu einem bestimmten Stil:

„Der Aufgabe, die Gründe für die ausgesprochene Meinung zu entwickeln, kann der Referent nicht besser, als dadurch genügen, dass er zuerst, in einer natürlichen Ordnung, diejenigen Gründe, auf welchen seine Meinung unmittelbar beruht, als die Prämissen, woraus seine Behauptung wie ein nothwendiger Schluss folgt, (welches man die Entscheidungsgründe nennt) darlegt, und dann diejenigen Gründe, aus welchen Zweifel gegen die Richtigkeit der Prämissen, oder die Bündigkeit des Schlusses abgeleitet werden können (Zweifelsgründe), bemerkt und sogleich gründlich widerlegt."[263]

Beginnen soll der Referent also mit der Ansicht, die er selbst vertritt. Erst danach folgen mögliche Gegenargumente. Grolman betont, dass eine ältere „früherhin beobachtete Methode" umgekehrt mit den Gegenargumenten begann. Seine eigene Empfehlung stellt Grolman so als besonders fortschrittlich dar. Dabei folgt er noch der klassischen Gegenüberstellung von Zweifels- und Entscheidungsgründen,[264] die streng voneinander getrennt und nacheinander vorgetragen werden. Die Gründe sind außerdem nur für das richterliche Kollegium bestimmt. Eine Begründungspflicht gegenüber den Parteien oder auch bloß eine Diskussion darüber erwähnt Grolman nicht. Sein Anleitungsbuch, das zwischen Theorie und Praxis schwankt, bleibt in der Frage der Urteilsbegründung damit deutlich hinter älteren Werken zurück. Das hängt wahrscheinlich mit den Gesetzen in Hessen zusammen.

Im Gegensatz zum Großherzogtum Frankfurt, dessen Vorgaben Kopp schon 1812 lobend erwähnt hatte,[265] gab es zu Beginn des 19. Jahrhunderts im Großherzogtum Hessen-Darmstadt noch keine ähnlichen Vorgaben.[266] Erst 1820, also nach Grolmans Schrift, ordnete ein Ministerialerlass Entschei-

---

[262] *Grolman*, Theorie, 1819, S. 219.
[263] *Grolman*, Theorie, 1819, S. 228.
[264] Zur Unterscheidung von Rationes Dubitandi und Decidendi siehe oben A. Fn. 60.
[265] Siehe zu Kopp D. III.
[266] *Sprung*, Entwicklung, in: ders. (Hrsg.), Entscheidungsbegründung in europäischen Verfahrensrechten, 1974, S. 43 (50 mit Fn. 46); Sprung weist auf 2. Teil, X. Titel, § 3 der Hessen-Darmstädtischen Civil-Prozeßordnung als Ausnahme hin; diese Vorschrift regelt die Exrotulation nach einer Aktenversendung. Nach dem Wortlaut sollten die rationes dubitandi und decidendi aber erst nach dem „Abtritt" der Parteien verlesen werden und wurden ihnen daher nicht bekannt.

dungsbegründungen „bei Vermeidung einer Strafe von fünf Gulden für jede Unterlassung" an Untergerichten an.[267] Am Oberappellationsgericht waren Entscheidungsgründe hingegen schon länger üblich, wie ein Gemeiner Bescheid vom 12. Januar 1804 erwähnt.[268] Grolman jedenfalls ging nicht von einer Begründungspflicht aus.

Obgleich er sich in der „Theorie des gerichtlichen Verfahrens" eigentlich eines überregionalen Gegenstands annahm, ging er auf die neuen Gesetze in vielen anderen Staaten nicht ein. Dabei konnte Grolman sich schon 1810 für Verfahrensprinzipien aus Frankreich begeistern.[269] Er selbst verbrachte sein gesamtes akademisches Leben vom Studium über Promotion, Habilitation und außerordentliche sowie ordentliche Lehrtätigkeit in Gießen.[270] 1819 zog der spätere Ministerpräsident in die Landeshauptstadt Darmstadt. Möglicherweise erwähnte er die Begründungspflicht nicht, weil sie nicht als Teil des gemeinen Verfahrens galt oder hinter dem Titel verbarg sich doch bloß ein Lehrbuch über den lokalen Zivilprozess in Hessen-Darmstadt.

3. Brinkmann (1826)

„Die Art und Weise der Begründung eines Urtheis [sic!] verdient des Richters höchste Aufmerksamkeit",[271] meinte Rudolf Brinkmann 1826. In seinem Plädoyer für eine allgemeine Urteilsbegründungspflicht in Schleswig und Holstein benannte der Kieler Gelehrte klare Vorgaben über „Auffindung, Entwickelung und Anlage der Urtheilsgründe" sowie über „Stil und Ton richterlicher Urtheile". Die Methode der Rechtsanwendung ist bei ihm verquickt mit der Verschriftlichung der Urteilsgründe. Denn die „Anlage der Urtheilsgründe" sei zugleich eine methodische und eine stilistische Frage. Diese beiden Punkte gehen bei ihm Hand in Hand, weil der Richter nach Brinkmanns Auffassung die Gründe genauso verschriftlichen soll, wie er sie erkannt und begriffen hat. Brinkmann legt dabei großen Wert auf die konkrete Abfassung der Gründe. Denn eine überzeugende Darstellung komme dem Sinn der Begründung entgegen, das Ansehen von Gericht und Richter zu mehren. Allerdings gebe es bei der Urteilsabfassung zu Brinkmanns Bedauern keine einzig richtige Lösung: „Eine Topik [...] klar, faßlich, und mit Rücksicht auf das heutige Recht, wäre ein unschätzbares Geschenk für praktische Rechtsgelehrte."[272] Dennoch hält er einige Grundsätze fest.

---

[267] Hessen-Darmstädtische Civil-Prozeßordnung vom Jahre 1824, 1830, S. 70 f.
[268] Hessen-Darmstädtische Civil-Prozeßordnung vom Jahre 1824, 1830, S. 176 f.
[269] *Schubert*, Französisches Recht, 1977, S. 354.
[270] *Schröder*, Grolman, in: Kleinheyer/Schröder (Hrsg.), Juristen, 2017, S. 183 (183).
[271] *Brinkmann*, Urtheilsgründe, 1826, S. 99.
[272] *Brinkmann*, Urtheilsgründe, 1826, S. 100.

V. Aufbau und Stil

Das Urteil ist für Brinkmann ein „Vernunftschluß", eine „Unterstellung der Thatsache unter das Gesetz".[273] Damit „läuft am Ende das ganze Geschäft des Urtheilens auf eine richtige Anwendung der Gesetze des Denkens hinaus".[274] Die Herausforderung sei dennoch, „daß sich aus den vielfachen Begriffen und Urtheilen, die in den Vordersätzen enthalten sind, übersichtlich und bündig das letzte Urtheil, der Schluß, ergebe".[275] Brinkmann schildert damit ein Subsumtionsideal, das festgestellte Tatsachen eindeutigen Gesetzen zuordnet und daraus ein Ergebnis ableitet. Doch dabei belässt er es nicht. Die einzelnen Beweggründe und Überlegungen des Richters können durchaus noch widersprüchlich sein, wie sich aus seiner grundlegenden Begriffsklärung ergibt:

> „Was bei der Beurtheilung als an sich falsch oder nicht anwendbar auf den vorliegenden Fall anerkannt wird, was aber gleichwohl von dem Scheine der Wahrheit oder Anwendbarkeit umgeben ist, enthält den Stoff zu den Zweifelsgründen. Was dagegen seinem Inhalte nach wahr und zugleich anwendbar auf den Streitpunkt ist, darin liegen die Entscheidungsgründe. Der Ausdruck: Urtheilsgründe, umfaßt Beides."[276]

Er wählt den Oberbegriff der „Urtheilsgründe", dem sowohl Zweifels- als auch Entscheidungsgründe zuzuordnen sind. Damit grenzt er sich von vielen anderen zeitgenössischen Autoren ab. Insbesondere in den Überschriften der gerichtlichen Schriftstücke war regelmäßig von Entscheidungsgründen die Rede, die den von Brinkmann geforderten Urteilsgründen entsprachen. Diese Gründe sollen nicht nur aus den Parteischriftsätzen entnommen sein. Der Richter soll sogar eigene Zweifelssätze entwickeln:

> „Aber nicht bloß aus dem Für und Wider der Streitführer hat der Richter die Zweifelsgründe zu schöpfen; er darf, wenn es ihm um eine gründliche Erörterung Ernst ist, eben so wenig die aus eigenem Nachdenken entstandenen erheblichern Zweifel zurückhalten."[277]

Die Urteilsgründe als Zweifels- und Entscheidungsgründe beziehen sich sowohl auf die Tatsachen als auch auf das Recht selbst.[278] Wie man sie methodisch erkennen kann, erläutert Brinkmann im Folgenden. Dabei verwendet er auf die Erkenntnis von Rechtssätzen und die Unterstellung der Tatsachen unter das Recht jeweils einen Paragraphen. Die „Beurtheilung der Thatsachen" ist mit vier Paragraphen deutlich ausführlicher. Hierfür war der Strengbeweis maßgeblich, der dem Richter, wie Brinkmann betonte, dennoch einen großen Ermessensspielraum ließ.[279] Zudem hatte Brinkmann häu-

---

[273] *Brinkmann*, Urtheilsgründe, 1826, S. 99.
[274] *Brinkmann*, Urtheilsgründe, 1826, S. 99.
[275] *Brinkmann*, Urtheilsgründe, 1826, S. 100.
[276] *Brinkmann*, Urtheilsgründe, 1826, S. 101.
[277] *Brinkmann*, Urtheilsgründe, 1826, S. 102.
[278] *Brinkmann*, Urtheilsgründe, 1826, S. 102.
[279] *Brinkmann*, Urtheilsgründe, 1826, S. 107.

fig – teilweise nur angedeutet oder unausgesprochen – den Fall eines Beweisurteils vor Augen.[280] Auch bei dieser Form des Urteils mussten rechtliche und tatsächliche Erwägungen berücksichtigt werden.

Die Rechtssätze sollte der Richter genau nachweisen, also auf die entsprechende Stelle der „zur Anwendung gebrachten Gesetze und schriftlich aufbewahrten Gewohnheiten" hinweisen.[281] Wörtlich sollte er sie aufnehmen, wenn „über die Lesart oder den Sinn ein Streit obwaltet".[282] Der Richter müsse in nicht eindeutigen Fällen „sich bei den vorzüglichern Schriftstellern Raths erholen, weil dieses nicht nur dem bescheidenen Manne ziemt, sondern zugleich gegen den Vorwurf der Willkür schützt".[283] Brinkmann plädiert damit für eine Lösung des Rechtsproblems in Auseinandersetzung mit wissenschaftlicher Literatur. Die Meinungen dürften dabei nicht ungeprüft übernommen oder über die Gesetze und Gewohnheiten gestellt werden. Sie seien vielmehr „so darzustellen, daß man sieht, der Richter habe sich die aufgestellte Erklärung zu eigen gemacht und sei nicht ein blinder Anbeter oder gar Nachbeter fremder Autoritäten".[284] Gleichzeitig beschränkt ihn eine weitere Vorgabe: „Auf keinen Fall aber darf der Richter die Neigung vorherrschen lassen, bisher in den Gerichten angenommene Meinungen der Gelehrten zu verwerfen und neuen Ansichten Raum zu geben".[285] Damit propagiert Brinkmann eine zumindest faktische Bindung an Präjudizien. Zugleich warnt er eindringlich vor der „Anwendung eines Moderechts",[286] also davor, neue, bisher von den Gerichten nicht anerkannte Grundsätze umsetzen. Ebenso kritisch weist er auf Entscheidungen „unter dem Vorwande einer oft mißverstandenen Billigkeit" hin und fordert, auch „seine Lieblingsgedanken gegen das Bestehende und Anerkannte aufzuopfern".[287] Denn das Urteil habe einen entscheidenden Einfluss auf „Ruhe und Frieden der Parteien und ihrer Angehörigen".[288] Damit sind neue Erkenntnisse in der Rechtsprechung kaum durchsetzbar. Gleichzeitig sorgt die Vorgabe aber für eine gleichmäßige und vorhersehbare Rechtsprechung.

Für die Reihenfolge der Entscheidungsgründe im Urteil nannte Brinkmann Leitlinien. Ob mit den Tatsachen oder dem Recht zu beginnen sei, hänge von der „Beschaffenheit der einzelnen Fälle" ab.[289] Ausführlicher er-

---

[280] Etwa *Brinkmann*, Urtheilsgründe, 1826, S. 109 zum „Beweissatz".
[281] *Brinkmann*, Urtheilsgründe, 1826, S. 102.
[282] *Brinkmann*, Urtheilsgründe, 1826, S. 102 f.
[283] *Brinkmann*, Urtheilsgründe, 1826, S. 103.
[284] *Brinkmann*, Urtheilsgründe, 1826, S. 104.
[285] *Brinkmann*, Urtheilsgründe, 1826, S. 104.
[286] *Brinkmann*, Urtheilsgründe, 1826, S. 104.
[287] *Brinkmann*, Urtheilsgründe, 1826, S. 105.
[288] *Brinkmann*, Urtheilsgründe, 1826, S. 105.
[289] *Brinkmann*, Urtheilsgründe, 1826, S. 118.

örterte er, ob „die Zweifelgründe eine nothwendige Ordnung in Absicht auf die Entscheidungsgründe" haben,[290] also wie Zweifels- und Entscheidungsgründe in der Darstellung miteinander zu verbinden sind. Dazu nannte er drei Aufbauvarianten. Erstens könne man nach „dem alten Fakultätsgebrauch [...] die ganze Reihe der Zweifelsgründe in einer ununterbrochenen Folge, abgesondert von den Entscheidungsgründen und vor diesen"[291] vortragen. Zweitens könne der Richter die Zweifelsgründe in die Argumentation einflechten, indem er „sie gelegentlich berücksichtigt, wie sie sich den verschiedenen Behauptungen des Richters entgegen stellen".[292] Und schließlich besteht eine Möglichkeit darin, „zuerst diejenigen Gründe sämmtlich darzulegen, wodurch das Urtheil gerechtfertigt wird, und dann Punkt für Punkt die Zweifel zu beseitigen, die sich gegen die gewonnene Ansicht darbieten".[293] Am Beispiel der ersten Variante, des „alten Fakultätsgebrauchs", lässt sich nachvollziehen, wie Brinkmann argumentierte und auf welche Aspekte er besonderen Wert legte:

„Dieses Verfahren gewährt den freiesten Überblick über die ganze Summe der Gründe, welche wider die im Urtheile ausgesprochene Meinung des Richters streiten. Daher kann sich auch die verlierende Partei leicht überzeugen, in wie fern der Richter mit Redlichkeit und Fleiß alles dasjenige erwogen habe, was zu ihren Gunsten spricht. Dagegen wird die Vergleichung des Ganzen erschwert, indem die Gründe der Widerlegung zu weit von dem Gegenstande, mit dem sie sich beschäftigen, entfernt werden. Wiederholungen wenigstens lassen sich kaum vermeiden. Auch kann die Aufführung aller Zweifel auf der einen Seite, und die dadurch nothwendig gewordene Widerlegung auf der andern Seite, leicht zu dem Wahne verleiten, daß mit der Beseitigung der erhobenen Zweifel das Urtheil, welches gesprochen wird, schon gerechtfertigt sei, da dasselbe doch vielmehr eine selbstständige, und nicht auf die bloße Widerlegung der Zweifel gestützte, Begründung erfordert."[294]

Für diese Darstellung spreche die Übersichtlichkeit, vor allem für einen parteiischen Leser, der eben auch mit seinen Argumenten Gehör gefunden hat, selbst wenn der Richter ihm im Ergebnis nicht gefolgt ist. Eine Abwägung der widerstreitenden Gründe sei hingegen durch diese Darstellung erschwert. Sie führe auch zu Wiederholungen. Aus der Perspektive des Richters bestehe zudem die Gefahr, letztlich nur gegen die Zweifelsgründe und nicht für die eigentlich vertretene Ansicht zu argumentieren.

Damit gab Brinkmann ausschließlich Sachargumente wieder, die für und gegen diese Darstellungsweise sprechen, ohne die Variante klar zu empfehlen oder abzulehnen. Leser seiner Schrift konnten sich selbst ein Bild machen. Abgesehen von der Übersichtlichkeit über alle in Betracht gezogenen *rationes dubitandi* und *decidendi* nannte Brinkmann allerdings nur Nachteile. Zu

---

[290] *Brinkmann*, Urtheilsgründe, 1826, S. 118.
[291] *Brinkmann*, Urtheilsgründe, 1826, S. 118 f.
[292] *Brinkmann*, Urtheilsgründe, 1826, S. 119.
[293] *Brinkmann*, Urtheilsgründe, 1826, S. 120.
[294] *Brinkmann*, Urtheilsgründe, 1826, S. 118 f.

den anderen beiden Darstellungsweisen von Zweifels- und Entscheidungsgründen führte er ebenfalls widerstreitende Argumente an. Diesem Überblick fügte er hinzu: „Das sind die gewöhnlichen Arten der Anordnung. Verwerflich an sich ist keine; ihre guten Seiten hat jede derselben."[295] Nach Brinkmann gab es verschiedene zulässige Aufbauvarianten. In einer Fußnote konnte sich Brinkmann einen Seitenhieb auf den berühmten Kollegen Christoph Martin nicht verkneifen. Martin schien ihm in seiner Anleitung zum Referiren „zu sehr für eine gewisse Anordnung eingenommen zu seyn".[296] Laut Brinkmann sollte sich jeder Leser selbst überlegen, welche Darstellungsform für den konkreten Rechtsfall am besten geeignet ist. Bei dem Verhältnis von Zweifels- zu Entscheidungsgründen galt nämlich laut Brinkmann dasselbe, wie bei der Reihenfolge von Rechts- und Tatsachenfragen: „Über die Wahl entscheidet die Beschaffenheit jeder einzelnen Sache."[297]

Schließlich folgen Hinweise zum „Stil und Ton richterlicher Urtheile". „Deutlichkeit in den einzelnen Ausdrücken und im Bau der Perioden ist ein eben so wesentliches Erforderniß, wie Übersichtlichkeit, Faßlichkeit und Zusammenhang der ganzen Ausführung."[298] Kürze empfiehlt er nur, wenn dies nicht zu Lasten von Deutlichkeit und inhaltlicher Gründlichkeit geht.[299] Brinkmann nennt zum einen die veraltete und „furchtbare Fakultätsperiode", einen Stil, bei dem die gesamte Entscheidung aus einem einzigen Satz besteht, der mit den Zweifelsgründen beginnt, die Entscheidungsgründe nennt und schließlich in der Entscheidung mündet. Zum anderen diskutiert er den Stil an einigen deutschen und allen französischen Gerichten, die „bewegenden Ursachen in das Erkenntniß einzurücken".[300] Diese Darstellung verteidigt er, weil sie den Richter zwinge, sich auf das Wesentliche zu konzentrieren. Das Abwägen von Vor- und Nachteilen verschiedener Darstellungsweisen zeigt die geringe Verbindlichkeit eines festen Stils nach Brinkmanns Auffassung. Ebenso rät Brinkmann von Zahlen und Buchstaben zur Gliederung ab, weil sie logische Übergänge ohnehin nicht ersetzten. Hierbei handelt es sich um Vorschläge, die vom persönlichen Geschmack des Verfassers abhängen. Abstrakt bleiben seine Vorgaben eine „gewählte, aber einfache, reine und richtige Sprache" mit diesem Stil zu verbinden.[301] Dabei gibt Brinkmann aber auch zu bedenken:

---

[295] *Brinkmann*, Urtheilsgründe, 1826, S. 120.
[296] *Brinkmann*, Urtheilsgründe, 1826, S. 120; zu Martin siehe sogleich.
[297] *Brinkmann*, Urtheilsgründe, 1826, S. 120 f.
[298] *Brinkmann*, Urtheilsgründe, 1826, S. 121.
[299] *Brinkmann*, Urtheilsgründe, 1826, S. 121 f.
[300] *Brinkmann*, Urtheilsgründe, 1826, S. 122.
[301] *Brinkmann*, Urtheilsgründe, 1826, S. 124.

„Die Ausführung der Urtheilsgründe ist die Sache des ruhigen, prüfenden, erklärenden Verstandes; die Stellung des Richters ist durchaus ernst und würdig. [...] Ist der Richter von der hohen Bedeutung seines Berufes innig ergriffen: so wird sich ihm wie von selbst der schickliche Ton angeben".[302]

In dieser Feststellung ist eine hohe Wertschätzung für das Richteramt enthalten. Brinkmann, der selbst viele Jahre lang Mitglied des Kieler Oberappellationsgerichts sein sollte, betonte schon 1826 die besondere Würde des Richterberufs. Der richterliche Ton sei bei der angemessenen Besetzung der Gerichte das geringste Problem. Brinkmann zeigt verschiedene Varianten auf, um Urteile abzufassen, ohne sie gegeneinander auszuspielen. Diese Details überraschen umso mehr, weil zu diesem Zeitpunkt in Schleswig und Holstein noch keine Begründungspflicht bestand.[303] Brinkmann stellt ziemlich genaue Anforderungen an die praktische Arbeitsweise, wenn man bedenkt, dass noch die Begründung insgesamt zur Disposition stand.

4. Tittmann (1828, 1846)

Carl August Tittmann widmete der Darstellung der Entscheidungsgründe hingegen nur wenige Zeilen, obwohl sein Handbuch auf die praktische Tätigkeit vorbereiten wollte.[304] Über Urteile meinte Tittmann:

„Sie werden, wie schon oben (§ 360.) bemerkt worden ist, in einer ganz eignen Form abgefasst, über welche sich aber, da sie bloss auf hergebrachten Gewohnheiten beruht und hier und da verschieden ist, nichts weiter sagen lässt, als dass sie aus den bei den Recht sprechenden Behörden angenommenen Formularen erlernt werden müsse, allenfalls mit Hülfe des bereits genannten Hommel'schen deutschen Flavius wohl angebracht werden könne."[305]

Mit dem Urteil meint Tittmann das Rubrum, die Entscheidung sowie eine Schlussformel. Die Gründe sind noch nicht umfasst. Die „ganz eigne Form" führt er auf „alte Gewohnheiten"[306] zurück. Normative Vorgaben gibt es hierzu nicht, denn die „gemeinen deutschen Processgesetze enthalten keine Bestimmungen darüber",[307] wie er an anderer Stelle ausführt. Sinn und Zweck des Aufbaus wird weder erklärt noch hinterfragt. Es ist bezeichnend, dass Tittmann zudem ein Anleitungsbuch aus dem Jahr 1775 empfiehlt. In der 2. Auflage von Tittmanns Lehrwerk von 1846 ist die Empfehlung mit dem Zusatz „obwohl darin zu viel jetzt veralteter Formelkram vorkommt" eingeschränkt.[308] Bis auf etwas „veralteten Formelkram" habe es kaum Ver-

---

[302] *Brinkmann*, Urtheilsgründe, 1826, S. 125.
[303] Siehe unter B. V.
[304] Siehe zum Handbuch E. II. 3.
[305] *Tittmann*, Handbuch, 1828, S. 718.
[306] *Tittmann*, Handbuch, 1828, S. 525; ders., Handbuch, 1846, S. 469.
[307] *Tittmann*, Handbuch, 1828, S. 525; ders., Handbuch, 1846, S. 469.
[308] *Tittmann*, Handbuch, 1846, S. 634.

änderungen gegeben. Eine Neuheit sind seither aber die verpflichtenden Entscheidungsgründe: „Landesgesetze haben hier und da die Beifügung der Gründe zu dem Urtheil (rationes) vorgeschrieben."[309] In einer Fußnote führt Tittmann aus, dass hiermit sowohl Zweifelsgründe als auch Entscheidungsgründe gemeint sind. Vorgaben für die Darstellung gebe es nicht:

„In Betreff der Entscheidungsgründe zu den Urtheilen braucht sich der Verfasser an nichts als an die Regeln zu binden, die bei den Ausführungen überhaupt gelten müssen. Er hat daher nur für Gründlichkeit, Klarheit und logische Ordnung zu sorgen."[310]

Spezielle Stilvorgaben für die Entscheidungsgründe gibt Tittmann den Studenten nicht an die Hand. Zum Aufbau der Gründe meint Tittmann noch bündig: „Die Entscheidungsgründe in das Urtheil selbst zu verweben, ist da, wo sie nicht mit wenigen Sätzen ausgedrückt werden können, unpassend."[311] Entscheidungsgründe könnten danach mit dem Urteil zusammen abgefasst werden, sofern sie ganz kurz sind. Ansonsten sollten sie in einem eigenen Dokument stehen. Bei dem Lehrbuch von Tittmann handelt es sich vermutlich um ein Extrembeispiel. Der Autor wandte sich demonstrativ von der Historischen Rechtsschule ab. Im Vorwort meinte er:

„Es wird ferner dem Verfasser nicht verargt werden, dass er nach seinen in einem langjährigen Geschäftsleben gemachten Erfahrungen die Meinung der Theoretiker nicht theilen könne, dass das eigentliche juristische Studium erst mit dem Studio der Justinianischen Institutionen beginnen und dass der junge Jurist zuerst wissen müsse, was bei den Römern gegolten habe, ehe er lernen könne, was bei den in Jahrhunderten gemachten wissenschaftlichen Fortschritten überhaupt als gültig gefunden und bei den Deutschen als geltend aufgestellt worden ist."[312]

Statt auf innere Kohärenz zu dringen, sprach Tittmann von „Sätzen und Formeln", die in ein Urteil gehören, aber ohnehin nicht jedem verständlich seien. Sein Lehrbuch lässt sich kaum in die zeitgenössische Diskussion einfügen, denn Tittmann blieb die meisten Erklärungen für seine Auffassungen schuldig. Der Leser erfuhr weder, warum er gegen die Rechtskraft der Gründe war, noch warum es unpassend sei, Entscheidungsgründe in das Urteil selbst zu schreiben. Das Lehrbuch scheint überkommene Darstellungsformen in richterlichen Entscheidungen abzubilden. Ein Richteranwärter, der sich an „hergebrachte Gewohnheiten" halte, mache jedenfalls nichts verkehrt.

---

[309] *Tittmann*, Handbuch, 1828, S. 525; ders., Handbuch, 1846, S. 469.

[310] *Tittmann*, Handbuch, 1828, S. 720; ders., Handbuch, 1846, S. 635.

[311] *Tittmann*, Handbuch, 1846, S. 636; in der ersten Auflage von 1828 leicht abweichend formuliert, aber inhaltlich identisch ders., Handbuch, 1828, S. 720 „Die Entscheidungsgründe in dem Urtheile selbst aufzunehmen, ist da, wo sie nicht mit wenigen Sätzen ausgedrückt werden können, unpassend."

[312] *Tittmann*, Handbuch, 1828, S. VI f.; ders., Handbuch, 1846, S. VI.

5. W. H. Puchta (1829, 1830)

Wolfgang Heinrich Puchta wollte auf die Geschäftspraxis vorbereiten. Eigentlich hatte sein Werk daher ein ähnliches Anliegen wie das Buch von Tittmann. Wolfgang Heinrich Puchta gibt angehenden Praktikern in seinem Anleitungsbuch „Der Dienst der deutschen Justizämter oder Einzelrichter"[313] jedoch deutlichere Hinweise zum Aufbau und Stil der Entscheidungsgründe:

„Sie werden nicht dem Urtheile selbst einverleibt, – daher auch keine Frage mehr seyn kann, was von dem Inhalte desselben, als zu den Gründen gehörig, nicht rechtskräftig werde, – sondern in ausführlicher Fassung dem Urtheil angehängt."[314]

Puchta spricht sich klar für eine Form des Aufbaus aus. Die Gründe sollen dem Urteil folgen, sind also selbst nicht Teil davon. Die Entscheidungsgründe werden danach in einem eigenständigen Dokument festgehalten. Damit meint Puchta, zugleich die komplizierte Frage nach der Rechtskraft beantwortet zu haben.[315] Wegen der Trennung von Urteil und Gründen stelle sich das Problem nicht mehr und nur das Urteil, also der Tenor werde rechtskräftig. Die formale Gestaltung sei ausschlaggebend für die juristische Bedeutung.

Neben der Sprache äußert sich Puchta zur Form der Entscheidungsgründe. Dabei verwirft er sowohl den alten Fakultätsstil als auch den französischen Stil als „schleppend".[316] Im Übrigen rät er den jungen Praktikern, sich an die Vorgaben aus der Instruktion an die bayerischen Gerichte vom 7. April 1813 zu halten.[317] Das begründet er nicht etwa mit dem normativen Charakter für Bayern, wo sein zweibändiges Anleitungsbuch erschien, sondern empfiehlt die Anordnung, weil sie „zweckmäßige Bestimmungen" enthalte. Die wesentlichen Regelungen fasst er auf den folgenden Seiten zusammen. Dabei paraphrasiert er die Instruktion.[318] Die bayerische Anordnung strahlte somit direkt in die richterliche Ausbildungsliteratur aus.

6. Savigny (1847)

Der akademische Anspruch könnte kaum unterschiedlicher sein als zwischen Carl August Tittmann und Friedrich Carl von Savigny. Während Tittmann das Studium des römischen Rechts als überflüssig ansah, konstruierte Savigny ausgehend von den römischen Quellen in seinem Hauptwerk ein „Sys-

---

[313] Siehe E. II. 4.
[314] *Puchta*, Dienst der Justizämter, 1830, S. 190.
[315] Siehe unten E. VII.
[316] *Puchta*, Dienst der Justizämter, 1829, S. 191.
[317] Siehe zu diesen Vorgaben D. IV. 2.
[318] *Puchta*, Dienst der Justizämter, 1829, S. 191 f.

tem" für seine Zeit. Doch bei den Entscheidungsgründen haben sie eins gemeinsam: Sie geben keinen klaren Urteils- und Begründungsstil vor, sondern nennen verschiedene zulässige Varianten. Mindestens drei unterschiedliche Stile erwähnte Savigny in Band sechs des „Systems" als Argument für seine Ansicht in der Diskussion um die Rechtskraft der Gründe. Bei ihm sind die beiden Aspekte damit inhaltlich kaum zu trennen. Er konstatiert zunächst, dass Urteilsgründe sehr unterschiedlich abgefasst werden. Daher könne die Rechtskraft einzelner Aussagen in der richterlichen Entscheidung nicht davon abhängen, ob sie im Urteil oder in den Gründen getroffen wird.[319] Savigny passt die Theorie an die von ihm beobachtete Rechtspraxis an: „Unmöglich kann aber der Umfang der Rechtskraft von einem so zufälligen und willkührlichen Verfahren der verschiedenen Gerichte abhängig gemacht werden."[320] Weil nicht sein kann, was nicht sein darf, ist die Rechtskraft jedenfalls nicht an den Aufbau des Urteils oder der Entscheidungsgründe gebunden. In einer Fußnote differenziert er zwischen „älteren Fakultätsurtheilen", die eine „pedantische Form" aufweisen und erst Zweifels- und dann Entscheidungsgründe nennen, und zwei weiteren Urteilsstilen: Nach „Französischer Form", würden Urteile „oft in sehr vielen einzelnen Sätzen" mit „*Considérant* (In Erwägung)" eingeleitet. „Die neuere, in Deutschen Gerichten vorherrschenden Form" sehe vor, „daß dem Urtheil die Gründe in Gestalt einer besonderen Abhandlung, eines Gutachtens, beigegeben werden".[321] Savigny bewertet diese Darstellungsweisen zwar als mehr oder weniger geeignet, erkennt sie aber alle als richtig an. Manche Gerichte würden aber „überhaupt gar keine Gründe aufstellen".[322] Als Beleg dieser Aussage verweist Savigny auf das Preußische Ober-Tribunal, das allerdings seit 1832 zur Begründung durch eine Kabinettsorder verpflichtet war, wie Savigny selbst zugibt.[323] Dies deutet auf eine Diskrepanz zwischen der normativen Verpflichtung und der Umsetzung in der Praxis hin.

Neben den formalen Unterschieden beobachtet Savigny inhaltliche Abweichungen zwischen den Urteilen der Gerichte, insbesondere, „daß bald mehr, bald weniger in das Urtheil selbst aufgenommen wird, so daß die Gränze zwischen den beiden Schriftstücken als eine schwankende und zufällige erscheint."[324] Mit den „beiden Schriftstücken" meint Savigny das Urteil und die gesonderte Begründung. Diese Formulierung deutet an, dass er eigentlich von ausführlichen Begründungen im Anschluss an das Urteil an deutschen Gerichten ausgeht. Denn weder beim französischen Stil noch beim

---

[319] *Savigny*, System VI, 1847, S. 371.
[320] *Savigny*, System VI, 1847, S. 371.
[321] *Savigny*, System VI, 1847, S. 371 Fn. (a).
[322] *Savigny*, System VI, 1847, S. 372.
[323] *Savigny*, System VI, 1847, S. 372 Fn. (c).
[324] *Savigny*, System VI, 1847, S. 371.

älteren Fakultätsgutachten gibt es die Trennung in zwei verschiedene Dokumente. Die Uneinheitlichkeit ergibt sich nach Savigny nicht aus verschiedenem Gerichtsgebrauch, sondern aus der variierenden Komplexität der Fälle, denn „die eigenthümliche Beschaffenheit jeder einzelnen Rechtsstreitigkeit führt dahin, daß dasselbe Gericht nicht überall dieselbe Gränze beobachtet, indem bei einfachen Sachen die vollständige Aufnahme der objectiven Gründe in das Urtheil selbst sehr leicht seyn kann, die bei verwickelten Sachen vielleicht große Schwierigkeit mit sich führen wird".[325] Damit ist die Darstellung im Urteil vom Einzelfall abhängig. Savigny greift dabei auf seine eigene Terminologie zurück. Im Kern unterscheidet er einerseits zwischen Vorüberlegungen, den subjektiven Gründen, und andererseits den Zwischenergebnissen, die einzelne Klagevoraussetzung bejahen oder verneinen, die er als objektive Gründe bezeichnet.[326] Wenn sie nicht zu umfangreich seien, könnten die objektiven Gründe, also die notwendigen Zwischenergebnisse des Richters, in den Tenor aufgenommen werden. Nach Savignys Beobachtung halten sich die Gerichte damit nicht einmal konsequent an ihren eigenen internen Stil.

Schließlich erteilt Savigny Ratschläge zur Abfassung von Urteilen, um die Reichweite der Rechtskraft im Einzelfall klar zu bestimmen. Er verwirft den Gedanken, die „objectiven Gründe" ausschließlich ins Urteil zu schreiben und erst in den Urteilsgründen „subjective Gründe" zu erläutern. Stattdessen schlägt er vor, „diejenigen Stücke, welche die Natur von objectiven Gründen haben, und daher nach der Absicht des Richters rechtskräftig werden sollen, als solche bestimmt anzugeben, damit über diesen Punkt kein Zweifel entstehen könne".[327] Er fordert die Richter also auf, zwischen ihren Überlegungen und den Schlussfolgerungen zu differenzieren, um so Klarheit für künftige Streitigkeiten zu schaffen.

7. Linde (1850)

Justin Linde veröffentlichte 1850 einen Aufsatz „Über die Rechtskraft der Entscheidungsgründe" im „Archiv für die civilistische Praxis". Darin setzte er sich intensiv mit den Äußerungen Savignys in dieser Frage auseinander. Wie Savigny selbst äußerte sich auch Linde über den Stil der Entscheidungsgründe, den beide mit der Rechtskraft verknüpften. Linde brachte dabei das zeitgenössische Verständnis und die Ansprüche an eine Begründung auf den Punkt:

---

[325] *Savigny*, System VI, 1847, S. 372.
[326] Zur genaueren Erklärung siehe E. VII. 4.
[327] *Savigny*, System VI, 1847, S. 374.

"Der Gerichtsgebrauch pflegt das Urtheil, die Entscheidung (in Bezug auf unsere Frage auch den Tenor oder das Dispositive genannt) in dem Publicationsacte und in der schriftlichen Abfassung von den Gründen (Urtheilsgründen, Entscheidungsgründen) getrennt abzufassen und darzustellen, so daß dann die Entscheidungsgründe, mögen sie der Entscheidung vorhergehen, ihr nachfolgen, oder vorhergehend oder nachfolgend einzelne Theile der Entscheidung begleiten, und so mit diesen untermischt werden, als eine mehr oder weniger ausführliche Rechtfertigung, auch wohl Erklärung, Erläuterung und Verständigung des Inhalts des Urtheils darstellen."[328]

Das entscheidende Wörtchen ist „Gerichtsgebrauch". Kein Gesetz, keine logische Notwendigkeit und keine anerkannte Gelehrtenmeinung gaben den Stil der Begründung vor. Die Entscheidungen und Entscheidungsbegründungen werden so verfasst, wie es am jeweiligen Gericht üblich ist. Noch 1850 benennt Linde verschiedene Möglichkeiten einer Urteilsgestaltung. Allerdings sind die Entscheidungsgründe stets so abgetrennt, dass sie vom Tenor leicht zu unterscheiden sind. Ob sie vor oder nach der Entscheidung stehen oder mit ihr vermischt sind, ist nicht wichtig. All diese Formen sind zulässig. Die Bedeutung des Gerichtsgebrauchs geht sogar noch weit darüber hinaus:

„Wo also nach dem Gerichtsgebrauche Entscheidungsgründe entweder nicht einmal abgefaßt, oder nicht als Theile der gerichtlichen Verhandlung betrachtet und aufbewahrt werden, da kann von einer Rechtskraft der Gründe gar nicht die Rede sein."[329]

Noch 1850 hält Linde es für möglich, dass Entscheidungsgründe überhaupt nicht niedergelegt werden. Diesen Aspekt erwähnt er nur nebenbei, um zu verdeutlichen, dass die Rechtskraft der Gründe nur in Frage stehen könne, wenn diese Motive nachvollziehbar in schriftlicher Form bei einem künftigen Prozess zur Verfügung stehen.

8. Martin (1800–1857)

Christoph Martin galt nachfolgenden Generationen als „wohl der bedeutendste Processualist, welchen Deutschland in der ersten Hälfte unseres Jahrhunderts besaß."[330] Martins „Lehrbuch des teutschen gemeinen bürgerlichen Processes" erschien erstmals 1800. 1857, im Jahr von Martins Tod, kam die 13. Auflage heraus. Damit hat das Lehrbuch den Aufstieg und Niedergang der Historischen Rechtsschule, die Veränderung des Ausbildungsideals und auch die Durchsetzung der Begründungspflicht überdauert. Das hat Spuren in den verschiedenen Auflagen hinterlassen. An diesem bedeutenden Werk lässt sich ein Wandel in der Wahrnehmung der Begründungspflicht daher besonders gut untersuchen. 12000 Exemplare sollen verkauft worden sein.[331]

---

[328] Linde, Rechtskraft, AcP 33 (1850), S. 315 (316 f.).
[329] Linde, Rechtskraft, AcP 33 (1850), S. 315 (317).
[330] Eisenhart, Martin, in: ADB 1884, S. 485 (487).
[331] Eisenhart, Martin, in: ADB 1884, S. 485 (487).

Generationen von Studenten haben mit diesem Lehrbuch gelernt. Martin konzipierte es als Begleitlektüre zu seiner Vorlesung. Durch Verweise auf andere Werke positionierte er sich zugleich innerhalb der wissenschaftlichen Diskussion.

Obgleich Martin in dem Lehrbuch ausschließlich den Zivilprozess behandelt, bleiben Urteile und Entscheidungsgründe in allen Auflagen ein Randthema. Nur durch kurze Bemerkungen, häufig in den Fußnoten und als Hinweise auf andere Autoren, äußert sich Martin zu diesem neuen Gegenstand. Erwähnt sind Entscheidungsgründe allerdings schon in der ersten Auflage 1800. Unter der Überschrift „Innerer Bau und Ordnung des ersten Urtheils" geht Martin auf die Reihenfolge der Entscheidungen innerhalb der Tenorierung ein. In einer Fußnote findet sich der lapidare Hinweis:

„Die etwan einzurückenden Entscheidungsgründe, werden jedem Abschnitte dieses Urtheils, abgesondert vorangeschickt; nicht von den verschiedenen Puncten zusammengestellt."[332]

Diese Bemerkung ist aus mehreren Gründen aufschlussreich. Zum einen gibt Martin so zu verstehen, dass Urteile teilweise schon um 1800 begründet wurden. Jedoch handelt es sich nicht um eine gemeinrechtliche Verpflichtung, weshalb der Satz nur in einer Fußnote fällt und auf „etwan", also nur gegebenenfalls nach dem Recht der einzelnen Territorien erforderliche Gründe Bezug nimmt. Zum anderen empfiehlt er für den Fall, dass eine solche Pflicht besteht, eindeutig eine Darstellungsweise. Die Entscheidungsgründe sollen den einzelnen Abschnitten „vorangeschickt" werden. Im Gegensatz zu späteren Vorgaben soll die Begründung vor jeder Teilentscheidung stehen und nicht in einem längeren Text sämtliche Entscheidungen des Urteils erklären.

1800, zum Zeitpunkt der ersten Auflage, mag die Begründungspflicht noch eine Ausnahme gewesen sein. Doch auch in späteren Auflagen nach 1816, als Martin bereits geheimer Justizrat am thüringischen Oberappellationsgericht in Jena war,[333] behielt er seinen Ratschlag im Lehrbuch bei. Die Empfehlung findet sich in leicht veränderter Schreibweise etwa in der 9. Auflage von 1826.[334] Widersprüchlich hierzu schreibt Martin aber ebenfalls 1826 in einem Kapitel über die Abfassung der Dekrete, zu denen nach seiner Systematik Urteile gehören:[335] „Entscheidungsgründe folgen besser der Ent-

---

[332] *Martin*, Lehrbuch, 1800, S. 140 Fn. w).
[333] *Eisenhart*, Martin, in: ADB 1884, S. 485 (486).
[334] *Martin*, Lehrbuch, 1826, S. 281 Fn. a).
[335] *Martin*, Lehrbuch, 1838, S. 185 f.: „Richterliche Decrete im allgemeinen sind nämlich, Verfügungen oder Anordnungen eines Richters in einer Rechtssache, an eine ihm als Richter unterworfene Person gerichtet. Dergleichen giebt es in einem Rechtsstreite in Rücksicht des Inhalts, bald entscheidende (sententiae, Decisiv-Decr. oder Erkenntnisse, Bescheide, Urtheile) […] bald aber, leiten sie auch nur den Gang des Rechtsstreits".

scheidung selbst in gedrängter Kürze nach."³³⁶ Damit schlägt er also eine andere Reihenfolge vor. Die Formulierung („besser") drückt zugleich aus, dass es verschiedene zulässige Gestaltungsmöglichkeiten gab. In einer Fußnote betont er die unterschiedlichen Gebräuche bezüglich der Entscheidungsgründe noch: „In vielen Gerichten werden sie hingegen der Entscheidung, als Vordersatz, vorangeschickt." Vermutlich unfreiwillig trat Martin damit in einer Auflage sowohl für Motive vor der Entscheidung als auch für Motive im Nachgang der Entscheidung ein.

Diese missverständlichen Ausführungen hielten sich in dem beliebten Lehrbuch über viele Jahre hinweg. Beide Passagen finden sich noch in der 12. Auflage von 1838. Christoph Martin hatte lediglich Literaturhinweise in den Fußnoten ergänzt. Für die Dekrete verwies er nun auf Rudolf Brinkmann,³³⁷ der die verschiedenen Möglichkeiten vergleichend dargestellt hatte. Zudem fügte er einen Hinweis auf Wolfgang Heinrich Puchtas „Dienst der deutschen Justizämter" ein.³³⁸ Puchta seinerseits hatte sich auf die bayerische Anordnung bezogen und viele Vorgaben daraus übernommen. Indem Martin genau diesen Abschnitt für die neuere Darstellungsweise der Entscheidungsgründe empfahl, schloss er sich ihm an. Die Inhalte der bayerischen Anordnung fanden auf diesem Wege eine größere Verbreitung in Lehrbüchern, die sich ausdrücklich an alle Studenten des gemeinen Prozesses richteten. Die Hinweise Martins sind damit ein weiterer Beleg für eine nationale Diskussion über Staatsgrenzen hinweg. Erneut zeigt sich hieran, wie die bayerischen Quellen die gesamtdeutsche Debatte in besonderer Weise beeinflussten.

Eine ausführliche, spätere Fassung dieses Textes bieten Martins zweibändige „Vorlesungen über die Theorie des deutschen gemeinen bürgerlichen Processes" von 1855. Die Vorlesungen hatte sein Sohn Theodor Martin ausformuliert. Martin selbst hatte darauf hingewiesen, dass in seine Vorlesung praktische Erfahrungen aus seiner Tätigkeit am Oberappellationsgericht Jena und in den Spruchkollegien von Göttingen und Heidelberg eingeflossen waren. Martin inszenierte sich im Vorwort damit als Musterbild eines wissenschaftlichen Praktikers und eines praktischen Wissenschaftlers zugleich. In dieser längeren Version geht er noch freier mit dem Format eines Urteils um:

> „Die innere Form, die Art der Abfassung der Decrete, hat in der Regel ihre Quelle in der Observanz eines jeden Gerichts; diese ist zu beachten, jedoch mit Hinweglassung der veralteten, unzweckmäßigen Formen, und so zu verbessern, daß sie nach und nach zweckmäßig werde. Geringfügig ist das Formuliren keineswegs, es hängen damit vielmehr Be-

---

[336] *Martin*, Lehrbuch, 1826, S. 170.
[337] Zu Brinkmann siehe Abschnitt E. V. 3.; bei *Martin*, Lehrbuch, 1838, S. 189.
[338] *Martin*, Lehrbuch, 1838, S. 319.

stimmtheit, Deutlichkeit, sowie die Merkmale und Kennzeichen der öffentlichen Glaubwürdigkeit genau zusammen."[339]

Danach kommt es auf die Observanz, also den Gebrauch und die Tradition an jedem einzelnen Gericht an. Mehr als überregionale Vorgaben sind danach die bestehenden lokalen Gewohnheiten entscheidend und sollen jedem Neuling als Richtschnur dienen. Allerdings hält Martin seine juristischen Leser an, die Observanz nach und nach vorsichtig zu verändern, indem sie „veraltete und unzweckmäßige Formen" durch neuere ersetzen. Konkrete Beispiele benennt Martin dabei nicht. Er betont jedoch, wie wichtig die Formulierung bei Dekreten sei. Zum einen müsse der Inhalt des Dekrets verständlich sein, zum anderen gehe es um die Glaubwürdigkeit der Richter selbst. Trotz der verschiedenen Observanzen gibt Martin schließlich doch einen konkreteren Ratschlag: „Überhaupt aber ist die Vermischung der Entscheidungsgründe mit dem Ausspruche selbst [...] zu unterlassen."[340] In den ausführlichen „Vorlesungen" gab er seine frühere Position von 1800 endgültig auf.

9. Ergebnis

In den Anleitungsbüchern, Lehrbüchern und Abhandlungen zeigen sich wiederkehrende Vorschläge zur Form der Entscheidungsbegründung. Die Zeitgenossen differenzierten zwischen verschiedenen Stilen, die die meisten gleichermaßen als zulässig erachteten.

Gensler hob hervor, dass Entscheidungen nicht mit der Relation zusammen verfasst werden dürften, um das Richterkollegium nicht zu beeinflussen. Grolman berichtete nicht über Entscheidungsgründe, die weder in Hessen-Darmstadt noch gemeinrechtlich vorgeschrieben waren.

Brinkmann ging hingegen am detailliertesten vor und nannte drei Vorfragen für den Aufbau von Entscheidungsgründen. Es ging um die Reihenfolge von Tatsachen und Rechtsausführungen, die Reihenfolge von Zweifels- und Entscheidungsgründen und schließlich um den Stil. Bei Savigny hingegen spielte nur der dritte Punkt eine Rolle. Er sprach drei Stile an, die er genauer beschrieb. Neben älteren Fakultätsurteilen in einem einzigen Satz komme eine französische Form mit verschiedenen Sätzen in einem Dokument und eine neuere Form an deutschen Gerichten in Betracht, bei der die Gründe als eigenes Dokument der Entscheidung angehängt werden. Brinkmann nannte zwei Varianten, zum einen jene „veraltete furchtbare Fakultätsperiode", zum anderen die Möglichkeit, die „bewegenden Ursachen" in das Urteil einzurücken. Den von Savigny später erwähnten deutschen Stil führte

---

[339] *Martin*, Vorlesungen, 1855, S. 540 f.
[340] *Martin*, Vorlesungen, 1855, S. 542.

er noch nicht an. Die Wahl eines Stiles könne dabei vom Einzelfall abhängig sein. Savigny betonte, das gelte auch für die Grenze zwischen Entscheidung und Entscheidungsgründen. Dabei bezogen sich die Autoren nicht etwa auf Besonderheiten in einzelnen Ländern, sondern stellten stets auf den Gerichtsgebrauch des einzelnen Gerichts ab. Es sei nur eine Frage der Darstellung, die vom Einzelfall abhängen könne. Die genaue stilistische Umsetzung der Begründungspflicht war damit kein Gegenstand wissenschaftlicher Diskussion. Nur Martin legte sich fest und wurde prompt von Brinkmann dafür kritisiert. Im Laufe der Erscheinungszeit seines Lehrbuchs änderte er jedoch letztlich seine Ansicht. Selbst innerhalb derselben Textgattung waren die Vorstellungen unterschiedlich, wie die Handbücher für angehende Praktiker zeigen. Während Tittmann sich nicht auf einen bestimmten Stil festlegte, bezeichnete Puchta den französischen Stil und die ältere Fakultätsperiode als falsch.

VI. Umgehungsversuche – Drei Wörtchen

Doch zu den stilistischen Vorgaben gab es auch einen Gegenentwurf, der darauf abzielte, die Begründung insgesamt zu vermeiden. Denn eine zusätzliche richterliche Aufgabe bei gleichbleibender Bezahlung muss für viele Richter in erster Linie eine Zumutung gewesen sein. Der folgende Abschnitt stellt Quellen vor, die von einer beliebten und zeitsparenden Umgehung der Begründungspflicht erzählen. Mit drei immer gleichen Worten konnten die Richter danach ihrer Begründungspflicht nachkommen und doch rein gar nichts über den konkreten Fall mitteilen. Quellen aus verschiedenen Jahrzehnten decken den Umgang mit dieser Sitte in Lehr- und Anleitungsbüchern auf. Um die Tradition der Formel zu veranschaulichen, sind auch Stimmen vor 1815 berücksichtigt. In einer Gesamtschau zeigen die Quellen eine zunehmende Akzeptanz der Begründungspflicht innerhalb einiger Jahrzehnte.

1. Griebner (1739)

Ein früher Hinweis auf die Formel findet sich bereits 1739 bei Michael Heinrich Griebner, einem sächsischen Hof- und Justizrat und Ordinarius zu Leipzig. Seine Vorlesung, der „Discurs zur Erleuterung der Churfürstl[ich] Sächsischen alten und verbesserten Proceß-Ordnung" war „von fleißigen Zuhörern in seinem Collegio von Wort zu Wort nachgeschrieben, und gegen einander collationiret".[341] Der Druck entsprach folglich einer erweiterten Mitschrift seiner Vorlesung. Die Prozessordnung erläuterte Griebner nach der Legalordnung. Dabei findet sich in dem Abschnitt „Von Verfassung und

---

[341] *Griebner*, Ausführlicher und gründlicher Discurs, 1739, Titelblatt.

Publikation derer Urthel" ein aufschlussreiches Stichwort. Es zeigt jedenfalls, dass es sich bei den drei Wörtchen um eine ältere Sitte handelt, die mit der Begründungspflicht gegenüber den Parteien zu neuer Popularität aufstieg. Allerdings spricht Griebner hier offenbar nicht von einer Begründungspflicht gegenüber den Parteien.

„Gestalten Sachen nach.) Vordem kam diese Formel öfters vor, da man denn keine Rat. decidendi beyfügte; diese machte nun denen Iudicibus Mühe, daß sie erst rathen mußten, was denn die eigentliche Ursache wäre. Weßwegen dieses generale abgeschaffet, und die Dicasteria befehliget worden, denen Definitiv-Urthein, und welche denenselben gleich zu achten, sonderlich bey Klagen, die angebrachter maaßen rejiciret worden, die Rationes decidendi jedesmal kürzlich mit einzurücken. Diese Formel wird gebraucht, wenn v.g. ein Minor etwas versäumt, denn der hat beneficium rest. in integrum."[342]

Anstatt *rationes decidendi* einzufügen, hätten die Dikasterien vor einer ergänzenden Anordnung „Gestalten Sachen nach" in das Urteil geschrieben. Dikasterien waren in Sachsen die „Churfürstlich-Sächsischen Schöppen-Stühle und Juristen-Facultäten zu Leipzig und Wittenberg".[343] Die Quelle bezieht sich damit ausschließlich auf die Situation der Aktenversendung. Die *Iudices*, die Ausgangsrichter nämlich, rätselten über die drei nichtssagenden Wörtchen, wie es im 19. Jahrhundert auch die Parteien tun sollten. Griebner berichtet von einer daraufhin ergangenen Vorschrift, die diese Formel als Ersatz verbot. Das bezog sich auf Endurteile und in der Wirkung ähnliche Entscheidungen. Ausdrücklich benennt Griebner die Ablehnung eines Rechtsmittels. Die sächsischen Schöppenstühle waren nun zur Begründung verpflichtet und konnten die Leerformel nicht mehr verwenden. Unklar bleibt allerdings, ob die Parteien auf diese Begründungen Zugriff hatten. Einen Fall benennt Griebner, in dem die Schöppenstühle und Juristenfakultäten getrost auf eine längere Begründung verzichten konnten und den Platzhalter wählen durften. Sofern ein Minderjähriger vor Gericht eine ihm positive Handlung versäumte, konnte er stets Wiedereinsetzung in den vorigen Stand verlangen. Daher war nach Griebner eine Begründung ausnahmsweise nicht erforderlich und „Gestalten Sachen nach" in dieser Fallgestaltung eine zulässige Floskel.

2. Hommel und Klein (1800)

Das Anleitungsbuch von Carl Ferdinand Hommel feierte 1800 seine vierte Auflage. Zu dieser Zeit gab bereits der Nachfolger Klein das Hilfsmittel heraus. Das Lehrbuch weist damit auf eine lange Tradition im 18. Jahrhundert zurück. Schon der Titel bezog sich ausdrücklich auf Gerichtsurteile:

---

[342] *Griebner*, Ausführlicher und gründlicher Discurs, 1739, S. 397, wortgleich noch in der 2. Auflage: *Griebner*, Discurs, 1780, S. 292.

[343] Art. Sächsische Dicasterien, in: Zedlers Universal-Lexicon, 1742, Sp. 337 (337).

„Carl Ferdinand Hommels Teutscher Flavius, oder vollständige Anleitung sowohl in bürgerlichen als peinlichen Fällen Urthel abzufassen". Die Bezeichnung „Teutscher Flavius" deutet gleich auf mehrere Besonderheiten hin: Zum einen ist sie eine Anspielung auf den römischen Ädilen Gnaeus Flavius, der vermutlich im späten 4. vorchristlichen Jahrhundert die Gerichtstage und -formeln an das Volk verriet.[344] Seither steht sein Name für die Weitergabe von Gerichtsgeheimnissen an die Öffentlichkeit.[345] Hommel versprach mit dieser Anspielung seinerseits, die Urteilsformeln, die angeblich von älteren Juristen gehütet und verheimlicht wurden, den Jüngeren preiszugeben. Zugleich warb er damit, deutsche Übersetzungen für überkommene lateinische Formeln zu verwenden. Der unter Studierenden zeitgenössisch beliebte Autor wird in der Forschung kritisch gesehen. Kleinheyer und Schröder sagen Hommel in ihrem Juristenlexikon „Mangel an System, Sprunghaftigkeit der Gedanken und Bemühen um geistreiche, popularisierende, dabei oft oberflächliche Darstellung" nach.[346] Besonders überraschend ist ein kurzer Hinweis von Hommel bei der Formulierung von Urteilsgründen:

„Endlich will ich meinen Schülern noch drey Wörtchen kennen lernen, die er liebgewinnen wird, weil sie ihn manchmal von der Nothwendigkeit, langweilige Entscheidungs-Gründe zu fertigen, befreyen. Sie heißen: Gestalteten Sachen nach. Die Ärzte haben auch ein solches Wort: ἰδιοσυγκρασια, wodurch sie zu erkennen geben, daß wegen der Beschaffenheit, so diesen Kranken besonders eigen ist, und wegen außerordentlicher Lage der in gegenwärtigem Falle vorkommenden Umstände, sie die Heilungs-Mittel nicht brauchen dürfen, die sie außerdem der Regel nach angewendet haben würden, und sie also in etwas von der gewöhnlichen Vorschrift abzuweichen und auszugleiten sich genöthiget sehen."[347]

Zunächst ist auffällig, dass Hommel überhaupt von Entscheidungsgründen ausgeht. Vermutlich bezieht sich das auf die Begründungspflicht in Sachsen. Denn Hommel war Beisitzer am Schöppenstuhl und Professor der Rechte in Leipzig.[348] Die sächsische Begründungspflicht aus dem Reskript von 1715 gilt in der Forschung seit Jahrzehnten als älteste normative Grundlage im deutschsprachigen Raum.[349] Genau dieser Pflicht kann sich der Richter aber nach Hommel leicht entziehen. Statt einer Begründung solle der Richter schlicht die Worte „Gestalteten Sachen nach" verwenden. Bezeichnend ist, dass sich der Richter so vor allem im 18. Jahrhundert seiner Pflicht entledigen konnte, als die Begründungspflicht noch neu und unter den Juristen wenig

---

[344] *Fögen*, Römische Rechtsgeschichten, 2002, S. 125–127; *Wieacker*, Römische Rechtsgeschichte, 1988, S. 524–527.
[345] Vgl. *Kantorowicz* (*Gnaeus Flavius*), Kampf um die Rechtswissenschaft, 1906.
[346] *Hof*, Hommel, in: Kleinheyer/Schröder (Hrsg.), Juristen, 2017, S. 206 (207).
[347] *Klein*, Hommels Teutscher Flavius, 1800, S. LXXIII f.
[348] *Lieberwirth*, Hommel, in: NDB 1972, S. 592 (592).
[349] Siehe oben B. II.

akzeptiert gewesen sein mag.[350] Wolfgang Sellert bezeichnete den Rat Hommels schon für die erste Auflage 1763 als „spöttisch".[351] Doch ob diese Empfehlung nicht völlig erst gemeint war, ist unklar. Leider erschöpft sich die Erläuterung von Hommel in einem Vergleich mit einem griechischen Ausdruck in der Medizin. Die Idiosynkrasia – etwa Konstitution oder Wesensart – sei dort ein feststehender Begriff, um auszudrücken, dass aufgrund der besonderen Gegebenheiten des Falles eine andere Behandlung des Patienten angebracht sei. Auch die Formel „Gestalteten Sachen nach" ist daher für Ausnahmen vorbehalten. Diese Deutung belegt eine kurze Äußerung desselben Autors im zweiten Band. Die Formel benötige „man, wenn von der Regel abgewichen wird".[352] „Gestalteten" oder auch „Gestalten"[353] bezieht sich also auf die besondere Gestalt oder Gestaltung eines Falles. Modern gesprochen könnte man die Formel als „aufgrund der Besonderheiten des Einzelfalles" übertragen. Interessanterweise rät Hommel den Juristen, sich ausgerechnet mit dieser kurzen Formulierung, die die besonderen Umstände nicht einmal ausführt, die Urteilsbegründung zu ersparen.

3. Brinkmann (1826)

Rudolf Brinkmann äußerte sich 1826 ebenfalls kurz zu der Ersatzformulierung. Sein Reformvorschlag nannte an vielen Stellen ganz konkrete Vorgaben für einzelne Richter wie in einem Anleitungsbuch. In dem Abschnitt über die „Auffindung, Entwickelung und Anlage der Urtheilsgründe" war Brinkmann die Umgehung jedenfalls noch eine Erwähnung wert: „Daß die Formel: aus bewegenden Ursachen, oder: vorkommenden Umständen nach, gar keinen Grund ausspreche, vielmehr nur auf verborgene Gründe hindeute, ist leicht einzusehen."[354] Dies ist ein weiterer Hinweis für die geläufige Umgehung. Brinkmann, der ausdrücklich für eine Begründungspflicht plädierte, musste ausführen, dass diese Leerformel nicht genüge.

4. Hagemann (1827)

Theodor Hagemann verfasste 1827[355] eine kurze Anleitung über „Grundzüge der Referirkunst in Rechtssachen". Einer der letzten Autoren der Dezisio-

---

[350] *Sprung*, Entwicklung, in: ders. (Hrsg.), Entscheidungsbegründung in europäischen Verfahrensrechten, 1974, S. 43 (47).

[351] *Sellert*, Urteilsbegründung, in: Dilcher/Diestelkamp (Hrsg.), Recht, Genossenschaft und Policey, 1986, S. 97 (109).

[352] *Klein*, Hommels Teutscher Flavius, 1800, S. 371.

[353] Siehe sogleich etwa bei Hagemann.

[354] *Brinkmann*, Urtheilsgründe, 1826, S. 100 f.

[355] Es existiert eine weitere Fassung von 1825.

nenliteratur[356] betrat damit neues Terrain. Innerhalb der Relation behandelte er nämlich den Urteilsentwurf.[357] Einige Seiten nimmt die ideale Form des Urteils ein, wobei er sich detailliert über das Rubrum äußerte.[358] Schließlich folgt in § 51 eine kurze Erläuterung zu den Entscheidungsgründen. Eine wichtige Weichenstellung steht gleich zu Beginn: „Die ex facto vel jure hergenommenen Gründe, welche die Entscheidung motiviren, sind von dem decisiven Theile des Urtheils selbst, gänzlich verschieden."[359] Hagemann trennt die Gründe kategorisch von der Entscheidung selbst. Damit begründet er auch, dass nur die „Sentenz" rechtskräftig wird.[360] Unter Gründen versteht Hagemann sowohl gedachte als auch niedergeschriebene Motive einer richterlichen Entscheidung. Ausformulierten Motiven steht er jedoch skeptisch gegenüber: „An sich hält man den Richter nicht schuldig, den Partheyen die Gründe seines Ausspruchs mitzutheilen. Er soll Recht sprechen, aber darum noch nicht sagen, warum er so und nicht anders geurtheilt habe."[361] In dieser Konzeption ist die Entscheidungsbegründung schlicht nicht von den richterlichen Aufgaben umfasst. Anschließend benennt er drei Situationen, in denen der Richter trotzdem zu einer Begründung verpflichtet sein kann. „Zuweilen geben indeß das Verlangen des Oberrichters oder der Parthey, z.B. bey Facultäts- und Compromißerkenntnissen, oder auch wohl die Gesetze selbst, die Veranlassung zur Mittheilung der Urtheilsgründe".[362] Hagemann setzt die interne Pflicht gegenüber dem Oberrichter mit der externen Pflicht gegenüber den Parteien gleich. Für die Begründung gegenüber den Parteien hat er allerdings noch die ältere Verpflichtung im Rahmen der Aktenversendung oder von Schiedsurteilen vor Augen. Schließlich nennt er die zunehmenden gesetzlichen Verpflichtungen als Ausnahme von unbegründeten Urteilen. Sodann folgen verschiedene Möglichkeiten, die Urteilsgründe abzufassen. Hagemann meint: „Wenige aber durchgreifende Entscheidungsgründe sind völlig genügend."[363] Die Richter sollten nur die wichtigsten Gründe anführen, um zu vermeiden, dass die Anwälte ausgerechnet bei den inhaltlich schwächsten Gründen mit einer Widerlegung ansetzten. Hagemanns vorsichtige Ratschläge sind von der Vorstellung geprägt, die Sachwalter könnten die Begründung nach Schwachstellen durchsuchen, um doch noch eine Möglichkeit für Rechtsmittel zu finden. Erstaunlicherweise rät er aber davon ab, die

---

[356] *Kroeschell*, Deutsche Rechtsgeschichte III, 2008, S. 172.
[357] *Hagemann*, Grundzüge, 1827, S. 67.
[358] *Hagemann*, Grundzüge, 1827, S. 68–74.
[359] *Hagemann*, Grundzüge, 1827, S. 74.
[360] *Hagemann*, Grundzüge, 1827, S. 74 f.; siehe zur Rechtskraft der Entscheidungsgründe E. VII.
[361] *Hagemann*, Grundzüge, 1827, S. 75.
[362] *Hagemann*, Grundzüge, 1827, S. 75.
[363] *Hagemann*, Grundzüge, 1827, S. 76.

Begründungspflicht durch verkürzte Angaben zu umgehen. Sofern eine Verpflichtung zur Begründung besteht, lässt Hagemann die verkürzte Fassung nämlich nicht gelten:

„Mit der Ration: ‚Gestalten Sachen, vorkommenden Umständen nach' wird meistens, man möchte sagen, Gerichtliche Blindekuh gespielt; die Advocaten kämpfen dagegen, wie gegen ein unsichtbares Wesen und man sollte sie daher gar nicht gebrauchen. Sie zeigt meistens an, daß man keine triftige Gründe hatte, oder den wahren Entscheidungsgrund nicht sagen durfte, oder wollte; weil dadurch ein zweifelhafter Rechtssatz, oder ein bisher pro et contra angenommenes Princip, durch das neue praejudicium, in andern ähnlichen Fällen zur Consequenz gezogen werden möchte, oder weil die Sache im Collegio so dubios gefunden ward, und von so verschiedenen Seiten angesehen wurde, daß man über die zu gebenden Entscheidungsgründe selbst, keine Majorität der Stimmen herausfinden konnte."[364]

Hagemann gebraucht eine etwas andere Wendung, die jedoch ersichtlich dem gleichen Zweck dient wie die Beispiele bei Hommel und Klein. Pauschal verweist auch die Formel „Gestalten Sachen, vorkommenden Umständen nach" auf die Besonderheiten im Einzelfall, ohne diese Umstände oder auch nur den Sachverhalt oder rechtliche Überlegungen genauer zu benennen. Hagemann vergleicht diese Scheinbegründung mit dem Blindekuh-Spiel. Die Anwälte müssten in dem Bild mit verbundenen Augen die wahren Gründe erraten. Hagemann wittert hinter diesem Allgemeinplatz Fehler bei der Rechtsanwendung und die Absicht, die wahren Gründe zu verschleiern. Die echten Gründe, die das Gericht tatsächlich zu der Entscheidung bewogen haben, würde das Gericht nicht nennen können oder wollen. Genauso könnte der Richter vor einem neu entstehenden Präjudiz zurückschrecken. Schließlich könnte das Ausweichen auf diese nichtssagende Phrase andeuten, dass sich die Richter zwar in Bezug auf das Ergebnis des Rechtsstreits, nicht jedoch bezüglich der Entscheidungsgründe einig werden konnten. Hagemann konstatiert so ein Problem, das zu einer Diskussion führen sollte, ob über die einzelnen Gründe oder das Endergebnis abzustimmen sei.[365] Keine dieser Möglichkeiten rechtfertigt nach Hagemann auf besagte Leerformel zurückzugreifen. Obwohl Hagemann kein Verfechter der Begründungspflicht ist, wendet er sich gegen die faule Umgehung. Die Anleitung für junge Assessoren weist insofern keinen Ausweg aus dem Begründungszwang, wenn eine Begründung zu Recht vom Oberrichter oder einer Partei verlangt oder durch ein Gesetz vorgeschrieben ist.

---

[364] *Hagemann*, Grundzüge, 1827, S. 76 f.
[365] *Ernst*, Rechtserkenntnis durch Richtermehrheiten, 2016, S. 174; *ders.*, Abstimmen nach den Gründen, in: FS Schröder, 2013, S. 309–334.

5. Henke (1838)

Die Kritik an der Umgehung der Begründung mithilfe einer wiederkehrenden Formel zog sich noch weit ins 19. Jahrhundert hinein. Explizit gegen diese verkürzte Entscheidungsbegründung wandte sich etwa Eduard Henke 1838.[366] Der Landshuter Ordinarius, der selbst auf Praxiserfahrungen als Richter am Oberappellationsgericht Wolfenbüttel zurückgreifen konnte, thematisierte die Entscheidungsbegründung in einem strafrechtlichen Zusammenhang. Das „Handbuch des Criminalrechts und der Criminalpolitik" gilt als sein wichtigstes Werk.[367] Die noch bei Klein als elegant geschilderte Begründung entlarvte auch Henke als bloße Umgehung der Begründungspflicht.

„Die Hinzufügung der Entscheidungsgründe kann durch die dem Urtheile eingerückten Worte ‚vorkommenden Umständen nach' oder ‚gestalteten Sachen nach' nicht entbehrlich gemacht werden, weil es darauf ankommt, durch dieselben der Einwendung unbegründeter Rechtsmittel vorzubeugen, und das Publikum von der Gerechtigkeit des gefällten Urtheils zu überzeugen. In das Erkenntniß selbst sollten sie aber nie verwebt, sondern stets demselben angehängt werden."[368]

Eine abgekürzte Begründung, die einzig auf einer Formel beruht, ließ der Strafrechtler und Professor für römisches Recht gerade nicht gelten. Er nannte zwei Beispiele für beliebte Floskeln. Neben „gestalteten Sachen nach" erwähnt er „vorkommenden Umständen nach". Beide Ergänzungen beziehen sich auf die Besonderheiten des einzelnen Falles, ohne inhaltlich näher darauf einzugehen. Bei der „Hinzufügung der Entscheidungsgründe" verwies er für Einzelheiten in einer Fußnote auf Brinkmanns Schrift von 1826. Henke brachte zwei Argumente vor, weshalb Richter das Ergebnis genauer begründen müssten. Zum einen gehe es um die Verhinderung von Rechtsmitteln, soweit die Entscheidung bereits inhaltlich richtig sei. Allerdings thematisiert er damit nicht die Appellationsmöglichkeit aufgrund der fehlenden Begründung selbst. Problematisch ist in seinen Augen vielmehr, dass der Beschuldigte ein Rechtsmittel einlegt, um mögliche Fehler erst aufzudecken, die nicht erkennbar sind, weil die Begründung fehlt. Zum anderen bezieht sich Henke auf „das Publikum". Gemeint sind potentielle Leser des Falles, die als nicht unmittelbar beteiligte Personen von dem Geschehen Kenntnis erlangen. Diese Gefahr bestand insbesondere bei einer Veröffentlichung der Entscheidung in einer Zeitschrift.

---

[366] *Elsener*, Schweizer Rechtsschulen, 1975, S. 52 f. Fn. 21.
[367] *Teichmann*, Henke, in: ADB 1880, S. 753 (753).
[368] *Henke*, Handbuch des Criminalrechts, 1838, S. 746 f.

6. Ergebnis zu den Anleitungsbüchern

In verschiedenen Varianten – „gestalteten Sachen nach" oder „vorkommenden Umständen nach" – nannten die Anleitungsbücher einen Begründungsersatz. An Stelle einer echten inhaltlichen Begründung stand diese lapidare Formulierung wie ein Platzhalter. Dabei zeichnen sich innerhalb der Quellen ein Umdenken und eine Trendwende ab. Während Hommel 1800 ein solches Ausweichen noch empfahl, um „langweilige Entscheidungsgründe" zu vermeiden, riet Hagemann 1827 davon ab, obwohl er persönlich Entscheidungsgründe ablehnte. Brinkmann, der ansonsten weitschweifig argumentierte, erwähnte den Begründungsersatz wohl eher um der Vollständigkeit willen. Henke schließlich belehrte die Studenten, dass dieser Einschub einer Begründungspflicht schlicht nicht entsprach. Die Begründungspflicht war in den 1830er Jahren nicht nur normativ verankert, sondern auch in juristischen Kreisen akzeptiert. Die teilweise schon vorher bestehende Pflicht hatte um 1800 noch Ausflüchte provoziert, um den Richtern eine als nutzlos geltende Arbeit zu ersparen. Dieser Umschwung zeigt zweierlei. Zum einen belegt er, dass es nicht allein auf die geltenden Normen ankam und auch innerhalb der Justiz teilweise noch Überzeugungsarbeit nötig war. Die These von Stephan Hocks, die Richter wollten gerne begründen,[369] greift insofern zu kurz. Dafür ist es nicht einmal nötig, unbegründete Urteile in Archiven aufzuspüren. Es lässt sich sogar anhand gedruckter Quellen nachweisen. Der Begründungszwang bescherte den Richtern einen Mehraufwand. Zum anderen verdeutlicht der Umschwung die zunehmende Akzeptanz und die Selbstverständlichkeit der Entscheidungsgründe im Laufe weniger Jahrzehnte. Die Lehrbuchautoren legten den Studenten nun eine andere Vorgehensweise nahe. Doch die Anleitungsliteratur bietet nur den Blick auf die Vorgaben vom Katheder. Um die praktische Akzeptanz der Begründungspflicht bis in die einzelnen Gerichtszweige hinein zu beobachten, müsste man Urteile über mehrere Jahrzehnte in verschiedenen Gerichtssprengeln und in verschiedenen Instanzenzügen untersuchen. Das ist nicht der Anspruch der vorliegenden Arbeit. Doch es gibt Hinweise auf die Umgehung der Begründungspflicht. Der preußische Justizminister Kamptz hatte etwa 1832 ausdrücklich verboten, ein Urteil nicht zu begründen, weil das Gericht im Ergebnis dem Untergericht zustimmte.[370] Die Missachtung der Begründungspflicht in der Praxis bis in die 1830er Jahre lässt sich ebenfalls an der folgenden Quelle veranschaulichen.

---

[369] *Hocks*, Gerichtsgeheimnis, 2002, S. 189.
[370] Siehe B. IV. 2.

7. Einblick in die Begründungspraxis: Künßberg (1837)

Um den Zivilprozess stand es schlecht. Die Verfahren waren zu langsam, zu unzuverlässig und zu kostspielig.[371] Das jedenfalls meinte 1837 Heinrich von Künßberg. Der Jurist und spätere Abgeordnete der Frankfurter Nationalversammlung[372] forderte mit einer knapp hundertseitigen Abhandlung öffentliche und mündliche Gerichtsverhandlungen. Künßberg wollte mit der kurzen und leicht verständlichen Schrift eine breite Leserschaft erreichen. Seine „Beiträge zur Diagnose der deutschen Proceßnoth" bedienten sich humoristisch der Arzt- und Patientenmetapher. Feuerbach hatte ebenfalls in seinen „Betrachtungen über Öffentlichkeit und Mündlichkeit" die Justiz als Patienten dargestellt.[373] Das von Hommel begründete Anleitungsbuch nutzte die beliebte Metapher ebenfalls. Heilkundige Juristen springen danach einem kranken einzelnen Rechtsfall oder einem ganzen leidenden System als Patienten bei. Künßberg war der „gewissenhafte Arzt", der einen kranken Patienten, den „Prozeß-Organismus" untersuchte.[374] Um seine rechtspolitischen Forderungen zu untermauern, konnte Künßberg auf eigene juristische Erfahrungen zurückgreifen und einem juristischen Laienpublikum Interna ausplaudern. Denn vor seiner politischen Karriere in der bayerischen Ständeversammlung war er selbst als Assessor und später als Advokat tätig gewesen.[375] Die Klagen über Prozessverzögerungen seitens der Parteien und Anwälte gab er vermutlich aus eigener Kenntnis in dieser Zeit wieder. Als Ursache hinter den diagnostizierten Symptomen wähnte Künßberg das überkommene schriftliche Gerichtsverfahren.

Zwar ist die geforderte Mündlichkeit im Zivilprozess der Anlass für Künßbergs Streitschrift, doch schon der Sprachgebrauch zeigt sein dahinterstehendes Interesse an einem national einheitlichen Prozessrecht. Anders als andere zeitgenössische Wissenschaftler verweist er schon im Titel nicht auf das „gemeine Recht", sondern auf die „deutsche Proceßnoth". 1846 verfasste er eine Monografie mit dem Titel „Das Recht der Deutschen". Darin konstruierte er rechtliche Gemeinsamkeiten im gesamten Deutschland vom „Alterthum", über das „Vormittelalter", das „Mittelalter" und das „Nachmittelalter" hinweg. Seine „Studien" seien „aus dem Bedürfniß entsproßen, die seit einem Vierteljahrhundert gesehenen und gefühlten Zustände der judiciären Wirklichkeit" auf dem „geschichtlichen Wege geistig zu bewältigen".[376] Über alle Epochen ging er von Gemeinsamkeiten im gesamten Deutschland aus.

---

[371] *Künßberg*, Beiträge, 1837, S. 26.
[372] *Best/Weege*, Biographisches Handbuch, 1998, S. 211 f.
[373] Siehe E. III. 6. a) Fn. 172.
[374] *Künßberg*, Beiträge, 1837, S. 3.
[375] *Best/Weege*, Biographisches Handbuch, 1998, S. 212.
[376] *Künßberg*, Das Recht der Deutschen, 1846, S. V.

In den „Beiträgen zur Diagnose der deutschen Proceßnoth" widerlegte er zunächst häufig vorgebrachte und seiner Meinung nach vorgeschobene Argumente für das schriftliche Verfahren. Erst im Anschluss daran benannte er „Wahre Motive der Abneigung gegen eine radikale Prozeßreform".[377] Der eigentliche Grund für die stoische Weigerung, das Prozessrecht zu reformieren, sei schlicht und einfach die Bequemlichkeit der Juristen und ihre Abneigung gegenüber Veränderungen. An dieser Stelle erwähnt er die zeitgenössisch beliebte Umgehung der Begründungspflicht. Unwillig den Arbeitsalltag zu verändern, seien sowohl Advokaten als auch Gerichtsmitglieder. Die Advokaten hatten bisher nach Künßberg „keine berufsmäßige Veranlassung, sich in zusammenhängender, freier, mündlicher Rede zu üben".[378] Die plötzlich eingeführte Mündlichkeit würde „manchen tüchtigen Schriftenfertiger als einen schlechten oder mittelmäßigen Redner darstellen". Der „Widerwille der Gerichtsmitglieder" hätte hingegen andere Ursachen: In diesem Seitenstrang seiner Argumentation geht Künßberg auf die Entscheidungsgründe ein. Beiläufig offenbart er als Zeitzeuge, wie die Entscheidungsbegründungspflicht in der Praxis häufig untergraben wurde. Doch er beginnt bereits mit der Entscheidungsvorbereitung in der Relation.

„Den meisten deutschen Richtern ist das viele Schreiben unbehaglich, nicht wenigen ist dasselbe von Herzen zuwider. Wie gern suchen sich nicht viele Referenten das Niederschreiben der Vorträge zu ersparen; wie nachsichtig sind nicht die Obergerichte gegen das schriftlose, mithin nicht aktenmäßige, Referiren in den untern Instanzen; mit welcher Strenge bestehen sie aber nicht darauf, daß, nachdem appellirt worden, der Referent der frühern Instanz einen schriftlichen Aktenextrakt nachfertige, und dadurch den obergerichtlichen Referenten dieser Schreiberei überhebe".[379]

Künßberg berichtet, dass viele Referenten an den Untergerichten ihre Vorträge nicht ausformulierten, sondern frei vor dem Kollegium hielten. Häufig hätten die Referenten schlicht keine Lust auf die Schreibarbeit. Diese Abneigung würden die Obergerichte aber meistens tolerieren. Erst sobald ein Rechtsmittel eingelegt sei und das betreffende Obergericht sich seinerseits mit dem Fall befassen müsse, fordere das höhere Gericht nachträglich einen „Aktenextrakt" ein, also einen wesentlichen Bestandteil der Relation. Das Obergericht sei ebenfalls nur auf die eigene Arbeitserleichterung bedacht und verweise das Untergericht allein deshalb auf seine Pflichten. Eine solche Vorgehensweise könne man laut Künßberg auch in Bezug auf die Begründung der Entscheidung beobachten.

---

[377] *Künßberg*, Beiträge, 1837, S. 91.
[378] *Künßberg*, Beiträge, 1837, S. 91.
[379] *Künßberg*, Beiträge, 1837, S. 92.

Mit „welcher Nonchalance sieht man nicht manche Gerichtshöfe, besonders solche, die (sey es nun überhaupt, oder nur in Bezug auf den gegebenen Fall) keine höhere Instanz über sich erblicken, sich über die Pflicht wegsetzen, die Gründe ihrer Entscheidung anzugeben, und dieß selbst in Staaten, in denen diese Pflicht durch die Verfassungsurkunde bekräftigt ist".[380]

Hier seien es vor allem die oberen Gerichte, deren Entscheidung im konkreten Fall nicht mehr angreifbar ist, die keine Gründe ausarbeiteten. Künßberg prangert damit einen Verstoß gegen gesetzliche Vorschriften an. Besonders hebt er hervor, dass dies in vielen Staaten auch entgegen neueren Vorgaben der Verfassungen üblich sei. Ein wichtiges Beispiel hierfür ist das Königreich Bayern.[381] Künßberg selbst hatte an verschiedenen Gerichten im Königreich gearbeitet und bezog sich mutmaßlich auf Bayern, das die Begründungspflicht bereits 1808 und 1818 in der Verfassungsurkunde verankert hatte. Die Begründungspraxis einiger Gerichte verurteilte er in einer Fußnote als Unsitte:

„Der Vorwand, der zu solchen Seldstdispensationen [sic!] gebraucht zu werden pflegt, nämlich die einfache Bezugnahme auf die Entscheidungsgründe der vorigen Instanz, ist fast noch schlimmer, als die Unterlassung an sich. Denn da jede Rechtfertigung (deductio gravaminum) einer Appellation oder eines Revisionsgesuchs sich mit der Widerlegung der Entscheidungsgründe des vorigen Richters beschäftigt, so ist die einfache Bezugnahme des Oberrichters auf die Entscheidungsgründe noch höhnender und verletzender, als wenn Jemand auf die Frage: warum? – mit dem lakonischen ‚darum!' antwortet."[382]

Künßberg berichtet, dass manche Gerichte statt einer Begründung im Urteil auf die Entscheidungsgründe der unteren Instanz in derselben Sache verweisen. Damit wiederholen sie schlicht die Entscheidungsgründe, um ihr neues, bestätigendes Urteil zu rechtfertigen. Formal liegt dann zwar eine Begründung vor, sie birgt jedoch keinerlei erkennbare Auseinandersetzung mit der Sache. Denn die Appellationsschrift selbst bezieht sich nach Künßberg auf die Entscheidungsgründe und legt deren vermeintliche oder echte Schwächen offen. Nur auf die ursprünglichen Gründe zu verweisen, ersetzt eine neue Begründung damit in keiner Weise. Die derartige Umgehung der Begründungspflicht in den oberen Instanzen verurteilt Künßberg daher aufs Schärfste. Dieses Vorgehen ist also bloß eine Begründungsvermeidungsstrategie. Ohne die Formel ausdrücklich zu nennen, umschreibt Künßberg damit die beliebte Umgehung in drei Wörtchen, die zwar auf die Komplexität und Besonderheit des Einzelfalls verweist, aber auf eine nähere Begründung verzichtet. Künßberg kritisiert eine solche Praxis. Im Gegensatz zu zahlreichen Anleitungsbüchern und wissenschaftlichen Monografien der Zeit idealisierte er die Richter nicht, sondern enttarnte das Vorgehen als Umgehung,

---

[380] *Künßberg*, Beiträge, 1837, S. 92.
[381] Siehe B. III.
[382] *Künßberg*, Beiträge, 1837, S. 92 f. Fn. **.

um Schreibarbeit zu vermeiden. Entscheidend für Künßbergs Missbilligung ist dabei nicht die mangelhafte Information der Prozessparteien über ihren Fall. Vielmehr rügt er die Verletzung geltenden (Verfassungs-) Rechts.[383] Rainer Sprung bezeichnet die Begründungspflicht als „prozessgrundrechtsähnliches Institut".[384] Liberale Autoren wie Künßberg pochten auf den tatsächlichen Verfassungsrang, den die Begründungspflicht in einigen Staaten hatte.[385]

VII. Rechtskraft der Gründe

Was entscheidet der Richter? Wird nur das Ergebnis oder werden auch Voraussetzungen der abgeurteilten Ansprüche rechtskräftig?[386] Diese Frage stellte sich mit Begründungen gegenüber den Parteien fortan regelmäßig. Denn die nunmehr öffentlichen Entscheidungsgründe boten weitaus mehr Anknüpfungspunkte für die Rechtskraft als der bloße Tenor. Hatten Entscheidungsgründe an der Rechtskraft *de lege lata* teil oder sollten sie *de lege ferenda* rechtskräftig werden? Die Folgen dieses Streits sind weitreichend: Gegen rechtskräftige Gründe könnte man eigene Rechtsmittel einlegen, ohne das Gesamtergebnis des Rechtsstreits anzugreifen. Schnell erkannten die zeitgenössischen Juristen, dass solche Prozesse den Zielen von Rechtssicherheit und Rechtsfrieden entgegenstehen.[387] Auf der anderen Seite müsste über einmal rechtskräftig festgestellte Tatsachen oder Rechtsverhältnisse in einem Folgeprozess nicht erneut verhandelt werden. Die dogmatische Frage war also nicht bloß akademisches Glasperlenspiel, sondern unmittelbar relevant für weitere gerichtliche Auseinandersetzungen der Parteien.

Die unterschiedlichen zeitgenössischen Urteilsstile verschärften das Problem. Teilweise waren die Gründe in der Darstellung mit der Entscheidung selbst verbunden, teilweise folgten sie als eigenständiges Aktenstück mit gesondertem Quadrangel nach dem Urteil. Manche Autoren wollten die Rechtskraft der Gründe von dieser formalen Ausgestaltung des Urteils ab-

---

[383] Zum Privatrecht als „Verfassungsersatz" zuletzt *Seinecke*, Die deutschsprachige Rechtswissenschaft, ZRG (GA) 137 (2020), S. 272 (352).

[384] So treffend *Sprung*, Entwicklung, in: ders. (Hrsg.), Entscheidungsbegründung in europäischen Verfahrensrechten, 1974, S. 43 (43).

[385] Eine zeitgenössische Auflistung findet sich bei *Hermsdorf*, System, 1840, S. 221, der Verfassungsbestimmungen aus Bayern, Altenburg, Sachsen, Braunschweig und Sigmaringen aufzählt.

[386] Siehe *Ernst*, Abstimmen nach den Gründen, in: FS Schröder, 2013, S. 309–334; eine hiervon zu unterscheidende Frage ist, ob die Beweiserkenntnisse selbst rechtskräftig werden, siehe dazu zeitgenössisch *Guyet*, Rechtskraft, AcP 15 (1832), S. 401–430.

[387] *Jessen*, Rechtskraft, in: HRG 1990, Sp. 307 (308).

hängig machen. Verbundene Entscheidungsgründe sollten jedenfalls rechtskräftig werden. Die beiden Diskussionen überschnitten sich also. Wenn man davon ausging, der Stil würde über die Rechtskraft der Entscheidungsgründe etwas aussagen, konnte man auf dieser Grundlage einen anderen Stil fordern. Geforderte Rechtsänderungen und die Frage, was eigentlich anwendbares Recht sei, waren dabei nicht immer streng voneinander getrennt. Unterschiedliche Darstellungsformen der Entscheidungsbegründung hielten sich noch bis weit in das 19. Jahrhundert hinein.

Im 18. Jahrhundert waren mögliche Fehler in den Gründen ein Argument gegen die Einführung der Begründungspflicht gewesen. Man fürchtete die Nichtigkeit der Urteile im Falle einer unzureichenden Begründung. Die Dogmatik der sogenannten *falsa ratio*, die Stephan Hocks herausgearbeitet hat, besagte die Nichtigkeit begründeter Urteile bei fehlerhafter Rechtsanwendung.[388] Erst durch die für die Parteien ausgeführten Entscheidungsgründe träten die Fehler der Rechtsanwendung überhaupt zu Tage. Daher sei es besser, die Gründe nicht preiszugeben.

Besonders einflussreich war die Ansicht von Justus Claproth. 1795 hatte er abgeraten, die Entscheidungsgründe mit dem Urteil zu publizieren, um die Rechtskraft der Gründe zu vermeiden.[389] Diese ältere Verquickung zwischen Stil und Rechtskraft sorgte noch im 19. Jahrhundert für Verwirrung.

Einen wesentlichen Beitrag zur Differenzierung zwischen der Rechtskraft der Entscheidungsgründe und der Frage, ob sie überhaupt abgefasst werden sollten, hatte Johannes Kopp mit seiner pointierten Abhandlung 1812 geleistet.[390] Kopp hatte die Rechtskraftwirkung bestimmt abgelehnt und lediglich von einem Interpretationsmittel gesprochen. Trotz seiner überzeugenden Trennung der beiden Bereiche und einer eingehenden Auseinandersetzung mit der Rechtskraft blieb das Thema problematisch.

Im Laufe der 1830er und 1840er Jahre diskutierten Juristen die Rechtskraft der Gründe unter neuen Vorzeichen. Denn die richterlichen Entscheidungsgründe standen nach und nach in fast jedem Zivilprozess den Parteien zur Verfügung. Die Debatte löste sich damit von dem seltenen Fall veröffentlichter Gründe hin zu der regelmäßigen Frage, welche Konsequenzen die mitgeteilten Urteilsgründe für die streitenden Parteien haben könnten. Es lässt sich eine Veränderung in der Argumentation erkennen. Anfangs wurde die angeblich eintretende Rechtskraft gegen die Veröffentlichung von Entscheidungsgründen ins Feld geführt. Als die Urteilsbegründung gebräuchlich wurde und häufig vorgeschrieben war, diskutierte man hingegen, ob die Gründe überhaupt rechtskräftig werden sollten.

---

[388] Siehe *Hocks*, Gerichtsgeheimnis, 2002, S. 31–35 anhand von Quellenbeispielen aus dem 16. bis frühen 18. Jahrhundert.
[389] Siehe zu Claproth *Hocks*, Gerichtsgeheimnis, 2002, S. 88 f., S. 142.
[390] Siehe unter D. III.

Obgleich die Begründungspflicht selbst kaum noch rechtspolitisch diskutiert wurde, zeigen die ausgewählten Aufsätze und Monografien doch, welchen Sinn die Diskursteilnehmer der Begründung beimaßen. Zugleich geben manche Autoren an, welche Anforderungen sie an eine Begründung stellten. Diese Debatte fand in führenden juristischen Zeitschriften und Lehrbüchern statt. Teilweise nehmen die zeitgenössischen Veröffentlichungen aufeinander Bezug. Die verschiedenen Ansichten über die Rechtskraft der Gründe interessieren hier nur insoweit, als sie Rückschlüsse auf die Meinung der einzelnen Autoren zu Entscheidungsgründen und ihrer Funktion zulassen. Allerdings ist dabei zu berücksichtigen, dass die Rechtskraftdiskussion sich schon thematisch nur auf der Ebene der individuellen Parteien bewegt, da es um die mehr oder weniger weitreichende *inter-partes*-Wirkung geht. Daher spielt der Nutzen für die Wissenschaft in diesem Diskussionsausschnitt eine geringere Rolle.

1. Kierulff (1839)

Der spätere Präsident des Oberappellationsgerichts Lübeck äußert sich in seiner „Theorie des gemeinen Civilrechts" nur kurz über Entscheidungsbegründungen und das damit verbundene Rechtskraftproblem.[391] Er belässt es bei wenigen Anspielungen, die wiederum nur aus seiner Rechtsquellenlehre heraus verständlich sind. Doch andere Autoren wie Buchka oder Savigny nahmen die knappen Ausführungen zur Kenntnis.[392] Kierulff verdeutlicht mit wenigen Sätzen die Verwirrungen, wenn formale und inhaltliche Entscheidungsgründe nicht identisch sind. Hinzukamen nach dem jungen Ordinarius unterschiedliche prozessuale Vorstellungen im römischen und sogenannten heutigen Recht. Kierulff stellt seinen Ausführungen einen Grundsatz im römischen Recht voran:

„Der ächt römische Grundsatz kennt einen juristisch wirksamen Unterschied zwischen der bloßen Rechtsbehauptung und dem historischen Grunde, nicht bloß in der Form des processualischen Verfahrens, sondern auch in Beziehung auf das Urtheil, denn den eigentlichen Inhalt desselben macht die Entscheidung über die Rechtsbehauptung aus, das Factum nur den Grund der Entscheidung."[393]

Danach wurde im römischen Recht streng zwischen Rechts- und Tatsachenbehauptungen[394] unterschieden. Diese Differenzierung bezog sich sowohl auf

---

[391] *Kierulff*, Theorie, 1839, S. 260 f.
[392] Siehe sogleich unter E. VII. 3. und 4.
[393] *Kierulff*, Theorie, 1839, S. 260.
[394] Vgl. für den heutigen Sprachgebrauch nur *Anders/Gehle*, Assessorexamen, 2017, S. 24, bei streitigen Tatsachen „behaupten" als Terminus Technicus, bei Rechtsansichten „ist der Ansicht" oder „ist der Meinung"; diese Unterscheidung scheint Kierulff noch nicht geläufig zu sein.

das Vorbringen im Verfahren als auch auf die Wirkungen des Urteils. Aufgabe des Gerichts war es nur, über die Rechtsbehauptung zu entscheiden. Diese Feststellung ist der „eigentliche Inhalt" des Urteils. Zentral geht es um die Festlegung des Forderungsrechts. Dafür sind die Tatsachen nur der „Grund", man könnte sagen, die Grundlage. Die Parteien erhalten demnach eine Entscheidung über eine Rechtsfrage, obgleich dafür tatsächliche Fragen als Voraussetzung zu klären sind. Diese ursprünglich klare Trennung galt nach Kierulff in seiner Zeit nicht mehr. Kierulff selbst unterschied im Urteil Rechts- und Tatsachenbehauptungen jedenfalls nicht:

> „Das heutige Recht aber, welches die processuale Einheit der juristischen und factischen Behauptung anerkennt, unterscheidet auch nicht zwischen einem Grund und Inhalt des Urtheils, denn was man gewöhnlich ‚Entscheidungsgründe' nennt, ist eben der wahre concrete Inhalt, und die Condemnation oder Absolution sind nur der Ausspruch des aus ihm gefolgerten rechtlichen Resultats. Was entschieden ist, weiß man wahrhaft nur, wenn man jene s.g. Gründe kennt, und die gewöhnliche s.g. Entscheidung selbst giebt davon nur eine oberflächliche andeutende Kunde."[395]

Im Zivilprozess gebe es eine „Einheit" zwischen tatsächlichem und rechtlichem Vorbringen. Damit spielt Kierulff vermutlich darauf an, dass es den Parteien bis zum Jüngsten Reichsabschied 1654 im Rahmen des Positionalverfahrens verwehrt war, selbst rechtlich zu argumentieren. Stattdessen sollten sie lediglich die Tatsachen beibringen. Sobald die Parteien rechtliche Aspekte einbringen durften, verlor die schwierige Abgrenzung an praktischer Bedeutung.[396] Nach Kierulff gab es auch seither keine Unterscheidung zwischen „Grund" und „Inhalt" des Urteils mehr. Er bedient sich hier der gerade von ihm selbst eingeführten Begrifflichkeiten, als „Inhalt" der Entscheidung lediglich die richterliche Zustimmung oder Ablehnung zu einer Rechtsbehauptung anzuerkennen. „Grund" in diesem Sinne sind nur die unterstellten Tatsachen des Rechtsstreits. Diese aus dem römischen Recht stammende Differenzierung werde in seiner eigenen Zeit angeblich eingeebnet. Denn die „Entscheidungsgründe" – nun meint Kierulff die formal abgesetzte, verpflichtend vorgeschriebene Begründung – enthalten den „Inhalt", nämlich rechtliche Erwägungen des Gerichts. Die Begründung umfasst also für Kierulff entgegen ihrer Bezeichnung die wesentlichen rechtlichen Überlegungen. Die „Condemnation oder Absolution", modern gesprochen der Tenor der Entscheidung, nennt dagegen nur das Endergebnis der gesamten juristischen Herleitung. Kierulff fasst zusammen, dass die „s.g. Gründe", also die ausformulierten Entscheidungsgründe, essentiell sind, um den Inhalt eines Ur-

---

[395] *Kierulff*, Theorie, 1839, S. 260.
[396] *Oestmann*, Artikelprozess, in: HRG 2008, Sp. 313 (313 f.); ders. (Hrsg.), Gemeine Bescheide I, 2013, S. 734, 767 (unnötige Allegationen am Reichskammergericht); ders. (Hrsg.), Gemeine Bescheide II, 2017, S. 408–411 für den Reichshofrat.

VII. Rechtskraft der Gründe

teils zu verstehen. In einer Fußnote[397] stellt Kierulff klar, dass er damit bereits in der Rechtskraftfrage Position bezogen habe:

> „Dies ist unsere Antwort auf die Frage, ob heutzutage die Rechtskraft eines Urtheils sich auch auf die Entscheidungsgründe bezieht. Man erschwert sich freilich die richtige Antwort durch eine solche Fassung der Frage. Denn wären sie wirklich nur Entscheidungs-Gründe und nicht das Entschiedene, d.i. der eigentliche Inhalt des Urtheils selbst, so verstände sich von selbst, daß die Rechtskraft, d.h. die Unabänderlichkeit eines Urtheils nicht auf sie gehen könnte."[398]

Völlig eindeutig ist seine Ansicht damit leider nicht beschrieben. Jedenfalls lässt sich aber festhalten, dass die Rechtskraft laut Kierulff über den bloßen Tenor hinausgeht. Die verschriftlichten Entscheidungsgründe müssen herangezogen werden, um nachzuvollziehen, welche Rechtsbehauptungen der Richter unterstützt. Dieser gesamte „Inhalt" werde rechtskräftig.

Kierulff stört sich insbesondere an der Terminologie „Entscheidung" und „Entscheidungsgründe", denn sie widersprechen seinem Begriffsverständnis, das durch das römische Recht geprägt ist. Der Zusatz „so genannt" zeigt, wie beschränkt das Vokabular für dieses Phänomen war, denn nicht die gesamte „Entscheidung" als das tatsächlich vom Richter geregelte Rechtsverhältnis fand sich in der „s.g. Entscheidung", sprich der Urteilsformel, wieder. Getrennte Ausdrücke für die formale und die inhaltliche Seite gab es hingegen nicht. Kierulff hält eine richterliche Begründung in jedem Fall für geboten:

> „Es giebt jetzt nicht bloß eine politische Räthlichkeit, sondern eine durch den Geist unseres gemeinen Rechts gebotene juristische Nothwendigkeit detaillirter Entscheidungsgründe."[399]

Für eine Begründungspflicht erwähnt Kierulff rechtspolitische und dogmatische Argumente. Diese Ansätze führt er nicht weiter aus. Vermutlich meint er mit der „politischen Räthlichkeit" ein gesteigertes Vertrauen der Bevölkerung in die Rechtspflege, sofern die Gründe offengelegt werden. Daneben sei eine Begründung juristisch im Gemeinen Recht nötig. Mit dem Gemeinen Recht bezeichnet Kierulff nicht das gesamte römisch-kanonische Recht, wie es die moderne Forschung häufig tut, sondern das allgemein zu diesem Zeitpunkt geltende Recht unabhängig von seiner Rechtsquelle.[400]

---

[397] Kierulff hat die Angewohnheit, wesentliche Teile seines Gedankengangs lediglich in Fußnoten unterzubringen; auch sprachlich passen diese Ausführungen genau in den Haupttext, sodass der Leser ohne sie wichtige Gedankengänge verpasst; dies widerspricht der Beobachtung von *Eckstein*, Fußnoten, 2001, S. 158–165, im 19. Jahrhundert hätten Fußnoten dazu gedient, Belegstellen anzuführen; siehe auch *Grafton*, Die tragischen Ursprünge, 1998.
[398] *Kierulff*, Theorie, 1839, S. 260.
[399] *Kierulff*, Theorie, 1839, S. 260 f.
[400] *Kierulff*, Theorie, 1839, S. XXV f.; *Eckert*, Kierulff, in: ders. (Hrsg.), Juristen im Ostseeraum, 2007, S. 31 (39), spricht daher von Positivismus.

Kierulff benennt nicht einmal eine konkrete Digestenstelle, aus der sich die Begründungspflicht seiner Meinung nach ergibt. Das ist auch gar nicht nötig, denn für Kierulff schreibt der „Geist", also der Charakter des gemeinen Rechts unabhängig von Einzelnormen ausführliche Entscheidungsgründe vor. Die politische Opportunität und der diffuse Geist des Gemeinen Rechts zwingen den Richter, nicht bloß das Ergebnis in einem Rechtsstreit auszusprechen, sondern es ausführlich zu begründen.

„Der Richter muß sein Urtheil als ein gründlich erkanntes und demonstrables Resultat vorlegen, so daß die factische und juristische Individualität des abgeurtheilten Falles, die eigentlich judicirten Puncte erkannt werden können. […] Niemand ist im Stande, den Geist d.i. den wahren, wenn auch nicht unmittelbar sichtbaren, Umfang der res judicata zu ermessen, wenn nicht das Urtheil selbst genügsame Anhaltspuncte dafür bietet."[401]

Der Sinn liegt nicht in erster Linie darin, die Richtigkeit des Urteils zu belegen. Vor dem Hintergrund der Rechtskraftfrage geht es darum, gerade die Individualität des Falles herauszustellen – tatsächlich und juristisch. So können sowohl die Parteien, als auch der Richter selbst bei einer Zusammenschau aus „Entscheidung" und „Gründen" ersehen, wie weit die Entscheidung bereits zukünftige Streitigkeiten zwischen diesen beiden Parteien ausschließt. Der Umfang der Rechtskraft kann sich nur aus dem „Urteil" erschließen. Hier verwendet Kierulff wiederum einen erweiterten Urteilsbegriff, der Tenor und Entscheidungsgründe umfasst. Anhaltspunkte bieten nur die Ausführungen im Urteil, wie sie den Parteien vorliegen. Aber der Umfang der Rechtskraft ist nicht unmittelbar sichtbar, sondern bedarf einer Interpretation.

Die Entscheidungsgründe sind nach Kierulff nicht nur politisch und juristisch erforderlich, sondern ermöglichen es auch, im konkreten Fall die Reichweite der Rechtskraft festzustellen. Obgleich die Entscheidungsgründe bereits durch „den Geist unseres gemeinen Rechts gebotene juristische Nothwendigkeit" sind, schließt sich Kierulff zusätzlich und ausdrücklich noch der Forderung nach einer Begründungspflicht an.

Kierulff bleibt begrifflich im römischen Recht gefangen und stört sich daher an der Widersprüchlichkeit zwischen alter und neuer Terminologie. Dennoch spricht er sich prinzipiell für eine Begründungspflicht aus. Um die Reichweite der Rechtskraft im konkreten Fall abzustecken, sind ausformulierte Begründungen für ihn essentiell. Doch für seine eigene Zeit streitet er die Möglichkeit zufriedenstellender richterlicher Begründungen ab. Erst die Wissenschaft könne den Rechtsstoff sortieren, um eine Kodifikation vorzubereiten. Auch ein scheinbar abgelegenes Thema wie die Rechtskraft der

---

[401] *Kierulff*, Theorie, 1839, S. 260 f.

Gründe bot Kierulff die Möglichkeit, sich über das Verhältnis von Gesetzgebung, Wissenschaft und Praxis zu äußern.[402]

2. Zwei praktische Anleitungsbücher 1828, 1830: Tittmann und Puchta

Die Rechtskraft der Gründe wurde unter Dogmatikern noch kontrovers diskutiert. In der Juristenausbildung war jedoch für solche Feinheiten schon in den 1820er Jahren kaum noch Platz. Der Lehrbuchautor Tittmann fasste sich in dieser Frage zum Beispiel sehr kurz und brachte die Lehre über die Rechtskraft der Entscheidungsgründe 1828 auf einen einzigen Satz: „Auch können Entscheidungsgründe nie Rechtskraft erhalten."[403] Sämtliche Diskussionen überging er, indem er erstens voraussetzte, dass Entscheidungsgründe abzufassen sind und ihnen zweitens die Rechtskraft absprach. Diese Stimme eines praktischen Lehrers, der es entschieden ablehnte, bei der Vermittlung juristischen Wissens mit dem römischen Recht zu beginnen,[404] vervollständigt das Bild. 1846 in der 2. Auflage steht der Satz ebenfalls.[405] Doch auch Wolfgang Heinrich Puchta beließ es bei einem kurzen Hinweis.[406] Den älteren Meinungsaustauch bildeten die Anleitungsbücher nicht ab und nannten nur das verkürzte Ergebnis.

3. Buchka (1847)

Hermann von Buchka fasste in seiner „Lehre vom Einfluß des Processes auf das materielle Rechtsverhältnis" 1847 den Stand der Diskussion zusammen. Buchka war zu diesem Zeitpunkt erst Mitte zwanzig und hatte schon praktische Erfahrungen im mecklenburgischen Staatsdienst gesammelt, sich dann aber einer akademischen Laufbahn zugewandt.[407] Die Ausführungen des noch jungen Privatdozenten fanden Gehör. Beispielsweise Friedrich Carl von Savigny zitierte ihn – mal kritisch,[408] mal zustimmend[409] – in Band sechs seines „Systems". Der Romanist Buchka, der germanistischen Fragen offen gegenüberstand,[410] nutzte in seiner Darstellung die Vindikation als Beispiel, um dann zu den Entscheidungsgründen und ihrer Reichweite Position zu beziehen.

---

[402] Siehe E. VIII.
[403] *Tittmann*, Handbuch, 1828, S. 527.
[404] *Tittmann*, Handbuch, 1828, S. VI f.; *ders.*, Handbuch, 1846, S. VI.
[405] *Tittmann*, Handbuch, 1846, S. 471.
[406] *Puchta*, Dienst der Justizämter, 1830, S. 190, siehe dazu E. V. 5.
[407] *Klenz*, Buchka, in: ADB 1903, S. 320 (320 f.).
[408] Beispielsweise *Savigny*, System VI, 1847, S. 390 und S. 393.
[409] Beispielsweise *Savigny*, System VI, 1847, S. 28 und S. 149.
[410] Buchka war auf den Germanistentagen in Frankfurt und Lübeck anwesend, siehe *Schäfer*, Juristische Germanistik, 2008, S. 581.

Bei der Frage, welchen Einfluss der Zivilprozess auf das materielle Recht hat, spielt die Reichweite der Rechtskraft eine entscheidende Rolle, denn mit dem rechtskräftigen Urteil ersetzt eine formelle Wahrheit die strittigen tatsächlichen Fragen zwischen den Parteien. Ausgangspunkt von Buchkas Überlegungen ist der Grundsatz, dass der Richter „verpflichtet ist, über das fragliche Recht gerade so weit zu entscheiden, wie es ihm als ein streitiges vorgelegt ist".[411] Buchka wendet sich zunächst einem Fall zu, der in der damaligen Forschung lebhaft diskutiert wurde. Es geht um die Wirkungen der *adjecta causa* in einer Vindikationsklage. Wenn also jemand die Klage auf Herausgabe einer Sache auf sein Eigentumsrecht stützt, muss er seine Eigentümerstellung beweisen. Dazu führt der Kläger an, wie er Eigentümer der Sache geworden ist, nach damaligem Recht zum Beispiel durch Abschluss eines Kaufvertrags. Wenn das Gericht die Klage abwies, stellte sich die Frage nach der Reichweite der *res iudicata*. War nun festgestellt, dass der Kläger nicht Eigentümer der Sache war, oder bloß, dass er nicht aufgrund eines Kaufvertrags Eigentümer der Sache geworden war? Buchka arbeitete heraus, dass diese Frage nur eine Ausprägung des Problems war, wie weit die Rechtskraft eines Urteils reicht. Damit reiht sich dieser Abschnitt seiner Monografie in die Diskussion über die Rechtskraft der Gründe ein.

„Die Regel von der wir bei der Beantwortung dieser Frage auszugehen haben, ist offenbar die, daß nur Dasjenige in Rechtskraft übergeht, was der Richter wirklich hat entscheiden wollen, und daher dasjenige, was im Sinne desselben der Entscheidung wirklich allein als Grund dient, von der Rechtskraft ausgeschlossen ist. Allein, wenn es sich darum handelt, festzustellen, wie weit sich die wirkliche Entscheidung des Richters in einem concreten Falle erstrecke, so darf der Interpret nicht bei dem Buchstaben des formell als Entscheidung bezeichneten tenor sententiae stehen bleiben, sondern muß vielmehr das als seine Aufgabe erkennen, daß er von dem Worte der Sentenz zu ihrem Gedanken durchdringe. Das Werk dieser Auslegung zu erfüllen, ist aber nicht anders möglich, als wenn die Entscheidungsgründe mit zur Hülfe genommen werden, indem diese grade die Bestimmung haben, den Gang der Gedanken aufzuklären, durch welche der Richter zu seiner Sentenz geleitet wurde."[412]

Buchka vertritt die These, dass nur rechtskräftig wird, was der Richter im konkreten Fall entscheiden wollte. Das macht es nötig, zwischen der Entscheidung als dem Ergebnis und den Gründen zu unterscheiden. Ein Grund ist für Buchka nur das Motiv für eine Entscheidung, und zwar unabhängig davon, ob er schriftlich verfasst wird. Was aber „wirklich allein als Grund dient", ist schwierig zu ermitteln, wenn Zwischenergebnisse auf dem Weg zu einem Anspruch festgestellt werden müssen. Diese Trennung zwischen Gründen und Entscheidung findet sich laut Buchka nämlich nicht genau im Aufbau des Urteils wieder. Der schriftliche Tenor ist nicht mit der Entscheidung

---
[411] *Buchka*, Einfluß des Processes, 1847, S. 192.
[412] *Buchka*, Einfluß des Processes, 1847, S. 207.

identisch und die Entscheidungsgründe nicht mit den Gründen. Vielmehr ist eine Interpretation nötig, um im Einzelfall zu verstehen, was rechtskräftig wird. Jeder Leser des Urteils muss als Interpret die Gedanken des Richters nachvollziehen, um festzustellen, was neben der Sentenz, modern dem Tenor, rechtskräftig wird. Dabei helfen die Entscheidungsgründe, ohne dass sie selbst vollständig rechtskräftig würden.

Buchka setzt sich intensiv mit den Ansichten anderer Gelehrter auseinander. Kierulff zitiert er zustimmend und schließt sich seiner Meinung an, wonach die Entscheidungsgründe nötig sind, um die Urteilsformel zu deuten.[413] Buchka widerspricht hingegen älteren Autoren wie Böhmer[414] und Schmid,[415] die nur das ausdrücklich im Tenor Hervorgehobene in Rechtskraft übergehen lassen wollten.[416] Hieran erstaunt vor allem, dass diese Meinungen nach beinahe einhundert Jahren für Buchka in einer aktuellen Diskussion noch erwähnenswert sind. Damit hebt er sich deutlich von Zeitgenossen aus der historischen Schule ab, die den Usus Modernus als Fehlentwicklung auffassten und daher ablehnten.[417] Buchka zog die lateinische Literatur des 18. Jahrhunderts heran, obwohl Begründungen zu der Zeit noch eine Ausnahme dargestellt hatten. So wendet sich Buchka gegen die andere Extremposition, wonach die Gründe vollständig rechtskräftig würden, wie sie etwa Claproth bei eingerückten Entscheidungsgründen angedeutet hatte.[418] Gegen diese Ansicht führt Buchka an, dass in den Gründen vieles enthalten sei, was der Urteilsverfasser nicht entscheiden wolle oder was als allgemeine Rechtsregel daher nicht rechtskräftig werden könne. Daher dürfe es für die Rechtskraft nicht darauf ankommen, ob Gründe und Entscheidung gleichzeitig publiziert werden. Das Gegenteil hatte zum Beispiel noch Wernher,[419] ebenfalls der Betreuer einer Dissertation im 18. Jahrhundert, behauptet. Etwas ausführlicher widerlegt Buchka die jüngere Ansicht Brinkmanns:

> „Endlich verfehlt auch Brinckmann ganz und gar den richtigen Gesichtspunkt, wenn er unter den Voraussetzungen eine Rechtskraft der Entscheidungsgründe annimmt, daß sie die Thatsachen betreffen, nicht auf falsche Beweismittel gegründet sind, und das wirklich gesprochene Urtheil unterstützt haben. Ganz abgesehen von den übrigen Bedenken, welche dieser Ansicht entgegenstehen, scheitert sie an dem Umstande, daß überhaupt nie so pure sondern immer nur mit Bezug auf einen bestimmten juristischen Zweck über die

---

[413] *Buchka*, Einfluß des Processes, 1847, S. 207 f.

[414] *Böhmer*, Ius ecclesiasticum, 1756.

[415] *Schmid* (Präses)/*Sartorius* (Doktorand), Diss. de rationum decidendi, 1750, § 22.

[416] *Buchka*, Einfluß des Processes, 1847, S. 208.

[417] Ausdrücklich *Savigny*, Vom Beruf, 1814, S. 48; *ders.*, Vom Beruf, in: Rückert/Akamatsu (Hrsg.), Politik, 2000, S. 240; siehe hierzu *Willoweit*, Landesstaatsrecht, Rg 19 (2011), S. 333 (334 f.).

[418] *Claproth*, Einleitung, 1795, S. 249.

[419] Die Angabe bei Buchka verweist mutmaßlich auf *Wernher* (Präses)/*Wündisch* (Doktorand), Diss. iur. qua selectas observationes forenses, 1723.

Wahrheit oder Unwahrheit von Thatsachen gestritten wird, und folglich auch die Entscheidung sich nicht anmaßen darf, diese blos relativ in judicium deducirte Frage absolut feststellen zu wollen."[420]

Brinkmann hatte sich am Rande mit der Rechtskraft der Gründe beschäftigt.[421] Der Kieler Professor war von der Rechtskraft der Gründe ausgegangen, sofern die Ausführungen des Richters sich auf Tatsachen – im Gegensatz zu Rechtsfragen – beziehen, der Beweis richtig geführt war und sofern diese Gründe das später gesprochene Urteil unterstützten. *Rationes dubitandi* waren danach von der Rechtskraft ausgeschlossen. Buchka greift Brinkmanns Auffassung insbesondere aufgrund der Voraussetzung an, es müsse sich um Tatsachen handeln. Denn eine strikte Trennung sei ohnehin nicht möglich. Tatsachen werden laut Buchka in einem Rechtsstreit stets nur in Bezug auf eine bestimmte juristische Frage festgestellt und gelten daher nur relativ für das betreffende Urteil.

Letztlich muss der Leser eines Urteils nach Buchka selbst prüfen, wie weit die richterliche Entscheidung reicht. Die Entscheidungsgründe sind dabei wichtiges Interpretationsmittel. Sie stecken die Grenzen der Rechtskraft ab. In der Mitte des 19. Jahrhunderts setzte sich diese Auffassung zunehmend gegenüber älteren, radikaleren Ansichten durch. Gründe zu jeder Entscheidung, die zumindest den betroffenen Parteien zur Verfügung stehen, sind damit auch aus der Dogmatik nicht mehr wegzudenken. Ob Buchka neben den Parteien auch die juristische Öffentlichkeit als Adressat von Gerichtsentscheidungen ansah, lässt sich anhand seiner Ausführungen nicht sagen. Jedenfalls trug er selbst im Laufe seines Lebens im Rahmen seiner späteren richterlichen Tätigkeit als Mitherausgeber der ersten fünf Bände der „Entscheidungen des mecklenburgischen Oberappellationsgerichts zu Rostock"[422] zu einer größeren Verbreitung gerichtlicher Entscheidungen bei.

4. Savigny (1847)

Friedrich Carl von Savigny prüfte in Band sechs seines „Systems" eine mögliche Rechtskraft der Entscheidungsgründe. Über Savigny ist bekannt, dass er Entscheidungsgründe als Instrument zur Vereinheitlichung der Rechtsprechung nutzen wollte und daher für Entscheidungssammlungen eintrat. Sie sollten einen Kontrollmechanismus der bürgerlichen Öffentlichkeit darstellen, die Untergerichte wissenschaftlich erziehen und einen wissenschaftlichen Austausch ermöglichen.[423] Neben all den erhofften positiven Auswir-

---

[420] *Buchka*, Einfluß des Processes, 1847, S. 208 f.
[421] *Brinkmann*, Urtheilsgründe, 1826, S. 82–85.
[422] *Klenz*, Buchka, in: ADB 1903, S. 320 (321).
[423] *Haferkamp*, Historische Rechtsschule, 2018, S. 300–302.

kungen auf die Rechtswissenschaft, die Praxis und die Zusammenarbeit dieser beiden Sparten äußerte er sich im „System" einmal über die Wirkung *inter partes* und damit über die Folgen für den weiteren zivilrechtlichen Streit. In Band sechs des „Systems" schrieb Savigny ausführlich auf über 200 Seiten über die Rechtskraft. Fünf von 21 Paragraphen entfielen auf die „Rechtskraft der Gründe". In zwei Paragraphen legte Savigny seine eigene Meinung dar, anschließend ordnete er die Ansichten zeitgenössischer Schriftsteller in drei Gruppen und widerlegte die anderen Auffassungen. Dabei erwähnte er unter anderem Kierulff und Buchka. Im Ergebnis stimmte er zwar mit ihnen überein, allerdings kritisiert er ihre Methode, die „bekämpft werden musste".[424] Abwertend meinte Savigny, Buchka[425] schreibe wie Kierulff, nur „noch ausführlicher und mit mehr Schein der Quellenforschung".[426] Savigny erläuterte, bereits im römischen Recht sei – anders als Kierulff und Buchka behaupteten – die Rechtskraft der Gründe anerkannt gewesen. Die frühe Schrift Kopps erwähnt Savigny hingegen nicht. Von den modernen Gesetzen greift Savigny nur das preußische Recht heraus. Schließlich benennt er die Wirkungen der Rechtskraft.

Savigny spaltet das Rechtskraftproblem in zwei Teilaspekte auf, die er strikt voneinander trennt. Zunächst fragt er: „Was ist in dem Gedanken des urtheilenden Richters wahrhaft enthalten, was wird also durch den Ausspruch dieses Gedankens zur Rechtskraft, d.h. zur Fiktion der Wahrheit erhoben?" Als problematisch ordnet Savigny die Zwischenschritte ein, die zwar zu einem Ergebnis des Richters beitragen, aber nicht ausdrücklich Eingang in das Urteil finden. Denn der Richter bejaht oder verneint notwendig gewisse Voraussetzungen, um überhaupt zum Urteil zu gelangen. Dabei diskutiert Savigny nicht, ob diese Voraussetzungen rechtskräftig werden, sondern nur, in welchem Umfang. Im zweiten Schritt erläuterte Savigny: „Aus welchen Quellen haben wir den wahrhaften Inhalt des richterlichen Gedankens zu erkennen? wo haben wir denselben aufzusuchen?"[427] Diese Frage setzt voraus, dass mehr als die nackte Stattgabe oder Abweisung der Klage rechtskräftig wird. Der zweite Teil ist eher eine praktische Überlegung: Welche Dokumente dürfen und sollen zur Erkenntnis der richterlichen Gedanken herangezogen werden? Insbesondere geht er dabei auf die verschriftlichten Urteilsgründe ein, die auf diesem Umweg auch Rechtskraft erlangen können. „Die zweite Frage", fährt Savigny fort, „kann nur vorkommen un-

---

[424] *Savigny*, System VI, 1847, S. 390.

[425] Savigny steht nach Buchka, weil seine Schrift im selben Jahr aber nach Buchkas „Einfluß des Processes" erschien. Savigny konnte Buchkas Monografie noch in seinem Werk berücksichtigen, denn er nahm im System 6. Band Bezug auf Buchka, 2. Band, zum Beispiel auf S. 28, 149, 170, 257, 392, 411, 518.

[426] *Savigny*, System VI, 1847, S. 392.

[427] *Savigny*, System VI, 1847, S. 352.

ter der Voraussetzung einer besondern Einrichtung der geschriebenen Urtheile, die ganz zufällig [...] ist."[428] Savigny meint, dass die Frage nach der Bedeutung von Schriftstücken wie Entscheidungsgründen nur aufkommen kann, wenn solche zusätzlichen Dokumente überhaupt vorliegen. Genau das sei aber zufällig, das heißt nicht historisch notwendig. Damit bezieht sich Savigny auf den lokalen Gerichtsgebrauch an einzelnen Gerichten.[429] Von einer Verpflichtung im Sinne seiner eigenen Rechtsquellenlehre geht er hingegen nicht aus. Die erste Frage nach der Rechtskraft der Überlegungen, die den Richter zu seinem Urteil bewogen haben, stellt sich aber unabhängig von aktueller Gesetzgebung. Denn solche Überlegungen könnten auch aus den Akten hervorgehen.

Savigny versteht unter dem Schlagwort „Die Rechtskraft der Gründe" zweierlei, weil er den Begriff „Grund" auf zwei verschiedene Arten deutet. Er stellt klar: „Es ist einleuchtend, daß beide aufgestellte Fragen an sich ganz verschieden sind, und daß in beiden der Ausdruck: Gründe, nach deren Rechtskraft man fragt, eine verschiedene Bedeutung hat."[430] Gedachte und veröffentlichte Urteilsgründe sind nicht identisch. Die Auseinandersetzung führt er auf genau dieses Missverständnis zurück:

„Daß diese Meinungen so sehr unter sich selbst im Widerstreit sind, muß gerade bei einem Gegenstand von so häufiger praktischer Anwendung auffallen, und ist nur daraus zu erklären, daß man es versäumt hat, die Begriffe und die Fragen, worauf es bei diesem Streit ankommt, zu klarer Entwicklung zu bringen, bevor die Entscheidung der Fragen unternommen wurde."[431]

Savigny wirft den Zeitgenossen vor, die zwei Fragen nicht getrennt voneinander zu behandeln. Unter den „Gründen" habe man die Hintergründe der Entscheidung verstanden und diese mit den schriftlichen Entscheidungsbegründungen gleichgesetzt. Die Antworten auf beide Teilfragen gewähren Einblick in Savignys Vorstellung von der Urteilsabfassung und der Funktion der einzelnen Bestandteile des Richterspruchs.

Zuerst legt Savigny dar, dass neben der „Verurtheilung" oder „Freisprechung", also der Stattgabe oder Abweisung der zivilrechtlichen Klage, auch die Voraussetzungen und Einreden, die der Richter angenommen hat, rechtskräftig werden müssen, damit der Richter den Konflikt zwischen den Parteien über den Moment des Urteils hinaus befriedet. Das reine Ergebnis könne in einem zukünftigen Streit keinerlei Rechtskraft haben, denn es lege überhaupt keine formelle Wahrheit für einen zukünftigen Fall fest.[432] Savigny resümiert:

---

[428] *Savigny*, System VI, 1847, S. 353.
[429] Siehe E. V. 6.
[430] *Savigny*, System VI, 1847, S. 353.
[431] *Savigny*, System VI, 1847, S. 385.
[432] *Savigny*, System VI, 1847, S. 355–358.

"Aus diesen Erwägungen folgt, daß in der That die Rechtskraft auch die Gründe des Urtheils mit umfaßt, d.h. daß das Urtheil als rechtskräftig anzusehen ist nur in unzertrennlicher Verbindung mit den vom Richter bejahten oder verneinten Rechtsverhältnissen, wovon der rein praktische Theil des Urtheils (die dem Beklagten auferlegte Handlung, oder die Abweisung des Klägers) abhängig ist. In diesem Sinne des Ausdrucks: Gründe, behaupte ich die Rechtskraft derselben. Um aber der Gefahr von Mißverständnissen zu entgehen, die aus der Vieldeutigkeit jedes Ausdrucks entsteht, will ich die in diesem Sinn aufgefaßten Gründe: Elemente der streitigen Rechtsverhältnisse und des (den Streit entscheidenden) Urtheils, nennen".[433]

Die Rechtsverhältnisse, die letztlich einen Anspruch des Klägers auslösen, erwachsen also in Rechtskraft. Für zukünftige Streitigkeiten zwischen den Parteien steht mit einem unanfechtbaren Urteil fest, welche Rechtsverhältnisse zum Zeitpunkt des Urteils bestanden haben. „Gründe" oder „Elemente" sind daher die einzelnen vom Richter beurteilten Anspruchsvoraussetzungen oder Einreden. Das bezieht sich aber lediglich auf die Rechtsverhältnisse, die der Richter entscheiden wollte.[434] Hat er die Klage zum Beispiel aufgrund anderer fehlender Voraussetzungen bereits abgewiesen, so sind die weiteren, daher nicht mehr zu prüfenden Rechtsverhältnisse auch nicht festgestellt. Diese Art der „Gründe" nennt Savigny „Elemente".

Die Elemente bezeichnete Savigny auch als „objective Gründe". Ihnen voraus gehen nach seiner Terminologie die „subjectiven [Gründe], wodurch der Richter persönlich bewogen wird, eine bestimmte Überzeugung von jenen Elementen zu fassen".[435] Die subjektiven Gründe sind danach die Gedanken des Richters, wenn er die Voraussetzungen der Klage prüft. Beispielhaft führte Savigny aus:

„Die Überzeugung von diesen Elementen gewinnt der Richter durch Erwägungen ganz anderer Art: durch die ihm beiwohnende Kenntniß der Rechtsregeln; durch die Beweismittel, welche ihn bestimmen, die in diesem Rechtsstreit wichtigen Thatsachen für wahr, oder unwahr anzunehmen."[436]

Die Überlegungen, die den Richter erst veranlassen, Rechtsverhältnisse anzunehmen oder abzulehnen, sind – etwas irreführend – als „subjective Gründe" den „objectiven Gründen" oder „Elementen" gegenübergestellt. Savigny fasste zusammen: „Die vom Richter angenommenen objectiven Gründe (die Elemente) werden rechtskräftig, die subjectiven Gründe werden nicht rechtskräftig."[437] In einer Fußnote stellte er klar, dass dies ganz unab-

---

[433] *Savigny*, System VI, 1847, S. 358; zu dieser Quelle in anderem Zusammenhang ebenfalls *Ernst*, Rechtserkenntnis durch Richtermehrheiten, 2016, S. 178.
[434] *Savigny*, System VI, 1847, S. 359 f.
[435] *Savigny*, System VI, 1847, S. 361; siehe zur Deutung *Kerameus*, Rechtskraftwirkung, AcP 167 (1967), S. 241 (249–253), demzufolge schlossen sich Förster und Dernburg Savigny an.
[436] *Savigny*, System VI, 1847, S. 361.
[437] *Savigny*, System VI, 1847, S. 361.

hängig davon sei, ob in den Entscheidungsgründen subjektive Gründe erwähnt seien. Mit dieser neuen Terminologie setzte Savigny einen eigenen Akzent in der Diskussion. Die vielbeachtete Differenzierung wurde allerdings ihrerseits missverstanden und führte damit nicht zur begrifflichen Schärfung, die Savigny sich wohl erhofft hatte, wie sich sogleich zeigen wird.

Die Theorie Savignys hat mit den formalen, im Urteil abgesetzten Entscheidungsgründen zunächst wenig zu tun. Doch er führt die Fäden wieder zusammen, indem er die zweite Frage aufgreift, aus welchen Quellen die Elemente zu erkennen sind: „Rechtskräftig werden die objectiven Gründe, und diese müssen wir auffinden, wo sie auch zu finden seyn mögen."[438] Die formale Seite ist für die Rechtskraft danach völlig irrelevant. Es geht ausschließlich um die Frage, ob in einem Dokument „objective Gründe" enthalten sind. Wären die „objectiven Gründe" stets im Urteil und die „subjectiven Gründe" in den Urteilsgründen konsequent getrennt, wäre die Feststellung ganz einfach. Dann wäre nur der Tenor der Rechtskraft fähig. Doch schon die unterschiedliche Handhabung an den Gerichten verhindere eine so einfache Feststellung. So fänden sich die „objectiven Gründe" oder „Elemente" im Urteilstenor, in den Urteilsgründen, nachrangig in den „gesammten Verhandlungen des Rechtsstreites [...], wobei die Klageschrift die erste Stelle einnimmt", und schließlich in „allgemeinen Erwägungen".[439] Hiermit meint Savigny „gleichsam ungeschriebene Erkenntnisquellen".[440] Mit logischen Schlüssen kann danach die Rechtskraft eines Richterspruchs näher bestimmt werden. So enthalte eine Klageabweisung auch die Abweisung jedes „denkbaren Theils dieses Ganzen"; die Rechtsverhältnisse sind notwendigerweise nur für den Zeitpunkt des Urteils festgestellt und müssen bei neuen Tatsachen noch einmal verhandelt werden. Um die Rechtskraft zu ermitteln, müssen all diese Schriftstücke auf objektive Gründe oder Elemente des Urteils hin untersucht werden. Dazu gehören unter anderem die „zufällig" vorliegenden Entscheidungsgründe. Die Rechtskraft der Gründe ist damit ein praktisches Problem, das sich bei einem erneuten Rechtsstreit stellen kann. Dann reicht nach Savigny der Tenor nicht aus, um herauszufinden, welche Rechtsverhältnisse der Richter wirklich entscheiden wollte. Für diesen Fall sind die Entscheidungsgründe nützlich, aus denen zu erkennen ist, welche Rechtsverhältnisse der Richter beurteilt hat.

Entscheidungsgründe für die Parteien sind jedoch kein zentrales Anliegen Savignys. Von dieser politischen Frage hält er sich im „System" fern. Er rät nur dazu, falls Entscheidungsgründe abgefasst werden, darin die Elemente oder objektiven Gründe genau zu benennen.

---

[438] *Savigny*, System VI, 1847, S. 372 f.
[439] *Savigny*, System VI, 1847, S. 373.
[440] *Savigny*, System VI, 1847, S. 377.

Savigny beschloss den Abschnitt über die Rechtskraft der Gründe mit einem Zitat aus einer aktuellen Gerichtsentscheidung. „Aus zuverlässiger Mittheilung"[441] habe er von einem Urteil des königlich sächsischen Oberappellationsgerichts erfahren. Ohne seine Quelle offenzulegen, zitierte er mehrere „Regeln" des Gerichts, die sich mit seiner Auffassung deckten. Wenig später sollte ein ähnlicher Streit über die Rechtskraft der Gründe ebenfalls vor das höchste sächsische Gericht gelangen. Zusätzlich zur Frage nach der Rechtskraft der Gründe spielten diesmal die Tücken des sächsischen Verfahrens der Beklagten in die Hände. Doch bevor dieser Fall aus der Rechtspraxis geschildert wird,[442] folgt ein Hinweis auf spätere Beiträge zur Rechtskraft der Gründe.

5. Nachfolger ab 1850

Die Rechtskraft der Gründe blieb ein Gegenstand der rechtswissenschaftlichen Diskussion. Aufsätze in führenden Zeitschriften griffen die Frage immer wieder auf. Justin Timotheus Balthasar von Linde schrieb 1850 „Über die Rechtskraft der Entscheidungsgründe" im renommierten „Archiv für die civilistische Praxis". Ferdinand Benjamin Busch publizierte in der gleichen Zeitschrift 1862 unter dem Titel „Entscheidungsgründe sind nichts weiter als Interpretationsmittel und werden nie rechtskräftig".[443] Diese rechtsdogmatische Debatte soll hier nicht vertieft werden. Allerdings ist auf einen letzten Autor hinzuweisen, der die Terminologie Savignys in ungewöhnlicher Weise aufgriff. Georg Wilhelm Wetzells „System des ordentlichen Civilprozesses" gilt als „die weitaus beste Gesammtdarstellung, die der gemeinrechtliche Proceß erhalten hat, und eine der hervorragendsten Leistungen der historischen Rechtsschule".[444] Wetzell diskutierte in der ersten Auflage von 1861 die Rechtskraft der Gründe und verwies für eine ausführlichere Darstellung auf Savignys System.[445] Die Ausführungen zu Entscheidungsgründen selbst sind bei Wetzell jedoch kurz und stehen im Widerspruch zur Ansicht Savignys:

„Entscheidungsgründe pflegt der Richter, wie früher bemerkt, seinen Verfügungen und Erkenntnissen beizufügen, so oft er sich im Widerstreit mit den Anträgen einer Partei befindet. Man kann dieselben die subjectiven Entscheidungsgründe nennen, weil sie Betrachtungen sind, welche der [sic!] Richter zu dem ausgesprochenen Resultat bestimmt haben, während das in den Verhandlungen vorliegende Material insofern die Bezeichnung von objectiven Entscheidungsgründen verdient, als es die richterliche Thätigkeit anregt und die äußere Grundlage der Entscheidung bildet. Die subjectiven Entscheidungsgründe

---

[441] *Savigny*, System VI, 1847, S. 393.
[442] Siehe sogleich E. VII. 6.
[443] *Busch*, Entscheidungsgründe, AcP 45 (1862), S. 287–305.
[444] *Oetker*, Wetzell, in: ADB 1910, S. 61 (62).
[445] *Wetzell*, System, 1861, S. 440 Fn. 100.

werden nach Verschiedenheit der juristischen Auffassung verschieden sein, die objectiven sind für jeden Richter dieselben."[446]

Nach Wetzell verfasst der Richter Entscheidungsgründe nur, wenn er eine Zwischenverfügung oder ein Erkenntnis im Gegensatz zu dem Antrag mindestens einer Partei erlässt. Inwieweit sich daraus eine Einschränkung ergeben soll, bleibt unklar. Diese verschriftlichten Entscheidungsgründe sind nach Wetzell „subjective Entscheidungsgründe". Denn es sind gerade die Überlegungen, die den einzelnen Richter zu seiner Entscheidung bewogen haben. Wetzell verdeutlicht damit, dass ein anderer Richter denselben Fall anders entscheiden könnte. Den Gegenbegriff bilden die „objectiven Entscheidungsgründe". Darunter fasst Wetzell Schriftstücke in der Akte, die Grundlage der Entscheidung geworden sind. Mutmaßlich zählt er etwa Protokolle aus Beweisaufnahmen dazu. Subjektiv sind damit gedankliche Vorgänge, die erst aufgrund ihrer Verschriftlichung für andere nachvollziehbar werden, objektiv auch für Dritte einsehbare Dokumente. Wetzell nutzte damit die Ausdrücke Savignys, deutete sie aber vollständig um. Denn Savigny hatte die wesentlichen Zwischenergebnisse, die seiner Lehre nach an der Rechtskraft des Urteils teilhaben sollten, als „objective Gründe" bezeichnet. Bei Wetzell würden sie als Gedanken zu den „subjectiven Gründen" gehören.

6. Die Rechtskraft der Gründe vor Gericht (1848)

Die Begründungspflicht veränderte den Gerichtsalltag. Plötzlich mussten den Parteien neben dem Tenor auch Entscheidungsgründe zugestellt werden. Doch die meisten Quellen, an denen dieser Wandel deutlich nachvollziehbar ist, sind nicht etwa Gerichtsakten, sondern zeitgenössische Äußerungen über Gerichte. Die Gerichtsakten selbst bieten nur ein unzureichendes Bild und können lediglich erhellen, ob die Verpflichtung zur Begründung erfüllt wurde und, wenn ja, wieweit diese Begründung mit den vorab verfassten Relationen übereinstimmt. Wer nach zeitgenössischer Vorstellung der eigentliche Adressat der Begründung war, wie eine gute Begründung aussehen sollte oder wie die Zeitgenossen diese Verpflichtung einordneten und bewerteten, ist dagegen aus den Akten nicht erkennbar. Die Rechtskraft der Entscheidungsgründe bildet hiervon eine Ausnahme. Denn sie war ein unmittelbar praktisch relevanter Bereich, wie die folgende Quelle illustriert.

Der Rechtsstreit ist ausführlich im Sächsischen Wochenblatt für merkwürdige Rechtsfälle im Jahr 1848 abgedruckt. Diese Zeitschrift erschien seit 1841 jede Woche als „Quartbogen" mit vier beidseitig bedruckten Blättern. Neben den Entscheidungen enthielt jede Ausgabe auf etwa einer halben Seite „Miscellen" zu „Jurisdiktionsveränderungen" und „Dienstbeförderungen

---

[446] *Wetzell*, System, 1861, S. 440 f.

und Anstellungen" im Königreich Sachsen. Es handelte sich also um eine regionale sächsische Sammlung, die sich sogar ausdrücklich an Praktiker wandte.[447] Im Wochenblatt ist der Fall über die Rückzahlung einer Abgabe durch alle Instanzen detailliert wiedergegeben. Schon diese gründliche Darstellung ist in der Überschrift auf das Kernproblem vor dem höchsten sächsischen Gericht zugespitzt, nämlich auf die Lehre von der Rechtskraft einer Urteilsbegründung. Der Auszug in der sächsischen Sammlung ist die Grundlage der folgenden Darstellung. Dieselbe Entscheidung findet sich weiter zugespitzt 1849 in dem einflussreichen überregionalen „Archiv für Entscheidungen der obersten Gerichte in den deutschen Staaten", besser bekannt als „Seuffert's Archiv".[448] Seufferts Archiv ermöglichte wiederum den Rechtsgelehrten an den Universitäten Zugriff auf aktuelle Fälle der Praxis.[449] Vermittelt über die Entscheidungssammlung trug die Rechtspraxis auf diese Weise zu einer wissenschaftlichen Diskussion bei.

a) Ein Ergebnis mit zwei Begründungen

Die Auseinandersetzung eines gewissen Herrn H mit der Gemeinde Reudnitz begann in den Wirren der napoleonischen Kriege.[450] In den Kriegsjahren von 1812–1814 war H als Grundbesitzer zu Militärleistungen herangezogen worden und musste „bedeutende Lieferungen und sonstigen Leistungen für einheimische und fremde Truppen" zahlen.[451] Auch „wegen Abwesenheit mehrerer Grundbesitzer und der Unthunlichkeit, sie zu erlangen",[452] zahlten greifbare Schuldner wie H deutlich mehr als ihre Nachbarn. Eigentlich strebte die Gemeinde jedoch eine gerechte Lastenverteilung nach dem jeweiligen Grundbesitz an. Schon 1813 fertigte Ortsrichter Z daher eine Aufstellung an, in welchem Umfang die Gemeinde überhaupt zu Militärleistungen verpflichtet war und wie viel jeder Grundbesitzer danach zahlen sollte und tatsächlich gezahlt hatte. Die Gemeinde Reudnitz beschloss, die rückständigen Beträge bei Zeiten einzufordern und die zu viel geleisteten Abgaben in Geld zu rückzuzahlen. Die Forderung des H wurde aufgrund dieser Aufstellung in einer Urkunde in Höhe von 234 Talern anerkannt. 1819 trieben die drei Gemeinden Reudnitz, Anger und Grottendorf die Beiträge von den Schuldnern ein, die zu wenig gezahlt hatten, und hinterlegten das Geld in einem Gerichtsdepositum. Hieraus erhielt H eine Teilleistung in Höhe von

---

[447] *Tauchnitz*, Vorwort, Wochenblatt für merkwürdige Rechtsfälle 1 (1841), S. 1 (1).
[448] Seuffert (Hrsg.), Archiv II, 1849, S. 316 f.
[449] *Haferkamp*, Historische Rechtsschule, 2018, S. 303.
[450] Sämtliche Informationen über den Fall sind R. R., Beitrag, Wochenblatt für merkwürdige Rechtsfälle 8 (1848), S. 201–204 entnommen.
[451] R. R., Beitrag, Wochenblatt für merkwürdige Rechtsfälle 8 (1848), S. 201 (201).
[452] R. R., Beitrag, Wochenblatt für merkwürdige Rechtsfälle 8 (1848), S. 201 (201).

179 Talern. Trotz wiederholter Mahnungen wurde ihm die übrige Summe nicht ausgezahlt. 1845 fiel der verbleibende Betrag aus dem Gerichtsdepositum an die Gemeinde Reudnitz. H verklagte daher 1846 die Gemeinde auf Zahlung der restlichen 55 Taler.[453]

Das erstinstanzliche Zivilurteil[454] erging im Wege der Aktenversendung an die „vormalige Juristenfacultät Leipzig".[455] Das Spruchkollegium wurde 1846 – also im Jahr der Rechtshängigkeit des Falles – organisatorisch von der Fakultät getrennt.[456] Als königliche Behörde bestand es bis 1856 fort. Ein Ordinarius als Präsident, vier Justizräte und zwei Professoren als Beisitzer entschieden über den Fall des H.[457] Das Kollegium wies die Klage mit der Begründung ab, der Kläger habe versäumt, zu benennen, „durch welche physische Personen die Beklagte bei Ablegung jenes Anerkenntnisses vertreten worden sei".[458] Das Spruchkollegium verneinte damit im Ergebnis die Wirksamkeit des Schuldanerkenntnisses. Ohne den Nachweis der konkreten Vertreter sei die Gemeinde nicht verpflichtet und H könne aus dem Anerkenntnis keine Rechte herleiten. Dagegen appellierte der Kläger H. Das königliche Appellationsgericht zu Leipzig bestätigte das Urteil des Leipziger Spruchkollegiums zwar dem Ergebnis nach, begründete es jedoch anders. Das Appellationsgericht meinte nämlich, der Appellant hätte von vornherein die Gemeinden Reudnitz, Anger und Grottendorf gemeinsam verklagen müssen, weil sie „eine gemeinschaftliche Casse gebildet" hätten.[459] Genau dies habe der Kläger „theils in der Klage, theils in der Replik selbst zugestanden".[460] Es sei hingegen unschädlich, dass er die Vertreter der Stadt Reudnitz, die seine Forderung anerkannt hätten, nicht namentlich benannt habe.

Das heraufziehende neue Rechtsproblem sah das Appellationsgericht dabei schon voraus: die unterschiedliche Begründung der Klageabweisung in erster und zweiter Instanz. Dazu erläuterte das Gericht vorsorglich, die beklagte Gemeinde sei nicht gezwungen gewesen, ihrerseits gegen das erstinstanzliche Urteil zu appellieren. Denn „die Grenzen der Rechtskraft nicht

---

[453] *R. R.*, Beitrag, Wochenblatt für merkwürdige Rechtsfälle 8 (1848), S. 201 (202).

[454] *Conring*, Spruchtätigkeit, in: HRG 1990, Sp. 1787 (1789 f.), wonach Aktenversendungen in Strafsachen gemäß der Bundesakte nicht mehr stattfanden.

[455] *R. R.*, Beitrag, Wochenblatt für merkwürdige Rechtsfälle 8 (1848), S. 201 (202).

[456] *Friedberg*, Leipziger Juristenfakultät, 1909, S. 102; *Kern*, Geschichte der Leipziger Juristenfakultät, in: Sächsisches Staatsministerium der Justiz (Hrsg.), Leipzig, 1994, S. 53 (81), lehnt seinen Aufsatz ohne Einzelnachweise an Friedberg an; *Kern*, Leipzig als Stadt des Rechts, ZZP 111 (1998), S. 261 (269), nutzt die gleichen Informationen ohne Hinweis auf Friedberg.

[457] Zur Besetzung des Spruchkollegiums ebenfalls *Friedberg*, Geschichte der Leipziger Juristenfakultät, 1909, S. 102.

[458] *R. R.*, Beitrag, Wochenblatt für merkwürdige Rechtsfälle 8 (1848), S. 201 (202).

[459] *R. R.*, Beitrag, Wochenblatt für merkwürdige Rechtsfälle 8 (1848), S. 201 (202).

[460] *R. R.*, Beitrag, Wochenblatt für merkwürdige Rechtsfälle 8 (1848), S. 201 (202).

allein gegen die allgemeinen Rechtsprincipien, sondern auch gegen die Proceßpolitik" würden „offenbar zu sehr ausgedehnt werden [...], wenn man einer Partei ansinnen wollte, gegen ein für sie ganz günstiges Erkenntniß zu appelliren, weil die Entscheidungsgründe unrichtig oder unvollständig sind".[461] Danach war es nur für denjenigen geboten, ein Rechtsmittel einzulegen, der mit dem Ausgang des Prozesses nicht zufrieden war. Die Begründung interessierte danach – ganz im Sinne der zeitgenössischen Theorie – nur den Verlierer. Hierfür spreche schon die „Proceßpolitik". Modern gesprochen sind prozessökonomische Erwägungen gemeint. In der Tat: Es ist nicht sinnvoll, ein Urteil, das die eigenen Interessen wahrt, nur anzugreifen, weil darin andere Rechtsansichten vertreten werden. Im Gegensatz zum Gericht musste die einzelne Partei also nicht auf eine vollständig richtige Rechtsanwendung hinwirken.

b) Ein Kostenausgleich für den ungeahnten Prozessausgang

Die Kostenentscheidung berücksichtigt allerdings, dass der Prozessausgang für den Kläger unvorhersehbar war. Das Gericht entschied: „es werden jedoch, da die Appellation des Klägers nicht so schlechterdings frivol zu achten, die Kosten des Rechtsmittels zwischen den Parteien aufgehoben."[462] Obwohl die Appellation abgewiesen wurde, trug der Appellat als Gewinner auch einen Teil der Kosten. Das sächsische Gericht griff mit der Kompensation noch in der Mitte des 19. Jahrhunderts auf eine ältere Besonderheit des gemeinrechtlichen Prozesses zurück.

Um diese Vorgehensweise verstehen und einordnen zu können, ist eine Vergewisserung über die kostenrechtlichen Grundsätze im 19. Jahrhundert nötig. Wesentliche Studien hierzu stammen von Wolfgang Sellert. In einem Aufsatz über „Akzessorietät von Kostentragung und Prozeßerfolg" ging er 1976 intensiv auf die Veränderungen im 19. Jahrhundert ein und verfasste den einschlägigen HRG-Artikel. Die Kompensationsentscheidung im Falle des H verdient Aufmerksamkeit und eine genauere Analyse. Denn das Institut ist aufschlussreich für das Entscheidungs- und Begründungsverhalten des Gerichts und ermöglicht einen Einblick in die Prozesspraxis der Zeit.

Die gemeinrechtliche Kostentragung im Zivilprozess legte dem Verlierer des Rechtsstreits nur in seltenen Fällen sämtliche Kosten auf.[463] Bei einer leichtfertigen Prozessführung sollte eine Partei auch die Ausgaben der gegnerischen Partei übernehmen. Ansonsten wurden die Kosten mit der Folge kompensiert, dass jede Partei ihre Anwälte selbst bezahlte und zusätzlich die

---

[461] *R. R.*, Beitrag, Wochenblatt für merkwürdige Rechtsfälle 8 (1848), S. 201 (202).
[462] *R. R.*, Beitrag, Wochenblatt für merkwürdige Rechtsfälle 8 (1848), S. 201 (202); zur Frivolität siehe D. I. 3. a).
[463] Überblick bei *Sellert*, Prozeßkosten, in: HRG 1990, Sp. 49–53.

Hälfte der Gerichtskosten trug.[464] Insofern entspricht die Kompensation am ehesten der heutigen Kostenaufhebung nach § 92 Abs. 1 S. 1 1. Alt. ZPO. Eine Vermutung leichtfertiger Prozessführung sprach zwar gegen den Verlierer. Grundsätzlich sollte er daher nach Gemeinem Recht sämtliche Kosten tragen. Doch der Prozessverlierer konnte die Vermutung entkräften und so der Kostentragungspflicht entgehen, wenn er schon vor dem Prozessausgang vorsorglich einige Kniffe beachtete. In bestimmten Konstellationen konnte das Gericht die Kosten mit der Kompensation beiden Parteien auferlegen, etwa sofern die Rechtsansicht der unterliegenden Partei der *communis opinio* entsprach oder die Partei vor dem Prozess eine günstige Rechtsauskunft eingeholt hatte.[465] Praktisch überwogen damals sogar die Ausnahmen: Meistens teilten sich die Parteien die Kosten, wenn nicht das Verhalten einer Partei als vorsätzlich und leidenschaftlich streitsüchtig erschien.

Dieses Regel-Ausnahme-Verhältnis kehrte sich im Laufe der Zeit um. Denn die gemeinrechtliche Teilung der Prozesskosten geriet schon im ausgehenden 18. Jahrhundert in die Diskussion und wurde zunehmend als gerichtliche Willkür kritisiert.[466] Die Kostentragung wurde teilweise als eine Art Strafe, teilweise aber auch nur als eine Schadensersatzpflicht gedeutet.[467] Federführend in der Diskussion war Adolph Dietrich Weber mit seiner Schrift „Über die Prozeßkosten, deren Vergütung und Compensation", die erstmalig 1788 erschien. Weber qualifizierte die Kostentragung als Schadensersatz. Der Verlierer musste danach grundsätzlich die Kosten des gesamten Rechtsstreits tragen, wenn er nicht ausnahmsweise nachweisen konnte, dass ihn keinerlei Verschulden traf.[468] Webers einflussreiche Untersuchung erlebte bis 1811 vier weitere Auflagen,[469] in denen er Kritik an seinem Vorstoß zurückwies. Seine schlichte Regelung, wonach der Prozessverlierer in den allermeisten Fällen sämtliche Kosten zu tragen hatte, ersetzte ein missbrauchsanfälliges und zu Webers Zeiten schon altertümliches Verfahren. Weber entkoppelte die Kostentragung von Beweisen der eigenen Rechtschaffenheit durch Kalumnieneide und kostspielige Gutachten.

---

[464] *Dernburg*, Compensation, 1854, S. 9: Die Juristen verstünden „unter Compensation das Entkräften, die Aufhebung der Wirkung zweier Ansprüche die man miteinander in Verbindung bringt."

[465] Zu kostenrechtlichen Grundsätzen der gemeinrechtlichen Praxis insbesondere *Falk*, Consilia, 2006, S. 102–106 m.w.N., Beispiele auf S. 105, 112.

[466] *Sellert*, Akzessorietät, in: FS Erler, 1976, S. 529–533; *ders.*, Prozeßkosten, in: HRG 1990, Sp. 49 (51 f.).

[467] *Sellert*, Akzessorietät, in: FS Erler, 1976, S. 529 (529).

[468] *Sellert*, Akzessorietät, in: FS Erler, 1976, S. 529 (534 f.); als maßgebliche Gegenstimmen benennt Sellert Hennemann, Emmrich und Borst, S. 530–534.

[469] *Landsberg*, Weber, in: ADB 1896, S. 279 (280).

Einziges verbleibendes Kriterium für die Kostentragung war der Prozessausgang. Denn die unterlegene Partei hatte sich nach der neuen Lehre eben zu Unrecht auf den Prozess eingelassen und musste zahlen. Die Kostentragung bestand gerade unabhängig davon, was im Voraus für einen Sieg im Verfahren gesprochen hatte. Webers Kritiker hatten noch angeführt, Recht werde erst im Einzelfall vom Richter gefunden.[470] Dann wäre es ungerecht, dem Verlierer, der das nicht vorhersehen konnte, die Kosten aufzubürden. Weber argumentierte aber, das materielle Recht existiere unabhängig von seiner prozessualen Durchsetzung. Diese Ansicht setzt voraus, dass es nur eine einzige richtige Entscheidung für jeden Fall gibt.[471] Der modernere, positivistische Ansatz Webers sollte sich langfristig durchsetzen.[472] Sellert zufolge fand die römisch-kanonische Ausnahmeregelung der Kompensation nach Webers Schrift von 1811 kaum noch Anwendung. Allerdings begründet Sellert nicht, wieso er den Einschnitt ausgerechnet in der Auflage von 1811 sieht. Neben Webers Ausführungen macht Sellert hierfür ein „unkritisches Traditionsdenken" verantwortlich. Hierdurch habe sich laut Sellert „im Laufe der Zeit ein Volksbewußtsein gebildet, das ganz selbstverständlich davon ausging, daß der Verlierer die Kosten zu tragen habe".[473]

Doch so einhellig folgte die Praxis Webers Vorschlag nicht. Eine neue Edition eines Schmuggeleiprozesses am angesehenen Oberappellationsgericht der vier freien Städte von Peter Oestmann zeigt noch für das Jahr 1833 eine Kompensation.[474] Gerade in komplizierten Rechtsfällen erwies sich die Kostenteilung noch weit ins 19. Jahrhundert hinein als Möglichkeit, auch das verständliche Vorgehen des Prozessverlierers zu dokumentieren und ihn finanziell zu entlasten. Die Kompensation drückte damit die Kontingenz der Entscheidung aus,[475] denn die Richter waren sich bewusst, dass die Entscheidung auch anders hätte ausfallen können. Im Schmuggeleiprozess vor dem

---

[470] *Sellert*, Akzessorietät, in: FS Erler, 1976, S. 529 (530f.).

[471] *Herbst*, These, JZ 67 (2012), S. 891 (891): „Dass der Gedanke der Existenz einer einzig richtigen Entscheidung keine Entsprechung in der Rechtspraxis findet, hindert jedoch nicht, ihn für theoretische Überlegungen fruchtbar zu machen."; *Sellert*, Akzessorietät, in: FS Erler, 1976, S. 529 (509), führte das Wiederaufleben der Debatte um die Prozesskosten in den 1970er Jahren auf Zweifel an diesem Satz zurück, mit Verweis auf „Bokelmann, ‚Rechtswegsperre' durch Prozeßkosten, in ZRP 1973, S. 164ff., und die dort zitierte Literatur".

[472] *Sellert*, Akzessorietät, in: FS Erler, 1976, S. 529 (509), nahm die Diskussionen über § 91 ZPO in den 1970er Jahren zum Anlass für seinen Aufsatz.

[473] *Sellert*, Akzessorietät, in: FS Erler, 1976, S. 529 (536); andererseits argumentierte Sellert zuvor in Anlehnung an Dernburg, die Kompensation wäre nur auf „geistlose Praktiker" zurückzuführen, ebd. S. 536.

[474] Oestmann (Hrsg.), Gerichtspraxis im 19. Jahrhundert, 2019, S. 29.

[475] *Hoffmann-Rehnitz/Krischer/Pohlig*, Entscheiden als Problem, ZHF 45 (2018), S. 217 (249).

Oberappellationsgericht der vier freien Städte ist dies anhand der Relationen nachzuweisen.[476] Aber nicht nur in der Gerichtspraxis, sondern auch in Anleitungsbüchern hielt sich die Kompensation hartnäckiger als bisher angenommen. Ein Blick in das Handbuch des anerkannten Prozessrechtlers Christoph Martin geht bei einer unvollständigen Tenorierung von einer Kompensation aus. Danach sollte eine fehlende Kostenentscheidung 1855 noch zur Kompensation führen.[477] Die Kompensation war in dieser Lesart die Folge einer fehlenden ausdrücklichen Kostenentscheidung im Tenor. Letztlich führte sie dazu, dass jede Partei ihre Kosten selbst trug. Dies widersprach dem neuen Regel-Ausnahmeverhältnis, wie es in der Theorie teilweise vertreten wurde. Denn die Ausnahme trat ohne Begründung ein, wenn nicht die angebliche Regel ausdrücklich ausgesprochen wurde. Auch der „Grundriss zu Vorlesungen über den gemeinen und preußischen Civilprozess" von Adolf August Friedrich Rudorff deutet auf die weitere Kompensation in Lehre und Praxis hin. In seinem Musterurteil schlug Rudorff noch 1837 ein Kostenurteil mit Kompensation vor.[478]

Im Falle des H machte sich das Leipziger Appellationsgericht die Regelung jedenfalls in einer anderen Konstellation zu nutze. Der ungewöhnliche Fall divergierender Gründe bei gleichem Ergebnis in zwei Instanzen findet sich leider nicht in Webers Schrift. Am nächsten kommt dieser Konstellation die bei Weber beschriebene Situation, dass ein Appellat nach günstigem Erkenntnis in der Vorinstanz den Prozess letztlich doch verliert und aufgrund des ersten Obsiegens die Kosten nicht tragen möchte. Weber verneint in diesem Fall eine Kompensation.[479] Das Leipziger Appellationsgericht nahm dennoch eine Teilung der Prozesskosten vor. Damit kritisierte es implizit die erstinstanzliche Rechtsanwendung. Daher hätte das klägerische Rechtsmittel eigentlich Erfolg haben müssen. Bedauerlicherweise gab es aber noch weitere Gründe, aus denen H den Prozess verlieren musste. Doch hatten die Richter der ersten Instanz genau diese Punkte übersehen.

---

[476] Oestmann (Hrsg.), Gerichtspraxis im 19. Jahrhundert, 2019, S. 51 f.

[477] *Martin*, Vorlesungen, 1855, S. 266: „Schweigt dagegen das Enderkenntniß ebenfalls darüber, dann muß angenommen werden, die Kosten seien compensirt, weil keine Verurtheilung sich von selbst versteht."; zu dieser Konstellation schon *Weber*, Proceßkosten, 1811, S. 9.

[478] *Rudorff*, Grundriss, 1837, S. 165: „Die Kosten dieses Prozesses werden aus bewegenden Gründen gegen einander compensirt und aufgehoben.", zu Rudorff siehe E. I. 3.

[479] Siehe *Weber*, Proceßkosten, 1811, S. 109, Abänderung aus noch nicht verhandelten Gründen; diese bei Weber erwähnte Konstellation kam an den Reichsgerichten zur Anwendung, *Sellert*, Akzessorietät, in: FS Erler, 1976, S. 509 (526).

c) Die dogmatische Herleitung des Oberappellationsgerichts Dresden

Es kam, wie es kommen musste: Der Kläger appellierte auch gegen dieses zweite Urteil und legte zugleich Nichtigkeitsbeschwerde ein. Er machte geltend, „daß die erwähnten Erkenntnisse in Betreff der Rationen wesentlich von einander abwichen".[480] „Rationen" sind in diesem Fall die den Parteien zur Verfügung gestellten ausführlichen Entscheidungsgründe. Zwar unterlag der Kläger in beiden Instanzen, doch die dahinterstehenden Überlegungen waren sehr verschieden. Die erste Instanz erachtete das vom Kläger vorgelegte Schuldanerkenntnis nicht für hinreichend. Die zweite Instanz sah diesen Punkt zwar als unproblematisch an, bestand aber in dieser Sache auf einer Klage gegen die drei Dörfer, die sich eine Kasse teilten. Der Grundbesitzer H brachte damit genau dasjenige Argument vor, welches das Appellationsgericht in seinem Urteil schon vorsorglich verworfen hatte.

Die zweite Appellation des H scheiterte schon in der Zulässigkeit an den Hürden des sächsischen Prozessrechts. Als Prozessgericht hatte das Appellationsgericht Leipzig das Rechtsmittel für unzulässig erklärt; eine dagegen vorgebrachte Beschwerde des Klägers beim Oberappellationsgericht Dresden blieb letztlich erfolglos.[481] Die abschlägige Resolution ist jedoch ihrerseits begründet. Der Einwand uneinheitlicher Entscheidungsgründe in den unteren Instanzen veranlasste das Oberappellationsgericht zu einer Stellungnahme in der Rechtskraftdiskussion. Der Fall um den Rückzahlungsanspruch hatte durch die widersprüchlichen Argumentationen der ersten beiden Instanzen plötzlich einen prozessrechtlichen Schwerpunkt, bei dem es um eine aktuelle Rechtsfrage infolge der Begründungspflicht ging.

Schon bei der Zulässigkeitsprüfung der zweiten Appellation war die Rechtskraft der Urteilsgründe entscheidend. In Sachsen war eine zweite Appellation nämlich nach einem Gesetz vom 28. Januar 1835 unzulässig, wenn die Urteile der beiden Untergerichte „conform" waren.[482] Wenn sich die ersten beiden Instanzen einig waren, schloss dies eine weitere Appellation aus. Das Rechtsproblem hing an der Auslegung dieser Konformität. Der Kläger bestritt sie, weil die Begründungen ungeachtet des gleichen Prozessausgangs so verschieden waren. Die Gegenseite argumentierte hingegen, dass der Prozess in beiden Instanz gleich geendet hatte. Das Oberappellationsgericht folgte der klägerischen Argumentation letztlich zwar nicht, erachtete aber „die von Klägern ausgehobenen Momente allerdings für erheblich genug",[483] um dieser Rechtsfrage nachzugehen. Die abschlägige Resolution beendete die rechtlichen Möglichkeiten des Grundbesitzers und bestätigte zugleich

---

[480] R. R., Beitrag, Wochenblatt für merkwürdige Rechtsfälle 8 (1848), S. 201 (203).
[481] R. R., Beitrag, Wochenblatt für merkwürdige Rechtsfälle 8 (1848), S. 201 (203).
[482] R. R., Beitrag, Wochenblatt für merkwürdige Rechtsfälle 8 (1848), S. 201 (203).
[483] R. R., Beitrag, Wochenblatt für merkwürdige Rechtsfälle 8 (1848), S. 201 (203).

vollumfänglich die zweite Instanz. Die Rechtskraftfrage erörterte das höchste sächsische Gericht ausführlich.

Das Gericht stellte den schon zeitgenössisch stets betonten Grundsatz voran: „Zuvörderst ist nämlich von dem Satze auszugehen, daß nur Entscheidungen Rechtskraft erlangen und daher in den Entscheidungsgründen enthaltene Deduktionen über einschlagende faktische und rechtliche Verhältnisse als solche und selbstständig niemals rechtskräftig werden können".[484] Der Ausdruck Entscheidung meint in diesem Zusammenhang nur den Tenor in Abgrenzung zu der gerichtlichen Begründung. Dieser Grundsatz gelte unabhängig davon, in welchem Stil das Urteil verfasst sei. Bereits diesen gemeinrechtlichen Ausgangspunkt belegte das Gericht mit zwei Literaturhinweisen.[485] Sodann setzte es sich mit einem Aufsatz des Oberappellationsgerichtsrats Roux aus der „Zeitschrift für Rechtspflege und Verwaltung" auseinander, den der Kläger zitiert hatte.[486] Es prüfte also eine Literaturmeinung inhaltlich an einem konkreten Rechtsfall. Die Fälle, in denen die Rechtskraft über die Entscheidung selbst hinausgehe, seien aber eine „blos scheinbare Ausnahme von der Regel".[487] Das könne vorkommen, so das Oberappellationsgericht, weil „nach dem herkömmlichen Urtheilsstyle [...] eines Theils entscheidende Sätze, welche dem Schlußsatze des Erkenntnisses zur nothwendigen Basis dienen, nicht selten in den Rationen enthalten sind".[488] Nur aufgrund des üblichen Stils seien einzelne rechtliche Voraussetzungen, die das Urteil stützen, in den Gründen erwähnt. Eine solche Voraussetzung werde deswegen jedoch nicht rechtskräftig. Ebenso verhalte es sich, soweit die Entscheidungsgründe „das Erkenntniß erläutern".[489] Dann fasst die Entscheidung nur in verkürzter Form zusammen, was die Gründe später ausführen. „Die Rechtskraft der Entscheidungsgründe beruht daher [...] lediglich auf ihrem Zusammenhange mit dem dispositiven Theile der Entscheidung."[490] Nur in einer Zusammenschau mit der tenorierten Entscheidung könne man danach für Teile der Begründung Rechtskraft ableiten. Das Oberappellationsgericht verglich diese Fälle mit der Rechtskraft anderer Vorfragen, die bei einem Urteil angenommen, aber nicht schriftlich dargelegt werden. Sie würden ebenfalls rechtskräftig. Erst recht müsse dies dann für die

---

[484] *R. R.*, Beitrag, Wochenblatt für merkwürdige Rechtsfälle 8 (1848), S. 201 (203).

[485] *R. R.*, Beitrag, Wochenblatt für merkwürdige Rechtsfälle 8 (1848), S. 201 (203): „cfr. Biener, systema proc. jud. § 208. Bayer, Vorträge über den gemeinen ordentlichen Proceß, 7. Aufl. p. 256".

[486] *Roux*, Beitrag zu der Lehre, Zeitschrift für Rechtspflege und Verwaltung 1846, S. 385–411.

[487] *R. R.*, Beitrag, Wochenblatt für merkwürdige Rechtsfälle 8 (1848), S. 201 (203).

[488] *R. R.*, Beitrag, Wochenblatt für merkwürdige Rechtsfälle 8 (1848), S. 201 (203).

[489] *R. R.*, Beitrag, Wochenblatt für merkwürdige Rechtsfälle 8 (1848), S. 201 (203 f.).

[490] *R. R.*, Beitrag, Wochenblatt für merkwürdige Rechtsfälle 8 (1848), S. 201 (204).

ausformulierten Gründe gelten, wenn der Richter „seiner Verpflichtung wegen Beifügung erschöpfender Entscheidungsgründe vollständig genügt" habe. Auch hierfür nannte das Gericht einen aktuellen Literaturbeleg.[491] Die nunmehr schriftlichen Entscheidungsgründe ändern danach an der Rechtskraft von Vorfragen nichts. Das Gericht modifizierte den eingangs genannten Grundsatz und stellte fest, „daß Entscheidungsgründe blos im Zusammenhange mit dem dispositiven Theile der Entscheidung Rechtskraft erlangen können".[492] Das Gericht folgerte, zumindest in Sachsen könne man nur gegen den Inhalt des Urteils, nicht jedoch isoliert gegen die Entscheidungsgründe appellieren.

Allein „die Einwendung selbstständiger, blos gegen Entscheidungsgründe gerichteter Appellationen erscheint schon der Natur der Sache nach unstatthaft, was folgerecht zu dem Grundsatze führt, daß nach Verbrauch aller zulässigen Rechtsmittel gegen die Entscheidung selbst aus den Rationen kein weiteres Remedium abgeleitet werden darf."[493]

Aus fehlerhaften Begründungen allein könne kein zusätzliches Rechtsmittel abgeleitet werden. Das folgt für das Gericht bereits aus der „Natur der Sache". Damit war die abschlägige Resolution bereits umfassend begründet. Doch das Oberappellationsgericht verwies zusätzlich auf sächsische Gesetze von 1822 und 1835. Die Auslegung der Vorschriften ergebe, dass der sächsische Gesetzgeber nur von Rechtsmitteln gegen das „Urthel", nicht aber gegen die Entscheidungsgründe ausgehe.[494] Folglich gebe es jedenfalls in Sachsen keine Rechtsmittel gegen die Begründung. Das Gericht stützte sich aber primär auf gemeinrechtliche Grundsätze. Die jüngere sächsische Gesetzgebung diente nur dazu, dieses Ergebnis abzusichern. Diese zweigleisige Argumentation des Gerichts bezieht gemeines Recht und Partikularrecht ein. Vorrangig arbeitete das Gericht aber mit Literatur zum gemeinen Zivilprozessrecht und nicht mit den örtlichen Gesetzen des Königreichs. Auch die Reihenfolge der Darstellung deutet auf eine höhere Relevanz der gemeinrechtlichen Regelungen für die Zeitgenossen hin.

Schließlich ergänzte das Gericht noch einen formellen Grund, aus dem die Nichtigkeitsbeschwerde keinen Erfolg haben konnte. Danach wäre eine rechtzeitige, förmliche Nullitätsklage und keine Beschwerde nötig gewesen.[495] Der Kläger sei also prozessual falsch vorgegangen. Doch dieser Punkt ist hier nebensächlich. Bemerkenswert ist hingegen die Kostenentscheidung. Das Gericht urteilte: „Da übrigens die Beurtheilung der Zulässigkeit der von

---

[491] *R. R.*, Beitrag, Wochenblatt für merkwürdige Rechtsfälle 8 (1848), S. 201 (204): „Treitschke, diss. de his, quae tacite judicantur sententia prima etc. Lips. 1830".

[492] *R. R.*, Beitrag, Wochenblatt für merkwürdige Rechtsfälle 8 (1848), S. 201 (204).

[493] *R. R.*, Beitrag, Wochenblatt für merkwürdige Rechtsfälle 8 (1848), S. 201 (204).

[494] Inhaltlich ist diese Argumentation durchaus angreifbar, da nicht klar ist, ob die Entscheidungsgründe Teil des Urthels (=Urteils) sind.

[495] *R. R.*, Beitrag, Wochenblatt für merkwürdige Rechtsfälle 8 (1848), S. 201 (204).

Klägerm ergriffenen Rechtsmittel allerdings zu verschiedenen Ansichten Veranlassung geben kann, auch dem Beschwerdeführer das beregte Präjudiz zur Seite steht, so stellt sich Compensation der durch das Rechtsmittel verursachten Kosten als gerechtfertigt dar."[496] Obgleich die Appellation nicht einmal zugelassen wurde, nahm das Oberappellationsgericht eine Teilung der Kosten auch in dieser Instanz vor. Wie schon die Vorinstanz rechtfertigte das Gericht die Kompensation mit den ungewissen Erfolgsaussichten, denen sich der Appellant H ausgesetzt sah. Die Verteilung bürdet die Kosten bei bislang gerichtlich nicht geklärten und streitigen Rechtsfragen den Parteien gleichermaßen auf. Nach dieser Maßgabe muss nur die Partei, die hätte voraussehen können, dass sie verliert, die Kosten vollständig tragen. Bei unklaren Rechtsfragen schafft die Kompensation zwar keinen Anreiz zur Klage, verringert aber das Kostenrisiko beider Parteien. So kann die Rechtsfrage im Interesse der Rechtssicherheit höchstrichterlich entschieden werden.

Zwar konnte die unterliegende Partei nun die Entscheidungsgründe nachlesen und auf ihre Stichhaltigkeit prüfen. Wenn aber eine Partei die Begründung des Gerichts als falsch entlarvte, schützte sie das selbstredend nicht davor, den Prozess aus anderen Gründen zu verlieren. Die Kompensation, die das sächsische Oberappellationsgericht festsetzte, halbierte immerhin in diesem Fall die Kosten der Rechtsverfolgung.

Mit der Ablehnung der Rechtskraft von Entscheidungsgründen waren zugleich Rechtsmittel gegen die Begründung ausgeschlossen. Das Sächsische Wochenblatt und Seufferts Archiv[497] gingen jeweils auf diesen Fall ein. Auf diese Weise strahlte der Fall wiederum in die Praxis aus.

7. Ergebnis

Die Verpflichtung, Gerichtsentscheidungen zu begründen, stieß eine dogmatische Diskussion um die Rechtskraft der neuen Begründungen an. Es stellte sich die Frage, welche rechtliche Qualität diese zusätzlichen Informationen haben sollten, die den Parteien nunmehr zugänglich waren und über einen vollstreckbaren Titel hinausgingen. Die Entscheidungsbegründungen belebten damit eine ältere juristische Diskussion aufs Neue. Einer überkommenen Ansicht zufolge sollte der Aufbau des Urteils Einfluss auf die Rechtskraft der Gründe haben: Mit der Sentenz verwobene Gründe würden danach rechtskräftig, während angehängte Gründe nur zur Erklärung des Richterspruchs dienten. Diese Ansicht wurde schon im 19. Jahrhundert nicht mehr vertreten, aber immer wieder erwähnt. Sie war ein weiteres Argument für eine räumliche Trennung von Tenor und Gründen. So war viel einfacher

---

[496] R. R., Beitrag, Wochenblatt für merkwürdige Rechtsfälle 8 (1848), S. 201 (204).
[497] Seuffert (Hrsg.), Archiv II, 1849, S. 316–318.

ersichtlich, welche Teile der richterlichen Äußerung die zentrale Verfügung darstellten und damit am Geltungsbefehl des Urteils *inter partes* teilhatten.

In der Diskussion um die Rechtskraft der Entscheidungsgründe herrschte Einigkeit, dass die Entscheidungsgründe nicht die gleichen rechtlichen Wirkungen haben konnten wie der Tenor. Die Mehrheit der Diskussionsteilnehmer wollte die Entscheidungsgründe dennoch zur Auslegung des Tenors heranziehen und sprach ihnen die Funktion zu, die Rechtskraft einzelner Themen aus dem Urteil abzustecken. In verschiedenen Abstufungen konnten Entscheidungsgründe nur Interpretationsmittel sein oder sogar Teile der rechtskräftigen Voraussetzungen enthalten.

Wenige Jahrzehnte zuvor wurden die Entscheidungsgründe noch gar nicht über das Richtergremium hinaus bekannt, sondern unterlagen einer strengen Geheimhaltung. Doch in der Mitte des 19. Jahrhunderts erachteten Autoren die Gründe für wesentlich, um den Richterspruch zu verstehen. Nach dieser Ansicht ist die Reichweite der Rechtskraft ohne Kenntnis der Entscheidungsgründe überhaupt nicht bestimmbar. In kürzester Zeit wurde die Entscheidungsbegründung damit zu einem unverzichtbaren Schriftstück erhoben, das den Fortgang der Auseinandersetzung zwischen den betroffenen Parteien absteckte.

VIII. Praktische Wissenschaft und wissenschaftliche Praxis

Die Frage, wie wissenschaftlich die Rechtspraxis und wie praxisnah die Rechtswissenschaft im 19. Jahrhundert war, fesselt die rechtshistorische Forschung seit Jahren.[498] Sie gilt als elementar, um diese Epoche zu verstehen. Zum einen geht es um einen ausdrücklichen oder impliziten Vergleich zu dem heutigen Verhältnis von wissenschaftlich und praktisch arbeitenden Juristen. Zum anderen ist dieses Verhältnis zentral, um überhaupt Aussagen über das „Recht" des 19. Jahrhunderts treffen zu können. Denn je enger die Verflechtungen waren, desto mehr bildet das an Universitäten gelehrte Recht das geltende Recht ab.

Wissenschaft soll hier als theoretische, vom Einzelfall losgelöste Beschäftigung mit Recht verstanden werden, der die Beilegung von konkreten Rechtsstreitigkeiten in der Praxis gegenübersteht.[499] Joachim Rückert hat herausgestellt, dass Theorie und Praxis nach dem wissenschaftlichen Ideal Savignys eine wesensgleiche Einheit darstellen sollten. Juristen sollten beide

---

[498] *Rückert*, „Theorie und Praxis", in: Peterson (Hrsg.), Rechtswissenschaft als juristische Doktrin, 2011, 235–293; *Oestmann*, Richterleitbild, fhi 2011; *Haferkamp*, Historische Rechtsschule, 2018, insbesondere im Abschnitt „Gelehrte auf dem Richterstuhl"; Oestmann (Hrsg.), Gerichtspraxis im 19. Jahrhundert, 2019.
[499] Siehe auch *Oestmann*, Richterleitbild, fhi 2011, Rn. 8.

Bereiche gleichermaßen beherrschen.[500] Anerkennend meinte Savigny über die römischen Juristen:

„So ist ihnen Theorie und Praxis eigentlich gar nicht verschieden, ihre Theorie ist bis zur unmittelbarsten Anwendung durchgebildet, und ihre Praxis wird stets durch wissenschaftliche Behandlung geadelt."[501]

Dieses Ideal wurde im 19. Jahrhundert zumindest insofern erfüllt, als zahllose Wissenschaftler zugleich praktisch tätig waren.[502] Das trifft auf viele der Autoren zu, die sich mit der Begründungspflicht beschäftigten.[503] Umgekehrt äußerten sich einige Praktiker mit wissenschaftlichem Anspruch.[504]

Die neu aufkommenden Entscheidungsbegründungen vermittelten zwischen Wissenschaft und Praxis. Publizierte Entscheidungsbegründungen ermöglichten eine verbesserte wissenschaftliche Rezeption der Rechtsprechung.[505] Über Entscheidungsbegründungen fand ein Austausch zwischen Wissenschaftlern und Praktikern statt. Doch wie ordneten die Zeitgenossen die Rolle des Richters ein, der Entscheidungsgründe verfasste? Arbeitete er dann schon wissenschaftlich? Wenige Quellen geben explizit zu dieser Frage Auskunft. Die kurzen Erwähnungen verdienen allerdings eine umfassende Betrachtung.

1. Brinkmann (1826)

Brinkmann stellt die Begründung von Urteilen als Anliegen des „wissenschaftlich gebildeten Richters"[506] dar. Ihm liege „nichts so dringend am Herzen […], als durch Entwickelung und Mittheilung seiner Erkenntniß des Rechtes den Parteien die Überzeugung zu gewähren, daß er allen Anforderungen entsprochen habe, die man an einen gebildeten Kenner des Rechtes und gewissenhaften Richter zu machen befugt ist".[507] Durch seine universitäre Ausbildung sei der Richter wissenschaftlich gebildet. Dabei fürchte der Richter um sein persönliches Ansehen, denn: „Nur durch offene Vorlegung

---

[500] *Rückert*, „Theorie und Praxis", in: Peterson (Hrsg.), Rechtswissenschaft als juristische Doktrin, 2011, 235 (245), Nachweis für Savigny und die Historische Schule.

[501] *Savigny*, Vom Beruf, 1814, S. 30; ders., Vom Beruf, in: Rückert/Akamatsu (Hrsg.), Politik, 2000, S. 231.

[502] Einige Beispiele bei *Haferkamp*, Pandektistik und Gerichtspraxis, Quaderni fiorentini 40 (2011), S. 177 (178–181).

[503] Von den in dieser Studie erwähnten Hochschullehrern waren zum Beispiel Brinkmann, Savigny, Kierulff, Buchka und Sartorius auch praktisch tätig.

[504] Die Grenze ist kaum bestimmbar, die Richter Puchta und Möhl publizierten in zentralen Zeitschriften der Zeit und berücksichtigten dabei die wissenschaftliche Literatur.

[505] *Haferkamp*, Historische Rechtsschule, 2018, S. 303.

[506] *Brinkmann*, Urtheilsgründe, 1826, S. 51.

[507] *Brinkmann*, Urtheilsgründe, 1826, S. 51.

der Gründe kann der Richter von Fach und Verdienst die öffentliche Meinung gewinnen; guter Leumund, Ehre und Fortkommen sind daran geknüpft".[508] Von dieser Befähigung wolle er die Leser seiner Urteile überzeugen. Dabei nimmt Brinkmann auch an dieser Stelle die Parteien als tatsächliche Leser wahr.[509]

Zugleich liege die Begründung von Urteilen damit im Interesse des Staates, da nur so „der Werth der Staatsdiener auch in der großen Welt anerkannt werde".[510] Brinkmann argumentiert mit der Ausstrahlungswirkung, um gegenüber dem König eine Begründungspflicht zu rechtfertigen, die letzlich dem Staat zugutekommen soll. Primäres Anliegen ist aber die Achtung vor dem einzelnen Richter, die er ohnehin bei korrekter Arbeitsweise verdiene.[511] Neben den Parteien gibt es damit nach Brinkmann zwei Nutznießer einer Begründungspflicht. Zum einen verhindern Entscheidungsgründe das Misstrauen gegen den Staat, zum anderen gegen den entscheidenden Richter persönlich.

Doch Details in Brinkmanns schon zeitgenössisch populärer Schrift geben der Forschung Rätsel auf. Stephan Hocks sah in den Ausführungen von Brinkmann einen Beleg für seine These, die richterliche Tätigkeit sei gegenüber der Wissenschaft durch die Begründungspflicht aufgewertet worden. Hocks behauptet, Brinkmann habe mit der praktischen Wissenschaft „die akademische Beschäftigung mit dem Recht als Grundlage sicherer Gesetzesanwendung ins zweite Glied" gerückt.[512] Diese Deutung beruht zum Teil auf einem Missverständnis der „praktischen Rechtswissenschaft". Hocks verwendet den Ausdruck als Gegenbegriff zu einer akademischen und universitären Tätigkeit. Bei der praktischen Jurisprudenz handelte es sich jedoch bis zum frühen 19. Jahrhundert um ein eigenes universitäres Lehrfach.[513] In diesem Sinne nutzte auch Brinkmann den Ausdruck.[514] Doch vor einer solchen Antithese von Wissenschaft und Praxis, wie Hocks sie unternimmt, ist es ratsam, Brinkmanns Wissenschaftsverständnis in seinem Büchlein über die „Urtheilsgründe" nachzugehen. Neben dem Vergleich mit Frankreich, auf den sich Hocks maßgeblich bezieht,[515] behandelte Brinkmann diese Grundlagen eingehender zu Beginn seiner Schrift:

---

[508] *Brinkmann*, Urtheilsgründe, 1826, S. 51.
[509] Siehe schon oben E. II. 1. b).
[510] *Brinkmann*, Urtheilsgründe, 1826, S. 52.
[511] Vgl. *Hocks*, Gerichtsgeheimnis, 2002, S. 189, Hocks kommt zu dem Ergebnis, zeitgenössisch sei eine bedeutende Funktion der Begründungspflicht die Verbesserung der richterlichen Tätigkeit gewesen.
[512] *Hocks*, Gerichtsgeheimnis, 2002, S. 179.
[513] *Schröder*, Wissenschaftstheorie, 1979, S. 4 f.
[514] *Brinkmann*, Urtheilsgründe, 1826, S. 59.
[515] *Hocks*, Gerichtsgeheimnis, 2002, S. 179.

In seiner Argumentation legte Brinkmann „im Allgemeinen die Möglichkeit und selbst die Nothwendigkeit" dar, „daß der wissenschaftlich gebildete Richter sich der Gründe deutlich bewußt werde, die ihn bei Aussprüchen über das Recht leiten und bestimmen".[516] Ganz elementar begann er bei der Überlegung, ob der Richter die Gründe seiner Entscheidung überhaupt kennen kann. Schon diese Prämisse schien ihm nicht selbstverständlich. Vor diesem Hintergrund erläuterte er sein Verständnis von Wissenschaft und Rechtsanwendung. Es kam dabei für Brinkmann nicht darauf an, ob ein Jurist als Richter oder als Professor der Rechte angestellt ist, sondern auf die Methode bei der Lösung rechtlicher Probleme. Er propagierte das Ideal einer wissenschaftlichen Rechtsanwendung, allerdings ist der Ausdruck „Wissenschaft", wie Brinkmann ihn verstand, erklärungsbedürftig.

Brinkmann begann mit den anwendbaren Rechtsquellen. Er unterschied zwischen Gesetzen und Gewohnheitsrecht.[517] Damit blieb Brinkmann, der im Revolutionsjahr 1789 geboren wurde, einem dualistischen Rechtsbegriff verhaftet, wie er für die Zeit der Aufklärung typisch ist.[518] Implizit lehnte Brinkmann damit zugleich die neue Lehre der historischen Schule ab, die einen einheitlichen Rechtsbegriff gebraucht. Danach gibt es nur positives Recht, das seinen Ursprung im Volksbewusstsein hat.[519]

Die Gesetze und das Gewohnheitsrecht müsse „der Richter selber durch eigene Thätigkeit sich zur Kenntniß" erwerben. Neben den nackten Gesetzen und äußerlichen Gewohnheiten sollten die Richter „mit dem Geiste der einzelnen Rechtssätze"[520] vertraut sein, wie Brinkmann pathetisch ausführte.

Zu diesem Geist gehörten bei Gesetzen „Veranlassung", „Ursache" und „Zwecke"; bei Gewohnheiten und Sitten ihre „Bedeutung".[521] Gesetzgebungsgeschichte und Ratio, sowie der Sinn einer verstetigten Verhaltensweise seien nötiges Hintergrundwissen, um Recht anwenden zu können. Diesen Wissensschatz jenseits „der nüchternen Kenntniß des Rechtes" bezeichnet Brinkmann als „Wissenschaft".[522]

Daher differenziert Brinkmann zwischen wissenschaftlicher und sonstiger Rechtsanwendung danach, ob der Richter nur nackte Gesetze und äußerliche Gewohnheiten anwendet oder auch besagten Geist der Rechtssätze erfasst. Dort verliefe die Grenze zwischen dem „wissenschaftlichen Kenner" und dem „gemeinen Empiriker".[523] Der gemeine Empiriker könne eigentlich

---

[516] *Brinkmann*, Urtheilsgründe, 1826, S. 6.
[517] *Brinkmann*, Urtheilsgründe, 1826, S. 2.
[518] *Schröder*, Recht als Wissenschaft, 2012, S. 194.
[519] *Schröder*, Recht als Wissenschaft, 2012, S. 194.
[520] *Brinkmann*, Urtheilsgründe, 1826, S. 3.
[521] *Brinkmann*, Urtheilsgründe, 1826, S. 2.
[522] *Brinkmann*, Urtheilsgründe, 1826, S. 3.
[523] *Brinkmann*, Urtheilsgründe, 1826, S. 4.

gar keine Gründe für seine Entscheidung benennen, dies sei einer wissenschaftlichen Betrachtungsweise vorbehalten.[524] Die beiden Gruppen von Juristen unterscheidet Brinkmann nur anhand ihrer Methodik und nicht anhand ihrer Berufe. Die Suche nach dem ominösen Geist jedes Gesetzes und jeder Gewohnheit schildert er wie folgt:

„Dem Geiste des Rechtes begegnet man wohl selten wie von ungefähr; ernste, tiefe und anhaltende Forschungen sind es, welche das Innere unserer Wissenschaft aufschliessen. Daß aber den würdigen Namen eines Richters nur derjenige führen dürfe, der sich zum Innern unserer Wissenschaft den Weg gebahnt hat, liegt in der Anforderung der Wissenschaft selbst, aber zugleich in der noch dringendern Anforderung der Gerechtigkeit, wie sie in der heutigen Welt geboten ist."[525]

Den Geist, die Hintergründe der Regeln und Prinzipien, entdecke der Jurist durch Forschung. Diese so verstandene Wissenschaftlichkeit sei Voraussetzung für das Richteramt. Nur der wissenschaftlich arbeitende Jurist sei überhaupt ein würdiger Richter. Die Unterscheidung zwischen einer wissenschaftlichen und praktischen Beschäftigung mit Recht spielte für Brinkmann keine Rolle. Die hohen Anforderungen ergaben sich einerseits aus einem wissenschaftlichen Ideal, andererseits aus der besonderen Verantwortung des Richters, eine gerechte Entscheidung zu fällen. Doch die Juristen seien für diese Aufgabe gewappnet:

„So groß sind allenthalben die Ansprüche, die in den gebildeten Staaten Europa's gemacht werden, daß wohl selten jemand ein Richteramt erlangt, ohne in einer wissenschaftlich angelegten Prüfung mindestens seine Fähigkeit, die bestehenden Rechte geistig zu erfassen, bewiesen zu haben."[526]

Garantie für eine wissenschaftliche Rechtsanwendung der Kandidaten seien die Prüfungen. Dabei äußerte sich Brinkmann nicht eindeutig, ob er eine universitäre Prüfung oder eine Proberelation als Einstieg in das Richteramt meinte. Prüfungen als Abschluss des juristischen Studiums waren allerdings erst seit dem frühen 19. Jahrhundert üblich.[527] Brinkmann bezog sich damit eventuell auf eine relativ neue Eingangsvoraussetzung. Aufgrund der hohen Ansprüche an die Rechtspflege würden laut Brinkmann regelmäßig in Europa nur geprüfte Juristen als Richter eingestellt. Ungelehrte Personen kamen danach überhaupt nicht mehr als Richter in Frage.[528]

---

[524] *Brinkmann*, Urtheilsgründe, 1826, S. 4: „Allein gerade die Wissenschaft, die gelehrte Kenntnis des auf Satzungen und Gewohnheiten, so wie auf der Natur der Dinge beruhenden Rechtes, bedarf der Gründe zu ihrer Stütze."
[525] *Brinkmann*, Urtheilsgründe, 1826, S. 5.
[526] *Brinkmann*, Urtheilsgründe, 1826, S. 6.
[527] *Köbler*, Juristenausbildung, in: HRG 2012, Sp. 1430 (1434).
[528] *Oestmann*, Gerichtsbarkeit und Verfahren, 2015, S. 217, zur „Verbürgerlichung des Richterberufs".

Daneben benannte Brinkmann eine weitere „Quelle richterlicher Entscheidungen": die „unveränderlichen Gesetze der Natur oder Vernunft".[529] Die „Wissenschaft des Naturrechts, jene oft mishandelte, aber auf den ewigen Gesetzen der Wahrheit beruhende Wissenschaft",[530] helfe, diese Grundsätze zu erkennen. Zusätzlich zu Gesetzen und Gewohnheiten und deren Hintergründen sollen die Richter das Naturrecht für ihre Entscheidungen befragen. Das Verhältnis von Gesetzen, Gewohnheitsrecht und Naturrecht zueinander blieb bei Brinkmann völlig unklar. Er versicherte aber, Natur- und Vernunftrecht „behaupten immer ein großes Ansehen in den Gerichten".[531] Brinkmann, der selbst Beisitzer im Kieler Spruchkollegium war, scheint hier aus eigener Erfahrung über naturrechtliche Argumente an den Gerichten der 1820er Jahre zu berichten.[532] In diese Form von wissenschaftlicher Lösung konkreter Rechtsstreitigkeiten, wie Brinkmann sie forderte, sollte das Naturrecht jedenfalls einfließen.

Insgesamt fordert Brinkmann von den Richtern eine wissenschaftliche Arbeit. Diesen Ausdruck füllt er mit dem vagen Konzept vom Geist der anzuwendenden Vorschriften. Die Suche nach diesem Geist meint die Frage nach dem Regelungszweck oder dem historischen Ursprung einer Norm oder einer Gewohnheit. Eine so verstandene Wissenschaftlichkeit ist nach Brinkmann notwendig, um das Richteramt ausüben zu können und seiner würdig zu sein. Gleichzeitig ist sie unabdingbar, um sich der Gründe einer eigenen Gerichtsentscheidung überhaupt bewusst sein zu können. Die Wissenschaftlichkeit eines Richters zeigt sich nach außen in den mustergültig formulierten Entscheidungsgründen.

2. Sartorius (1844)

Johann Baptist Sartorius (1798–1884) verknüpfte beruflich eine praktische Richtertätigkeit mit einer Dozententätigkeit an verschiedenen juristischen Fakultäten.[533] Er lehrte von 1833–1841 diverse Fächer wie Staatsrecht, Methodenlehre und Zivilrecht in Zürich[534] und arbeitete parallel als Richteranwärter am Appellationsgericht in Würzburg. Sartorius kam lange in beiden Welten nicht ganz an. An der Universität Zürich war er bis 1837 Privatdozent

---

[529] *Brinkmann*, Urtheilsgründe, 1826, S. 3.

[530] *Brinkmann*, Urtheilsgründe, 1826, S. 4.

[531] *Brinkmann*, Urtheilsgründe, 1826, S. 3.

[532] Vgl. zu naturrechtlichen Argumenten am OAG Lübeck Oestmann (Hrsg.), Gerichtspraxis im 19. Jahrhundert, 2019, S. 69.

[533] Biographische Daten, Werk und Literatur bei *Drüll-Zimmermann*, Gelehrtenlexikon, 2019, S. 693 f.

[534] Siehe für seine Vorlesungen an der Staatswissenschaftlichen Fakultät Universitätsarchiv Zürich (Hrsg.), Historische Vorlesungsverzeichnisse, 2012.

und ab 1841 außerplanmäßiger Professor ohne festes Gehalt.[535] Auch nach einem Wechsel an die Universität Heidelberg wurde er nicht Ordinarius.[536] Eine dauerhafte Assessorenstelle erhielt er erst 1848 in Aschaffenburg.

Doch neben seiner umfangreichen Lehr- und Richtertätigkeit fand er Zeit für Veröffentlichungen in verschiedenen Rechtsbereichen. 1837 verfasste er eine Vision vom „Organon des vollkommenen Friedens" und trat darin für eine Kodifikation des Völkerrechts ein, das zwangsweise durchgesetzt werden sollte.[537] Er schrieb über „Teutschlands Rechtspflege durch Kollegial-Gerichte"[538] (1832), „Die Lehre von der Widerklage nach dem gemeinen deutschen Civilprocesse" (1838) und über die „Revision der Lehre der Aktenversendung" (1840).[539] Moderne völkerrechtliche Ideen stehen in seinem Werk neben konventionellen zivilprozessualen Arbeiten.

Aus seiner Richtertätigkeit am Appellationsgericht Würzburg ging 1830/31 eine „Sammlung merkwürdiger Rechtsfälle Bayerns" hervor, die er mit herausgab. Im Ruhestand wandte er sich noch einmal einem neuen, ganz unjuristischen Gebiet zu: 1862 erschien „Die Mundart der Stadt Würzburg". Damit wollte Sartorius „eine Lücke in der localen Literatur ausfüllen".[540] In dieser bunten, beinahe sprunghaften Themenwahl findet sich eine klare Meinung über Entscheidungsgründe als wissenschaftliche Äußerung des Richters.

1842 wechselte Sartorius nach Heidelberg und las dort kanonisches Recht und Zivilprozessrecht. Zwei Publikationen aus dem Jahr 1844 erhellen seine Sicht auf die praktische juristische Arbeit und das Verhältnis zu einer wissenschaftlichen Beschäftigung mit Recht. Zum einen veröffentlichte Sartorius „Gesammelte Rechtsfälle für die Civil-Praxis an Deutschen Universitäten", eine Art Fallbuch für Studenten. Zum anderen schrieb er einen Aufsatz „Über die Erzeugung und Bedeutung des Gewohnheitsrechts" im anerkannten „Archiv für die civilistische Praxis", in dem er nebenbei seine Ansicht zu Entscheidungsgründen mitteilte.

a) Gesammelte Rechtsfälle

Das Fallbuch besteht aus genau hundert einzelnen kleinen Fallschilderungen, gedrängt auf knapp zweihundert Seiten. Sartorius hatte „der Kürze

---

[535] *Gagliardi*, Universität Zürich, 1938, S. 369 Fn. 2 und S. 334.
[536] Daher nicht erwähnt bei *Schroeder*, Universität für Juristen, 2010.
[537] Bibliographiert als „Einigungsplan" bei *Foerster*, Europa, 1967, S. 345.
[538] Dazu *Ernst*, Rechtserkenntnis durch Richtermehrheiten, 2016, S. 181.
[539] *Falk*, In dubio pro amico?, 2010, Rn. 50, 53 nennt Sartorius als liberalen Anhänger der Aktenversendung; *Haferkamp*, Fortwirkungen des Kameralprozesses, in: Oestmann (Hrsg.), Formstrenge, 2009, S. 293 (298).
[540] *Sartorius*, Mundart, 1862, S. III.

nachgestrebt, um die Aufgaben desto einladender zu machen."⁵⁴¹ Aus anwaltlicher oder richterlicher Perspektive sind Rechtsfragen zu beantworten oder Schriftstücke zu formulieren, mal soll eine Klage verfasst werden, mal eine Vernehmlassung, eine Replik, ein Dekret oder eine Relation. Bei einer Reihe von Fällen sollen die Studenten Urteile schreiben, eine Aufgabe lautet zum Beispiel: „Der Landrichter übergibt diese Provocation Einem seiner Practicanten zur Erledigung, mit dem Bedeuten, daß sie *a limine judicii* abgewiesen werden müsse, daß er übrigens die Auffindung und Darstellung der Gründe dem Bearbeiter überlasse."⁵⁴² Die Übung sieht also vor, für ein bereits feststehendes Ergebnis stichhaltige Entscheidungsgründe zu entwerfen.

Die Lösungen für diese kleinen, der Praxis nachempfundenen Fälle sind nicht mit abgedruckt. Mit diesem Konzept kam Sartorius Rudolf von Jhering knapp zuvor, der 1847 seine bekannten „Civilrechtsfälle ohne Entscheidungen" veröffentlichte.⁵⁴³ Sartorius nannte als Anlass für die Sammlung der Fälle „den eignen academischen Gebrauch, und deren Abdruck sollte die Nothwendigkeit des Dictirens beseitigen".⁵⁴⁴ Er nutzte das Fallbuch in seinen praktischen Übungen an der Universität Heidelberg. Sartorius verwies auf die „reichhaltige und verdienstvolle Sammlung Gensler's" und stellte sein Werk als Nachfolgeband dar.

Gensler⁵⁴⁵ hatte ebenfalls als Heidelberger Dozent eine „Sammlung von Rechtsfällen zur Beurtheilung und förmlichen Bearbeitung in academischen Übungs-Collegien" 1816 drucken lassen.⁵⁴⁶ Noch 1833 hatte sein Kollege Eduart Morstadt die Fallsammlung neu aufgelegt und Gensler etwas flapsig bedauert, der schon 1821 verstarb und daher keine „volle 5 Jahre lang [...] der wohlverdienten Frucht seiner Arbeit genossen: nämlich der Enthobenheit vom peinlichen-zeitfressenden Dictiren dieser vielfältigen Rechtsfälle, Actenextracte und Instructionen".⁵⁴⁷ Die umfangreiche Fallsammlung Genslers zum Prozessrecht hatte sich nach Sartorius aber „durch die lange fortgesetzte Anwendung in den practischen Collegien verbraucht".⁵⁴⁸ Er führte aus, die Studenten hätten die Lösung der Fälle an nachfolgende Semester verraten. Die Fälle waren also nicht unbedingt veraltet, aber hatten sich unter den Studenten schon herumgesprochen.

Sartorius nannte ein zusätzliches Argument für eine weitere Fallsammlung neben Genslers etabliertem Werk: Er prangerte die Auswirkungen der

---

⁵⁴¹ *Sartorius*, Gesammelte Rechtsfälle, 1844, S. IV.
⁵⁴² *Sartorius*, Gesammelte Rechtsfälle, 1844, S. 137.
⁵⁴³ *Jhering*, Civilrechtsfälle, 1847.
⁵⁴⁴ *Sartorius*, Gesammelte Rechtsfälle, 1844, S. III.
⁵⁴⁵ Siehe oben E. V. 1.
⁵⁴⁶ Dazu *Schroeder*, Universität, 2010, S. 124.
⁵⁴⁷ *Gensler/Morstadt*, Rechtsfälle, 1833, S. VII.
⁵⁴⁸ *Sartorius*, Gesammelte Rechtsfälle, 1844, S. III.

Historischen Schule auf die Rechtspraxis an den Universitäten an. Dieses Argument stellte er der Sammlung deutlich im Vorwort voran. Der kurze Abschnitt unterstrich seine Meinung zum Verhältnis von Wissenschaft und Praxis in den 1840er Jahren. In Sartorius' Wahrnehmung „hat die historische Richtung in der neuen Rechtswissenschaft viele Kräfte ausschließlich an sich gezogen".[549] Es habe also eine Verlagerung des Interesses stattgefunden, sodass die praktischen Bereiche von weniger Dozenten wahrgenommen würden. Sartorius beobachtete zudem „ein gewisses vornehmes Herabsehen auf alles Practische".[550] Dabei nahm Sartorius Friedrich Carl von Savigny ausdrücklich in Schutz, „der selbst dieß entschieden mißbilligt" habe.[551] Doch inzwischen, so fuhr Sartorius fort, verfügten die Hochschullehrer selbst nicht mehr über entsprechende Kenntnisse in den praktischen Fächern. Dies habe gravierende Folgen für das Veranstaltungsangebot:

„So kam es allmählig dahin, daß hier und dort nicht nur der Civilproceß, sondern auch die Practica als Nebenfächer in den Hintergrund gedrängt wurden, oder in die ungeübten Hände von bloßen Theoretikern und Rechtshistorikern übergingen."[552]

Von der historischen Schule vernachlässigte Bereiche, wie das Zivilprozessrecht oder auch die praktischen Übungen, seien kaum noch unterrichtet worden, oder schlimmer noch von Dozenten wie Rechtshistorikern übernommen worden, die davon selbst nichts verstünden. Daraus leitete Sartorius eine besondere eigene Verantwortung ab.

„Für jene aber, welche auf ihrem früheren Bildungsgange Theorie und Praxis vereinigt haben, entsteht eine Art von Verpflichtung, dem Verfall der practischen Vorträge und Übungen einiger Maßen abzuhelfen."[553]

Die Vereinigung von Theorie und Praxis zeigte sich in Sartorius Lebenslauf sehr deutlich. Er erwähnte zwar im Vorwort nicht seine parallele Tätigkeit am Appellationsgericht und an der Universität Zürich, aber spielte erkennbar darauf an und leitete für sich persönlich aus dieser doppelten Prägung eine Verpflichtung ab, universitäre Übungen anzubieten. Seine Sammlung von Rechtsfällen sollte nach seiner Vorstellung über Heidelberg hinaus für universitäre „Practica" dienen.

Insgesamt bemerkte Sartorius eine Abwertung der praktischen juristischen Arbeit. Wesentlicher Anlass sei die historische Schule gewesen. Für Sartorius äußerte sich die Veränderung in schlechteren praktischen Übungen an der Universität. Quellenkritisch mag man einwenden, dass Sartorius seine

---

[549] *Sartorius*, Gesammelte Rechtsfälle, 1844, S. III.
[550] *Sartorius*, Gesammelte Rechtsfälle, 1844, S. III.
[551] *Sartorius*, Gesammelte Rechtsfälle, 1844, S. III mit Verweis auf „Savigny, System I, S. XIX ff."
[552] *Sartorius*, Gesammelte Rechtsfälle, 1844, S. IV.
[553] *Sartorius*, Gesammelte Rechtsfälle, 1844, S. IV.

„Rechtsfälle" im Vorwort bewerben wollte, doch die eindeutige Schuldzuweisung spricht dafür, dass er selbst die Einstellung seiner Kollegen und das Vorlesungsangebot so wahrnahm.

b) Gerichtliches Gewohnheitsrecht

Im selben Jahr, 1844, veröffentlichte Sartorius im „Archiv für die civilistische Praxis" einen Beitrag mit dem Titel „Die Erzeugung und Bedeutung des Gewohnheitsrechtes im Civilprocesse".[554] Darin wandte der Heidelberger Professor die Theorie zur Entstehung des Gewohnheitsrechts auf das Zivilprozessrecht an. In Anlehnung an die Rechtsquellenlehre der Historischen Schule legte Sartorius dar, gewohnheitsrechtliches Prozessrecht könne allein durch Gerichtsgebrauch entstehen. In einem Nebenstrang der Argumentation traf Sartorius mehrere weitreichende und überraschende Feststellungen über Entscheidungsbegründungen.

Doch Gewohnheitsrecht im Zivilprozessrecht aufzufinden, ist das eigentliche Anliegen des Aufsatzes. Nur in diesem Zusammenhang äußert sich Sartorius zum richterlichen Entscheiden. Gewohnheitsrecht kann laut Sartorius aus den „drei Kräften: Volkssitte, Gerichtsgebrauch, Präjudicien" entstehen.[555] Während im Zivilrecht der „Volkssitte" noch eine besondere Bedeutung zukomme, spiele sie im prozessualen Bereich eine untergeordnete Rolle. Hier wirkten stattdessen „Gerichtsgebrauch und Präjudicien".[556] Als Gerichtsgebrauch bezeichnet Sartorius die „Verfahrungsweise in der Proceßleitung". „Präjudicien" sind für ihn dagegen „gerichtliche Erkenntnisse, die in ähnlichen Fällen als Muster dienen".[557] Damit legt Sartorius sich nicht fest, ob er von verbindlichen oder unverbindlichen Vorentscheidungen ausgeht.[558] Doch diese beiden Ausprägungen des „Gerichtsrechts" finden sich nur in der „Disposition", dem Tenor. „Nicht wesentlich"– so Sartorius – „sind die Erwägungs- und Entscheidungsgründe".[559] Sartorius unterscheidet damit zwischen Erwägungsgründen, die den Zweifelsgründen oder *rationes dubitandi* entsprachen und den Entscheidungsgründen, den *rationes decidendi*. Diese beiden Arten von Motiven werden nach Sartorius nicht zu Gerichtsrecht.

---

[554] *Sartorius*, Erzeugung und Bedeutung, AcP 27 (1844), S. 81–102; diesen Aufsatz übergeht *Drüll-Zimmermann*, Heidelberger Gelehrtenlexikon, 2019, S. 693 f.; zum Aufsatz *Haferkamp*, Fortwirkungen des Kameralprozesses, in: Oestmann (Hrsg.), Formstrenge, 2009, S. 293 (302 f.), sowie *Oestmann*, Rechtsvielfalt vor Gericht, 2002, S. 17 Fn. 77.
[555] *Sartorius*, Erzeugung und Bedeutung, AcP 27 (1844), S. 81 (83).
[556] *Sartorius*, Erzeugung und Bedeutung, AcP 27 (1844), S. 81 (87).
[557] *Sartorius*, Erzeugung und Bedeutung, AcP 27 (1844), S. 81 (87).
[558] Die Doppeldeutigkeit ist im Ausdruck Präjudiz angelegt, siehe *Becker*, Präjudiz, in: HRG 1984, Sp. 1866 (1866 f.).
[559] *Sartorius*, Erzeugung und Bedeutung, AcP 27 (1844), S. 81 (88).

Die vom Richter formulierten Erwägungs- und Entscheidungsgründe, behauptet er, sind selbst kein Gerichtsrecht, sondern vielmehr „Juristenrecht".[560] Nach Sartorius haben sie danach keine rechtliche Qualität, sind also unverbindlich. Er gebraucht den Terminus „Juristenrecht"[561] damit anders als namentlich der juristische Germanist Georg Beseler, der 1843 die Geltung des rezipierten römischen Rechts widerwillig unter dem Schlagwort „Juristenrecht" anerkannt hatte.[562] Für Sartorius gehören die Erwägungs- und Entscheidungsgründe nicht zur staatlichen Entscheidung. Stattdessen erachtet er sie aus drei Überlegungen heraus als Teil der rechtswissenschaftlichen Literatur. Erstens könnten gerichtliche Entscheidungen auch ohne Gründe ergehen, zweitens sei die Abfassung von Entscheidungsgründen nicht immer vorgeschrieben gewesen,[563] und drittens würden die Gründe nicht in Rechtskraft erwachsen.[564]

Sartorius führte ein weiteres Argument gegen die gewohnheitsrechtliche Wirkung von Entscheidungsgründen ins Feld. Er sprach den Gründen den „amtlichen Charakter" ab.[565] Nur der Tenor gehe „von den Gerichten als öffentlichen Staatsanstalten" aus. „Allein die Erwägungs- und Entscheidungsgründe haben einen wissenschaftlichen Charakter und Zweck",[566] meinte Sartorius. Er spaltete mit dieser Unterscheidung die Urteilsabfassung auf in einen amtlichen, gewissermaßen hoheitlichen Anteil, begrenzt auf die Formulierung des Tenors, und in einen zweiten, wissenschaftlichen Teil. Zum einen handele der Richter als „Beamter mit äußerer Autorität" und verwende eine „kategorische Sprache" im Tenor.[567] Zum anderen begründe er sein eigenes Urteil in der „Eigenschaft eines wissenschaftlichen Juristen, [der] belehrt und innerlich zu überzeugen sucht, und zu diesem Zwecke bedient er sich wissenschaftlicher Deductionen und actenmäßiger Nachweise."[568]

Bildlich gesprochen schlüpft der Richter in verschiedene Rollen, während er das Urteil verfasst. Er handelt, wenn er den Tenor formuliert, als Beamter, der Staatsaufgaben ausführt, und im nächsten Moment als Wissenschaftler, der über das Urteil mit der juristischen Fachwelt ins Gespräch kommt. Der universitär geschulte Praktiker ist Staatsdiener und Rechtswissenschaftler

---

[560] *Sartorius*, Erzeugung und Bedeutung, AcP 27 (1844), S. 81 (89).

[561] Zum eigentlich feststehenden Terminus hingegen *Schröder*, Recht als Wissenschaft, 2012, S. 198–200.

[562] *Beseler*, Volksrecht und Juristenrecht, 1843, S. 304; ebd., S. 42, Rezeption als „Nationalunglück".

[563] *Sartorius*, Erzeugung und Bedeutung, AcP 27 (1844), S. 81 (88).

[564] *Sartorius*, Erzeugung und Bedeutung, AcP 27 (1844), S. 81 (89).

[565] *Sartorius*, Erzeugung und Bedeutung, AcP 27 (1844), S. 81 (88).

[566] *Sartorius*, Erzeugung und Bedeutung, AcP 27 (1844), S. 81 (88).

[567] *Sartorius*, Erzeugung und Bedeutung, AcP 27 (1844), S. 81 (88).

[568] *Sartorius*, Erzeugung und Bedeutung, AcP 27 (1844), S. 81 (88).

gleichzeitig und erfüllt damit verschiedene Aufgaben. Den Einheitsjuristen zerlegt Sartorius bei einer Dienstaufgabe in seine einzelnen Elemente. Nach Stephan Hocks stellten schon im 17. Jahrhundert gelehrte Autoren wie Brunnemann einen „Zusammenhang zwischen einer Begründungspflicht und dem wissenschaftlich gebildeten Juristen" her. Danach ist die „richterliche Professionalität" eine „Grundbedingung öffentlichen Begründens".[569] Begründung und Wissenschaftlichkeit gehören für Sartorius in gleicher Weise zusammen. Er treibt diesen Gedanken auf die Spitze, indem die Begründung nur noch dazu dient, sich wissenschaftlich zu äußern. Sartorius behauptet somit, die Urteilsbegründung sei lediglich formal Teil der Entscheidung. Materiell hingegen wären die Gründe ein Beitrag zum wissenschaftlichen Diskurs.

Gensler, in dessen Nachfolge sich Sartorius mit seinen gesammelten Rechtsfällen stellte, hatte in seinem Anleitungsbuch 1815 noch eine andere Ansicht vertreten.[570] Im Kontext von Vorgaben und Vorschlägen zur genauen Ausgestaltung der Entscheidungsgründe legte Gensler Wert darauf, dass sich das Urteil nicht auf die vorgetragenen Zweifelsgründe beschränke, sondern alle wirklich angelegten Probleme anspreche. Dazu merkte er in einer Fußnote an: „Die Entscheidungsgründe muss der Referent schlechthin aus eigener Reflexion über das thatsächliche Material amtspflichtig schöpfen."[571] Die Entscheidungsgründe gehören zu den dienstlichen Aufgaben, den Amtspflichten. Anders als bei Sartorius wechsle der Richter nicht für die Begründung seine Rolle. Der Referent dürfe nach Gensler nicht an Stelle der Begründung nach Belieben einen wissenschaftlichen Aufsatz verfassen. Doch diese Anmerkung Genslers verwies seine Leser mutmaßlich nur auf ihre Pflichten. Aus dem kurzen Zitat lässt sich nicht ableiten, er habe unwissenschaftliche Entscheidungsgründe gefordert. Jedoch findet sich bei Gensler nicht die Spaltung in zwei richterliche Rollen.

Sartorius' Ansicht steht im Widerspruch zu den gesetzlich normierten Begründungspflichten, die den Richter in seiner Eigenschaft als Bediensteten des Staates zur Begründung anhielten. Nur sofern der Richter noch nicht durch Landesgesetze zur Begründung verpflichtet war, handelte es sich um sein wissenschaftliches Privatvergnügen. Doch Sartorius schrieb den Urteilsgründen die Funktion zu, wissenschaftliche Beiträge der Richter zu ermöglichen. Die Lösung eines Einzelfalls bot auf diese Weise nur einen willkommenen Anlass. Die Rechtfertigung des Urteils gegenüber den Parteien rückt in dieser Lesart in den Hintergrund. Sartorius geht es um eine wissenschaftliche Systematisierung und Regelbildung durch Präjudizien.

---

[569] *Hocks*, Gerichtsgeheimnis, 2002, S. 94 f.
[570] Siehe E. V. 1.
[571] *Gensler*, Grundsätze, 1815, S. 120 Fn. 11.

3. Ergebnis

Nach Brinkmann war die wissenschaftliche Beschäftigung mit Recht elementar, um überhaupt die Motive einer Entscheidung verstehen und artikulieren zu können. Wissenschaftlich arbeitete, wer Recht verständig anwenden konnte, wozu ein abgeschlossenes Universitätsstudium befähigte. Sartorius ging einige Jahre später deutlich weiter: Entscheidungsgründe stellte er als Gelegenheit dar, sich als Richter in die wissenschaftliche Diskussion einzubringen. Dabei trennte er das Urteil von der Begründung, sodass nur der erste Teil in Erfüllung der Dienstpflichten geschah. Seine eigenwillige Auffassung hebt den immensen Stellenwert von Entscheidungsbegründungen für die Rechtswissenschaft in seiner Zeit hervor.

IX. Ergebnis

Die Analyse der acht Aspekte hat folgende Hauptergebnisse erbracht: Die Begründungspflicht hat ganz unterschiedliche Geschichtsdeutungen hervorgerufen (I.). Geschichte diente allerdings in den Quellen nur als Einstieg in eine weitere Beschäftigung mit dem Gegenstand. Uneinheitlich waren die Auffassungen, wen Richter mit Entscheidungsbegründungen ansprechen sollten (II.). Nur wenige Autoren schlugen vor, beim Verfassen der Gründe auf die Parteien des Rechtsstreits sprachlich Rücksicht zu nehmen. Entscheidungsbegründungen nutzten einige Autoren als Öffentlichkeitssurrogat (III.). Öffentliche Gerichtsverfahren und Entscheidungsbegründungen gewichteten sie als Prinzipien unterschiedlich. Je nach den eigenen Forderungen erfüllte danach die eine oder andere Form der Öffentlichkeit vollständig den Zweck. Entscheidungsbegründungen als Anwendung von Gesetzen (IV.) riefen zwei konträre Äußerungen hervor. Brinkmann meinte, Begründungen seien nur eine Übergangslösung, bis es eine Kodifikation gebe, während Kierulff behauptete, Entscheidungsgründe seien erst mit einer Kodifikation möglich. Stil und Aufbau der Entscheidungsgründe (V.) waren nicht verbindlich. Die Ratschläge der Lehrbuchautoren an Studenten gingen dahin, sich am lokalen Gerichtsgebrauch zu orientieren. Lehrbücher bis etwa 1800 wiesen auf die Umgehung der lästigen Begründung mit der Floskel „Gestalteten Sachen nach" hin (VI.). Spätere Autoren akzeptierten die Formulierung nicht mehr als ausreichend, um die Begründungspflicht zu erfüllen. Die dogmatische Diskussion über die Rechtskraft der Gründe (VII.) führte nach anfänglichen begrifflichen Verwirrungen zu einer Anerkennung der Begründung als notwendigem Schriftstück für die Reichweite der Rechtskraft. Nach Ansicht von Brinkmann und Sartorius gaben Entscheidungsbegründungen Praktikern die Möglichkeit, sich wissenschaftlich zu äußern (VIII.).

F. Zusammenfassung und Ausblick

Die vorliegende Arbeit untersucht die zeitgenössische Wahrnehmung der neu eingeführten Entscheidungsbegründung gegenüber den Parteien. Leitende Frage ist dabei, ob die Zeitgenossen diese Umstellung als bedeutende rechtskulturelle Neuerung wahrnahmen.

Die Analyse nimmt zunächst die entsprechenden Gesetze zur Einführung der Begründungspflicht in den Blick (B.). Die Beispiele zeigen, dass die Begründungspflicht in den deutschen Territorien und Staaten schrittweise über einen Zeitraum von über hundert Jahren eingeführt wurde. Rechtspraktiker operierten daher mit sich stetig verändernden Vorschriften. Der lange normative Wandel belegt, dass es keine deutliche Zäsur gab. Vor dem Hintergrund dieser sich verändernden Vorschriften äußerten sich Rechtswissenschaftler und Praktiker über die Begründungspflicht.

Der folgende Abschnitt (C.) widmet sich mit der Erläuterung einem älteren Vorläufer einer Begründungspflicht. Dabei sind zwei Hauptergebnisse herauszustellen. Zum einen zeigen Quellen aus dem 18. Jahrhundert die funktionale Ähnlichkeit mit der Begründungspflicht deutlich auf. Sowohl bei der Erläuterung als auch bei der Begründungspflicht sollen die Richter überprüfen, ob sie ihre Entscheidung richtig getroffen haben. Bei der Erläuterung können die Richter anschließend ihr Urteil verändern, bei den Entscheidungsgründen soll die bevorstehende Pflicht den Entscheidensprozess absichern. In den unterschiedlichen Ausgestaltungen handelte es sich bei der Läuterung um ein Suspensivrechtsmittel oder um eine schlichte Nachfrage an das Gericht. Dies spricht ebenfalls gegen eine deutliche rechtskulturelle Neuerung. Zum anderen bestand laut zeitgenössischen Lehrbüchern noch weit ins 19. Jahrhundert hinein die Möglichkeit, sich ein Urteil vom Gericht erläutern zu lassen. Vereinzelte Einträge in Entscheidungssammlungen bestätigen das für die Rechtspraxis. Die erstaunliche Koexistenz der Läuterung und Begründung war ihrerseits allerdings nicht Gegenstand von zeitgenössischen Untersuchungen. Über Jahrzehnte existierten Läuterung und Begründung parallel.

Mit Reformvorschlägen forderten einige Autoren ausdrücklich eine Entscheidungsbegründungspflicht ein. Unter „Zukunftsvisionen" (D.) kommen vier Quellen zwischen 1803 und 1813 zur Sprache, die auf eine normative Veränderung hinwirkten oder sie im Falle der bayerischen Anordnung vorschrieben. Der Reichskammergerichtssekretär Hoscher sprach sich dafür aus, den Parteien die Relationen und Beratungsprotokolle zukommen zu lassen. Seine Äußerungen bezogen sich explizit auf das Reichskammergericht. Aber seine Ideen fanden auch über das Alte Reich hinaus Fürsprecher. Der heute unbekannte Steiger bezog sich 1812 ausdrücklich auf ihn und übertrug seine Forderungen auf den Rheinbund. Zur selben Zeit trat Kopp, ein Anwalt aus dem Großherzogtum Frankfurt, für Entscheidungsgründe an unteren Instanzen ein. Kopp und Steiger verwiesen für gelungene Regelungen jeweils auf neueste Gesetze ihrer Landesherren. Ein Jahr später erging für Bayern eine Anordnung, die Modalitäten der Begründung detaillierter regelte.

Die vier vorgestellten Texte haben eine Gemeinsamkeit. Sie propagierten jeweils zwei unterschiedliche Zwecke oder Funktionen der Begründungspflicht, die miteinander verknüpft sind. Dabei handelt es sich zum einen um die Auswirkungen der einzuführenden Pflicht auf den oder die Richter selbst. Hoscher und Steiger sprachen von einer permanenten Kontrolle und lebenslänglichen Prüfungen der Richter. Kopp wollte die Untergerichte zwingen, sich die Gründe einer Entscheidung zu vergegenwärtigen, um so ihre Arbeit zu verbessern. Im bayerischen Regierungsblatt stand hingegen, die Richter sollten auf ihre würdevolle Aufgabe aufmerksam gemacht und durch die Begründungspflicht vor Übereilung geschützt werden. Die vier Quellen gehen von einer Disziplinierung des Richters durch die Begründungspflicht aus. Erst die Begründungspflicht des Ergebnisses würde sie anhalten, die Entscheidung selbst wohlüberlegt zu treffen. Es ist zwar richtig, dass die Autoren, die diese Forderungen aufstellten, selbst Richter waren.[1] Aber das Anhalten anderer Richter zu einer strukturierten und wohlüberlegten Falllösung ist ein wiederkehrender Topos.

Zum anderen meinten die Autoren, dass die Begründung positive Effekte auf Außenstehende habe, seien es die Parteien oder die Nation. Die geringsten Anforderungen stellte Kopp. Er erhoffte sich nur die Einschränkung suspensiver Rechtsmittel. Die unterlegene Partei sollte durch eine schlüssige Begründung abgehalten werden, sich in derselben Sache an eine höhere Instanz zu wenden. Hoscher hatte schon 1804 ein gesteigertes richterliches Ansehen als Ziel ausgegeben. Der Text im bayerischen Regierungsblatt und Steigers Ausführungen, ebenfalls aus Bayern, gaben sehr ähnliche Ansprüche vor. Nach Steiger sollte die Nation überzeugt werden, dass die Gerichte vernünftig besetzt sind und gut arbeiten. Im bayerischen Regierungsblatt hing das „verdiente Zutrauen" der „streitenden Theile", des im Strafprozess Beschuldigten und der ganzen Nation davon ab. Schon die Diskussion um die Einführung nahm daher maßgeblich Leserkreise über die Parteien hinaus in den Blick.

---

[1] *Hocks*, Gerichtsgeheimnis, 2002, S. 189.

Die Reformer gingen von einer positiven Beeinflussung der Richter und aller möglichen Leser der Begründungen aus. Diese beiden Zwecke sollten sich gegenseitig bedingen. Die Texte forderten eine Rechtsveränderung, die sie als beträchtlichen Fortschritt für Richter, Parteien aber auch am Rechtsstreit gänzlich Unbeteiligte darstellten. Sie gingen von einer deutlichen Verbesserung und einer rechtskulturellen Veränderung aus.

Unter der Rubrik „Versatzstücke einer Begründungslehre nach 1815" (E.) kommen einzelne Aspekte der Begründungspflicht zur Sprache. Die Quellen stammen ganz überwiegend aus Bayern, einzelne Autoren kamen aus Schleswig und Holstein, Hessen (Großherzogtum und Hessen-Darmstadt) und Preußen. Obwohl die gesetzlichen Änderungen in den einzelnen Staaten Jahrzehnte auseinanderlagen, fand die wissenschaftliche Auseinandersetzung über begründete Entscheidungen grenzübergreifend statt. Zahlreiche Bezüge der Autoren aufeinander belegen den nationalen Diskurs.

Die folgenden Überlegungen fassen zusammen, inwieweit die Zeitgenossen bei der Äußerung zu diesen Aspekten die Begründungspflicht als eine Neuerung begriffen.

Die historischen Darstellungen über die Begründungspflicht bieten ein buntes, uneinheitliches Bild. Manche Autoren verwiesen sprachlich klar auf die Aufklärung, die erst zu einer Begründungspflicht geführt habe und betonten damit den Fortschrittscharakter. Namentlich Savigny lehnte eine Neuerung mit dem Hinweis auf ältere gerichtsinterne Begründungspflichten ab und verneinte damit einen rechtskulturellen Wandel.

Nur wenige Autoren benannten die Parteien des Rechtsstreits ausdrücklich als Adressaten. Puchta senior und Brinkmann forderten jedoch zugunsten der Parteien eine allgemeinverständliche Sprache. Savigny erwähnte die Parteien neben „anderen Lesern", zog für die Formulierung der Entscheidungsgründe jedoch keine Konsequenzen. Die Parteien als Adressaten erschienen den Zeitgenossen dann als wichtig, wenn die Reichweite der Rechtskraft im konkreten Fall in Frage stand. Die Adressatenfrage steht daher in engem Bezug zur Rechtskraft der Gründe.

In der rechtspolitischen Diskussion um die Einführung von öffentlichen und mündlichen Gerichtsverfahren nutzten einige konservative Autoren die zumindest in Bayern bestehende Begründungspflicht, um zu behaupten, eine Öffentlichkeit gebe es bereits. Diese schriftliche Öffentlichkeit äußerte sich etwa im Einsichtsrecht in die Akten. Dank dieses weit gefassten Verständnisses von Öffentlichkeit waren neue Reformen keine deutliche Zäsur, sondern bauten nur ein bestehendes Konzept weiter aus. In Lehrbüchern ließ sich die Begründungspflicht leicht im Abschnitt über die bestehende schriftliche Öffentlichkeit integrieren. Öffentlichkeit erschien in diesem Lichte hergebracht und nicht revolutionär. Die junge Begründungspflicht bot schon in den 1820er Jahren einen willkommenen Anknüpfungspunkt, um weitergehende Forderungen nach öffentlichen Gerichtsverhandlungen abzuweisen.

Nur wenige Autoren stellten explizit einen Zusammenhang zwischen der Begründungspflicht und der Anwendung von Gesetzen her. Dabei belegt die Begründung die richterliche Beachtung abstrakter Rechtssätze in einem konkreten Einzelfall. Insofern verlässt dieser Aspekt die Begründungslehre und berührt sich mit der methodischen Anwendungsfrage nach Rechtserkenntnis. Eine ausführliche Begründung sollte nach Brinkmann nur erforderlich sein, sofern keine klaren Gesetze vorlagen. Damit schloss er sich einem einfachen Subsumtionsideal an und setzte alle Hoffnungen auf ein neues bürgerliches Gesetzbuch. Kierulff hingegen nutzte eine kurze Bemerkung über die Begründungspflicht, um seinem Ärger über die unüberschaubare Normenvielfalt Luft zu machen. Eine adäquate Begründung sei ohne die wissenschaftliche Klärung von Anwendungsfragen überhaupt nicht möglich. Die Begründungspflicht nutzten sie also, um sich im Kodifikationsstreit zu positionieren.

Für Aufbau und Stil der Entscheidungsbegründungen ließen die meisten Autoren mehrere Varianten zu. Anerkannt und gleichwertig waren der französische Stil der Begründungen, der in weiten Teilen Deutschlands Anwendung fand, und der Brauch, eine eigene Abhandlung im Anschluss an das eigentliche Urteil zu verfassen. Kritisch sahen etwa Brinkmann und Savigny Urteile, die in einem einzigen Satz Tenor und sämtliche widerstreitenden Gründe verknüpften. Die Autoren verwiesen auf je eigene Gebräuche an einzelnen Gerichten, denen Neulinge sich anpassen sollten. Außerdem konnte die Komplexität des Falles für einen bestimmten Aufbau sprechen. Stilistische Fragen wurden damit nicht formalistisch gesehen, sondern der Darstellungslogik im Einzelfall untergeordnet. Die Form folgte dem Inhalt. Die Ausführungen zeigen einen pragmatischen Umgang mit einer nunmehr bestehenden Begründungspflicht.

Im Abschnitt „Umgehungsversuche – Drei Wörtchen" steht eine Formel im Mittelpunkt, die Richtern die Begründung ersparen sollte. „Gestalteten Sachen nach" oder „Gestalten Sachen nach" war schon im 18. Jahrhundert in Sachsen als Begründungsersatz in bestimmten prozessualen Konstellationen anerkannt. Der Ausdruck findet sich zwar noch in der Lehrbuchliteratur bis weit ins 19. Jahrhundert hinein. Allerdings nahm seine Akzeptanz stetig ab. Nunmehr sollte die Begründungspflicht befolgt und nicht durch drei immer gleiche Worte umgangen werden, die den Einzelfall nicht würdigten. Sofern partikulare Gesetze eine Begründung anordneten, drängten Lehrbuchautoren darauf, sie unbedingt gewissenhaft einzuhalten. Die Begründungspflicht erschien eindeutig als zusätzliche Aufgabe, die zunächst Ausflüchte provozierte. Darauf folgte ihre Anerkennung als Bestandteil der richterlichen Aufgaben.

In der Lehre von der Rechtskraft erschienen die Entscheidungsgründe anfänglich als störender Fremdkörper. Schon sprachlich passten sie nicht zu den Vorstellungen der Autoren. Denn die Begründungen enthielten Um-

F. Zusammenfassung und Ausblick 247

stände, die für die zeitgenössischen Juristen zur Entscheidung selbst gehörten. Unter dem Schlagwort „Rechtskraft der Gründe" fand eine diskursive Auseinandersetzung über die Verbindlichkeit der nunmehr regelmäßig verfügbaren Begründung in künftigen Rechtsstreitigkeiten statt. Die Begründungspflicht sollte das bisherige Prozessrecht nach Vorstellung der Wissenschaftler aber nicht grundlegend verändern. Schließlich hatte es die Rechtskraft bereits vor der neuen Begründungspflicht gegeben. Dennoch setzte sich die Entscheidungsbegründung als Interpretationsmittel des Tenors durch. Sie selbst erlangte keine Rechtskraft, sollte aber Aufschluss geben, wie der richterliche Ausspruch genau gemeint war.

Einige Autoren sahen die Verpflichtung zu Begründungen als Chance für Richter, ihre wissenschaftliche Arbeitsweise den Parteien und der Fachöffentlichkeit zu demonstrieren. Brinkmann verstand unter Wissenschaft eine überlegte Rechtsanwendung im Bewusstsein der Hintergründe und Bezüge der angewandten Normen. Diese Fertigkeiten erlernten Juristen mit einem Universitätsstudium. Sartorius löste die Begründung als rein wissenschaftliche Äußerung von dem hoheitlichen Richterspruch selbst. Gerade die bruchstückhafte Verpflichtung durch partikulare Gesetze verleitete Sartorius zu dieser Aussage. Im Kontext einer wissenschaftlichen Entscheidung von Einzelfällen galt die Begründungspflicht als Neuerung, die eine engere Zusammenarbeit zwischen Wissenschaft und Praxis förderte.

Ob die Zeitgenossen die Einführung der Begründungspflicht als bedeutende rechtskulturelle Veränderung wahrgenommen haben, lässt sich nicht mit einem schlichten ja oder nein beantworten. Von einem deutlichen Einschnitt kann schon auf Ebene der zugrundeliegenden Normen nicht ausgegangen werden. Zudem stellte die Erläuterung als überkommener Rechtsbehelf für die Parteien eine wichtige Alternative dar, um die Hintergründe der Entscheidung zu verstehen. Die Reformvorschläge nach 1803 kündigten hingegen wesentliche Verbesserungen durch eine Begründungspflicht an. In den nachfolgenden Jahrzehnten sollte die Begründungspflicht in unterschiedlichen Zusammenhängen Erwähnung finden. Wenige Autoren außerhalb der Reformliteratur verwiesen auf die Begründungspflicht als Innovation. Stattdessen ordneten Lehr- und Handbuchautoren die Begründungspflicht in das bestehende Prozessrecht ein. Einige zeitgenössische Positionen haben sich dabei nicht erhalten. Die Entscheidungsbegründung wird heute zum Beispiel nicht mehr mit öffentlichen Gerichtsverfahren assoziiert. Ein Urteil in einem Satz abzufassen, fiele heute keinem Richter mehr ein. Und die Umgehung der Begründungspflicht mit einem Platzhalter geriet schon im 19. Jahrhundert zur Farce. Obwohl sich diese ehemals gängigen Meinungen nicht bis heute durchsetzen konnten, verdienen sie eine rechtshistorische Würdigung. Sie sind Teil eines langwierigen Wandlungsprozesses bis zur Entscheidungsbegründung, wie sie heute selbstverständlich ist.

G. Summary

Although written and published reasons for court decisions are an essential part of modern German legal literature, they have only been around since the late eighteenth and early nineteenth centuries. Starting from this astonishing fact, the study focuses on how contemporary jurists thought about this new obligation.

Firstly, the thesis reevaluates the legal obligations to state reasons to the parties in German territories and states (B.). The different rules show that establishing this obligation was not a clear cut but a slow process lasting over one hundred years. Against this background the discussions took place.

The following chapter C. addresses the "Läuterung" (leuteration). This old Saxon legal remedy enabled the parties to ask for an explanation of their verdict. In comparing legal textbooks and encyclopedia articles the study demonstrates that the "Läuterung" probably fulfilled similar functions as the obligation to state reasons. Both coexisted for about a century.

Chapter D. presents three proposals for reform and a regulation from 1803 to 1813 that explicitly demanded respectively defended an obligation to give reasoned judgments. All sources assumed positive effects of this obligation on the judges as insiders as well as the parties and the whole "nation". On the one hand, the judges should be encouraged to think carefully about the verdict. On the other hand, the reasons were meant to convince every possible reader that the law had been applied justly. In these sources the obligation to give reasoned judgments is named as a clear improvement.

Chapter E. focuses on the later perception of the obligation to state reasons. It is structured by topics and reconstructs the discussions and casual remarks scholars made about the still new obligation. Surprisingly, different opinions about the origin of the obligation existed (E. I.). Rarely scholars wrote about which readers should be addressed by the reasons (E. II.). However, they discussed whether the obligation made public trials obsolete since after a trial finished the official reasons were accessible to anyone interested (E. III.). The reasons were even used as an argument in the dispute whether a codification in civil law was necessary (Kodifikationsstreit) (E. IV.). Few authors gave clear guidelines regarding style and structure of the reasons leaving this issue to local customs in every court (E. V.). Wherever the obligation to state reasons existed in a territory, scholars around 1800 animated young judges to evade it by using an empty phrase instead of a full motivation. However, scholars in the 1820s and 1830s did not accept this practice any longer (E. VI.). The legal force of the reasons was an important doctrinal discussion until the code of civil procedure came into force in 1879 (E. VII.). Finally, the study presents authors emphasizing that the reasons would require the judges to be trained scholars themselves (E. VIII).

H. Quellen- und Literaturverzeichnis

I. Quellen und Literatur bis 1899

Adelung, Johann Christoph (Hrsg.), Grammatisch-kritisches Wörterbuch der Hochdeutschen Mundart, 3. Band, M–Scr, Leipzig 1798.

Anonym, Besprechung von Aloys Steiger, Über den Nachtheil des sogenannten Schulgeldes, als der gewöhnlichen Besoldung unserer Landschullehrer – nebst Winken und Vorschlägen zu einem angemessenen Surrogate, in: Harl, Johann Paul (Hrsg.), Allgemeiner Kameral-, Ökonomie-, Forst- und Technologie-Korrespondent für Deutschland, Nr. 135, Donnerstags am 12. November 1807, S. 253–257.

Anonym, Besprechung von Aloys Steiger, Über die Aufhebung des Gerichts-Geheimnisses in den Staaten des Rheinbundes. Insbesondere über die Frage: Sollen die Urtheilsgründe den Parteyen von Amts wegen bekannt gemacht werden?, 1812, in: Allgemeine Literatur-Zeitung, 3. Band, Nummer 272, Dienstag, den 3. November 1812, Sp. 486–488.

Anonym, Besprechung von Johann Caspar Gensler, Grundsätze der juristischen Vortrags- und formellen Entscheidungskunde in gerichtlichen Rechtsgeschäften, 1815, in: Allgemeine Literatur-Zeitung, 2. Band, Nummer 184, August 1817, Sp. 633–636.

Anonym, Ein guter Jurist und guter Christ, Beiblatt zur Landshuter Zeitung 31 (1879), den 2. Februar, Nr. 5, S. 18 f.

Aretin, Johann Georg von/Aretin, Johann Christoph von, Zur Feyer des Jubelfestes seiner Majestät des Königs Maximilian Joseph I. Baiern vor XXV Jahren und Baiern im J. MDCCCXXIV. Eine Parallele, Sulzbach 1824.

Die Beifügung der Entscheidungsgründe in bürgerlichen Rechtssachen betr., in: Regierungsblatt für die Kurpfalzbaierische Provinz in Schwaben, Ulm 1804, Sp. 915–916.

Bergmann, Friedrich Christian, Beitrag zur Einleitung in die Praxis der Civilprozesse vor deutschen Gerichten zum Gebrauche bei Vorlesungen, Göttingen 1830.

Beseler, Georg, Volksrecht und Juristenrecht, Leipzig 1843.

Bluntschli, Johann Caspar, Die neueren Rechtsschulen der deutschen Juristen, 2. Auflage, Zürich 1862.

Böhmer, Justus Henning, Ius ecclesiasticum protestantium usum hodiernum iuris canonici, 5. Auflage, 1. Band, Halle 1756.

Brinkmann, Rudolf, Über die richterlichen Urtheilsgründe, nach ihrer Nützlichkeit und Nothwendigkeit, so wie über ihre Auffindung, Entwickelung und Anordnung; nebst Bemerkungen über den richterlichen Stil und Ton, Kiel 1826.

Brockhaus, Friedrich Arnold (Hrsg.), Conversations-Lexikon oder kurzgefaßtes Handwörterbuch für die in der gesellschaftlichen Unterhaltung aus den Wissenschaften und Künsten vorkommenden Gegenstände mit beständiger Rücksicht auf die Ereignisse der älteren und neueren Zeit, 4. Band, R–Rys, Amsterdam 1809.

ders. (Hrsg.), Bilder-Conversations-Lexikon für das deutsche Volk. Ein Handbuch zur Verbreitung gemeinnütziger Kenntnisse und zur Unterhaltung. In vier Bänden, 2. Band, F–L, Leipzig 1838.

ders. (Hrsg.), Bilder-Conversations-Lexikon für das deutsche Volk. Ein Handbuch zur Verbreitung gemeinnütziger Kenntnisse und zur Unterhaltung. In vier Bänden, 4. Band, S–Z, Leipzig 1841.

Buchka, Hermann von, Die Lehre vom Einfluß des Processes auf das materielle Rechtsverhältniß. Historisch und dogmatisch dargestellt, 2. Band, Rostock 1847.

Busch, Ferdinand Benjamin, Entscheidungsgründe sind nichts weiter als Interpretationsmittel und werden nie rechtskräftig, in: Archiv für die civilistische Praxis 45 (1862), S. 287–305.

Chronologische Sammlung der im Jahre 1788 ergangenen Verordnungen und Verfügungen für die Herzogthümer Schleswig und Holstein, die Herrschaft Pinneberg, Graffschaft Ranzau und Stadt Altona, Kiel 1792.

Claproth, Justus, Einleitung in den ordentlichen bürgerlichen Proceß. Zum Gebrauche der practischen Vorlesungen, 2. Theil, Göttingen 1795.

Cocceji, Samuel von, Project des Codicis Fridericiani Marchici oder eine nach Sr. Königl. Majestät von Preussen selbst vorgeschriebenem Plan entworfene Cammer-Gerichts-Ordnung nach welcher alle Processe in einem Jahr durch alle drey Instantzen zum Ende gebracht werden sollen und müssen: nebst dem Project einer Sportul-ordnung und eines Pupillen-Collegii, Frankfurt am Main 1748.

Daniels, Heinrich Gottfried Wilhelm (Hrsg.), Gesetzbuch über das rechtliche Verfahren in Civil-Sachen. Nach dem offiziellen Texte aus dem Französischen übertragen von Daniels, Substituten des kaiserlichen General-Procurators bey dem Cassationshofe zu Paris, Köln 1807.

Danz, Wilhelm August Friedrich, Grundsäze des Reichsgerichts-Prozesses, Stuttgart 1798.

ders., Grundsäze des gemeinen, ordentlichen, bürgerlichen Prozesses, 3. Auflage, Stuttgart 1800.

ders./Gönner, Nikolaus Thaddäus, Grundsäze des gemeinen, ordentlichen, bürgerlichen Prozesses, 4. Auflage, Stuttgart 1806.

dies., Grundsätze des ordentlichen Prozesses, 5. Auflage, Stuttgart 1821.

Dernburg, Heinrich, Die Compensation nach römischem Rechte mit Rücksicht auf die neueren Gesetzgebungen, Heidelberg 1854.

Ditfurth, Franz Diedrich von, Zwey Abstimmungen des Kayserlichen Kammergerichts Beysitzers Franz Diedrich von Ditfurth: deren Eine über die in verflossenem Jahre im Druck erschienene Vorträge an den vollen Rath, des Kayserl. Herrn Kammergerichts-Assessoris Freyherrn von Riedesel zu Eisenbach, die Zweyte aber über einige wichtige Kammergerichtliche Einrichtungen, insbesondere die Referirart, abgegeben worden, Jena 1792.

Eggers, A.A.F. (Hrsg.), Beyträge zu neuen Erfahrungen der Rechts- und Gesetzkunde oder Jahrgänge der Rechtspflege bey den Holsteinischen Obergerichten, Jahrgang 1795, Altona 1797.

Eisenhart, Johann August von, Martin, Christoph Reinhard Dietrich, in: Historische Commission bei der königl. Akademie der Wissenschaften (Hrsg.), Allgemeine Deutsche Biographie, 20. Band, Leipzig 1884, S. 485–489.

ders., Puchta, Wolfgang Heinrich, in: Historische Commission bei der königl. Akademie der Wissenschaften (Hrsg.), Allgemeine Deutsche Biographie, 26. Band, Leipzig 1888, S. 690–692.

Esmarch, Heinrich Carl, Sammlung der Statute, Verordnungen und Verfügungen, welche den bürgerlichen Process des Herzogthums Schleswig betreffen, Schleswig 1848.

Falck, Niels Nikolaus, Juristische Encyklopädie, auch zum Gebrauche bei akademischen Vorlesungen, Leipzig 1839.

Feuerbach, Johann Anselm Ritter von, Merkwürdige Criminal-Rechtsfälle, Gießen 1808.

ders., Betrachtungen über die Öffentlichkeit und Mündlichkeit der Gerechtigkeitspflege, Gießen 1821.

Francke, August Wilhelm Samuel, Der gemeine Deutsche und Schleswig-Holsteinische Civilprozeß, Hamburg 1839.

Gensler, Johann Caspar, Grundsätze der juristischen Vortrags- und formellen Entscheidungs-Kunde in gerichtlichen Rechtsgeschäften, Jena 1815.

ders./Morstadt, Karl Eduard, Vollständiger Commentar über Martin's Civilproceß-Lehrbuch, Heidelberg 1825.

dies., Rechtsfälle für die Civilprocess-Praxis, Heidelberg 1833.

Gönner, Nikolaus Thaddäus, Über die Einführung des Code Napoleon in den Staaten der rheinischen Conföderation, in: ders. (Hrsg.), Archiv für die Gesetzgebung und Reforme des juristischen Studiums, 1. Band, Landshut 1808, S. 169–195.

ders., Vorschlag einer Sammlung aller wichtigen Urtheile besonders von den Obergerichten, als Mittel zur Vervollkommnung der Gesetze. Ein Beitrag über das Verhältniß der Jurisprudenz zur Doctrin und Legislation, in: ders. (Hrsg.), Archiv für die Gesetzgebung und Reforme des juristischen Studiums, 3. Band, Landshut 1810, S. 202–220.

ders., Über Gesetzgebung und Rechtswissenschaft in unserer Zeit, Erlangen 1815.

Griebner, Michael Heinrich, Jhro Königlichen Majestät in Polen und Churfürstl. Durchl. zu Sachsen Hof- und Justitien-Raths, des Ober-Hofgerichts zu Leipzig Assessoris Primarii, des Hohen Stiffts zu Merseburg Canonici, Decretalium Professoris Publici, der Academie zu Leipzig Decemviri, und der Juristen-Facultät Ordinarii, Ausführlicher und gründlicher Discurs, zur Erläuterung der Churfürstlichen Sächsischen alten und verbesserten Proceß-Ordnung, welcher von fleißigen Zuhörern in seinem Collegio von Wort zu Wort nachgeschrieben, und gegen einander collationiret, auch um seiner Deutlichkeit und des gemeinen Bestens willen zum Druck befördert worden, Halle 1739.

ders., Discurs zur Erleuterung der Churfürstl. Sächsischen alten und verbesserten Proceß-Ordnung von fleißigen Zuhörern in seinem Collegio nachgeschrieben und collationiret, nebst einer Vorrede vom vortrefflichen Nutzen desselben von Johann Ehrenfried Zschackwitz, Halle 1739, Mit Zusätzen und Verbesserungen von Christian Wilhelm Küstner, Leipzig 1780.

Grolman, Karl Ludwig Wilhelm, Theorie des gerichtlichen Verfahrens in bürgerlichen Rechtsstreitigkeiten, 4. Auflage, Gießen 1819.

Gumpfer, M., Alphabetische Zusammenstellung sämmtlicher Administrativ- und Polizey-Verordnungen, nebst Citationen aus dem Civil-Codexe und Straf-Gesetzbuche des Königreichs Bayern, 2. Band, München 1843.

Guyet, Karl Julius, Über die Rechtskraft der Erkenntnisse auf Beweis, in: Archiv für die civilistische Praxis 15 (1832), S. 401–430.

Hagemann, Theodor, Grundzüge der Referirkunst in Rechtssachen, Celle 1827.

Henke, Eduard, Handbuch des Criminalrechts und der Criminalpolitik, 4. Theil, Berlin 1838.

Herder, Raphael/Herder, Benjamin (Hrsg.), Herders Conversations-Lexikon. Kurze aber deutliche Erklärung von allem Wissenswerthen aus dem Gebiete der Religion, Philosophie, Geschichte, Geographie, Sprache, Literatur, Kunst, Natur- und Gewerbekunde, Handel, der Fremdwörter und ihrer Aussprache etc. etc., 3. Band, G–Lindenau, Freiburg im Breisgau 1855.

dies. (Hrsg.), Herders Conversations-Lexikon. Kurze aber deutliche Erklärung von allem Wissenswerthen aus dem Gebiete der Religion, Philosophie, Geschichte, Geographie, Sprache, Literatur, Kunst, Natur- und Gewerbekunde, Handel, der Fremdwörter und ihrer Aussprache etc. etc., 5. Band, S–Zytomierz und Nachträge, Freiburg im Breisgau 1857.

Hermsdorf, Eduard, System der deutschen Constitutionen, Leipzig 1840.

H.J.M., Besprechung von Rudolf Brinkmann, Über den Werth des bürgerlichen Gesetzbuchs der Franzosen, mit besonderer Rücksicht auf die Schrift des Hn. Geh. Cab. Rath Rehberg über dasselbe, so wie auf unsere jetzigen Bedürfnisse in der Gesetzgebung, 1814, in: Jenaische Allgemeine Literatur-Zeitung, 3. Band, Nummer 144, August 1815, Sp. 193–196.

Hoscher, Johann Melchior, Über die Frage: Ob es rathsam sey, daß der Richter seine Entscheidungsgründe kundbar mache?, in: ders. (Hrsg.), Sammlung merkwürdiger am kaiserlichen Reichskammergerichte entschiedener Rechtsfälle mit ausführlicher Erörterung wichtiger Rechtsfragen, Lemgo 1789, S. 1–64.

ders., Über die Schädlichkeit der Gerichtsgeheimnisse, Augsburg 1804.

Jhering, Rudolf von, Civilrechtsfälle ohne Entscheidungen. Zu akademischen Zwecken herausgegeben, Leipzig 1847.

ders. (Hrsg.), Juristische Enzyklopädie, auch zum Gebrauche bei akademischen Vorlesungen. Von Dr. N. Falck, 5. Auflage, Leipzig 1851.

Kamptz, Karl Albert von, Die Gründe der Revisions-Erkenntnisse sollen bei deren Abfassung bemerkt werden, wenn erstere conformes abändern. (A.G.O. Th. I. Tit. 15. §22.), in: ders. (Hrsg.), Jahrbücher für die preußische Gesetzgebung, Rechtswissenschaft und Rechtsverwaltung, 37. Band, Berlin 1831, S. 344–345.

ders., Über die Abfassung der Entscheidungs-Gründe in revisorio, in: ders. (Hrsg.), Jahrbücher für die preußische Gesetzgebung, Rechtswissenschaft und Verwaltung, 38. Band, Berlin 1831, S. 331–333.

ders., Die Mitteilung der Entscheidungsgründe betreffend, in: ders. (Hrsg.), Jahrbücher für die preußische Gesetzgebung, Rechtswissenschaft und Verwaltung, 39. Band, Berlin 1832, S. 154–155.

Kierulff, Johann Friedrich, Theorie des gemeinen Civilrechts, Altona 1839.

Klein, Ernst Ferdinand, Carl Ferdinand Hommels Teutscher Flavius, oder vollständige Anleitung sowohl in bürgerlichen als peinlichen Fällen Urthel abzufassen, worin zugleich die Advokaten, bey rechtlichen Klagen und Vorbringen die Schlußbitte gehörig einzurichten, belehret werden, 4. Auflage, 1. Band, Bayreuth 1800.

Königlich-Baierisches Regierungsblatt, 24. Stück, München 1813, Sp. 561–576.

Kopp, Johannes, Über Entscheidungsgründe und deren Bekanntmachung mit dem Urtheile, Frankfurt am Main 1812.

Kreittmayr, Wiguläus Xaverius Aloysius Freiherr von, Anmerckungen über den Codicem Juris Bavarici Judiciarii, München 1755.

Künßberg, Heinrich, Beiträge zur Diagnose der deutschen Prozeßnoth, Erlangen 1837.

ders., Das Recht der Deutschen in seinen geschichtlichen Grundlagen und seiner Fortbildung, Stuttgart 1846.

Kuntze, Johannes Emil, Der Wendepunkt der Rechtswissenschaft. Ein Beitrag zur Orientierung über den gegenwärtigen Stand- und Zielpunkt derselben, Leipzig 1856.

Landsberg, Ernst, Weber, Adolf Dietrich, in: Historische Commission bei der königl. Akademie der Wissenschaften (Hrsg.), Allgemeine Deutsche Biographie, 41. Band, Leipzig 1896, S. 279–281.

Linde, Justus Timotheus Balthasar von, Lehrbuch des deutschen gemeinen Civilprocesses, 2. Auflage, Bonn 1828.

ders., Handbuch über die Lehre von den Rechtsmitteln nach den Grundsätzen des deutschen gemeinen bürgerlichen Prozesses, nebst einer ausführlichen Vergleichung der betreffenden in Deutschland geltenden particularrechtlichen Grundsätze, einer Prüfung der neuern Entwürfe, und motivirten Vorschlägen für eine künftige Gesetzgebung, Gießen 1831.

ders., Lehrbuch des deutschen gemeinen Civilprocesses, 5. Auflage, Bonn 1838.
ders., Lehrbuch des deutschen gemeinen Civilprocesses, 7. Auflage, Bonn 1850.
ders., Über die Rechtskraft der Entscheidungsgründe, in: Archiv für die civilistische Praxis 33 (1850), S. 315–353.
Löbe, William, Aretin, Georg Freiherr von, in: Historische Commission bei der königl. Akademie der Wissenschaften (Hrsg.), Allgemeine Deutsche Biographie, 1. Band, Leipzig 1875, S. 519.
Martin, Christoph, Lehrbuch des Teutschen gemeinen bürgerlichen Processes, Göttingen 1800.
ders., Lehrbuch des Teutschen gemeinen bürgerlichen Processes, 9. Auflage, Heidelberg 1826.
ders., Lehrbuch des Teutschen gemeinen bürgerlichen Processes, 12. Auflage, Heidelberg 1838.
ders., Vorlesungen über die Theorie des gemeinen deutschen bürgerlichen Processes, 1. Band, hrsg. von Theodor Martin, Leipzig 1855.
Mittermaier, Carl Joseph Anton, Der gemeine deutsche bürgerliche Prozeß in Vergleichung mit dem preußischen und französischen Civilverfahren und mit den neuesten Fortschritten der Prozeßgesetzgebung, 3. Band, Bonn 1823.
ders., Der gemeine deutsche bürgerliche Prozeß in Vergleichung mit dem preußischen und französischen Civilverfahren und mit den neuesten Fortschritten der Prozeßgesetzgebung, 3. Band, 2. Auflage, Bonn 1832.
Möhl, Arnold, Über das Urtheilen rechtsgelehrter Richter ohne gesetzliche Beweistheorie, in: Zeitschrift für deutsches Strafverfahren 2 (1842), S. 277–309.
Oberländer, Samuel (Hrsg.), Lexicon Juridicum Romano-Teutonicum: Das ist: vollständiges Lateinisch-Teutsches Juristisches Hand-Lexicon Darinnen die meisten in Jure Civili, Canonico, Feudali, Camerali, & Saxonico tam Electorali quam communi, erkläret werden, Nürnberg 1723.
Otto, Carl/Schilling, Bruno/Sintenis, Friedrich Ferdinand, (Hrsg.), Das Corpus Juris Civilis in's Deutsche übersetzt von einem Vereine Rechtsgelehrter, 4. Band, 1. Abteilung, Leipzig 1832.
Pierer, Heinrich August (Hrsg.), Pierer's Universal-Lexikon der Vergangenheit und Gegenwart oder Neuestes encyclopädisches Wörterbuch der Wissenschaften, Künste und Gewerbe, 4. Auflage, 2. Band, Aug–Bodmer, Altenburg 1857.
ders. (Hrsg.), Pierer's Universal-Lexikon der Vergangenheit und Gegenwart oder Neuestes encyclopädisches Wörterbuch der Wissenschaften, Künste und Gewerbe, 4. Band, China–Deutsch-Krone, Altenburg 1858.
ders. (Hrsg.), Pierer's Universal-Lexikon der Vergangenheit und Gegenwart oder Neuestes encyclopädisches Wörterbuch der Wissenschaften, Künste und Gewerbe, 10. Band, Lackfarbe–Matelea, Altenburg 1860.
ders. (Hrsg.), Pierer's Universal-Lexikon der Vergangenheit und Gegenwart oder Neuestes encyclopädisches Wörterbuch der Wissenschaften, Künste und Gewerbe, 12. Band, Nishnei-Nowgorod–Pfeufer, Altenburg 1861.
ders. (Hrsg.), Pierer's Universal-Lexikon der Vergangenheit und Gegenwart oder Neuestes encyclopädisches Wörterbuch der Wissenschaften, Künste und Gewerbe, 18. Band, Türkisches Reich–Wechsler, Altenburg 1864.
Puchta, Georg Friedrich, Das Gewohnheitsrecht, Erster Theil, Erlangen 1828.
Puchta, Wolfgang Heinrich, Der Dienst der deutschen Justizämter oder Einzelrichter, 1. Teil, Erlangen 1829.
ders., Der Dienst der deutschen Justizämter oder Einzelrichter, 2. Teil, Erlangen 1830.
Reichskammergerichtskanzlei (Hrsg.), Vollständige Sammlung aller im Jahre 1800 [1801, 1802, 1803, 1804] bey dem Höchstpreislichen Kaiserlichen und Reichs-Kammergerichte

ergangenen Urtheile und Decrete, auch gemeinen Bescheide und entweder in den Proceß einschlagenden, oder sonst zur Bekanntmachung geeigenschafteten conclusorum consilii pleni, 5 Bände, Wetzlar 1800–1804.

Reyscher, August Ludwig, Begriff des gemeinen deutschen Rechts, in: Zeitschrift für deutsches Recht und deutsche Rechtswissenschaft 10 (1846), S. 153–180.

ders., Erinnerungen aus alter und neuer Zeit, hrsg. von Karl Riecke, Freiburg im Breisgau 1884.

Richter, Emil Ludwig/Friedberg, Ludwig, Corpus Iuris Canonici, Editio Lipsiensis, 2. Band, Leipzig 1879/1881.

Roux, Ludwig Eduard, Beiträge zu der Lehre von der Rechtskraft der Entscheidungsgründe, in: Zeitschrift für Rechtspflege und Verwaltung, zunächst für das Königreich Sachsen 1846, S. 385–411.

R. R. [Anonym], Beitrag zur Lehre von der Rechtskraft der Entscheidungsgründe, Beitrag 52, in: Wochenblatt für merkwürdige Rechtsfälle in actenmäßigen Darstellungen aus dem Gebiete der Justizpflege und Verwaltung zunächst für das Königreich Sachsen 8 (1848), S. 201–204.

Rudorff, Adolf August Friedrich, Grundriss zu Vorlesungen über den gemeinen und preussischen Civilprozess, Berlin 1837.

Sartorius, Johann Baptist, Die Erzeugung und Bedeutung des Gewohnheitsrechtes im Civilprocesse, in: Archiv für die civilistische Praxis 27 (1844), S. 81–103.

ders., Gesammelte Rechtsfälle für die Civil-Praxis an Deutschen Universitäten, Erlangen 1844.

ders., Die Mundart der Stadt Würzburg, Würzburg 1862.

Savigny, Friedrich Carl von, Vom Beruf unserer Zeit für Gesetzgebung und Rechtswissenschaft, Heidelberg 1814.

ders., Vom Beruf unserer Zeit für Gesetzgebung und Rechtswissenschaft, in: Akamatsu, Hidetake/Rückert, Joachim (Hrsg.), Politik und neuere Legislationen. Materialien zum „Geist der Gesetzgebung", Studien zur europäischen Rechtsgeschichte, 135. Band, Frankfurt am Main 2000.

ders., System des heutigen römischen Rechts, 1. Band, Berlin 1840.

ders., System des heutigen römischen Rechts, 6. Band, Berlin 1847.

Schmid, Andreas Christian Johannes, Handbuch des gemeinen deutschen Civilprocesses, Kiel 1843.

Schmid, Paul Wilhelm (Präses)/*Sartorius, Karl Friedrich* (Doktorand), Dissertatio iuridica de rationum decidendi utilitate et effectibus, Jena 1750.

Schulte, Johann Friedrich von, Linde, Justus Timotheus Balthasar von, in: Historische Commission bei der königl. Akademie der Wissenschaften (Hrsg.), Allgemeine Deutsche Biographie, 18. Band, Leipzig 1883, S. 665–672.

Schwartz, Johann Christoph, Vierhundert Jahre deutscher Civilprozess-Gesetzgebung, Berlin 1898.

Senckenberg, Heinrich Christian von/Schmauß, Johann Jacob (Hrsg.), Neue und vollständigere Sammlung der Reichs-Abschiede, Welche von den Zeiten Kayser Conrads des II. bis jetzo, auf den Teutschen Reichs-Tägen abgefasset worden: sammt den wichtigsten Reichs-Schlüssen, so auf dem noch fürwährenden Reichs-Tage zur Richtigkeit gekommen sind. In Vier Theilen. Nebst einer Einleitung, Zugabe, und vollständigen Registern, 3. Theil, Frankfurt am Main 1747.

Seuffert, Johann Adam, Archiv für Entscheidungen der obersten Gerichte in den deutschen Staaten, 1. Band, München 1847.

ders., Archiv für Entscheidungen der obersten Gerichte in den deutschen Staaten, 2. Band, München 1849.

Steffenhagen, Emil Julius Hugo, Danz, August Friedrich Wilhelm, in: Historische Commission bei der königl. Akademie der Wissenschaften (Hrsg.), Allgemeine Deutsche Biographie, 47. Band, Leipzig 1876, S. 752–753.

Steiger, Aloys Joachim, Vermischte Aufsätze und Abhandlungen aus dem Gebiete der Justiz und Polizei, Mainz 1809.

ders., Über die Aufhebung des Gerichts-Geheimnisses in den Staaten des Rhein-Bundes, insbesondere über die Frage: Sollen die Urtheils-Gründe den Partheyen von Amtswegen bekannt gemacht werden?, Erlangen 1812.

Stürzer, Joseph von/Mittermaier, Carl Joseph Anton/Gutschneider, Karl, Theoretisch praktische Bemerkungen zum dermaligen bayerischen Civilgerichts-Verfahren, München 1838.

Tauchnitz, Bernhard, Vorwort des Verlegers, in: Wochenblatt für merkwürdige Rechtsfälle in actenmäßigen Darstellungen aus dem Gebiete der Justizpflege und Verwaltung zunächst für das Königreich Sachsen, 1 (1841), S. 1–2.

Teichmann, Albert, Henke, Eduard, in: Historische Commission bei der königl. Akademie der Wissenschaften (Hrsg.), Allgemeine Deutsche Biographie, 11. Band, Leipzig 1880, S. 753–754.

Tittmann, Carl August, Handbuch für angehende Juristen zum Gebrauch während der Universitätszeit und bei dem Eintritte in das Geschäftsleben, Halle 1828.

ders., Handbuch für angehende Juristen zum Gebrauch während der Universitätszeit und bei dem Eintritte in das Geschäftsleben, 2. Auflage hrsg. von Carl Eduard Pfotenhauer, Halle 1846.

Weber, Adolph Dietrich, Über die Proceßkosten, deren Vergütung und Compensation, 5. Auflage, Hannover 1811.

Weiske, Julius (Hrsg.), Rechtslexikon für Juristen aller teutschen Staaten enthaltend die gesammte Rechtswissenschaft, 5. Band, Hamburg–Juden, Leipzig 1844.

Wening, Franz Xaver von, Rechtliche Ansichten über die Nothwendigkeit, die Entscheidungsgründe bei der Beschlagnahme oder Confiskation der Schriften öffentlich bekannt zu machen, Landshut 1821.

Wernher, Johann Balthasar (Präses)/*Wündisch, Johann Christian* (Doktorand), Dissertatio iuridica qua selectas observationes forenses …in auditorio iuridico horis consuetis publico examini submittit, Wittenberg 1723.

Wetzell, Georg Wilhelm, System des ordentlichen Civilprocesses, Leipzig 1861.

ders., System des ordentlichen Civilprocesses, 3. Auflage, Leipzig 1878.

Zedler, Johann Heinrich (Hrsg.), Grosses vollständiges Universal-Lexicon Aller Wissenschafften und Künste, welche bishero durch menschlichen Verstand und Witz erfunden und verbessert worden […], 17. Band, Leis–Lm, Halle 1738.

ders. (Hrsg.), Grosses vollständiges Universal-Lexicon Aller Wissenschafften und Künste, welche bishero durch menschlichen Verstand und Witz erfunden und verbessert worden, 27. Band, Pe–Ph, Halle 1741.

ders. (Hrsg.), Grosses vollständiges Universal-Lexicon Aller Wissenschafften und Künste, welche bishero durch menschlichen Verstand und Witz erfunden und verbessert worden, 30. Band, Q–Reh, Halle 1741.

ders. (Hrsg.), Grosses vollständiges Universal-Lexicon Aller Wissenschafften und Künste, welche bishero durch menschlichen Verstand und Witz erfunden und verbessert worden, 33. Band, S–San, Halle 1742.

II. Literatur ab 1900

Ahrens, Martin, Öffentlichkeit, in: Cordes, Albrecht/Haferkamp, Hans-Peter/Werkmüller, Dieter (Hrsg.), Handwörterbuch zur deutschen Rechtsgeschichte, 2. Auflage, Berlin 2017, Sp. 113–119.

Alexy, Robert, Juristische Begründung, System und Kohärenz, in: Behrends, Okko/Dießelhorst, Malte/Dreier, Ralf (Hrsg.), Rechtsdogmatik und praktische Vernunft. Symposion zum 80. Geburtstag von Franz Wieacker, Göttingen 1990, S. 95–107.

Amend-Traut, Anja, External and Internal Control of the Imperial Chamber Court, in: Czeguhn, Ignacio/López Nevot, José Antonio/Sánchez Aranda, Antonio (Hrsg.), Control of Supreme Courts in Early Modern Europe, Berlin 2018, S. 209–229.

Anders, Monika/Gehle, Burkhard, Das Assessorexamen im Zivilrecht, 13. Auflage, München 2017.

Aretin, Karl Ottmar von, Aretin, Christoph Freiherr von, in: Historische Kommission bei der Bayerischen Akademie der Wissenschaften (Hrsg.), Neue Deutsche Biographie, 1. Band, Berlin 1953, S. 348.

ders., Aretin, Georg Freiherr von, in: Historische Kommission bei der Bayerischen Akademie der Wissenschaften (Hrsg.), Neue Deutsche Biographie, 1. Band, Berlin 1953, S. 348–349.

Bachmann, Sarah A., Die kaiserliche Notariatspraxis im frühneuzeitlichen Hamburg, Wien 2017.

Baumann, Anette, Die Gesellschaft der frühen Neuzeit im Spiegel der Reichskammergerichtsprozesse. Eine sozialgeschichtliche Untersuchung zum 17. und 18. Jahrhundert, Köln 2001.

dies. (Bearb.), Gedruckte Relationen und Voten des Reichskammergerichts vom 16. bis 18. Jahrhundert. Ein Findbuch, Köln 2004.

dies./Eichler, Anja (Hrsg.), Die „Affäre Papius". Korruption am Reichskammergericht, Petersberg 2012.

Becker, Hans-Jürgen, Präjudiz, in: Erler, Adalbert/Kaufmann, Ekkehard (Hrsg.), Handwörterbuch zur deutschen Rechtsgeschichte, 3. Band, Berlin 1984, Sp. 1866–1870.

Berger, Maximiliane/Günzl, Clara/Kramp-Seidel, Nicola, Normen und Entscheiden. Anmerkungen zu einem problematischen Verhältnis, in: Pfister, Ulrich (Hrsg.), Kulturen des Entscheidens. Narrative – Praktiken – Ressourcen, Göttingen 2019, S. 248–266.

Best, Heinrich/Weege, Wilhelm, Biographisches Handbuch der Abgeordneten der Frankfurter Nationalversammlung 1848/49, Düsseldorf 1998.

Björne, Lars, Deutsche Rechtssysteme im 18. und 19. Jahrhundert, Ebelsbach 1984.

ders., Den nordiska rättsvetenskapens historia. 2. Band: Brytningstiden, 1815–1870, Lund 1998.

Borghetti, Jean-Sébastien, Legal Methodology and the Role of Professors in France. Professorenrecht is not a French word!, in: Basedow, Jürgen/Fleischer, Holger/Zimmermann, Reinhard (Hrsg.), Legislators, Judges and Professors, Tübingen 2016, S. 209–222.

Brink, Stefan, Über die richterliche Entscheidungsbegründung, Frankfurt am Main 1999.

Brüggemann, Jürgen, Die richterliche Begründungspflicht. Verfassungsrechtliche Mindestanforderungen an die Begründung gerichtlicher Entscheidungen, Berlin 1971.

Bryson, William Hamilton, Introduction, in: Dauchy, Serge/Bryson, William Hamilton/Mirow, Matthew C. (Hrsg.), Ratio decidendi. Guiding Principles of Judicial Decisions, 2. Band, 'Foreign' Law, Berlin 2010, S. 7–8.

ders./Dauchy, Serge (Hrsg.), Ratio decidendi. Guiding Principles of Judicial Decisions, 1. Band, Case Law, Berlin 2006.

Buchda, Hermann, Läuterung, in: Erler, Adalbert/Kaufmann, Ekkehard (Hrsg.), Handwörterbuch zur deutschen Rechtsgeschichte, 2. Band, Berlin 1978, Sp. 1648–1652.
Buchheim, Johannes, Actio, Anspruch, subjektives Recht. Eine aktionenrechtliche Rekonstruktion des Verwaltungsrechts, Tübingen 2017.
Buschmann, Arno, Besprechung von Heinrich Gehrke, Die privatrechtliche Entscheidungsliteratur Deutschlands. Charakteristik u. Bibliografie d. Rechtsprechungs- u. Konsiliensammlungen vom 16. bis z. Beginn d. 19. Jahrhunderts, Frankfurt am Main 1974, in: Zeitschrift der Savigny-Stiftung für Rechtsgeschichte, Germanistische Abteilung 96 (1979), S. 387–390.
Cancik, Pascale, Verwaltung und Öffentlichkeit in Preußen. Kommunikation durch Publikation und Beteiligungsverfahren im Recht der Reformzeit, Tübingen 2007.
Christensen, Ralph/Kudlich, Hans, Theorie richterlichen Begründens, Berlin 2001.
Conring, Patricia, Spruchtätigkeit (der Fakultäten), in: Erler, Adalbert/Kaufmann, Ekkehard (Hrsg.), Handwörterbuch zur deutschen Rechtsgeschichte, 4. Band, Berlin 1990, Sp. 1787–1791.
Cordes, Albrecht (Hrsg.), Juristische Argumentation – Argumente der Juristen, Köln 2006.
Czeguhn, Ignacio, Der Stilwandel in der deutschen und spanischen Rechtspraxis des 18. und 19. Jahrhunderts, in: Schulze, Reiner/Seif, Ulrike (Hrsg.), Richterrecht und Rechtsfortbildung in der Europäischen Rechtsgemeinschaft, Tübingen 2003, S. 59–71.
ders., Entscheidungsfindung und Entscheidungsbegründung auf der iberischen Halbinsel und in Deutschland vom 15. bis zum 18. Jahrhundert. Eine vergleichende Betrachtung, in: Cordes, Albrecht (Hrsg.), Juristische Argumentation – Argumente der Juristen, Köln 2006, S. 219–239.
Czeschick, Björn, Das Land- und Stadtgericht Büren 1815–1849, Münster 2017.
Dauchy, Serge/Bryson, William Hamilton/Mirow, Matthew C. (Hrsg.), Ratio decidendi. Guiding Principles of Judicial Decisions, 2. Band, 'Foreign' Law, Berlin 2010.
Dawson, John P., The Oracles of the Law, Michigan 1968.
Deutsch, Andreas, Der Klagspiegel und sein Autor Conrad Heyden. Ein Rechtsbuch des 15. Jahrhunderts als Wegbereiter der Rezeption, Wien 2004.
ders., Beweis, in: Cordes, Albrecht/Lück, Heiner/Werkmüller, Dieter (Hrsg.), Handwörterbuch zur deutschen Rechtsgeschichte, 2. Auflage, 1. Band, Berlin 2008, Sp. 559–566.
Diestelkamp, Bernhard, Beobachtungen zur Schriftlichkeit im Kameralprozeß, in: Oestmann, Peter (Hrsg.), Zwischen Formstrenge und Billigkeit. Forschungen zum vormodernen Zivilprozeß, Köln 2009, S. 105–115.
Döhring, Erich, Geschichte der deutschen Rechtspflege seit 1500, Berlin 1953.
Drüll-Zimmermann, Dagmar, Heidelberger Gelehrtenlexikon 1803–1932, 2. Auflage, Berlin 2019.
Eckert, Jörn, Johann Friedrich Martin Kierulff (1806–1894). Vom Universitätsprofessor zum Präsidenten des Oberappellationsgerichts zu Lübeck, in: ders. (Hrsg.), Juristen im Ostseeraum. Dritter Rechtshistorikertag im Ostseeraum 20.–22. Mai 2004, Frankfurt am Main 2007, S. 31–43.
Eckstein, Evelyn, Fußnoten. Anmerkungen zu Poesie und Wissenschaft, Hamburg 2001.
Elsener, Ferdinand, Die Schweizer Rechtsschulen vom 16. bis zum 19. Jahrhundert unter besonderer Berücksichtigung des Privatrechts. Die kantonalen Kodifikationen bis zum Schweizerischen Zivilgesetzbuch, Zürich 1975.
Ernst, Wolfgang, Abstimmen nach den Gründen oder nach dem Endresultat. Eine Prozessrechtskontroverse im 19. Jahrhundert, in: Kiehnle, Arndt/Mertens, Bernd/Schiemann, Gottfried (Hrsg.), Festschrift für Jan Schröder zum 70. Geburtstag am 28. Mai 2013, S. 309–334.
ders., Rechtserkenntnis durch Richtermehrheiten. „group choice" in europäischen Justiztraditionen, Tübingen 2016.

Falk, Ulrich, Consilia. Studien zur Praxis der Rechtsgutachten in der frühen Neuzeit, Frankfurt am Main 2006.

ders., In dubio pro amico? Zur Gutachtenpraxis im gemeinen Recht, in: forum historiae iuris, 2000, URL: [https://forhistiur.de/2000-08-falk/] (zuletzt aufgerufen am 14.11.2020).

Foerster, Rolf Hellmut, Europa. Geschichte einer politischen Idee, mit einer Bibliographie von 182 Einigungsplänen aus den Jahren 1306 bis 1945, München 1967.

Fögen, Marie Theres, Der Kampf um Gerichtsöffentlichkeit, Berlin 1974.

dies., Römische Rechtsgeschichten. Über Ursprung und Evolution eines sozialen Systems, 2. Auflage, Göttingen 2003.

Fricke, Eberhard, Feme. Ein Beitrag zur Rezeptionsgeschichte mit neuen Anmerkungen zur Geschichte der spätmittelalter- und frühneuzeitlichen Frei- und Vemegerichtsbarkeit, in: Westfälische Zeitschrift 15 (2006), S. 25–65.

Friedberg, Emil, Die Leipziger Juristenfakultät. Ihre Doktoren und ihr Heim 1409–1909, Leipzig 1909.

Fuchs, Bengt Christian, Die Sollicitatur am Reichskammergericht, Köln 2002.

Gagliardi, Ernst, Die Universität Zürich 1833–1933 und ihre Vorläufer. Festschrift zur Jahrhundertfeier, Zürich 1938.

Gardt, Andreas, Nation und Sprache in der Zeit der Aufklärung, in: ders. (Hrsg.), Nation und Sprache. Die Diskussion ihres Verhältnisses in Geschichte und Gegenwart, Berlin 2011, S. 169–198.

Gehrke, Heinrich, Die Rechtsprechungs- und Konsilienliteratur Deutschlands bis zum Ende des alten Reichs, Frankfurt am Main 1972.

ders., Die privatrechtliche Entscheidungsliteratur Deutschlands. Charakteristik u. Bibliografie der Rechtsprechungs- und Konsiliensammlungen vom 16. bis zum Beginn des 19. Jahrhunderts, Frankfurt am Main 1974.

Grafton, Anthony, Die tragischen Ursprünge der deutschen Fußnote, München 1998.

Greve, Ylva, Verbrechen und Krankheit. Die Entdeckung der „Criminalpsychologie" im 19. Jahrhundert, Köln 2004.

Grunsky, Wolfgang, Wert und Unwert der Relationstechnik, in: Juristische Schulung 27 (1972), S. 29–35, sowie S. 137–141.

Gudian, Gunter, Die Begründung in Schöffensprüchen des 14. und 15. Jahrhunderts. Ein Leitprinzip der Abfassung mittelalterlicher Schöffensprüche, Darmstadt 1960.

Günzl, Clara, Case Law in Germany: The Significance of Seuffert's Archiv, in: Eves, William/Hudson, John/Ivarsen, Ingrid/White, Sarah B. (Hrsg.), Common Law, Civil Law, and Colonial Law. Essays in Comparative Legal History from the Twelfth to the Twentieth Centuries, Cambridge 2021, S. 206–235.

Haber, Günter, Strafgerichtliche Öffentlichkeit und öffentlicher Ankläger in der französischen Aufklärung. Mit einem Ausblick auf die Gesetzgebung der Konstituante, Berlin 1979.

Haferkamp, Hans-Peter, Georg Friedrich Puchta und die „Begriffsjurisprudenz", Frankfurt am Main 2004.

ders., Rudorff, Adolf Friedrich, in: Historische Kommission bei der Bayerischen Akademie der Wissenschaften (Hrsg.), Neue Deutsche Biographie, 22. Band, Berlin 2005, S. 203–204.

ders., Fortwirkungen des Kameralprozesses im gemeinen Zivilprozess des 19. Jahrhunderts, in: Oestmann, Peter (Hrsg.), Zwischen Formstrenge und Billigkeit. Forschungen zum vormodernen Zivilprozeß, Köln 2009, S. 293–310.

ders., Pandektisten am Katheder, in: Peterson, Claes (Hrsg.), Rechtswissenschaft als juristische Doktrin. Ein rechtshistorisches Seminar in Stockholm 29. bis 30. Mai 2009, Stockholm 2011, S. 85–103.

ders., Pandektistik und Gerichtspraxis, in: Quaderni Fiorentini per la storia del pensiero giuridico moderno 40 (2011), S. 177–211.
ders., Natur der Sache, in: Cordes, Albrecht/Haferkamp, Hans-Peter/Lück, Heiner/et al. (Hrsg.), Handwörterbuch zur deutschen Rechtsgeschichte, 2. Auflage, 3. Band, Berlin 2016, Sp. 1844–1847.
ders., Die Historische Rechtsschule, Frankfurt am Main 2018.
Hall, Wolfgang van, Friedrich Carl von Savigny als Praktiker. Die Staatsratsgutachten (1817–1842), Kiel 1981.
Herbst, Tobias, Die These der einzig richtigen Entscheidung. Überlegungen zu ihrer Überzeugungskraft insbesondere in den Theorien von Ronald Dworkin und Jürgen Habermas, in: JuristenZeitung 67 (2012), S. 891–900.
Hocks, Stephan, Gerichtsgeheimnis und Begründungszwang. Zur Publizität der Entscheidungsgründe im Ancien Régime und im frühen 19. Jahrhundert, Frankfurt am Main 2002.
Hof, Hagen, Hommel, in: Kleinheyer, Gerd/Schröder, Jan (Hrsg.), Deutsche und europäische Juristen aus neun Jahrhunderten. Eine biographische Einführung in die Geschichte der Rechtswissenschaft, 6. Auflage, Tübingen 2017, S. 206–210.
Hoffmann-Rehnitz, Philip/Krischer, André/Pohlig, Matthias, Entscheiden als Problem der Geschichtswissenschaft, in: Zeitschrift für historische Forschung 45 (2018), S. 217–281.
Hölscher, Lucian, Öffentlichkeit, in: Brunner, Otto/Conze, Werner/Koselleck, Reinhart (Hrsg.), Geschichtliche Grundbegriffe. Historisches Lexikon zur politisch-sozialen Sprache in Deutschland, 4. Band, Stuttgart 1978, S. 413–467.
Holthöfer, Ernst, Die Literatur der Kameraljurisprudenz am Ende des Alten Reichs. Die reichskammergerichtliche Literatur von der Mitte des 18. Jahrhunderts bis 1806, in: Diestelkamp, Bernhard (Hrsg.), Das Reichskammergericht am Ende des Alten Reiches und sein Fortwirken im 19. Jahrhundert, Köln 2002, S. 189–215.
Horak, Franz, Rationes decidendi. Entscheidungsbegründungen bei den älteren Juristen bis Labeo, Aalen 1969.
Ignor, Alexander, Geschichte des Strafprozesses in Deutschland 1532–1846. Von der Carolina Karls V. bis zu den Reformen des Vormärz, Paderborn 2002.
Isay, Hermann, Rechtsnorm und Entscheidung, Aalen 1929, Wiederabdruck Aalen 1970.
Jahns, Sigrid, Das Reichskammergericht und seine Richter. Verfassung und Sozialstruktur eines höchsten Gerichts im Alten Reich. Teil 2: Biographien, Band 2, Köln 2003.
Jessen, Peter, Rechtskraft, in: Erler, Adalbert/Kaufmann, Ekkehard (Hrsg.), Handwörterbuch zur deutschen Rechtsgeschichte, 4. Band, Berlin 1990, Sp. 307–310.
Kantorowicz, Hermann Ulrich (Gnaeus Flavius), Der Kampf um die Rechtswissenschaft, Heidelberg 1906.
ders., Rechtswissenschaft und Soziologie [1911], Wiederabdruck in: Würtenberger, Thomas (Hrsg.), Rechtswissenschaft und Soziologie, Ausgewählte Schriften zur Wissenschaftslehre von Dr. Hermann Kantorowicz, Karlsruhe 1962, S. 117–144.
Kaufmann, Marcel, Untersuchungsgrundsatz und Verwaltungsgerichtsbarkeit, Tübingen 2002.
Kerameus, Konstantin D., Die Rechtskraftwirkung der Entscheidungsgründe nach gemeinem und partikularem Recht, in: Archiv für die civilistische Praxis 167 (1967), S. 241–267.
Kern, Bernd-Rüdiger, Die Geschichte der Leipziger Juristenfakultät, in: Sächsisches Staatsministerium der Justiz (Hrsg.), Leipzig – Stadt der Rechtsprechung. Prozesse, Personen, Gebäude, Sächsische Justizgeschichte, 3. Band, Dresden 1994, S. 53–84.
ders., Leipzig als Stadt des Rechts, in: Zeitschrift für Zivilprozeß 111 (1998), S. 261–271.
Kirchhof, Paul, Recht sprechen, nicht Recht verschweigen, in: Frankfurter Allgemeine Zeitung vom 18.9.1997, Nr. 217/S. 11.

Kirchner, Hildebert, Zur Geschichte der Publizität der Begründung zivilrechtlicher Entscheidungen in Deutschland, in: Mitteilungen der Arbeitsgemeinschaft für juristisches Bibliotheks- und Dokumentationswesen 10 (1980), S. 16–29.
ders., Stufen der Öffentlichkeit richterlicher Erkenntnisse. Zur Geschichte der Entscheidungssammlungen und der Bildung von Leitsätzen, in: ders./Fischer, Detlev/Obert, Marcus (Hrsg.), Hildebert Kirchner: Gesammelte Schriften, Beiträge zur Rechts- und juristischen Zeitgeschichte, Karlsruhe 2010, S. 43–66.
Kischel, Uwe, Die Begründung. Zur Erläuterung staatlicher Entscheidungen gegenüber dem Bürger, Tübingen 2003.
Klenz, Heinrich, Buchka, Hermann von, in: Historische Commission bei der königl. Akademie der Wissenschaften (Hrsg.), Allgemeine Deutsche Biographie, 47. Band, Leipzig 1903, S. 320–322.
Köbler, Gerhard, Juristenausbildung, in: Cordes, Albrecht/Lück, Heiner/Werkmüller, Dieter (Hrsg.), Handwörterbuch zur deutschen Rechtsgeschichte, 2. Auflage, 2. Band, Berlin 2012, Sp. 1430–1436.
Koch, Arnd, Die Grundlagen des deutschen Strafverfahrens. Zehn verbreitete Fehlvorstellungen und ihre notwendige Korrektur, in: Steinberg, Georg (Hrsg.), Recht und Macht. Zur Theorie und Praxis von Strafe. Festschrift für Hinrich Rüping zum 65. Geburtstag, München 2008, S. 393–417.
ders., Die gescheiterte Reform des reformierten Strafprozesses. Liberale Prozessrechtslehre zwischen Paulskirche und Reichsgründung, in: Zeitschrift für internationale Strafrechtsdogmatik 4 (2009), S. 542–548.
ders., Folterbefürworter nach Beccaria. Überlegungen zur Geschichte der sogenannten Präventionsfolter, in: Altenhain, Karsten/Willenberg, Nicola (Hrsg.), Die Geschichte der Folter seit ihrer Abschaffung, Göttingen 2011, S. 11–24.
ders./Kubiciel, Michael/Löhnig, Martin (Hrsg.), Feuerbachs Bayerisches Strafgesetzbuch. Die Geburt liberalen, modernen und rationalen Strafrechts, Tübingen 2014.
Körner, Hans, Linde, Justinus Freiherr von, in: Historische Kommission bei der Bayerischen Akademie der Wissenschaften (Hrsg.), Neue Deutsche Biographie, 14. Band, Berlin 1985, S. 576–577.
Koselleck, Reinhart, Einleitung, in: Brunner, Otto/Conze, Werner/Koselleck, Reinhart (Hrsg.), Geschichtliche Grundbegriffe. Historisches Lexikon zur politisch-sozialen Sprache in Deutschland, 1. Band, Stuttgart 1972, S. XIII–XXVII.
ders., Volk, Nation, Nationalismus, Masse, in: Brunner, Otto/Conze, Werner/Koselleck, Reinhart (Hrsg.), Geschichtliche Grundbegriffe. Historisches Lexikon zur politisch-sozialen Sprache in Deutschland, 7. Band, Stuttgart 1992, S. 141–431.
Kroeschell, Karl, Deutsche Rechtsgeschichte, 3. Band: Seit 1650, 5. Auflage, Köln 2008.
Krüger, Paul/Mommsen, Theodor (Hrsg.), Corpus Iuris Civilis, 1. Band, Institutiones, Pandecta, 16. Auflage, Berlin 1954.
Landsberg, Ernst, Geschichte der deutschen Rechtswissenschaft, 3. Abteilung, Zweiter Halbband, Text, München 1910.
Landwehr, Achim, Policey vor Ort. Die Implementation von Policeyordnungen in der ländlichen Gesellschaft der Frühen Neuzeit, in: Härter, Karl (Hrsg.), Policey und frühneuzeitliche Gesellschaft, Frankfurt am Main 2000, S. 47–70.
Laue, Christian, Die Öffentlichkeit des Strafverfahrens. Entwicklung und Begründungen, in: Strafverteidigervereinigungen (Hrsg.): Strafverteidigung vor neuen Aufgaben. Dokumentation zum 33. Strafverteidigertag. Berlin 2010, S. 135–157.
Lawton, Douglas, Zur Entscheidungsbegründung im englischen Recht, in: Sprung, Rainer (Hrsg.), Die Entscheidungsbegründung in europäischen Verfahrensrechten und im Verfahren vor internationalen Gerichten, Wien 1974, S. 423–427.

Lieberwirth, Rolf, Hommel, Karl Ferdinand, in: Historische Kommission bei der Bayerischen Akademie der Wissenschaften (Hrsg.), Neue Deutsche Biographie, 9. Band, Berlin 1972, S. 592.
Liesegang, Torsten, Öffentlichkeit und öffentliche Meinung. Theorien von Kant bis Marx (1780–1850), Würzburg 2004.
Lück, Heiner, Feme, Femgericht, in: Cordes, Albrecht/Lück, Heiner/Werkmüller, Dieter (Hrsg.), Handwörterbuch zur deutschen Rechtsgeschichte, 2. Auflage, 1. Band, Berlin 2008, Sp. 1535–1543.
Mankowski, Peter, Rechtskultur, Tübingen 2016.
Maurer, Esteban, (Bearb.), Protokoll der Geheimen Staatskonferenz vom 19. November 1908, in: Historische Kommission der Bayerischen Akademie der Wissenschaften (Hrsg.), Protokolle des bayerischen Staatsrates 1799 bis 1817, 3. Band: 1808–1810, München 2015, S. 277–303, Onlinefassung unter URL [http://www.bayerischer-staatsrat.de/pdf/Bd3_1808/nr20.pdf] (zuletzt aufgerufen am 14.11.2020).
Mertens, Bernd, Gesetzgebungskunst im Zeitalter der Kodifikationen. Theorie und Praxis der Gesetzgebungstechnik aus historisch-vergleichender Sicht, Tübingen 2004.
ders., Gönner, Feuerbach, Savigny. Über Deutungshoheit und Legendenbildung in der Rechtsgeschichte, Tübingen 2018.
Merzbacher, Friedrich, Apostelbrief, in: Erler, Adalbert/Kaufmann, Ekkehard (Hrsg.), Handwörterbuch zur deutschen Rechtsgeschichte, 1. Band, Berlin 1971, Sp. 195–196.
Möckl, Karl, Der moderne bayerische Staat. Eine Verfassungsgeschichte vom aufgeklärten Absolutismus bis zum Ende der Reformepoche, München 1979.
Mohnhaupt, Heinz, Rechtseinheit durch Rechtsprechung? Zu Theorie und Praxis gerichtlicher Regelbildung im 19. Jahrhundert in Deutschland, in: Peterson, Claes (Hrsg.), Juristische Theoriebildung und rechtliche Einheit, Beiträge zu einem Rechtshistorischen Seminar in Stockholm im September 1992, Stockholm 1993, S. 117–143.
ders., Sammlung und Veröffentlichung von Rechtsprechung im späten 18. und 19. Jahrhundert in Deutschland. Zu Funktion und Zweck ihrer Publizität, in: Battenberg, Friedrich/Ranieri, Filippo (Hrsg.), Geschichte der Zentraljustiz in Mitteleuropa. Festschrift für Bernhard Diestelkamp zum 65. Geburtstag, Weimar 1994, S. 403–420.
Montag, John Karl-Heinz, Die Lehrdarstellung des Handelsrechts von Georg Friedrich von Martens bis Meno Pöhls. Die Wissenschaft des Handelsrechts im ersten Drittel des 19. Jahrhunderts, Frankfurt am Main 1986.
Neumayer, Karl H., Die wissenschaftliche Behandlung des kodifizierten französischen Zivilrechts bis zur Dritten Republik, in: Coing, Helmut/Wilhelm, Walter (Hrsg.), Wissenschaft und Kodifikation des Privatrechts im 19. Jahrhundert, 1. Band, Frankfurt am Main 1974, S. 173–195.
Oestmann, Peter, Rechtsvielfalt vor Gericht. Rechtsanwendung und Partikularrecht im Alten Reich, Frankfurt am Main 2002.
ders., Aktenversendung, in: Cordes, Albrecht/Lück, Heiner/Werkmüller, Dieter (Hrsg.), Handwörterbuch zur deutschen Rechtsgeschichte, 2. Auflage, 1. Band, Berlin 2008, 128–132.
ders., Artikelprozess, in: Cordes, Albrecht/Lück, Heiner/Werkmüller, Dieter (Hrsg.), Handwörterbuch zur deutschen Rechtsgeschichte, 2. Auflage, 1. Band, Berlin 2008, 313–314.
ders. (Hrsg.), Ein Zivilprozeß am Reichskammergericht. Edition einer Gerichtsakte aus dem 18. Jahrhundert, Köln 2009.
ders., Rechtsvielfalt, in: Jansen, Nils/Oestmann, Peter (Hrsg.), Gewohnheit, Gebot, Gesetz. Normativität in Geschichte und Gegenwart: eine Einführung, Tübingen 2011, S. 99–123.

ders., Zum Richterleitbild im 19. Jahrhundert: Das Beispiel des Oberappellationsgerichts der vier freien Städte Deutschlands, in: forum historiae iuris, 2011, URL: [https://forhistiur.de/2011-05-oestmann/] (zuletzt aufgerufen am 14.11.2020).

ders. (Hrsg.), Gemeine Bescheide, Teil 1: Reichskammergericht 1497–1805, Köln 2013.

ders., Normengeschichte, Wissenschaftsgeschichte und Praxisgeschichte. Drei Blickwinkel auf das Recht der Vergangenheit (History of Legal Norms, Science and Practice. Three Perspectives on the Law of the Past), Rechtsgeschichte – Legal History 23 (2015), Max Planck Institute for European Legal History Research Paper Series No. 2014-06, URL: [https://papers.ssrn.com/sol3/papers.cfm?abstract_id=2526811] (zuletzt aufgerufen am 14.11.2020).

ders., Wege zur Rechtsgeschichte: Gerichtsbarkeit und Verfahren, Köln 2015.

ders., Läuterung, in: Cordes, Albrecht/Haferkamp, Hans-Peter/Lück, Heiner/et al. (Hrsg.), Handwörterbuch zur deutschen Rechtsgeschichte, 2. Auflage, 3. Band, Berlin 2016, Sp. 670–673.

ders. (Hrsg.), Gemeine Bescheide, Teil 2: Reichshofrat 1613–1798, Köln 2017.

ders. (Hrsg.), Zur Gerichtspraxis im 19. Jahrhundert. Ein Schmuggeleiprozess am Oberappellationsgericht Lübeck, Köln 2019.

ders., Prozessvollmacht, in: Cordes, Albrecht/Haferkamp, Hans-Peter/Kannowski, Bernd/et. al (Hrsg.), Handwörterbuch zur deutschen Rechtsgeschichte, 2. Auflage, 28. Lieferung, Berlin 2020, Sp. 928–929.

Oetker, Friedrich, Wetzell, Georg Wilhelm, in: Historische Commission bei der königl. Akademie der Wissenschaften (Hrsg.), Allgemeine Deutsche Biographie, 55. Band, Leipzig 1910, S. 61–63.

Ogorek, Regina, Richterkönig oder Subsumtionsautomat? Zur Justiztheorie im 19. Jahrhundert, Frankfurt am Main 1986.

Payandeh, Mehrdad, Judikative Rechtserzeugung. Theorie, Dogmatik und Methodik der Wirkungen von Präjudizien, Tübingen 2017.

Pihlajamäki, Heikki, Conquest and the Law in Swedish Livonia (ca. 1630–1710). A Case of Legal Pluralism in Early Modern Europe, Leiden 2017.

Polgar, Katalin, Das Oberappellationsgericht der vier freien Städte Deutschlands (1820–1879) und seine Richterpersönlichkeiten, Frankfurt am Main 2007.

Polley, Rainer, Kierulff, Johann Friedrich Martin, in: Historische Kommission bei der Bayerischen Akademie der Wissenschaften (Hrsg.), Neue Deutsche Biographie, 11. Band, Berlin 1977, S. 595.

Ranieri, Filippo, Stilus Curiae. Zum historischen Hintergrund der Relationstechnik, in: Rechtshistorisches Journal 4 (1985), S. 75–88.

ders. (Hrsg.), Gedruckte Quellen der Rechtsprechung in Europa (1800–1945), Frankfurt am Main 1992.

ders., Das Reichskammergericht und der gemeinrechtliche Ursprung der deutschen zivilrechtlichen Argumentationstechnik, in: Zeitschrift für europäisches Privatrecht 5 (1997), S. 718–734.

ders., Entscheidungsfindung und Begründungstechnik im Kameralverfahren, in: Oestmann, Peter (Hrsg.), Zwischen Formstrenge und Billigkeit. Forschungen zum vormodernen Zivilprozeß, Köln 2009, S. 165–190.

ders., Europäisches Obligationenrecht. Ein Handbuch mit Texten und Materialien, 3. Auflage, Wien 2009.

Reulecke, Martin, Gleichheit und Strafrecht im deutschen Naturrecht des 18. und 19. Jahrhunderts, Tübingen 2007.

Rückert, Joachim, August Ludwig Reyschers Leben und Rechtstheorie. 1802–1880, Berlin 1974.

ders., Idealismus, Jurisprudenz und Politik bei Friedrich Carl von Savigny, Ebelsbach 1984.
ders., Handelsrechtsbildung und Modernisierung des Handelsrechts durch Wissenschaft zwischen ca. 1800 und 1900, in: Scherner, Karl Otto (Hrsg.), Modernisierung des Handelsrechts im 19. Jahrhundert, Beihefte der Zeitschrift für Handelsrecht, 1993, S. 19–66.
ders., Savignys Konzeption von Jurisprudenz und Recht, ihre Folgen und ihre Bedeutung bis heute, in: Tijdschrift voor Rechtsgeschiedenis 61 (1993), S. 65–95.
ders., Geschichtlich, praktisch, deutsch. Die „Zeitschrift für geschichtliche Rechtswissenschaft" (1815–1859), das „Archiv für die civilistische Praxis" (1818–1867) und die „Zeitschrift für deutsches Recht und deutsche Rechtswissenschaft" (1839–1861), in: Stolleis, Michael (Hrsg.), Juristische Zeitschriften. Die neuen Medien des 18.–20. Jahrhunderts, Frankfurt am Main 1999, S. 107–257.
ders., Thibaut – Savigny – Gans: Der Streit zwischen „historischer" und „philosophischer" Rechtsschule, in: Blänkner, Reinhard (Hrsg.), Eduard Gans (1797–1839). Politischer Professor zwischen Restauration und Vormärz, Leipzig 2002, S. 247–311.
ders., Savignys Dogmatik im „System", in: Heldrich, Andreas (Hrsg.), Festschrift für Claus-Wilhelm Canaris zum 70. Geburtstag, München 2007, S. 1263–1297.
ders., Die historische Rechtsschule nach 200 Jahren. Mythos, Legende, Botschaft, in: JuristenZeitung 65 (2010), S. 1–9.
ders., „Theorie und Praxis" am Beispiel der Historischen Rechtsschule, mit einem Ausblick bis heute, in: Peterson, Claes (Hrsg.), Rechtswissenschaft als juristische Doktrin. Ein rechtshistorisches Seminar in Stockholm 29. bis 30. Mai 2009, Stockholm 2011, S. 235–293.
ders., Historische Rechtsschule, in: Cordes, Albrecht/Lück, Heiner/Werkmüller, Dieter (Hrsg.), Handwörterbuch zur deutschen Rechtsgeschichte, 2. Auflage, 2. Band, Berlin 2012, Sp. 1048–1055.
ders., Kodifikationsstreit, in: Cordes, Albrecht/Lück, Heiner/Werkmüller, Dieter (Hrsg.), Handwörterbuch zur deutschen Rechtsgeschichte, 2. Auflage, 2. Band, Berlin 2012, Sp. 1930–1934.
ders., Methode und Zivilrecht beim Klassiker Savigny (1779–1861), in: ders./Seinecke, Ralf (Hrsg.), Methodik des Zivilrechts – von Savigny bis Teubner, 3. Auflage, Baden-Baden 2017, S. 53–95.
Sauter, Marianne, Juristische Konsilien, in: Südwestdeutsche Archivalienkunde, 2005, URL: [https://www.leo-bw.de/themenmodul/sudwestdeutsche-archivalienkunde/archivaliengattungen/texte/rechtstexte/juristische-konsilien] (zuletzt aufgerufen am 14.11.2020).
Schäfer, Frank Ludwig, Juristische Germanistik. Eine Geschichte der Wissenschaft vom einheimischen Privatrecht, Frankfurt am Main 2008.
Schaffner, Luitpold, Gönner, Nikolaus Thaddäus Ritter von, in: Historische Kommission bei der Bayerischen Akademie der Wissenschaften (Hrsg.), Neue Deutsche Biographie, 6. Band, Berlin 1964, S. 518–519.
Schiewe, Jürgen, Öffentlichkeit. Entstehung und Wandel in Deutschland, Paderborn 2004.
Schiff, Wilhelm, Die Öffentlichkeit des Deutschen Rechtsverfahrens im 19. Jahrhundert, Offenbach am Main 1912.
Schmoeckel, Mathias, Humanität und Staatsraison. Die Abschaffung der Folter in Europa und die Entwicklung des gemeinen Strafprozeß- und Beweisrechts seit dem hohen Mittelalter, Köln 2000.
Schöler, Claudia, Deutsche Rechtseinheit. Partikulare und nationale Gesetzgebung (1780–1866), Köln 2004.
Schröder, Jan, Wissenschaftstheorie und Lehre der „praktischen Jurisprudenz" auf deutschen Universitäten an der Wende zum 19. Jahrhundert, Frankfurt am Main 1979.

ders., Recht als Wissenschaft. Geschichte der juristischen Methodenlehre in der Neuzeit (1500–1933), 2. Auflage, München 2012.
ders., Grolman, in: Kleinheyer, Gerd/Schröder, Jan (Hrsg.), Deutsche und europäische Juristen aus neun Jahrhunderten. Eine biographische Einführung in die Geschichte der Rechtswissenschaft, 6. Auflage, Tübingen 2017, S. 183–186.
ders., Mittermaier, in: Kleinheyer, Gerd/Schröder, Jan (Hrsg.), Deutsche und europäische Juristen aus neun Jahrhunderten. Eine biographische Einführung in die Geschichte der Rechtswissenschaft, 6. Auflage, Tübingen 2017, S. 296–301.
Schroeder, Klaus-Peter, Eine Universität für Juristen und von Juristen. Die Heidelberger Juristische Fakultät im 19. und 20. Jahrhundert, Tübingen 2010.
Schubert, Werner, Das Streben nach Prozeßbeschleunigung und Verfahrensgliederung im Zivilprozeßrecht des 19. Jahrhunderts, in: Zeitschrift der Savigny-Stiftung für Rechtsgeschichte, Germanistische Abteilung 85 (1968), S. 127–187.
ders., Französisches Recht in Deutschland zu Beginn des 19. Jahrhunderts. Zivilrecht, Gerichtsverfassungsrecht und Zivilprozessrecht, Köln 1977.
Seinecke, Ralf, Die deutschsprachige Rechtswissenschaft seit 1800 und der Rechtspluralismus, in: Zeitschrift der Savigny-Stiftung für Rechtsgeschichte, Germanistische Abteilung 137 (2020), S. 272–363.
Sellert, Wolfgang, Besprechung von Marie Theres Fögen, Der Kampf um Gerichtsöffentlichkeit, Berlin 1974, in: Zeitschrift der Savigny-Stiftung für Rechtsgeschichte, Germanistische Abteilung 92 (1975), S. 295–299.
ders., Die Akzessorietät von Kostentragung und Prozeßerfolg. Ein historisches Problem von aktueller Bedeutung, in: Becker, Hans-Jürgen (Hrsg.), Rechtsgeschichte als Kulturgeschichte. Festschrift für Adalbert Erler zum 70. Geburtstag, Aalen 1976, S. 509–537.
ders., Zur Geschichte der rationalen Urteilsbegründung gegenüber den Parteien insbesondere am Beispiel des Reichshofrats und des Reichskammergerichts, in: Dilcher, Gerhard/Diestelkamp, Bernhard (Hrsg.), Recht, Genossenschaft und Policey, Berlin 1986, S. 97–113.
ders., Prozeßkosten, in: Erler, Adalbert/Kaufmann, Ekkehard (Hrsg.), Handwörterbuch zur deutschen Rechtsgeschichte, 4. Band, 1990, Sp. 49–53.
Sprung, Rainer, Die Entwicklung der zivilgerichtlichen Begründungspflicht, in: ders. (Hrsg.), Die Entscheidungsbegründung in europäischen Verfahrensrechten und im Verfahren vor internationalen Gerichten, Wien 1974, S. 43–62.
Stollberg-Rilinger, Barbara, Was heißt Kuturgeschichte des Politischen? Einleitung, in: dies. (Hrsg.), Was heißt Kulturgeschichte des Politischen?, in: Zeitschrift für historische Forschung Beiheft, 35. Band, Berlin 2005, S. 12–24.
Stolleis, Michael, Geschichte des öffentlichen Rechts in Deutschland. 2. Band: Staatsrechtslehre und Verwaltungswissenschaft 1800–1914, München 1992.
ders. (Hrsg.), Juristen. Ein biographisches Lexikon; von der Antike bis zum 20. Jahrhundert, München 2001.
ders., Rechtsgeschichte schreiben. Rekonstruktion, Erzählung, Fiktion?, Basel 2008, Wiederabdruck in: Ruppert, Stefan/Vec, Miloš (Hrsg.), Michael Stolleis: Ausgewählte Aufsätze und Beiträge, Frankfurt am Main 2011, S. 1083–1112.
Strauch, Dieter, Mittelalterliches nordisches Recht bis 1500. Eine Quellenkunde, 2. Auflage, Berlin 2016.
Süß, Thorsten, Partikularer Zivilprozess und territoriale Gerichtsverfassung. Das weltliche Hofgericht in Paderborn und seine Ordnungen 1587–1720, Köln 2017.
Teichmann, Albert, Kierulff, Johann Friedrich Martin, in: Historische Commission bei der königl. Akademie der Wissenschaften (Hrsg.), Allgemeine Deutsche Biographie, 55. Band, Leipzig 1910, S. 513–515.

Thygesen, Frants, Das Verhältnis zwischen dänischem und deutschem Recht, im allgemeinen und im Grenzland Schleswig, in: Zeitschrift der Savigny-Stiftung für Rechtsgeschichte, Germanistische Abteilung 105 (1988), S. 289–311.
Tirtasana, Nora, Der gelehrte Gerichtshof. Das Oberappellationsgericht Lübeck und die Praxis des Zivilprozesses im 19. Jahrhundert, Köln 2012.
Tütken, Johannes, Privatdozenten im Schatten der Georgia Augusta. Zur älteren Privatdozentur (1734 bis 1831) Teil II, Biographische Materialien zu den Privatdozenten des Sommersemesters 1812, Göttingen 2005.
Universitätsarchiv Zürich (Hrsg.), Historische Vorlesungsverzeichnisse, 2012, URL: [https://www.histvv.uzh.ch/dozenten/sartorius_jb.html] (zuletzt aufgerufen am 14.11.2020).
Unverfehrt, Volker, Die sächsische Läuterung. Entstehung, Wandel und Werdegang bis ins 17. Jahrhundert, Frankfurt am Main 2020.
Vogenauer, Stefan, Zur Geschichte des Präjudizienrechts in England, in: Zeitschrift für neuere Rechtsgeschichte 28 (2006), S. 48–78.
Volk, Klaus, Die juristische Enzyklopädie des Nikolaus Falck. Rechtsdenken im frühen 19. Jahrhundert, Berlin 1970.
Volkert, Wilhelm (Hrsg.), Handbuch der bayerischen Ämter, Gemeinden und Gerichte 1799–1980, München 1983.
Voßkuhle, Andreas/Sydow, Gernot, Die demokratische Legitimation des Richters, in: JuristenZeitung 57 (2002), S. 673–682.
Weber, Ruth Katharina, Der Begründungsstil von Conseil constitutionnel und Bundesverfassungsgericht. Eine vergleichende Analyse der Spruchpraxis, Tübingen 2019.
Weitzel, Jürgen, Dinggenossenschaft und Recht. Untersuchungen zum Rechtsverständnis im Fränkisch-deutschen Mittelalter, Köln 1985.
ders., Werte und Selbstbewertung juristisch-forensischen Begründens heute, in: Cordes, Albrecht (Hrsg.), Juristische Argumentation – Argumente der Juristen, Köln 2006, S. 11–28.
Werkmüller, Dieter, Urteilsbegründung, in: Erler, Adalbert/Kaufmann, Ekkehard/Werkmüller, Dieter (Hrsg.), Handwörterbuch zur deutschen Rechtsgeschichte, 5. Band, Berlin 1998, Sp. 611–614.
Werner, Fritz, Über eine bayerische Anleitung zum guten Judizieren aus dem Jahre 1813, in: Bayerische Verwaltungsblätter 15 (1969), S. 307–310.
Wetter, J. Gillis, The Styles of Appellate Judicial Opinions. A Case Study in Comparative Law, Leiden 1960.
Wieacker, Franz, Römische Rechtsgeschichte. Quellenkunde, Rechtsbildung, Jurisprudenz und Rechtsliteratur. Abschnitt 1: Einleitung, Quellenkunde, Frühzeit und Republik, München 1988.
Willoweit, Dietmar, Landesstaatsrecht als Herrschaftsverfassung des 18. Jahrhunderts, in: Rechtsgeschichte 19 (2011), S. 333–352.
Wittmann, Johann, Richterliche Unabhängigkeit – Freiheit und Verantwortung, in: Horn, Hans-Detlef (Hrsg.), Recht im Pluralismus. Festschrift für Walter Schmitt Glaeser, Berlin 2003, S. 363–370.
Wunderlich, Steffen, Über die Begründung von Urteilen am Reichskammergericht im frühen 16. Jahrhundert, Ergänzte und erweiterte Fassung des Vortrages vom 11. März 2010 im Stadthaus am Dom zu Wetzlar, Wetzlar 2010.
Zwalve, Willem Jans/Jansen, Cornelis Johannes Henricus, Publiciteit van Jurisprudentie, Deventer 2013.
Zweigert, Konrad/Kötz, Hein, Einführung in die Rechtsvergleichung auf dem Gebiete des Privatrechts, 3. Auflage, Tübingen 1996.

Namens-, Orts- und Sachregister

Das Register weist die Erwähnung von Personen im Haupttext vollständig nach, nicht jedoch in den Fußnoten. Die Schreibweise von Quellenbegriffen ist im Register durchgängig normalisiert. Zentrale Fundstellen sind fett gesetzt.

Abgabe, öffentliche 219
Abschriftsgebühr 42, 66 f., 72 f.
Adressaten der Entscheidungsbegründung 7, 12, 31, 72, 78, 87, 102, 104, 106, 112, 120, 126, **129–141**, 212, 231
Ahrens, Martin 142
Akte
– *siehe* Gerichtsakte
– ~neinsicht 149, 156
– ~nführung 148–150
– ~nversendung 24, **26 f.**, 47, 55 f., 150, 193, 196, 220, 235
– ~nwahrheit 99
Akzeptanz der Justiz 86–88, 135, 207
Alexy, Robert 4
Allgemeine Gerichtsordnung, preußische 31–38, 130
Almendingen, Ludwig Harscher von 83
Altenburg 26
Amend-Traut, Anja 56
Amtspflicht, richterliche 19, 33, 88, 117
Analogie 166 f.
Anger 219 f.
Anklagebehörde, *siehe* Staatsanwaltschaft
Anklagegrundsatz 155
Anleitungsbuch, historisches 13, 132, 149, 173 f., 185, 224
Ansehen des Gerichts 50, 75, 95, 105, 107, 114 f., 118, 133
– *siehe auch* Würde des Gerichts
Anwalt, *siehe* Parteivertreter
– ~sprozess 113, 140
Apostelbrief 54, 103
Appellant 91, 98, 136
Appellation 28, 32, 39 f., 48, 57, 60 f., 136, 225

– ~sbericht 100
– ~sfrist, *siehe* Rechtsmittelfrist
– ~sgericht 105 f., 116, 220
– ~slibell 136 f., 141
Aretin, Johann Christoph von 121–123, 129
Aretin, Johann Georg von 121–123, 129
Arme 79
Artikelprozess 174, 206
Arzt- und Patientenmetapher 158, 195, 200
Aschaffenburg 235
Aufhebung der Kosten, *siehe* Kostenaufhebung
Aufklärung 11, 44, 85, 95, 110, 121, 125, 137, 232, 245
aus bewegenden Ursachen, *siehe* Umgehung der Begründungspflicht
Ausbildung, *siehe* Juristenausbildung
Ausgangsrichter, *siehe* iudex a quo
Auslegungshilfe, Entscheidungsgründe als 97, 211, 229
Auslegungslehre 166 f.

Bachmann, Sarah A. 144
Bank, adelige und gelehrte 122
Bayer, Hieronymus 59
Bayern 13, **27–29**, 81 f., 92, 104–117, 147, 152, 162, 202
Befreiungskriege 108
Begriffsgeschichte 108 f., 142–146
Begründung
– floskelhafte, *siehe* Umgehung der Begründungspflicht
– nachträgliche 35, 100, 104, 115
– zeitnahe 70, 100, 118, 128, 151, 153 f.
– ~sfeindlichkeit 25, 64, 71
– ~slehre 3–5

Begründungspflicht
- als Innovation 2f., 43, 45, 121 f., 128–130, 245–247
- nachgeordneter Gerichte 19, 40, 42, 98–100, 102, 105 f., 132, 177 f., 201, 212, 244
- interne 11, 21, 125, 128, 151
Begründungsstil 6 f., 91 f., 101 f., 104
- französischer 92, 96, 102, 110 f., 166, 182, 185 f.
Begründungstypus, *siehe* Begründungsstil
Beiurteil, *siehe* Zwischenurteil
Beleidigung 115
Beratung, *siehe* Urteilsberatung
- ~geheimnis 72 f., 142, 158
- ~sprotokoll 71 f, 81, 117
Bergmann, Friedrich Christian 123
Berichterstatter, *siehe* Referent
Berlin 123, 131
Berufsethos des Richters 115
Berufung 103
Bescheid, Gemeiner 67, 75, 80
Beschlagnahme 146
Beschlüsse, Karlsbader 146
Beschuldigter, *siehe* Strafrecht
Beseler, Georg 239
Beweggrund 5, 15, 44, 45, 73–76, 99, 119, 134 f., 210
- vermeintlicher 76, 89, 101, 179
Beweis
- ~recht 81, 152
- ~theorie, gesetzliche 152–156, 179
- ~urteil 102, 180
- ~würdigung, freie 152–156
Björne, Lars 40
Böhmer, Justus Henning 211
Brink, Stefan 4
Brinkmann, Rudolf **38–41**, 123, **130–136**, 141, 149, 156 f., 159, 162, 166 f., 170, 172, 178–183, 190–192, 195, 198 f., 211 f., 230–234, 241
Brüggemann, Jürgen 10, 29
Brunnemann, Johannes 97, 240
Buchka, Hermann von 205, 209–213
Bundesgerichtshof 6
Bundesverwaltungsgericht 106
Busch, Ferdinand Benjamin 217

Cancik, Pascale 143

Christian VIII. 42
Cinq Codes 10, 84, 92, 95, 153
- siehe auch Code Civil
Claproth, Justus 204, 211
Code Civil 84, 131, 164–166
Codex Iuris Bavarici Iudiciarii 27
Common Law 7, 9
communis opinio 222
Corpus Iuris Civilis 8, 22, 126, 168, 170, 172
Corpus Iuris Fridericianum 31, 130
Cramer, Johann Ulrich von 76
Czeguhn, Ignacio 11, 106

Dänemark 38, 41, 131 f.
Danz, Wilhelm August Friedrich 50–56, 64, 97
Dawson, John P. 6–8
Definitivurteil, *siehe* Endurteil
Deliberation, *siehe* Urteilsberatung
Demokratie 3
Deutsch, Andreas 144
Devolutiveffekt 46, 48, 52
Dezisionenliteratur 195 f.
Dikasterien, sächsische 193
Dinggenossenschaft 149 f.
Diskurs 14 f., 43, 144, 170, 205, 245
Disposition, *siehe* Tenor
Disziplinierung des Entscheiders 5, 77, 91, 93, 98, 103 f., 118, 244
Ditfurth, Franz Diedrich von 71, 83, 86
Dogmatik 125, 129, 212, 217, 228
duae conformes 35, 225

Eckert, Jörn 169
Eggers, A. A. F. 41
Einzelfallgerechtigkeit 76, 130, 169, 172
Einzelrichter 5, 23, 99, 139
Elemente, *siehe* Gründe, objektive und subjektive
Endurteil 25 f., 29, 102, 176
England 6, 8 f.
Entscheiden 5, 111
- absichern 33, 107, 134 f.
- irrationales 5
- rationales 5, 16, 155
- ~sprozess 5, 33, 73, 90, 92, 99 f., 104, 108, 115
Entscheidung 5, 111

- nach Aktenlage 48
- überdenken 49
- einzig richtige 223
- nichtige 60, 204
- ~sdarstellung 5, 118, 132, 149, 161, 175
- ~sherstellung 5, 41, 91, 104, 118, 149, 161, 175
- ~ssammlung 62 f., 72, 109, 113 f., 118, 120, 129 f., 160, **163–165**, 172, 212, **230**

Entscheidungsgründe
- als Anhang 96 f. 101, 186
- fehlende 38
- Verflechtung mit Urteil 91, 96, 101, 110, 184
- Zugang zu 109, 150

Epochenumbruch 3, 65, 126, 146
Erkenntnis, *siehe* Rechtserkenntnis
Erläuterung 46
- *siehe auch* Läuterung
Ernst, Wolfgang 2, 6, 118, 197
Exegese 16, 52

Fachsprache, juristische 111, 113, 138 f.
Fakultätsgebrauch, alter 181, 185 f.
Falck, Nikolaus 22, 40
Fallbuch, historisches 235–238
falsa ratio 204
Fehlurteil 75 f., 89, 99
Femegericht 71, 85
Feuerbach, Johann Anselm von 113 f., 148, 151, **157–159**, 161, 164, 176, 200
Flavius, Gnaeus 194
Fögen, Marie Theres 141 f.
Folter, Aufhebung der 122, 152
Form, *siehe* Vorgaben, stilistische
Francke, August Wilhelm Samuel 42
Frankenthal 152
Frankfurt, Großherzogtum 93, 95, 102 f., 177
Frankreich 6, **8 f.**, 65, 84 f., 88 f., 91 f., 121, 131, 144, 162, 231
Frederik VI. 131 f.
Freibeweis 152
- *siehe auch* Beweiswürdigung, freie
Freirecht 10
Friedensrichter 91
Friedrich Wilhelm III. 34, 37
Friedrich Wilhelm IV. 171
Friedrich-Wilhelms-Universität 123

Frist, *siehe* Rechtsmittelfrist
Fristverlängerung 55
Frivolität 75, 136 f.
Funktion der Begründungspflicht 1 f., 4, 7, 16 f., 49 f., 64 f., 106, 119 f., 244

Gebühr, *siehe* Gerichtsgebühr; Abschriftsgebühr
Gegenwartsbezug 1, 229
Geheimhaltungspflicht (normativ) 12, 30, 67 f., 107, 229
- *siehe auch* Verheimlichung (faktisch)
Geheimnisverrat 79, 194
Gehrke, Heinrich **10 f.**, 20, 22 f., 24 f., 28, 38, 68 f.
Geist des Rechts 208, 232–234
Geldstrafe 54
Gelehrte Literatur, *siehe* Rechtsgelehrter
Gensler, Johann Caspar 148, 173–176, 191, 236, 240
Gericht
- ~sakte 13, 81, 218
- ~sgebrauch 83 f., 117, 125 f., 129
- ~sgebrauch, lokaler 95, 183, 187 f., 190–192, 214, 238
- ~sgebühr 40
- ~sgeheimnis **66–71**, 74, 79, 81, 83, 85, 121, 128, 158
- ~söffentlichkeit, *siehe* Öffentlichkeit der Rechtspflege
- ~spraxis, 6 f., 223 f., 228
- ~srecht 238 f.
- ~sschreiber 69, 112
Geschichtsgebrauch, historischer 39, 94, 104, 120–129
Geschworenengericht 81, 152, 154–156, 162
Gesetzesbindung 166
Gestalte(te)n Sachen nach, *siehe* Umgehung der Begründungspflicht
Geständnis 153
- *siehe auch* Beweistheorie, gesetzliche; Beweisrecht
Gewissen 154
Gewohnheitsrecht 14, 126, 180, 238–240
Gießen 131, 178
Gläubigerkonkurs 81
Gliederungspunkte der Entscheidungsgründe 102, 182

Gönner, Nikolaus Thaddäus 50, 52, 56, 59, 84, 157, 159 f., **162–166**, 172
Gotha 26
Griebner, Michael Heinrich 192 f.
Grolman, Karl Ludwig von 176, 191
Grottendorf 219 f.
Gründe, objektive und subjektive 187, 215, 218
Grundriss, historischer 123, 224
Gutachten, außergerichtliches 222
Gutachtenstil 9

Haber, Günter 68
Haferkamp, Hans-Peter 124, 169, 212
Hagemann, Theodor 195–197, 199
Halberstadt 32
Hall, Wolfgang van 126
Hanau 65, 93
Handbuch, historisches 13, 51, 57, 127, 137–139, 156, 174, 198, 224
Handwerk, richterliches 6, 8
Heffter, August Wilhelm 59
Hegel, Georg Wilhelm Friedrich 169
Heidelberg 131, 174, 235 f.
Henke, Eduard 198 f.
Hessen-Darmstadt, Großherzogtum 177
Historische Schule 124, 168, 170, 188, 211, 232, 237
Hocks, Stephan 2, **12**, 19, 23 f., 38, 68, 97, 106, 125, 132, 142, 164, 199, 204, 231, 240
Hofgerichtsadvokat 65, 104
Holstein 38–42, 131 f., 162, 166
Holthöfer, Ernst 51
Hommel, Carl Ferdinand 183, 193–195, 199
Horak, Franz 4
Hoscher, Johann Melchior **65–83**, 111, 117 f., 128, 137

Implementation 19
Inquisitionsprozess 144, 155
Instruktion im bayerischen Regierungsblatt von 1813 87, 104–117, 130, 146, 162, 185, 190
inter-partes-Wirkung 205, 213, 229
Interpretation, *siehe* Auslegungshilfe, Entscheidungsgründe als
Isay, Hermann 5
Italien 9
iudex a quo 47, 52, 54 f., 59, 61

iudex ad quem 61 f., 201
Ius Commune, siehe Recht, Gemeines

Jahrgeld 122
Jansen, Corjo 8
Jhering, Rudolf von 22, 236
juge de paix, siehe Friedensrichter
jugement à phrase unique 101 f., 111, 177, 182, 191
– *siehe auch* Begründungsstil, französischer
Jüngster Reichsabschied 12, 27, 74, 127, 129
Juristenausbildung 9, 188, 209
– *siehe auch* Prüfung für Richter
Juristenrecht 239
Justiz
– ~amt 139
– ~geschichte 11
– ~ministerium, bayerisches 106
– ~ministerium, preußisches 34, 143
– ~stelle, oberste 28
Jütisches Low 39 f.

Kalumnieneid 222
Kameralprozess, *siehe* Reichsprozess
Kameralwissenschaft 83, 122
Kammergerichtsordnung, Berliner 24, 92
Kamptz, Karl Albert von 32, 34–37, 41, 50, 199
Kanzleidirektor, *siehe* Reichskammergerichtssekretär
Kanzleiunterhalt 66, 70, 73, 81
Karlsschule 50
Kassation 88 f., 92
Kerameus, Konstantin 20
Kiel 38, 130, 156, 168
Kierulff, Johann Friedrich 168–172, 205–209, 213
Kircheisen, Friedrich Leopold von 142
Kirchner, Hildebert 35 f., 143
Kischel, Uwe 3–5, 40, 159
Klageschrift 216
Klein, Ernst Ferdinand 193–195
Kleinheyer, Gerd 194
Kodifikation 119 f., 163–173, 208
Kollegialgericht **5**, 23, 56, 90, **99**, 115, 123, 158 f., 175, 177, **191**, 235
Kollektivsingular 145

Kompensation, *siehe* Kostenaufhebung
Konfiskation, *siehe* Beschlagnahme
Konformität, *siehe duae conformes*
Kontingenz der Entscheidung 5, 223
Kontrolle des Entscheiders 86–88, 115, 142, 147, 162, 244
Konversationslexikon, historisches 13, 49, 61 f., 108, 143–145
Kopp, Johannes 50, **93–104**, 110, 117 f., 121, 123, 134, 177, 204, 213
Korreferent 78
Korruption 79
Koselleck, Reinhart 109, 145
Kosten
– ~aufhebung 24, 221–224, 228
– ~entscheidung 220, 224, 227
Kreittmayr, Wiguläus Xaverius Aloysius von 27
Kulturgeschichte 2
Künßberg, Heinrich von 200–203
Kursachsen, *siehe* Sachsen

Laie, juristischer, *siehe* Nichtjurist
Landrecht, preußisches 165
Landrecht, württembergisches 24
Landsberg, Ernst 139, 173
Landshut 146, 164, 198
Laue, Christian 142
Läuterant 49
Läuterung 45–64, 97
– gemeinrechtliche 46–56, 63
– sächsische 45–50, 53
Law reporter 9
Lehngut 122
Lehrbuch, historisches 13, 42, 50, 52, 56, 63, 127, 148, 205
Lehrmethode 146
Leipzig 192, 220
Leitfrage 65
leuteration 48
Leuterung 46, *siehe* Läuterung
Liber Extra 22
Liberalismus 145, 203
Linde, Justin Timotheus Balthasar von **56–61**, 64, 97, 131, **148 f.**, 162, **187 f.**, 217
Litisdenunziation 55
loco oralis-Verfahren 30
Lübeck 111

Ludovici, Jakob Friedrich 23
Lüttich 80

Magdeburg 26
Mannheim 152
Martin, Christoph 14, 56, **127**, 131, 182, **188–192**, 224
Martin, Theodor 127, 190
Märzrevolution 14
Maximilian IV., *siehe* Maximilian I. Joseph
Maximilian I. Joseph 121 f., 129
Meinungsfreiheit 145
Meinungsstreit, historischer 51, 57, 115, 158, 170, 180, 203
Mertens, Bernd 164
Methode, rechtshistorische 21, 39, 54, 59, 69, 105, 112, 119 f., 199, 218
Methodenlehre, juristische 3–5, 178 f., 232–234
Minderjähriger 193
Mittelalter 6, 39 f., 46 f., 94, 121, 129, 148–151, 200
Mittermaier, Carl Joseph Anton 14, 136, 141
Modernität 5, 8, 123
Möhl, Arnold 152–156, 161 f.
Mohnhaupt, Heinz 25, 129, 164
Morstadt, Eduard 236
Motiv, *siehe* Beweggrund
München 65, 104, 146
Mündlichkeit 39, 92, 102, 119, 141–162, 200 f.
Münster 80
Musterurteil 92, 123

Nation 86–88, 108 f., 115, 160
Nationalversammlung, Frankfurter 171, 200
Natur der Sache 54, 127 f., 227
Naturpartei 31, 113 f., 130, 135 f., 138, 140
– *siehe auch* Nichtjurist
Naturrecht 74, 168, 176, 234
Neuzeit, Frühe 2, 39, 47 f., 144
Nichtigkeitsbeschwerde 29, 38, 60, 225, 227
Nichtjurist 61, 135, 138 f.
Niederlande 8
Normengeschichte 19–44, 45, 50, 99, 104 f.
Nullitätsklage 227

Oberamtsrat 65, 81 f.
Oberappellationsgericht
- Aschaffenburg 103
- Darmstadt 178
- der vier freien Städte 111, 172, 205, 223 f.
- Dresden 217, 225
- Jena 189
- Neuburg
- Donau 121
- Kiel 41 f., 183
- München 65, 104–117
- Wolfenbüttel 198
Oberdikasterien, in Glückstadt und Schleswig 41 f.
Oberlandesgericht, preußisches 33
Obertribunal, Geheimes 33, 36 f., 186
Obertribunal, Stuttgarter 62 f.
Observanz, *siehe* Gerichtsgebrauch
Observation 69
Oestmann, Peter 46, 48, 223
Öffentlichkeit
- der Rechtspflege 12, 55, 84 f., 107, 119 f., 141 f.
- als politisch-soziale Kategorie 112, 132, 144
- bürgerliche 138, 198, 231
- juristische 129, 140, 212
- des Verfahrens, *siehe* Öffentlichkeit der Rechtspflege
- der Verhandlungen 87, 107, 200
- ~sersatz 141–162
Offizialmaxime 71
Ogorek, Regina 12
organisch gewachsen 87, 124, 214

Pandektenlehrbuch 168
Partei, *siehe* Naturpartei
Parteilichkeit 110
Parteivertreter 51 f., 54, 59, 76, 89, 93, 96, 113 f., 138, 201
Partikularrecht 58, 96, 103, 126, 176, 184, 227
Pfotenhauer, Carl Eduard 138
Pihlajamäki, Heikki 48
Positionalverfahren, *siehe* Artikelprozess
Präjudiz 120, 180, 228, 238, 240
- im *Common Law* 9
Praktikant 79, 236
Pressefreiheit 145–148

Preußen 9, 29, 92, 151, 153
Privatrecht, deutsches 50, 121
privilegium de non appellando 73
Project des Codex Fridericiani Marchici 29–31
Prokurator 67, 80, 89
Protokoll
- über die Beratung, *siehe* Beratungsprotokoll
- ~buch 7
- ~einsicht 156
Prozess
- ~akte, *siehe* Gerichtsakte
- ~führung, leichtfertige 222
- ~recht, *siehe* Zivilprozessrecht
- ~taktik 39 f., 110
- ~verlierer 33, 77, 98, 106, 221–223
- ~verzögerung 47, 75, 94, 200
- ~vollmacht 70
Prüfung für Richter 77 f., 176, 233, 244
- *siehe auch* Juristenausbildung
Publizität, *siehe* Öffentlichkeit
Puchta, Georg Friedrich 138, 169
Puchta, Wolfgang Heinrich 138–141, 149–152, 161 f., 185, 190, 192, 209

Quadrangel 203
Quellen
- ~auswahl 13–15
- ~kritik 122, 237 f.
- ~lage 52
- ~sprache 15 f., 46
- ~suche 13 f., 119

Ranieri, Filippo 9, 11
Rationen 225 f.
rationes decidendi 4, 16, 25, 28, 30, 72, 177, 181, 193, 238
rationes dubitandi 16, 30, 177, 179, 181, 212, 238
Recht, Gemeines 8, 48, 51, 59–61, 150, 171, 226 f.
- Begründungspflicht nach **21–25**, 27, 41, 43, 53, 94, 96, 103, 128, 189, 207
Recht, kanonisches 21–23, 235
Recht, römisches 21–23, 121, 126, 165, 205, 213
Recht, sächsisches 46 f
Rechtsbehauptung 205 f.

Rechtserkenntnis 10, 134, 230, 232, 234
Rechtsfindung 4, 223
– *siehe auch* Entscheidungsherstellung
Rechtsfrieden 180, 203
Rechtsgelehrter 113 f., 135
Rechtskraft 52, 170
– der Entscheidungsgründe 28 f., 93, 96 f., 104, 120, 124 f., 127, 131, 184 f., 186–188, 196, **203–229**, 239
Rechtskreis, 8 f.
Rechtskreis, sächsischer, *siehe* Recht, sächsisches
Rechtskultur 2, 8, 44, 95
Rechtsmittelfrist 52, 63
Rechtspolitik 39, 92 f., 132, 136, 151, 200, 207 f., 216
Rechtspraxis 138 f., 186, 200, 218, 221
– *siehe auch* Verhältnis von Wissenschaft und Praxis
Rechtsprechungssammlung, *siehe* Entscheidungssammlung
Rechtsproblem, historisches, *siehe* Meinungsstreit, historischer
Rechtsquellenlehre 126, 133, 232, 238
Rechtssicherheit 37, 129 f., 203, 228
Rechtsspruch 53
Rechtsstil 8 f.
Rechtstheorie 3 f.
Rechtstradition, germanische 85, 92
Rechtsvereinheitlichung 120, 212
Rechtsvergleichung 6–10
Rechtswissenschaft, praktische 231
Referendar 10, 129
Referent 56, 78, 90 f., 99, 135, 159, 175, 177, 201
– ~engeheimnis 68, 160
Referiermethode 78, 103
Reichsdeputationshauptschluss 14
Reichsgericht 6, 173
Reichshofrat 11, 24, 66
Reichsjustizgesetze 64, 93
Reichskammergericht 11, 24, 50 f., 66–81, 69–71, 73, 75 f., 117
– ~ssekretär 65 f., 90
Reichsprozess 50 f.
– *siehe auch* Reichskammergericht
Relation 2, 15, 20, 36, 111 f., 177, 191, 196
– Abschriften an Parteien 67, 73, 77 f., 81, 90–92, 117 f.

– Einsicht für Parteien 95
– ~stechnik 10, 99 f.
Repräsentativsystem 152
res iudicata 208, 210
– *siehe auch* Rechtskraft
Reudnitz 219 f.
Revision 33–38, 48, 57
Revolution
– Deutsche, *siehe* Märzrevolution
– Französische 8, 29, 232
Reyscher, August Ludwig 69, 168
Rezension, historische 81–83, 131, 174
Rezeption 171
Rheinbund 81, 83, 92, 95, 117
Rheinprovinz 142
Richtergremium, *siehe* Kollegialgericht
Richtertypus 2
Rom 6, 149, 230
Rostock 212
Rotteck, Carl von 121
Roux, Ludwig Eduard 226
Rückert, Joachim 126, 169, 171, 229
Rückprojektion 15, 45
Rudorff, Adolf August Friedrich 123 f., 129, 224
Runde, Justus Friedrich 51, 54

Sachsen 25 f., 151, 194, 218 f.
Sachsen-Weimar 26 f.
Sachsen-Weimar-Eisenach 26
Sachsenspiegel 123
Sartorius, Johann Baptist 234–241
Sattelzeit 14, 144 f.
Savigny, Friedrich Carl von 14, 34, 124–127, 129, 131, 140 f., 163 f., 166, 169, 172, **185–187**, 191, 205, 209, **212–217**, 229 f., 237
Schäfer, Frank Ludwig 51
Schelling, Friedrich Wilhelm Joseph 169
Schiedsgericht 97, 196
Schiff, Wilhelm 16
Schleswig 38–42, 131 f., 159, 162, 166
Schmid, Andreas Christian Johannes 156 f., 162
Schmid, Paul Wilhelm 211
Schöffenspruch, mittelalterlicher 94, 121, 148, 150
Schriftlichkeit 92, 143, 201
Schriftsatz 52, 76, 150

Schröder, Jan 176, 194, 231
Schroeder, Klaus-Peter 174
Schuldanerkenntnis 219f., 225
Schwartz, Christoph 31
Schweden 48
Sekretär, *siehe* Gerichtsschreiber
Sellert, Wolfgang 11, 16, 25, 195, 221–223
Seuffert, Johann Adam von 62f., 168
Seufferts Archiv 62, 121, 160, 219, 228
Sollizitant 70, 80
Spanien 11, 106
Speyer 152
Sprachgebrauch, historischer **15f.**, 26, 101, 148, 158, 187, 200, 208, 215f.
Sprung, Rainer 20, 23, 27f., 30f., 203
Staatsanwaltschaft 142
Staatsbibliothek, bayerische 13
Staatsdiener 133, 135, 231, 239f.
Staatsgewalt 108
Staatsrat, preußischer 34, 126
Ständeversammlung, bayerische 200
Steiger, Aloys Joachim 50, 65, **81–93**, 95, 117f., 121, 146, 162
Stollberg-Rilinger, Barbara 2
Stolleis, Michael 15, 45, 144
Strafgesetzbuch, bayerisches 122
Strafprozess, *siehe* Strafsache
Strafrecht 152, 198
Strafsache 48, 108–110, 112, 114, 117, 130
Strafzweck 152
Strauch, Dieter 40
Streitverkündung, *siehe* Litisdenunziation
Strengbeweis, *siehe* Beweistheorie, gesetzliche
Student 123, 129
Stuttgart 50
Subsumtion 10, 163, 179
Surrogat 84f., 149–151, 241
Suspensiveffekt 46, 48, 52, 54, 62
Suspensivrechtsmittel 47, 96–98
Süß, Thorsten 23, 42

Tatbestand 101
Tatsachenvortrag 49, 205
Tenor 1, 3, 33, 53, 53, 59, 87, 96, 101, 185, 187–189, 203, 206–208, 210f., 216, 218, 224, 226, 228f., 238f., 246f.
Terminologie, *siehe* Sprachgebrauch
Testament 144

Thibaut, Anton Friedrich Justus 163, 173
Tirtasana, Nora 168
Tittmann, Carl August 137–139, 141, 183f., 185, 192, 209
Traditionsbruch 7, 9
Transkription 17

Überregionalität 121, 131, 154, 160, 190
Überzeugung
– des Adressaten 115, 140
– des Gerichts 115, 156
Umgehung der Begründungspflicht 32, 120, 192–203
Unabhängigkeit, richterliche 117, 133, 142, 146, 167
Universallexikon, *siehe* Konversationslexikon, historisches
Untersuchungszeitraum 14, 163
Unverfehrt, Volker 45, 47–49
Urteil
– ~sberatung 45, 74, 73, 86
– ~sverkündung 45, 102
– ~ssammlung, *siehe* Entscheidungssammlung
Urteilsstil 9, 15, 203, 228
– *siehe auch* Begründungsstil
Usus modernus 211

Vereinigte Staaten von Amerika 7
Verfahrensgrundsätze 153, 178
Verfassung
– ~srecht 3, 10, 105, 122, 202
– ~surkunde, Erwähnung der Begründungspflicht 25, 29, 122
Verhältnis von Wissenschaft und Praxis 57f., 119f., 127, 159f., 165, 209, 213, **229–241**
Verheimlichung (faktisch) 40, 129, 151, 156, 194
– *siehe auch* Geheimhaltungspflicht (normativ)
Verweis 54
Vindikation 209f.
Volk 108f.
Völkerrecht 235
Volkssitte 238
Volksvertretung 109
Vollbeweis, *siehe* Beweistheorie, gesetzliche

Vorgaben, stilistische 110 f., 115, 173–192
vorkommenden Umständen nach 195
– *siehe auch* Umgehung der Begründungspflicht
Votum 2, 159, 175, 177

Wahrheit, formelle 210, 213 f.
Weber, Adolph Dietrich 222–224
Weber, Ruth Katharina 9, 166, 173
Wening-Ingenheim, Johann Nepomuk von 146
Wening, Franz Xaver von 146–148, 162
Werkmüller, Dieter 31, 50
Werner, Fritz 106
Wernher, Johann Balthasar 211
Wetter, J. Gillis 6, 8
Wetzell, Georg Wilhelm 217 f.
Wetzlar 50 f., 65 f., 80
Widerklage 235
Wilddiebstahl 81
Willkür 33, 153 f., 162, 166 f., 180, 222
Wissenschaft 133, 135, 153, 229, 232, 234
– *siehe auch* Verhältnis von Wissenschaft und Praxis

Wissenschaftsgeschichte 13, 21, 105
Würde des Gerichts 75, 108, 158, 183, 234
Würzburg 234 f.

Zäsur, *siehe* Begründungspflicht als Innovation
Zensur 146–148
Zeuge 46
Zinseszins 81
Zivilprozess
– einzelner, *siehe* Zivilsache
– gemeiner 46, 57 f., 157, 188 f., 221
– ~recht 13, 84, 123, 235, 237
Zivilsache 109 f., 114, 117, 130
Zulässigkeit 24, 225
Zürich 234
Zuschauer 142–144, 160, 162
Zuständigkeit, gerichtliche 63
Zwalve, Willem 8
Zweifelsgründe, *siehe rationes dubitandi*
Zwischenurteil 102, 176

Grundlagen der Rechtswissenschaft

herausgegeben von
Marietta Auer, Horst Dreier und Ulrike Müßig

Die Schriftenreihe *Grundlagen der Rechtswissenschaft* (GRW) widmet sich Fragen nach den Grundlagen des Rechts, aber auch Rechtsfragen allgemeinerer Art. Die Entwicklung der Rechtswissenschaft wird nicht nur von den Einzeldisziplinen und ihren Nebengebieten getragen, sondern entscheidend auch durch historische, philosophische, soziologische und methodische Fragestellungen bestimmt. Rechtsgeschichte, Rechtsphilosophie, Rechtssoziologie und Rechtstheorie ist gemeinsam, daß sie das Recht selbst zum Gegenstand ihrer Forschung machen und sich so auf ihre je eigene Art mit den Grundlagen des Rechts beschäftigen. Diese Fragen sind bei der täglichen Arbeit der Juristen, auch der der Rechtswissenschaftler, vielfach aus dem Blick geraten. In Zeiten, in denen sich auch die Rechtswissenschaft immer weiter ausdifferenziert, droht damit ein eher an der Oberfläche bleibendes, zusammenhangloses Nebeneinander. Die Auseinandersetzung mit Grundlagen sensibilisiert demgegenüber für die Abhängigkeit des Rechts von der Entwicklung der eine Rechtsordnung tragenden Gesellschaft, weckt Verständnis für Zusammenhänge und gibt Orientierung im Dickicht zahlloser Einzelfragen.

ISSN: 1614-8169
Zitiervorschlag: GRW

Alle lieferbaren Bände finden Sie unter *www.mohrsiebeck.com/grw*

Mohr Siebeck
www.mohrsiebeck.com